管理科学名家精品系列教材

管理预测与决策方法

（第三版）

刘思峰　菅利荣　米传民　编著

科学出版社

北　京

内 容 简 介

本书是根据国家教育部发布的“预测方法与技术”和“决策理论与方法”课程教学基本要求，为高等院校经济、管理类专业编写的一本教科书，是在作者多年讲授有关课程和从事相关课题研究的基础上凝练而成的。全书共14章，主要内容包括预测概述、定性预测方法、时间序列平滑预测法、回归分析预测方法、趋势外推预测方法、马尔可夫预测法、灰色系统预测、决策概述、确定型决策分析、风险型决策分析、不确定型决策、多目标决策分析、灰色决策模型和决策支持系统，并附有各章要点与学习要求和课程实验等内容。

本书内容深入浅出，通俗易懂，可以作为政府部门、企事业单位的管理干部、工程技术人员和理工科学生学习管理预测与决策方法的自学参考书。

图书在版编目（CIP）数据

管理预测与决策方法/刘思峰，菅利荣，米传民编著. —3版. —北京：科学出版社，2017

管理科学名家精品系列教材

ISBN 978-7-03-051806-4

Ⅰ. ①管… Ⅱ. ①刘… ②菅… ③米… Ⅲ. ①管理预测学–高等学校–教材 ②管理决策–决策方法–高等学校–教材 Ⅳ. ①C93-05 ②C934

中国版本图书馆 CIP 数据核字（2017）第 030980 号

责任编辑：张 凯 / 责任校对：彭珍珍
责任印制：张 伟 / 封面设计：蓝正设计

科 学 出 版 社 出版
北京东黄城根北街 16 号
邮政编码：100717
http://www.sciencep.com

北京凌奇印刷有限责任公司 印刷

科学出版社发行 各地新华书店经销

*

2003 年 4 月第 一 版 开本：787×1096 1/16
2009 年 3 月第 二 版 印张：19 1/8
2017 年 3 月第 三 版 字数：450 000
2019 年 6 月第十八次印刷

定价：58.00 元

（如有印装质量问题，我社负责调换）

作 者 简 介

刘思峰，男，1998 年华中理工大学系统工程专业毕业，获工学博士学位。现任南京航空航天大学特聘教授、博士生导师，管理科学与工程一级学科博士点和博士后科研流动站首席学科带头人、灰色系统研究所所长，是中央联系的高级专家和江苏省高等学校优秀科技创新团队、哲学社会科学重点研究基地、江苏省科技思想库和国家级教学团队首席专家，2001～2012 年任经济与管理学院院长，曾赴美国宾夕法尼亚州州立 SR 大学、纽约理工大学、英国 De Montfort 大学和澳大利亚悉尼大学任访问教授。1994 年在河南农业大学破格晋升教授。2014～2016 年任英国 De Montfort 大学特聘研究教授。

主要从事“灰色系统理论”和“复杂装备研制管理”等领域的教学和研究工作。主持国家重大、重点课题和国际合作项目多项；发表论文 600 多篇，其中 SSCI，SCI，EI 收录论文 400 余篇；出版著作 28 部，其中 Springer-Verlag，Taylor & Francis 和 John Wiley & Sons，Inc. 等国际著名出版商出版英文著作 9 部；论著被翻译成韩文、德文和罗马尼亚文等，文献被国内外学者引用超过 3.2 万次，H-index 55。获省部级以上科技成果奖 18 项。其中省部级一等奖 5 项，二等奖 12 项。主持完成国家精品教材、国家精品课程、国家精品资源共享课程各 1 项，普通高等教育“十一五”国家级规划教材和“十二五”普通高等教育本科国家级规划教材 5 项。2002 年获系统与控制世界组织奖。

担任国际灰色系统与不确定性分析学会主席，IEEE 灰色系统委员会主席，IEEESMC 江苏-南京分会主席，中国优选法统筹法与经济数学研究会复杂装备研制与运维管理专业委员会理事长，灰色系统专业委员会名誉理事长，江苏省管理学门类教学指导委员会副主任兼管理科学与工程学科教学指导委员会主任，中国科学技术学会决策咨询专家和南京市人民政府决策咨询委员会委员等职务。曾任中国优选法统筹法与经济数学研究会副理事长(2005～2014 年)、国家自然科学基金委员会第十二届、十三届专家评审组成员，国家教育部管理科学与工程学科教学指导委员会委员(2001～2014 年)。应邀担任国务院学位委员会、江苏省学位委员会学科评议专家，长江学者特聘教授计划、千人计划、拔尖人才，国家社会科学基金、留学基金、博士后基金和教育部博士点基金评审专家，是 Emerald 出版集团 *Grey Systems*: *Theory and Application* 创刊主编，被聘为 *The Journal of Grey System* 主编和 *Kybernetes* 客座主编及 *Scientific Enquiry*、《中国管理科学》和 *Journal of Grey System* 等 10 余种学术期刊编委和数十种重要期刊审稿人。

曾被评为“全国优秀科技工作者”“全国优秀教师”“全国留学回国先进个人”“享受政府特殊津贴的专家”“国家有突出贡献的中青年专家”等。2008 年当选系统与控制世界组织荣誉会士(Honorary Fellow)。2013 年入选欧盟第 7 研究框架玛丽·居里国际人才引进行动计划 Fellow(Senior)。

前　言

2004 年，国家教育部管理科学与工程类学科教学指导委员会在多次讨论后，决定将“预测方法与技术”和“决策理论与方法”列为管理科学类专业的主干课程及相关专业的重要选修课程。

早在 2002 年，宁宣熙教授和我应科学出版社之约编写了《管理预测与决策方法》。该书 2003 年春季出版，广受读者欢迎，被众多高校选用，历经多次修订，十多次重印。宁教授退休后，出版社曾多次联系，希望再次修订。遗憾的是宁教授后来视力下降，我也耽于杂务，此事就一直拖了下来。最近几年，长期讲授“管理预测与决策”课程的菅利荣教授也多次提出希望我主持编写新版《管理预测与决策方法》。

按照教育部管理科学与工程类学科教学指导委员会发布的“预测方法与技术”和“决策理论与方法”课程教学基本要求，这次再版改动较大。其中，决策理论与方法进行了全面改写；预测方法与技术根据读者和用户建议精简了德尔菲法等内容中较为烦琐的部分，增加了第六章马尔可夫预测法，第七章灰色系统预测和第十三章灰色决策模型则根据近几年的最新研究进展做了较大改动；改写了第三章的移动平均模型，纠正了经典模型的错误；每章均增加了本章要点与学习要求，方便同学对照检查、评估学习效果。

这次修订，作者始终坚持读者至上的原则。在理论阐述上力求简明扼要、深入浅出、通俗易懂，易于自学。对预测与决策方法和应用技术的讨论，则力求清晰、详尽而不累赘。其中，第一～四，六，七，十三章由刘思峰执笔，第八～十二章由菅利荣执笔，第五，十四章和课程实验由米传民编写。全书由刘思峰统一审定。

本书总授课时数为 64 学时左右。为相关专业本科高年级学生和管理干部开设选修课时，可压缩为 40 课时左右，课时压缩后课程实验内容也要作相应调整。

本书入选科学出版社“管理科学名家精品系列教材”，同时得到国家级教学团队建设基金和南京航空航天大学课程建设基金资助，承科学出版社经管分社的领导和老师通力合作，在此，作者向支持本书出版的专家和领导表示深深的谢意！

限于作者水平，书中存在不足和疏漏在所难免，殷切期望有关专家和广大读者批评指正。

刘思峰

2017 年 2 月 20 日

目　录

第一章　预测概述

要点

(1) 预测的概念、作用和意义；

(2) 预测的分类；

(3) 预测的程序与应用；

(4) 预测的精度与价值。

学习要求　明确预测的概念；了解预测的作用和意义；掌握预测的基本原则、预测的分类；熟悉预测的程序与应用；正确理解预测的价值。

第一节　引　　言

预测是指对事物的演化预先作出的科学推测。广义的预测，既包括在同一时期根据已知事物推测未知事物的静态预测，也包括根据某一事物的历史和现状推测其未来的动态预测。狭义的预测，仅指动态预测，也就是指对事物的未来演化预先作出的科学推测。预测理论作为通用的方法论，既可以应用于研究自然现象，又可以应用于研究社会现象。将预测的方法、技术与实际问题相结合，就产生了预测的各个分支，如社会预测、人口预测、经济预测、政治预测、科技预测、军事预测、气象预测等。

古人说："凡事预则立，不预则废。"我们办任何事情之前，必须调查研究，摸清情况，深思熟虑，有科学的预见、周密的计划，才能达到预期的目标，大至世界事务、国计民生，小到个人日常工作和生活，无不需要进行科学预测；反之，不了解实际情况，凭主观意志想当然办事，违反客观规律，必将受到惩罚。

据 1899 年在安阳小屯出土的甲骨文记载，我们的祖先远在三千多年前的商代，就已经懂得进行占卜活动。先民们通过占卜展望未来，作出行动的抉择。公元前 7～前 6 世纪，古希腊哲学家塞利斯(Thales)已能够通过研究气象气候预测农业收成。当他预测到油橄榄将要获得大丰收后，就预先购买和控制了米利都与开奥斯两个城市的榨油机，等到橄榄收获后，通过出租榨油机获得巨额利润。公元前 5 世纪，越国大夫范蠡，扶助越王勾践战胜吴王夫差后，弃官经商，成为巨富，号陶朱公。范蠡有一句名言，即"论其有余不足，则知贵贱，贵上极则反贱，贱下极则反贵"。这句话是对商品供求与价格变化之间关系的精辟论述。

我国东汉袁康所著的《越绝书·计倪内经》中有如下一段文字记载：

"太阳三岁处金则穰，三岁处水则毁，三岁处木则康，三岁处火则旱。故散有时，积有时。领则决万物，不过三岁而发矣。以智论之，以决断之，以道佐之，断长继短。一岁再倍，其次一倍，其次而反。水则资车，旱则资舟，物之理也。天下六岁一穰，六岁一康，凡十二岁一饥。是以民相离也，故圣人早知天地之反，为之预备。"

这段话介绍的是公元前 4 世纪的博物知识，意思是说，太阳的位置三年在金(西方)

会有大丰收，三年在水(北方)就会歉收，三年在木(东方)就会富足，三年在火(南方)就会发生旱灾。因此，不仅要注意适时囤积粮食，还要注意将囤积的粮食适时出手，存粮不必超过三年的需要。应该明智地考虑问题，适时决断，依靠自然规律的帮助，以富余弥补不足。第一年可以按两倍的需要存粮，第二年只存一倍即可，第三年则应该考虑适时出手。水灾时应准备好车子，旱灾时要准备好船只。天下每六年有一次大丰收，每十二年有一次大灾荒，人民流离失所。所以圣人要预见自然界的变化，对未来的灾变提早做准备。

这说明我们的祖先在公元前4世纪的时候，就已经能够通过对自然界运行规律的研究，预测可能发生的灾难。

随着科学技术的发展和社会的进步，人类对预测未来的要求越来越高。预测也从单纯的竞争揣摩、军事角逐，变成人类科学文明发展中一个不可缺少的手段。第二次世界大战后，世界经济迅猛发展，一些企业家、工程技术人员、国家计划制订者等，开始使用某些方法，把传统的外推法转变为更为准确的工作，使计划具有更高的预见性。国家领导和企业部门的决策过程也发生了本质的变化。如果说拿破仑在奥茨瓦尔法所表现的个人才干，是以俄奥联军统帅的愚蠢为基础的话，那么在现代，个人决策将成为历史的陈迹。历史的实践经验使人们普遍地认识到，创造理想的未来，不能只依靠个人的智慧，而且要广泛地集中智力财富，依靠全体劳动者的智慧。

第二次世界大战以后，西方国家应用预测在军事技术方面获得了很大的成功，某些预测机构也享有很高的声望，这大大地促进了预测理论、方法与技术的发展。

当然，预测并非一定都是正确的。然而，一切正确的预测都必须建立在对客观事物的过去和现状进行深入研究和科学分析的基础之上。历史是连续的，事物由过去到现在，再到未来，其演化是有规律可循的。预测者就是既立足于过去和现在，同时又使用一种逻辑结构把它同未来联系起来，以达到对未来进行预测的目的。

20世纪60～70年代，预测作为一门科学在美国逐步兴起。在此之前，虽然早有预测工作，但基本上是依靠专家经验的所谓直观法进行类推，还没有形成一套科学的方法。这种直观的类推法，虽然具有一定的参考价值，但有时也会产生巨大的误差。例如，爱迪生这个现代电气化的鼻祖，曾经断定威斯汀豪斯的交流电系统不会成功(他自己发明的是直流电系统)。现在，交流电系统早已为世界各国所采用。大发明家爱迪生之所以产生如此巨大的预测误差，是因为他的预测还不够科学，主要是根据个人的专业知识和狭隘经验进行主观推测。1937年，美国曾组织过一次大规模的研究，预测未来技术的发展，最后提出一份名为“技术趋势和国家政策”的研究报告。这个报告中所预测的项目有60%后来得到证实，然而它却未能预见到像喷气机、核能、尼龙、青霉素等这样一些重大科技成就。回顾起来，这些成就在美国当时已有迹可寻，只是没有受到预测人员的重视而已。事实上，有些重大发明虽然实际上已经存在，却长期发而不明，被作为非预期的现象视而不见，或者只是借助于某种偶然性才被揭示出来。

科学的预测一般有以下三种途径：一是因果分析，通过研究事物的形成原因来预测事物未来发展变化的必然结果；二是类比分析，如把单项技术的发展同生物的增长相类比，把正在发展中的事物同历史上的“先导事件”相类比等，通过这种类比分析来预测事物的未来发展；三是统计分析，运用一系列数学方法，通过对事物过去和现在的数据资料进行分析，去伪存真，由表及里，揭示出历史数据背后的必然规律性，明确事物的未来发展趋势。

本书重点介绍定量化的预测分析方法。通常是在对所研究系统进行深入分析的基础上，建立数学模型，运用数学模型获得所需要的预测结论。

必须指出的是，有时候所建立的数学模型未必能正确地反映系统的发展变化规律，或者得出错误的预测结果。为更加清晰地说明科学预测产生的条件，我们用圆 S 表示系统，用圆 M 表示模型，用圆 C 表示结论，三个相交的圆把它们所围成的部分分成 7 个区域，分别代表预测的 7 种情况(图 1-1)。

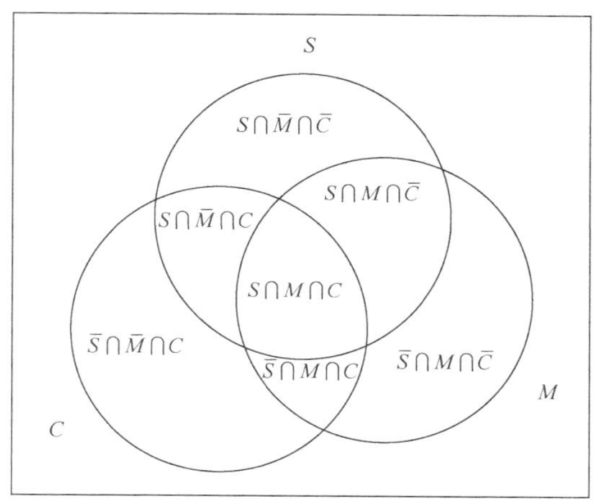

图 1-1 系统、模型与预测结论

$S\cap\bar{M}\cap\bar{C}$：错误的模型和结论。

$S\cap\bar{M}\cap C$：错误的模型却碰巧获得了正确的结论。

$S\cap M\cap\bar{C}$：错误地解释了模型运行的结果。

$S\cap M\cap C$：正确的模型对系统作出科学预测。

$\bar{S}\cap\bar{M}\cap C$：系统分析错误，由错误的模型而得出的盲目预测。

$\bar{S}\cap M\cap C$：系统分析错误，盲目建模，盲目预测；

$\bar{S}\cap M\cap\bar{C}$：系统分析错误，盲目建模，预测错误。

显然，只有 $S\cap M\cap C$ 才是我们追求的正确预测，这时系统、模型与结论完全吻合。其他 6 种情况皆存在信息失真，在预测中，应尽可能避免这些情况发生。

第二节 预测的作用

正确的预测是进行科学决策的依据。政府或企事业单位制定发展战略、编制计划及日常管理决策，都需要以科学的预测工作为基础。

预测学这门古老而又崭新的交叉学科，充分运用现代科学技术所提供的理论、方法、手段来研究人类社会、政治、经济、军事及科学技术等各种事物的发展趋势。预测研究过程中对近期影响、中期变化和远景轮廓的描述为人们制订近期、中期、长期规划，进行科学决策提供依据。

大家所熟知的《孙子兵法》，实际上主要讲预测问题。“生死之地，存亡之道，不可不察也”，这个“察”就是预测。这部书历时两千多年长盛不衰，至今仍被中外军事战略家、企业家奉为经典，主要原因是它提供的种种预测方法，能够帮助人们进行正确决策。诸葛亮敢于“借东风”，是基于他对当地气象变化的预测；他敢于唱“空城计”，是基于他对司马懿军事决策行为特点的分析和预测。

1990 年，以美国为首的多国部队在实施“沙漠风暴”军事行动之前，曾担心一旦战争爆发，科威特的所有油井可能被全部点燃。当时，美国五角大楼委托一家咨询公司进行预测。研究人员建立了热能转换模型，进行一系列模拟计算，最后得出结论：油井燃烧形成的烟雾可能会导致一场地区性的重大污染，但不至于完全失控，不会造成全球性的气候变化，不会对地球生态和经济系统造成不可挽回的损失。这一预测结论促使美国作出采取军事行动的决定。因此，人们说第一次世界大战是化学战(火药)，第二次世界大战是物理战(原子武器)，而海湾战争是数学战，指的是这场战争在战前就已对战争的进程及战争所涉及和影响的方方面面作出了科学的预测。

经济全球化的大趋势使得市场竞争愈演愈烈，企业要在激烈的市场竞争中求生存、求发展，就不能不重视预测在生产经营和管理决策中的作用。为避免盲目决策造成的损失，企业在进行重大决策之前必须进行市场预测，明确市场需求，摸清竞争对手的动向，提高自身的适应能力和市场竞争力。

第三节　预测的基本原则

为保证预测工作的科学、有效，必须坚持以下四条基本原则。

一、坚持正确的指导思想

我们要把马克思主义、毛泽东思想作为预测研究方法论的指导思想。马克思和恩格斯为我们树立了科学预测的典范。马克思、恩格斯处在资本主义发展的初级阶段，他们通过对资本主义社会内在矛盾的深入分析，推测了资本主义必然灭亡的历史规律，预言共产主义必然代替资本主义，为人类展现了社会主义和共产主义的光辉前景，从而奠定了无产阶级革命的理论基础。毛泽东同志在《论持久战》中对抗日战争进程作出的科学预测，为我们党制定正确的战略方针提供了依据。

马克思主义的未来研究与唯心主义的先验论有着根本区别，它们的分歧在于先验论是一种主观唯心主义，它的结论来源于主观臆断。而马克思主义的未来研究是唯物的，它建立在对客观事物进行科学分析的基础之上，其结论来源于科学的逻辑推断。

二、坚持系统性原则

预测者所研究的事物和自然界的其他事物一样，都有自己的过去、现在和将来，就是存在着一种纵向的发展关系、因果关系。而这种因果关系要受某种规律的支配。预测者必须全面分析预测事物本身及与其本身有关联的所有因素的发展规律。将事物作为一个互相作用和反作用的动态整体来研究，不单要研究事物本身，而且要将事物本身与周围的环境视为一个系统综合体进行研究。

系统性原则要求预测者只能客观地如实反映预测对象及其相关因素的发展规律和组合方式，不能随意增减某些因素或改变其组合方式。

例如，1874 年 DDT（双对氯苯基三氯乙烷，又名滴滴涕）就已在实验室里研究成功，直到 1939 年才发现它是一种消灭马铃薯害虫的有效药剂。1942 年 DDT 被投入市场，后来发现它不仅对马铃薯害虫有效，对其他农作物也是好的杀虫剂。同时，它还能直接用于卫生防疫方面，消灭传播斑疹伤寒的虱子、传播疟疾的蚊子及传播瘟疫的老鼠和跳蚤。

事实证明，在卫生条件较差的情况下，如果很多人长期聚集在一个相对狭小的空间中，许多疾病就会由于虱子、蚊子、跳蚤等的繁殖到处传播。

第一次世界大战中仅波兰、俄国和罗马尼亚，由斑疹伤寒导致死亡的人数就达数百万。第二次世界大战中，英美一方的欧洲前线由于对军士、战俘、难民、监狱等通通用 DDT 喷射处理，斑疹伤寒实际上并未发生，而德国占领区则伤寒盛行。

另外，1943 年全世界估计有 3 亿疟疾病患者，每年有 300 万人死于疟疾。1945 年以后，世界上绝大部分疟疾流行的地区使用了 DDT，十年内疟疾病的死亡率降低了 1/2。

14 世纪，欧洲大约有 4500 万人死于瘟疫，瘟疫致死人数约占当时欧洲人口的 1/4。这一瘟疫已被查清最初是由罗马尼亚的船队从北非把老鼠及跳蚤带到欧洲引起的。1940～1950 年的十年内使用了 DDT，瘟疫病患者每年仅死亡几千人。

当然以上成绩不能完全归功于 DDT，疫苗和老鼠的捕杀控制也都起了一定的作用。

DDT 在全世界包括我们国家在内被广泛使用的历史将近 30 年，它直接或间接地拯救了数以百万计的生命。DDT 的效果被人们普遍承认，它的发明者穆勒(Paul Mueller)因此而获得了诺贝尔奖。

DDT 尽管有这样那样的辉煌成就，但是它现在已变成了破坏生态环境的罪魁祸首。不幸的是当时的决策者不知道 DDT 除了杀死害虫外，还杀死了大量其他有益的鸟类、鱼类等动物和植物，甚至伤害了人类自己。更糟糕的是外界环境不能使 DDT 的毒性衰减，据估计现在存留在大气层、大地及海洋中的 DDT 约有 10 亿磅以上，这些 DDT 将无限期地污染着地球。

人们为了控制环境创造了某种技术或产品，而这一技术或产品又转而向人类索取代价，使人类不得不自食其果。这是由于没有坚持系统性原则，没有充分考虑系统内部各种因素之间及系统与环境之间的关系。

三、坚持关联性原则

不仅预测对象与相关因素之间存在依存关系，不同的相关因素之间也可能存在某种依存关系。预测者应对这些关系进行全面分析。有时可以对本质上并不重要的因素忽略不计，而突出抓主要矛盾。

例如，要预测某地用水与工业发展的关系，可能有如下的简单关系：

$$\Delta\omega = \omega_1 - \omega_2 \tag{1-1}$$

其中：ω_1 = 水源水量/年(包括地下水、河水、汛期水库蓄水)；ω_2 = 用水消耗量/年(包括工业、农业、生活用水等）。

如果以 $\Delta\omega<0$ 来断定缺水而不能发展工业，就未免简单化了。因为，虽然 ω_1 可以算得很准，但 ω_2 很难测算准确，其中还应包括因浪费而损失的水 ω_3 和改进工艺后水资源重复利用系数 f。这样上述公式可以改写成

$$\Delta\omega=\omega_1-\omega_2(1-f)-\omega_3 \tag{1-2}$$

运用式(1-2)可以分析发展工业的可能性。如 ω_3 所占份额很小，可以忽略，而 f 也远小于 1，式(1-2)与式(1-1)相同，肯定不能发展工业；但如果 ω_3 很大，或 f 的潜力很大，则不能断定不能发展工业。

关联性原则就是要充分考虑相关因素的横向联系及其作用与反作用的依存关系。如果不重视这一原则，顾此失彼，有可能导致预测失败。

四、坚持动态性原则

预测对象的相关因素和环境不是一成不变的，而是处于不断发展变化的过程中。这些因素或环境的各个发展阶段对预测对象都有影响，有时甚至会改变预测对象的发展方向或性质。相关因素或外部环境是预测对象内部矛盾性的外因(或外界条件)。如果外因(外部环境或相关因素)变化很平稳，或处于相对稳定的状态，则预测者可以利用历史数据进行外推，预测事物的发展。但是情况往往并非如此理想。自然灾害、资料缺失、意外变故(如条约双方有一方毁约)，预测时都要充分考虑。通常使用的生长曲线法、趋势外推法和投入产出法都是建立在条件不变的前提下，一般只能用于短期预测，如果要进行中期或长期预测，可以考虑用包络曲线法代替生长曲线，或者对趋势外推或投入产出法进行修正。

预测在本质上说是人对外界条件变化的一种描述和刻画。这种描述或刻画自然也是预测者世界观的集中体现。“罗马俱乐部”出版的《成长的极限》(*The Limits to Growth*)就是很好的例子。这本书从全球的角度谈了人口增长、工业发展、粮食供应、资源利用、污染危害及其相互关系。他们得出的结论是：未来的发展不是无限的，而是有一种极限。依据“罗马俱乐部”的观点，如果当前世界人口、工业化、污染、粮食生产和资源消耗发展趋势不变，则地球在 100 年内的成长极限将会来临。最可能的结果是，人口和工业将出现急剧而不可控制的萎缩。

这本书出版以后，在美国有两种反应：自然科学家倾向作者的悲观观点；社会学家则倾向可以改变趋势的观点，较为乐观。

“罗马俱乐部”所提出的问题，即前面提到的五大问题，都是事实。这些问题都是当前世界的基本问题。但他们所持的是悲观的观点，这就不能不受到事实的挑战。例如，《成长的极限》一书中关于人口增长的观点是从马尔萨斯那里来的，即人口按几何级数增加而粮食按算术级数增加，所以粮食不能满足人口需要，于是会发生贫困、饥荒和战争，因而要降低人口增长速度使其与粮食的增长平衡。但是，1787 年美国农村中 19 个农民的剩余粮食只能养活一个市民，而现在一个农民能供 90 个市民，可见粮食并不是按算术级数增长的。另外，在工业化国家，人口的增长十分缓慢。如美国，其出生率在 18 世纪下半期约为 30‰，到现在已降低到 0.7‰。西欧一些国家的人口甚至出现负增长，

人口也不是按几何级数增长的。

“罗马俱乐部”把未来世界看成现实世界的理想化的延伸，并据此提出“零增长”理论。作为一种理想化方案，通过控制增长去解决他们提出的五大问题，虽然不无道理，但不能令人信服。

人类总是要最大限度地满足自己的物质和文化需求，这一点是与客观世界有限的资源相矛盾的。于是一些有觉悟的人，开始认识到人类必须扩展自己的技术能力和知识领域，同时也认识到人类必须提高自己的抱负、规范自身行为。正是这种认识，推动人类自觉地向生产、技术和知识的深度与广度进军，大大促进了人类历史的演进。另外，这些有觉悟的人不只是对现实刺激作出反应，他们还要为后代着想，只要发现某项事业对人类有利，甚至他们自己根本没有可能享受到这种好处，也会勇敢地进行开拓。这一点从能源发展过程中已得到充分证明。在石油还未大量开采时，原子电站已经问世；铀等稀缺资源尚未充分利用，聚变和氢能的使用已近在眼前。

预测者应充分相信人类征服自然、创造未来的能力。人类没有理由悲观，人类完全有能力解决社会发展中的各种矛盾和问题。

第四节 预测的分类

根据研究任务的不同，按照不同标准预测可以有不同的分类。常用的有以下四种分类。

一、按照预测的范围或层次进行分类

根据预测的范围或层次，可将预测分为宏观预测和微观预测。

1. *宏观预测*

宏观预测，是指针对国家或部门、地区的社会经济活动进行的各种预测。它以整个社会经济发展的总图景作为考察对象，研究社会经济发展中各项指标之间的联系和发展变化。例如，对全国各地区社会再生产各环节的发展速度、规模和结构的预测；对社会商品总供给、总需求的规模、结构、发展速度和平衡关系的预测。又如，预测社会物价总水平的变动，研究物价总水平的变动对市场商品供应和需求的影响等。宏观预测，是政府制定方针政策、编制和检查计划、调整经济结构的重要依据。

2. *微观预测*

微观预测，是针对基层单位的各项活动进行的各种预测。它以企业或农户生产经营发展的前景作为考察对象，研究微观经济中各项指标间的联系和发展变化。例如，对商业企业的商品购、销、调、存的规模、构成变动的预测；对工业企业所生产的具体商品的生产量、需求量和市场占有率的预测等。微观预测，是企业制定生产经营决策、编制和检查计划的依据。

宏观预测与微观预测之间有着密切的关系，宏观预测应以微观预测为参考，微观预测应以宏观预测为指导，二者相辅相成。

二、按照预测的时间长短进行分类

按预测的时间长短，可将预测分为长期预测、中期预测、短期预测和近期预测。

1. 长期预测

长期预测，是指对五年以上发展前景的预测。长期预测是制订国民经济和企业生产经营发展的十年计划、远景计划，提出经济长期发展目标和任务的依据。

2. 中期预测

中期预测，是指对一年以上五年以下发展前景的预测。中期预测是制订国民经济和企业生产经营发展的五年计划，提出经济五年发展目标和任务的依据。

3. 短期预测

短期预测，是指对三个月以上一年以下发展前景的预测。短期预测是政府部门或企事业单位制订年度计划、季度计划，明确规定短期发展具体任务的依据。

4. 近期预测

近期预测，是指对三个月以下社会经济发展或企业生产经营状况的预测。近期预测是政府部门或企事业单位制订月、旬发展计划，明确规定近期活动具体任务的依据。

也有人将短期和近期预测相合并，凡是一年以下的预测，统称为短期预测。事实上，不同的领域，划分的标准也不一样，如气象部门，不超过三天为近期预测，一周以上的预测为中期预测，超过一个月就是长期预测了。

三、按照预测方法的性质进行分类

按预测方法的性质，可将预测分为定性预测和定量预测。

1. 定性预测

定性预测，是指预测者通过调查研究，了解实际情况，凭自己的知识背景和实践经验，对事物发展前景的性质、方向和程度作出判断进行预测的方法，也称为判断预测或调研预测。预测目的主要在于判断事物未来发展的性质和方向，也可以在情况分析的基础上提出粗略的数量估计。定性预测的准确程度，主要取决于预测者的经验、理论、业务水平及掌握的情况和分析判断能力。这种预测综合性强，需要的数据少，能考虑无法定量的因素。本书第二章将重点介绍一些定性预测方法。在数据不多或者没有数据时，可以采用定性预测，定性预测与定量预测相结合，可以提高预测的可靠程度。

2. 定量预测

定量预测，是指根据准确、及时、系统、全面地调查统计资料和信息，运用统计方法和数学模型，对事物未来发展的规模、水平、速度和比例关系的测定。定量预测与统计资料、统计方法有密切关系。常用的定量预测方法有回归分析预测、时间序列预测、趋势外推预测、因果分析预测和灰色系统预测等。

定性预测比较简单易行，可利用有关人员的丰富经验、专门知识及掌握的实际情况，综合考虑定性因素的影响，进行比较切合实际的预测。定性预测方法也有明显的缺点，如预测者由于工作岗位不同，掌握的情况不同，理论水平与实践经验各异，进行预测时受主观因素影响较多，往往会过分乐观而估计过高，或偏于保守而估计过低，对同一问题不同人会作出不同判断，得出不同的结论。定量预测以调查统计资料和信息为依据，考虑事物发展变化的规律性和因果关系，建立数学模型，可以对事物未来发展前景进行科学的定量分析。定量预测方法的缺点在于，不能充分考虑定性因素的影响，而且要求外界环境和各种主要因素相对稳定，当外界环境或某些主要因素发生突变时，定量预测结果可能会出现较大误差。

为了使预测结果比较切合实际，提高预测质量，为决策和计划提供可靠的依据，通常是将两种预测方法相结合，将定性预测结果和定量预测结果比较、核对，分析其差异的原因，根据经验进行综合判断。利用定性分析对定量预测结果进行必要的修正和调整，定量预测与定性预测紧密结合，相互印证，使预测结果更为科学、可信。

四、按照预测时是否考虑时间因素进行分类

按预测时是否考虑时间因素，可将预测分为静态预测和动态预测。

1. 静态预测

静态预测，是指不包含时间变动因素，根据事物在同一时期的因果关系进行预测。

2. 动态预测

动态预测，是指包含时间变动因素，根据事物发展的历史和现状，对其未来发展前景作出的预测。

本书以研究动态预测方法为主。第四章介绍的回归分析预测方法，既可用于静态预测又可用于动态预测，其余各章介绍的都是动态预测方法。

第五节　预测的程序

为保证预测工作顺利进行，必须有组织、有计划地安排其工作进程，以期取得应有的成效，为制定决策、编制计划和提高经营管理水平提供有价值的情报。预测的程序或步骤如下所述。

一、明确预测任务，制订预测计划

这是预测首先要解决的问题。明确预测任务，就是从决策与管理的需要出发，紧密联系实际需要和可能，确定预测要解决的问题。预测计划是根据预测任务制订的预测方案，包括预测的内容、项目，预测所需要的资料，准备选用的预测方法，预测的进程和完成时间，编制预测的预算，调配力量，组织实施等。只有目的明确，计划科学，周密安排预测内容、方法和工作进程，才能确定预测的经费和所需要的资料。一项预测若无明确的目的、周密的计划，就会迷失方向，无所适从。

二、搜集、审核和整理资料

准确无误地调查统计资料和信息是预测的基础。进行预测需要有大量的历史数据，要求预测人员掌握与预测目的、内容有关的各种历史资料，以及影响未来发展的现实资料。搜集和占有的数据资料应尽可能全面、系统。

资料按来源不同有内部资料和外部资料之分。内部资料，对公司和企业来说，是反映该单位历年经济活动情况的统计资料、市场调查资料和分析研究资料。外部资料，对公司和企业来说，是从本单位外部搜集到的统计资料和经济信息、政府统计部门公开发表和未公开发表的统计资料、兄弟单位之间定期交换的经济活动资料、报纸杂志上发表的资料、

科学研究人员的调查研究报告，以及国外有关的经济信息和市场商情资料等。从这些资料中筛选出与本单位预测项目有密切关系的资料。筛选资料的标准有三个：①直接有关性；②可靠性；③最新性。符合这三条要求的资料搜集到之后，经过分析研究，有必要时再搜集其他有关资料。

准确无误的资料，是确保预测准确性的前提之一。为了保证资料的准确性，要对资料进行必要的审核和整理。资料的审核，主要审核来源是否可靠、准确和齐备，资料是否具有可比性。资料的可比性包括：资料在时间间隔、内容范围、计算方法、计量单位和计算价格上是否保持前后一致。如有不同，应进行调整。资料的整理包括：对不准确的资料进行查证核实或删除；将不可比的资料调整为可比；对短缺的资料进行估计核算；对总体的资料进行必要的分类组合。

对于一项重要预测，应建立资料档案和数据库，系统地积累资料，以便连续地研究事物发展过程和动向。

只有根据经济目的和计划，从多方面搜集必要的资料，经过审核、整理和分析，了解事物发展的历史和现状，认识其发展变化的规律性，预测结论才会准确可靠，才有质量保证。

三、选择预测方法和建立数学模型

在占有资料的基础上，进一步选择适当的预测方法和建立数学模型，是预测准确与否的关键步骤。

对定性预测方法或定量预测方法的选择，应根据掌握资料的情况而定。当掌握资料不够完备、准确程度较低时，可采用定性预测方法。如对新的投资项目、新产品的发展进行预测时，由于缺乏历史统计资料和经济信息，一般采用定性预测方法，凭掌握的情况和预测者的经验进行判断预测。当掌握的资料比较齐全、准确程度较高时，可采用定量预测方法，运用一定的数学模型进行定量分析研究。为充分考虑定性因素的影响，在定量预测基础上还要进行定性分析，经过调整才能最后定案。

在进行定量预测时，对时间序列预测法或因果预测法的选择，还要根据掌握资料的情况和研究目标而定。当只掌握与预测对象有关的某种经济统计指标的时间序列资料，并只要求进行简单的动态分析时，可采用时间序列预测法。当掌握与预测对象有关的多种相互联系的经济统计指标资料，并要求进行较复杂的依存关系分析时，可采用因果预测法。

时间序列预测和因果预测都离不开数学模型，数学模型也称为预测模型，是指反映经济现象过去和未来之间、原因和结果之间相互联系及发展变化规律性的数学方程式。数学模型可能是单一方程，也可能是联立方程；可能是线性模型，也可能是非线性模型。预测模型选择是否适当，是关系到预测准确程度的一个关键问题。

要建立数学模型，还必须估计模型参数(常数)。估计参数的方法，除传统的最小二乘法外，还有多种专门的方法。通过不同的方法得出不同的参数估计值，从而得到不同的结果。预测人员应从实际出发，认真分析，决定取舍。

四、检验模型，进行预测

模型建立之后必须经过检验才能用于预测。模型检验主要包括考察参数估计值在理论上是否有意义，统计显著性如何，模型是否具有良好的超样本特性。当然，不同类型的模型，检验的方法、标准也不同。一般地，评价模型优劣的基本原则有以下五条。

(1)理论上合理。参数估计值的符号、大小应和有关的经济理论相一致；所建立的模型应能恰当地描述预测对象。

(2)统计可靠性高。模型及其参数估计值应当通过必要的统计检验，以保证其有效性和可靠性。

(3)预测能力强。预测效果好坏是鉴别模型优劣的根本标准。为保证模型的预测能力，一般要求参数估计值有较高的稳定性，模型外推检验精度较高。

(4)简单适用。一个模型只要能够正确地描述系统的变化规律，其数学形式越简单，计算过程越简便，模型就越好。

(5)模型自身适应能力强。模型应能在预测要求和条件变化的情况下适时调整和修改，并能在不同情况下进行连续预测。

对于经过检验的模型，按一定的要求对自变量赋值，可以算出因变量对应的估计值，称为点预测值。如果点预测结果不能满足要求，则需进行区间预测，即求出点预测值在一定可靠程度下的误差范围，称为预测区间或置信区间。精确的定量预测方法，能够运用概率论原理计算给定置信度下的预测区间；较为简单、粗略的定量预测方法也应当尽可能地计算近似的预测区间，从主观上依据经验估计点预测值可能的误差范围和相应的可靠程度。这样，人们在使用所得到的预测结果时，对其可信任程度才能心中有数。在2016年政府工作报告中，李克强提出国内生产总值增长目标为6.5%～7%，这是我国首次使用区间数表达增长目标。

五、分析预测误差，评价预测结果

即分析预测值偏离实际值的程度及其产生的原因。如果预测误差未超出允许的范围，则认为模型的预测功效合乎要求，否则，就需要查找原因，对模型进行修正和调整。由于在进行预测的时候，预测对象的未来实际数值还不知道，此时的预测误差分析只能是样本数据的历史模拟误差分析或已知数据的事后预测误差分析。因此，对预测结果进行评价时还要对预测过程的科学性进行综合考察，这种分析和评价可由有关领域的专家参加的预测评论会议讨论作出。

六、向决策者提交预测报告

最后，以预测报告的形式将预测评论会议确认可以采纳的预测结果提交给决策者，其中应当说明假设前提、所用方法和预测结果合理性判断的依据等。

第六节　预测的精度和价值

一、预测精度评价指标

预测精度一般指预测结果与实际情况相一致的程度，误差越大，精度就越低。因而通常由误差指标反映预测精度。下面介绍八个常用的指标。

1. 预测误差

设某一项预测指标的实际值为 X，预测值为 $\hat{X}$，令

$$e = X - \hat{X} \tag{1-3}$$

e 就是预测值 $\hat{X}$ 的误差，又称偏差。$e>0$，表示 $\hat{X}$ 为低估预测值；$e<0$，表示 $\hat{X}$ 为高估预测值。

2. 相对误差

预测误差在实际值中所占比例的百分数称为相对误差，记为 ε，即

$$\varepsilon = \frac{e}{X} = \frac{X - \hat{X}}{X} \times 100\% \tag{1-4}$$

该指标克服了预测指标本身量纲的影响，通常把 $1-\varepsilon$ 称为预测精度。

3. 平均误差

n 个预测误差的平均值称为平均误差，记为 $\bar{e}$。计算公式如下：

$$\bar{e} = \frac{1}{n}\sum_{i=1}^{n} e_i = \frac{1}{n}\sum_{i=1}^{n}(X_i - \hat{X}_i) \tag{1-5}$$

由于每个 e_i 可为正值，也可为负值，求代数和时这些分别取正负值的 e_i 将有一部分互相抵消，故 $\bar{e}$ 值无法真正反映预测误差的大小，但它反映了预测值的偏差状况，可作为修正预测值的依据。$\bar{e}$ 为正，说明预测值平均说来比实际值低；反之，说明预测值平均说来比实际值高。因此，如果用某一种方法求得的预测值为 $\hat{X}_{n+1}$，运用该方法时预测期的平均误差为 $\bar{e}$，则修正的预测值 $\hat{X}'_{n+1} = \hat{X}_{n+1} + \bar{e}$。

4. 平均绝对误差

n 个预测误差绝对值的平均值称为平均绝对误差，记为 $|\bar{e}|$，计算公式：

$$|\bar{e}| = \frac{1}{n}\sum_{i=1}^{n}|e_i| = \frac{1}{n}\sum_{i=1}^{n}|X - \hat{X}_i| \tag{1-6}$$

由于每个 $|e_i|$ 皆为正值，故 $|\bar{e}|$ 可用于表示预测误差的大小。

5. 平均相对误差

n 个预测相对误差绝对值的平均数称为平均相对误差，以 $|\bar{\varepsilon}|$ 表示：

$$|\bar{\varepsilon}| = \frac{1}{n}\sum_{i=1}^{n}\left|\frac{e_i}{X_i}\right| \times 100\% = \frac{1}{n}\sum_{i=1}^{n}\left|\frac{X_i - \hat{X}_i}{X_i}\right| \times 100\% \tag{1-7}$$

6. 均方误差

n 个预测误差平方和的平均值，称为均方误差，以 S^2 表示：

$$S^2 = \frac{1}{n}\sum_{i=1}^{n} e_i^2 = \frac{1}{n}\sum_{i=1}^{n}(X_i - \hat{X}_i)^2 \tag{1-8}$$

7. 均方根误差

均方误差的算术平方根就是均方根误差，记为 S，计算公式：

$$S = \sqrt{\frac{1}{n}\sum_{i=1}^{n} e_i^2} = \sqrt{\frac{1}{n}\sum_{i=1}^{n}(X_i - \hat{X}_i)^2} \tag{1-9}$$

S^2 和 S 的值介于 0 和 $+\infty$ 之间，其值越大，预测准确度越低。

上述各式给出的误差指标功能相近，但有各自不同的特点：$|\bar{e}|$ 计算方便；$|\bar{\varepsilon}|$ 不受量纲的影响；S^2 和 S 对预测误差的反应较为灵敏。其中，S 不仅保留了 S^2 灵敏度高的优点，

还克服了其数值大的不足，它和$|\varepsilon|$是最常用的衡量预测准确度的两个指标。

8. 两面商

测定预测准确度的另一个指标是两面商（Janus 商），计算公式：

$$J=\sqrt{\frac{\frac{1}{m}\sum_{i=n+1}^{n+m}e_i^2}{\frac{1}{n}\sum_{i=1}^{n}e_i^2}}=\sqrt{\frac{\frac{1}{m}\sum_{i=n+1}^{n+m}(X_i-\hat{X}_i)^2}{\frac{1}{n}\sum_{i=1}^{n}(X_i-\hat{X}_i)^2}} \tag{1-10}$$

该指标涉及的时期，可以如下所示

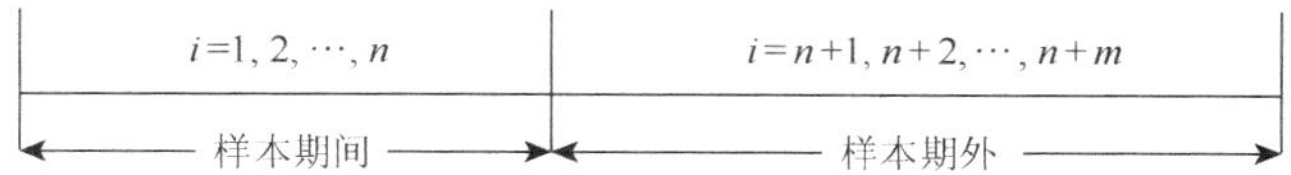

在预测过程中，样本期的实际值$X_1, X_2, \cdots, X_n$用于建立预测模型，由此模型估计的数值再现了样本期的状况，称为历史模拟。利用预测模型对样本期外的数据进行预测，有事后预测与事前预测两种情形。样本期外实际情况已经发生的若干时期进行的预测称为事后预测，对实际情况尚未发生的未来时期进行的预测称为事前预测，后者是预测的最终目的。从理论上来说，评价预测准确度应当使用事前预测误差指标。但在进行预测的时候，未来事件尚未成为现实，事前预测误差指标无法计算。在实际预测工作中，通常用两种方法来解决这一问题：一种是进行内插检验，主要利用模拟误差来估计事前预测误差；另一种是外推检验，主要利用事后预测误差来估计事前预测误差，也称为事后检验。内插检验主要反映预测模型再现实际情况的能力，而外推检验能够比较有效地反映模型的预测能力，因此，评价预测准确度应尽可能进行外推检验。为了进行这一检验，往往把已掌握的历史数据分成两部分，大部分数据作为样本用来建立预测模型，小部分数据用来进行外推检验，上述检验的图示见图 1-2。

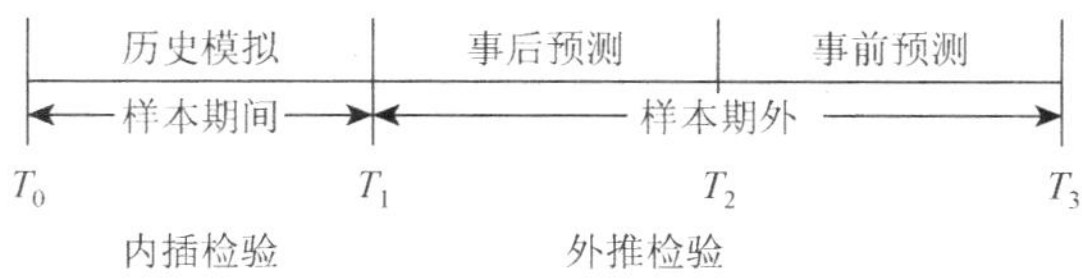

图 1-2　预测准确度的检验

显然，两面商J就是事后预测的均方根误差与历史模拟的均方根误差的比值，其值介于 0 到+∞之间。该指标的突出特点是同时考虑了预测模型的模拟能力与外推预测能力。J值越低，模型的预测性能越优，当J接近于 0 时，表明事后预测的准确度要比模拟准确度高；当$J=0$时，有

$$\hat{X}_i=X_i \quad (i=n+1,n+2,\cdots,n+m)$$

即为完美预测。J值越高，模型的预测性能越差。$J\approx1$，表明预测对象在预测期的变化规律与样本期基本相似；而在很多情况下，$J>1$，表明一般说来，预测对象在预测期的变化规律与样本期不完全一致。

二、预测的价值

预测精度是预测质量的体现，涉及预测过程各环节的工作质量、误差产生的原因和如

何改进等方面的问题，因而是一个过程概念。对预测精度和价值应当有全面的认识。

一般说来，对于人们难以控制的事物或现象，预测的精度越高，其价值就越大，如气象预测、地震预测等。人类可以根据科学预测的结果采取应对措施，趋利避害。对于一些部分可控的事物，就不能按照预测的精度或预测是否成为事实来衡量其价值。这类预测通常称为非事实性预测。所谓非事实性预测，是指预测具有引导人们去“执行”预测结果的功能，人们行动的“合力”反过来影响预测结果是否成为现实。由于经济活动是由具有主观意识的人能动进行的，经济预测结果公布以后，人们从各自的利益出发，采取相应的措施，趋利避害，因而经济预测常常带有非事实性预测的特征。按照对预测结果的影响效应，非事实性预测可以分为自实现预测（self-fulfilling forecast）和自拆台预测（self-defeating forecast）两种。比如，一位著名经济学家作出美国明年将出现经济萧条的预测，如果这一预测被广泛流传和接受，那么公众合理的反应是偿清一切债务、出售一切存货等，这种行为无疑会加速萧条的到来，这就是自实现预测的效应。再如，某预测咨询机构预测未来三年内某产品因“供需缺口”，市场价格将上涨15%～20%。这个结果引起生产厂家的注意，他们就想方设法挖掘生产能力，甚至增加投资，扩大生产能力。结果是有效地增加了该产品的供给，价格不仅没有上涨，反而略有下跌，这是自拆台预测的效应。实际经济生活中，极端情形的自实现预测是，只要作出了这样的预测，其预测结果就会自动实现，而原来的预测不必是正确的；极端情形的自拆台预测是，只要作出了这样的预测，其预测结果就会自动失败，尽管原来的预测是正确的。在大多数情形下，决策者行动的合力部分地影响了预测结果的实现，造成经济预测不同程度地含有自实现或自拆台的成分。这时，预测信息作为决策的输入信息起作用，但人们行动的结果却使预测结果的准确度难以衡量。如何认识和解决这一问题？理论界比较一致的观点是，此时应当强调对预测过程中各环节工作正确性的鉴别，只有各环节的工作都正确无误，其结果作为决策的输入信息才能正确引导人们的行动，在“自实现预测”的效应之下，才不致产生误导和偏颇；在“自拆台预测”的效应之下，虽然实际值与预测值有偏差，但预测仍是可信的，有作用的。我们认为，对预测过程各环节工作的正确性进行鉴别是十分必要的，但各环节的工作正确与否难以用统一的客观标准来衡量。对“非事实性预测”特征明显的经济现象，应当开展“多值预测”，即预测人们可能采取的行动针对不同的可能情况给出不同的预测结果；或者进行“跟踪预测”，即预测人们可能采取的行动并根据情况变化不断修正原先的预测值。这样，不仅预测结果准确度的客观衡量可以进行，而且能够直接增强预测的科学性，提高预测的社会价值。

习题与思考题

1. 什么是预测？为什么说进行预测是必要和可能的？
2. 说明预测的作用和意义。
3. 什么是定性预测和定量预测？
4. 预测应遵循哪些基本原则？
5. 简述预测的基本步骤是什么。
6. 如何评价预测的精度和价值？

第二章　定性预测方法

要点

(1) 市场调查预测法;

(2) 头脑风暴法;

(3) 德尔菲法;

(4) 主观概率预测法。

学习要求　掌握市场调查预测法、专家预测法、主观概率预测法等内容；能正确运用所学的方法进行预测。

第一节　引　　言

定性预测，是预测者根据自己的知识背景及所掌握的实际情况和实践经验，对经济发展前景的性质、方向和程度作出判断。有时在定性分析的基础上也可以提出数量估计，其特点：需要的数据少，能考虑无法定量的因素，比较简便可行。因此，这是一种不可缺少的较为灵活的经济预测方法。通过定性预测，提出有预见性的建议，可以为政府部门和企事业单位指导实际工作，可以为管理、决策提供依据。定性预测方法在我国现代化建设中具有重要作用，得到了广泛应用。

在掌握的数据不多、不够准确或主要影响因素难以用数字描述，无法进行定量分析时，定性预测就是一种行之有效的预测方法。例如，预测新建企业的发展前景和新产品销售的市场前景，由于缺少历史资料，以采用定性预测方法为宜；又如，预测党和国家方针政策的变化、消费者心理的变化对市场商品供需变化的影响，均无法定量预测，只能通过判断分析，进行定性预测。

此外，为了提高预测质量，在进行定量预测时，也要进行定性预测。由于经济现象发展变化过程中，质制约着量，一定的质决定一定的量，因此，经济预测应将定性分析作为出发点，定量预测应以定性分析为基础。任何质量都表现为一定的数量，都有决定质量的数量界限。定量预测虽可使定性分析深入和具体化，起到胸中有“数”的作用，但是，定量预测只能测定主要因素的影响，其余因素的影响，特别是无法定量因素的影响，则难以包含。因此，在定量预测之后，也要进行定性分析，对其结果进行必要的调整，才能使预测更加接近实际。

由于定性预测主要靠预测者的经验和判断能力，易受主观因素的影响，所以主要目的不在数量估计。为了提高定性预测的准确程度，应注意以下三个问题。

第一，应加强调查研究，努力掌握影响事物发展的有利条件、不利因素和各种活的情况，从而对经济发展前景的分析判断更加接近实际。

第二，在进行调查研究、搜集资料时，应做到数据和情况并重，使定性分析定量化。也就是通过质的分析进行量的估计，进行有数据、有情况的分析判断，提高定性预测的说服力。

第三，应将定性预测和定量预测相结合，提高预测质量。在预测过程中，应先进行定性分析，然后进行定量预测，最后进行定性分析，对预测结果进行调整定案。这样才能深入判断事物发展过程的阶段性和重大转折点，提高预测的质量，为管理、决策提供依据。

第二节　市场调查预测法

市场调查预测，是指预测者深入实际进行市场调查研究，取得必要的经济信息，根据自己的经验和专业水平，对市场商情发展变化前景进行分析判断。例如，对市场商品供应和需求发展前景的分析判断；工农业发展及其结构调整对商品收购货源、销售动向和库存变动前景影响的分析判断；市场商品供求对企业产、供、销变动前景影响的分析判断等。

市场商情发展变化前景的预测，当有完备的调查统计资料和经济信息时，可采用以下各章介绍的定量预测方法。当缺少必要的调查统计资料和经济信息时，就要深入进行市场调查研究，搜集和整理第一手资料，进行市场调查预测，分析判断市场商情发展前景。这种预测虽可提供简单的数据，但是，它主要是预测市场商情发展前景的性质和方向。因此，市场调查预测属于定性预测的范畴。常用的市场调查预测法有以下四种。

一、经济管理人员意见调查预测法

这种方法是由企业的经理(厂长)召开熟悉市场情况的各业务部门主管人员的座谈会，将与会人员对市场商情的预测意见，加以归纳、分析、判断，制订企业的预测方案。其基本过程和步骤如下：①经理(厂长)根据经营管理决策的需要，向各业务主管部门(如企划、生产、物料、市场营销、计划统计、市场情报、财务会计等部门)提出预测项目和预测期限的要求；②各业务主管部门分头准备，根据自己掌握的情况，提出各自的预测意见；③经理(厂长)召开座谈会，对各种预测意见进行讨论分析，综合判断，最后得到反映客观实际的预测结果。

这种预测方法的优点：上下结合进行预测，有利于发挥集体智慧，充分调动经理(厂长)和业务管理人员开展市场预测的积极性；再加上业务管理人员处于生产与管理第一线，领导与管理企业的产、供、销活动，熟悉市场商情的动向，他们的判断以市场商品供需发展变化实际为依据，预测结果一般比较准确可靠；预测不需要经过复杂计算，不需要花多少费用，比较迅速和经济；如果市场商情发生剧烈变化，还可以及时对预测结果进行调整。

这种方法的缺点：对市场商情的变化了解得不够深入具体，主要依靠经验判断，受主观因素影响大，只能作出粗略的数量估计。

二、销售人员意见调查法

这种方法是向销售人员进行调查，征询他们对产销情况、市场动态及他们对自己负责的销售区、商店、柜台未来销售量(额)的估计，加以汇总整理，对市场销售前景作出综合判断。这种预测除由公司、企业管理部门提供必要的调查统计资料和经济信息外，主要依靠销售人员掌握的情况、经验、水平和分析判断能力；还要经过从基层到企业管理部门逐级审核、汇总和经理(厂长)批准才能定案。一般适用于短期和近期预测，其步骤如下。

第一步，由公司、企业向本单位所属的各销售区、商店提供本公司、企业的营销策略、措施和有关产供销的统计资料及市场信息，作为销售人员预测的参考。

第二步，各地区、商店的销售人员根据本身所经营的商品种类、顾客类别和经营情况，估计下季、下年的销售量和销售额。

第三步，各地区、商店经销负责人，对所属销售人员的估计结果进行审核、修正、整理汇总，按规定日期上报公司、企业管理部门。

第四步，公司、企业的各业务主管部门对下边报上来的估计数作进一步的审核、修正、汇总和综合平衡得到总预测数，并以此为参照编制营销计划草案，经经理(厂长)批准后下达到各销售区、商店。根据营销计划进行商品调拨，编制日常销售计划。

这种预测方法的优点：销售人员在市场前哨，最接近顾客，熟悉市场情况，预测经过多次审核、修正，比较接近实际；根据预测确定的销售任务由自己负责完成，使销售人员具有光荣感和责任感，易于发挥积极性和首创精神。

这种方法的缺点：销售人员为了超额完成销售计划，获得奖金，估计易偏于保守；由于工作岗位所限，对经济发展和市场变化全局了解不够，所以提出的判断预测结果有一定局限性。

三、商品展销、订货会调查预测法

这种方法是通过商品展销、订货会直接向用户发表调查，以了解用户对商品的花色、品种、质量、价格的意见和需求量，将意见加以汇总整理，综合判断商品销售的市场前景。它是商品展销、订货会和调查预测的结合。以郑州第二砂轮厂通过产品订货会进行的调查预测为例，其调查表的内容如下。

(1)贵单位现有多少磨削设备？

(2)贵单位最近准备增添磨削设备否？

(3)贵单位认为我厂产品在哪些方面有缺点？服务方面有什么问题(分质量、品种、规格、包装、交货期、技术服务等方面)？

(4)您估计贵单位明年对我厂磨具的需要量方面有变化吗(分不变、增加、减少、不清楚四类)？

(5)有变化的话，您估计百分比有多大(分为1%～5%，6%～10%，11%～15%，16%～20%四档)？

(6)您估计贵单位明年对我厂磨具需求的规格和品种有变化吗？

(7)具体变化的情况能告诉我们吗？

(8)贵单位目前需要我厂帮助解决哪些问题(分品种选择、磨具使用方法、磨床配套砂轮及其他四类)？

(9)贵单位对我厂有哪些意见和要求？

表中(1)和(2)为了建立用户的磨具使用档案作准备；(3)，(8)和(9)为了改进产品质量和改善对用户的服务；(4)和(5)是预测的依据，为调查的重点；(6)和(7)是为调查产品品种、规格作参考。

将调查表进行汇总整理，根据(4)和(5)两个问题的回答情况，进行分析判断，可以预测出下一年的销售量。

四、消费者购买意向调查预测法

这种方法是采用随机抽样或典型调查方式，从调查对象中抽选一定数目的消费者，通过发放调查表、访问进行调查，将消费者的购买意向加以汇总分析，推断商品未来需要量的方法。以北京市的手表需要量为例，下面介绍消费者购买意向调查的方法、步骤。

第一步，采用划类选点的办法，对典型户发表调查。

(1) 制订调查方案，设计调查表格。其内容包括：被调查户的人口构成，已拥有的手表数量、规格、国别、牌号、已使用和期望使用年数，今后需求的品种和数量。

(2) 按城区、工矿区、农村三大类型，选择典型户，派员发放调查表。

(3) 将调查资料按城乡进行分类整理，计算手表需求预测所需要的数据。如计算手表普及率；计算男表、中型表、女表比重，国产表和进口表比重，国产表按主产区、进口表按国别测算占有率，分析社会手表使用构成；按国产表、进口表分别推算使用年数和更新期，分别分析已使用年数构成；分析手表需求构成；测算全市国产表、进口表拥有量和外流比重。

第二步，需求结构分析预测。按城市、农村、外流量的需求结构，对手表未来需求量进行分析和预测。

(1) 城市手表需求量预测。首先进行情况分析。从城市居民手表普及率看：城市居民拥有量已基本饱和；手表购买量增幅将继续减缓；妇女手表需求量将继续增长。从手表更新期和平均已使用年数构成，测算国产表和进口表更新高潮期和分阶段更新量占拥有量比重，从而得出购买手表主要体现在青少年进入手表使用期的人数和旧表更新两方面。在此基础上预测城市手表未来需求量：

$$\begin{aligned}\text{城市居民手表需求量}=&\text{报告年15岁至20岁手表添置率}\\&\times\text{下年初15岁至20岁人口数}\\&+\text{未来手表进入更新期比重}\times\text{城市手表拥有量}\end{aligned}\tag{2-1}$$

$$\text{手表添置率}=\frac{\text{已戴表率}}{\text{未戴表率}}\tag{2-2}$$

上式中的手表更新量（即未来手表进入更新期比重×城市手表拥有量）可按国产表、进口手表分别计算。

(2) 农村手表需求量预测。首先进行情况分析。农村居民手表普及率较低，今后需求量将持续增长；农村手表拥有量三五年内将达到基本饱和程度；农村妇女对女表的需求量将日益增多。在此基础上预测农村手表未来需求量：

$$\begin{aligned}\text{农村居民手表需求量}=&(\text{达到基本饱和时手表普及率}-\text{目前手表普及率})\\&\times\text{21岁至50岁人口比重}\times\text{总人口数}\\&+\text{15岁至20岁人口手表需求量}\end{aligned}\tag{2-3}$$

(3) 手表外流量预测。手表外流量占社会销售量比重有降低趋势，今后约占 30%，可以根据最近三年的社会销售量为基础进行测算。

$$\text{手表外流量}=\text{社会销售量}\times\text{外流量占社会销售量比重}\tag{2-4}$$

商品展销、订货会调查预测法和消费者购买意向调查预测法，都是发表调查法。其优点：由于商品的购买者就是商品的使用者、消费者，所以他们知道自己将来要购买什么，购买多少，他们的意见是最直接、最有用的情报。因此，只要购买者愿意合作，能如实回答调查表中的问题，就可以获得比较准确的预测结果。这些方法通常适用于生产资料的需求预测和耐用消费品的需求预测。

为了提高预测的准确程度，在进行市场调查预测时应注意以下五个问题：①调查表不要包罗万象，应只包括和预测有关的基本内容；②要抽选出一定数目的具有代表性的调查单位；③设法取得被调查者的充分合作；④要参考统计资料和市场信息，对调查预测结果进行修正，以提高预测的准确程度；⑤尽量利用城市和农村住户抽样调查资料，以节省人力、物力，提高调查预测的科学性和准确性。

第三节 专家预测法

组织专家预测属于直观预测范畴，直观预测法简单易行，是应用历史比较悠久的一种方法，迄今在各类预测方法中仍占有重要地位。直观预测法以专家为索取信息的对象，组织各种领域专家运用专业方面的经验和知识，通过对过去和现在发生的问题进行直观综合分析，从中找出规律，对发展远景作出判断。直观预测法的最大优点：在缺乏足够统计数据和原始资料的情况下，可以作出定量估价，得到文献上还未反映的信息。特别是对技术发展的预测，在很大程度上取决于政策和专家的努力，而不完全取决于现实技术基础。这时，采用直观预测法能得到更为准确的结果。

一、头脑风暴法

在诸多直观预测方法中，头脑风暴法占有重要地位。20 世纪 50 年代，头脑风暴法作为一种创造性的思维方法在预测中得到广泛运用，并日趋普及。从 20 世纪 60 年代末期到 70 年代中期，实际应用中头脑风暴法在各类预测方法中所占的比重由 6.2%增加到 8.1%。头脑风暴法主要是通过组织专家会议，激励全体与会专家参加积极的创造性思维。

采用头脑风暴法组织专家会议时，应遵循如下原则。

(1) 就所论问题提出一些具体要求，并严格规定提出设想时所用术语，以便限制所讨论问题的范围，使参加者把注意力集中于所讨论的问题。

(2) 不能对别人的意见提出怀疑，不能放弃和终止讨论任何一个设想，而不管这种设想是否适当和可行。

(3) 鼓励参加者对已经提出的设想进行改进和综合，为准备修改自己设想的人提供优先发言权。

(4) 支持和鼓励参加者解除思想顾虑，创造一种自由的气氛，激发参加者的积极性。

(5) 发言要精练，不需要详细论述。展开发言将拉长时间，并有碍于一种富有成效的创造性气氛的产生。

(6) 不允许参加者宣读事先准备的建议一览表。

实践经验证明，利用头脑风暴法从事预测，通过专家之间直接交换信息，充分发挥创造性思维，有可能在比较短的时间内得到富有成效的创造性成果。头脑风暴法还可以细分成如下方法。

(1) 直接头脑风暴法，即根据一定的规则，通过共同讨论某一具体问题，鼓励创造性活动的一种专家集体估价方法。这些规则包括：禁止评估已提出的设想；限制每一个人的发言时间，允许一个人多次发言；将所有设想集中起来；在后续阶段对提出的所有设想进行估价。

(2) 质疑头脑风暴法，即一种同时召开两个会议的集体产生设想的方法。第一个会议完全遵从直接头脑风暴法原则，第二个会议对第一个会议提出的设想进行质疑。

(3) 有控制的产生设想的方法，也是集体产生设想的一种方法。运用这种方法，主要是通过定向智力活动激发产生新的设想，通常用于开拓远景设想和独到设想。

(4) 鼓励观察的方法，目的是在一定限制条件下，就所讨论的问题寻求合理方案。

(5) 对策观察的方法，就所讨论的问题寻找一个统一的方案。

为了提供一个创造性思维环境，必须决定小组的最佳人数和会议的进行时间。小组规模以 10～15 人为宜，会议时间一般为 20～60 分钟。参加的成员按如下原则选取。

(1) 如果参加者相互认识，要从同一职位(职称和级别)的人员中选取，领导人员不应参加，否则对下属人员将产生一定压力。

(2) 如果参加者互不认识，可从不同职位(职称和级别)的人员中选取；并注意在会前和会议进行过程中不介绍参会人员的职业、职位背景或头衔等。这时不论成员是院士，还是硕士，都应同等对待，每个成员赋予一个编号，以便以后按编号与参加者联系。

参加者的专业是否与所论问题一致，不是专家组成员的必要条件；并且专家组中，希望包括一些学识渊博，对所讨论的问题有所了解的其他领域的专家。

预测的组织者要对预测的问题作如下说明：问题产生的原因，原因的分析和可能的结果(最好把结果进行夸张描述，以便使参加者感到矛盾必须解决)；分析解决这类问题的国内外成功经验；也可以指出解决这一问题的若干种可能途径；以中心问题及其子问题，形成需要解决的问题(问题的内部结构应当简单，问题的面比较窄将有助于发挥头脑风暴的效果)。

对头脑风暴的组织工作最好委托给预测学家负责。因为预测学家对所提的问题和从事科学辩论有充分的经验，同时他们熟悉运用头脑风暴法进行预测的程序和方法。如果所讨论的问题专业面很窄，则应邀请所讨论问题的专家和预测专家共同负责预测组织工作。头脑风暴小组通常由以下人员组成：方法学者——预测学领域的专家；设想产生者——所讨论问题领域的专家；分析者——所讨论问题领域的高级专家，他们应当追溯过去，并及时估价对象的现状和发展趋势；演绎者——对所讨论问题具有较强的推断思维能力的专家。

所有头脑风暴参加者都应具有较强的联想思维能力。在进行头脑风暴时，应尽可能提供一个有助于把注意力高度集中于所讨论问题的创造性环境。有时某个人提出的设想，可能是其他准备发言的人已经思考过。所有头脑风暴法产生的结果，应当认为是全组集体创造的成果。其中最有价值的一些设想，是在从前提出的设想基础上发展的，以及对两个或几个设想的综合。

有时参加者希望以书信方式事先告诉所讨论的问题。这时信中要作如下具体说明：头脑风暴的目标；解决问题的有益设想；解决所讨论问题的可能途径一览表；应答问题一览表；以及解决所讨论问题的计划。

头脑风暴组织者的发言应能激起参加者的心理灵感，促使参加者感到亟须回答会议提出的问题。通常在头脑风暴开始时，组织者必须采取强制询问，因为组织者很少有可能在5～10分钟内创造一个自由交换意见的气氛，并激起参加者发言。组织者的主动活动，也只限于会议开始时。一旦参加者被鼓动起来，新的设想就会不断涌现。这时组织者只需根据头脑风暴规则适当引导。应当指出，发言量越大，意见越多种多样，所讨论的问题越广越深，出现有价值的设想的概率越大。

对提出的设想应记录、备份，以便不放过任何一个设想，并使其系统化，以备下一阶段使用。

由分析小组对会议产生的设想，按如下程序系统化：①就所有提出的设想编制名称一览表；②用通用术语说明每一设想；③明确重复的和互为补充的设想，并在此基础上形成综合设想；④提出对设想进行综合的准则；⑤分组编制设想一览表。

在预测过程中，还经常采用质疑头脑风暴法。这种方法是对直接头脑风暴法提出的已系统化的设想进行质疑。质疑是头脑风暴法中对设想的现实可行性进行估价的一个专门程序。在这一过程中，参加者对每一个提出的设想都要提出质疑，进行全面评论。评论的重点是研究有碍设想实现的问题。在质疑过程中，可能产生一些可行的设想，这些可行的设想包括：对已提出的设想无法实现的论证；存在的限制因素分析，以及排除限制因素的建议；可行设想的结构通常是："这样是不可能的，因为……，如果使其可行必须利用……"

质疑头脑风暴法第二个阶段的结果，是就每一组或其中每一个设想，编制一个评论意见一览表，以及可行设想一览表。

质疑头脑风暴法应遵守的原则与直接头脑风暴法一样，只是禁止对已提出的设想进行确认论证，而鼓励提出可行设想。

在进行质疑头脑风暴时，组织者应首先阐明所讨论问题的内容，扼要地介绍各组系统化的设想和第一组的共同设想，以及吸引参加者把注意力集中于对所讨论问题进行全面评价上。质疑过程一直进行到没有问题可以质疑为止。质疑中的所有评论意见和可行设想，也应记录、备份。

质疑头脑风暴法的第三个阶段，是对质疑过程中提出的评价意见进行估价，以便形成一个对解决所讨论问题实际可行的最终设想一览表。对于评价意见的估价，与对所讨论设想质疑一样重要。因为在质疑阶段，重点是研究有碍设想实际实施的所有限制因素，而这些限制因素即使在设想产生阶段，也是放在重要地位予以考虑的。

由分析小组负责处理和分析质疑结果。分析小组要吸收一些有权对设想实施作出决定的专家，当要在很短时间内就重大问题作出决策时，吸收这些专家参加尤为重要。

实践经验表明，头脑风暴法可以排除折中方案，对所讨论的问题通过公正的、连续的分析，可以找到一组切实可行的方案。因而近年来头脑风暴法在军事和民用预测中得到广泛应用。例如，在美国国防部制订长远科技规划中，邀请50名专家采取头脑风暴法开了两周会议。参加者的任务是对事先提出的工作文件提出非议，并通过讨论把文件变为协调一致的报告。通过讨论，原工作文件中只有25%～30%的意见被保留下来，由此可以看到头脑风暴法的价值。

另外，英国邮政部和美国洛克希德(Lockheed)公司、可口可乐(Coca-Cola)公司和国际商业机器公司(IBM)也积极应用头脑风暴法开展预测。

头脑风暴法对其提出的一组可行方案，还不能按重要性进行排队和寻找达到目标的最佳途径，所以还应辅以专家集体估价，并对估价结果进行统计处理，获得专家组的综合协调意见作为估价结果。关于结果处理问题，我们将在下一部分介绍。

二、德尔菲法

德尔菲(Delphi)法是美国“兰德”公司 20 世纪 40 年代首先用于技术预测的。德尔菲是古希腊传说中的神谕之地，城中有座阿波罗神殿可以预卜未来，因而借用其名。

德尔菲法是专家会议预测法的一种发展。它以匿名方式通过几轮函询，征求专家们的意见。预测领导小组对每一轮的意见都进行汇总整理，作为参考资料再发给每个专家，供他们分析判断，提出新的论证。如此多次反复，专家的意见渐趋一致，结论的可靠性越来越大。

德尔菲法是“系统分析”方法在意见和价值判断领域内的一种有益的延伸。它突破了传统的数量分析限制，为更合理、更有效地进行决策提供了支撑、依据。基于对未来发展中的各种可能出现和期待出现的前景的概率估价，德尔菲法能够为决策提供可供选择的多种方案。其他方法则很难获得像这样以概率表示的明确答案。

近十年来，德尔菲法已成为一种广为适用的预测方法。许多决策咨询专家和决策者，常常把德尔菲法作为一种重要的规划决策工具。斯蒂纳(G. A. Steiner)在所著的《高层次管理规划》一书中，把德尔菲法当作最可靠的技术预测方法。在军事领域中德尔菲法应用最为普遍。工业科技发展和市场需求预测，国外也多采用德尔菲法。德尔菲法应用的其他领域：人口预测、医疗和卫生保健预测、经营预测、教育预测、研究方案的预测、信息处理，以及各级各类社会、经济、科技发展规划等。

1969 年，达克(N. Dalkel)应用德尔菲法对 100 多个实际问题作了良好评价。米查尔(J. Mchale)在对美国未来研究作分类考察时，发现德尔菲法的应用仅次于脚本法，居第二位(在他调查的 115 个对象中，45 个单位用脚本法，41 个单位用德尔菲法，29 个单位用模拟对策法)。仅据 20 世纪 40 年代至 70 年代初统计，用德尔菲法预测的重大项目已不下数百种。据《未来》杂志报道，20 世纪 40 年代至 70 年代中期，专家会议和德尔菲法(以德尔菲法为主)在各类预测方法中所占比重由 20.8% 提高到 24.2%。

德尔菲法应用如此广泛，足以说明该方法在技术和社会预测方面具有相当价值。下面分六个问题论述一下德尔菲法的特点、派生方法、专家的选择、编制调查表、预测过程、应遵守的几个原则，以及结果的处理和表达方式。

1. 特点

为弥补专家会议的缺点和不足，德尔菲法有如下三个特点：

(1) 匿名性。为克服专家会议易受心理因素影响的缺点，德尔菲法采用匿名方式。应邀参加预测的专家互不了解，完全消除了心理因素的影响。专家可以参考前一轮的预测结果，修改自己的意见而无须作出公开说明，无损自己的威望。

(2) 轮间反馈沟通情况。德尔菲法不同于民意测验，一般要经过四轮。在匿名情况下，为了使参加预测的专家掌握每一轮预测的汇总结果和其他专家提出意见的论证，预测领导小组对每一轮的预测结果作出统计，并作为反馈材料发给每个专家，供提出下一轮预测时参考。

(3)预测结果的统计特性。对各轮反馈意见进行定量处理是德尔菲法的一个重要特点。为了定量评价预测结果，德尔菲法采用统计方法对结果进行处理。

2. 派生德尔菲法

自从“兰德”公司首次用德尔菲法进行预测之后，很多预测学家(其中包括“兰德”公司的专家)对德尔菲法进行了深入研究，对初始的经典德尔菲法进行了某些修正，并开发了一些派生方法。派生方法分为两大类：①保持经典德尔菲法基本特点；②改变其中一个或几个特点。下面介绍两类派生方法。

1)保持经典德尔菲法基本特点的派生方法

这类方法主要是对经典方法中的某些部分予以修正，克服德尔菲法的某些不足之处。

(1)事件一览表。经典的德尔菲法第一轮只提供给专家一张预测主题表，由专家填写预测事件。这样，领导小组固然可以排除先入为主的观点，有益于充分发挥专家的个人才智和作用，但是某些专家由于对德尔菲法不甚了解或其他原因，不知从何下手，有时提供的预测事件也杂乱无章，无法归纳。同时也难以保证在第一轮中专家提出的预测事件符合领导小组的要求。为了克服这些缺点，领导小组可以根据已掌握的资料或征求有关专家意见，预先拟订一个预测事件一览表，在进行第一轮函询时提供给专家，使他们从对事件一览表作出评价开始工作。当然在第一轮，专家们也可对事件一览表进行补充和提出修改意见。

(2)向专家提供背景资料。在很多情况下，科学和技术发展的方向在很大程度上取决于技术政策和经济条件。参加预测的成员一般是某一科技领域的专家，不可能期望他们非常了解外界的政治和经济情况。因而有必要把政治和经济的发展趋势预测，作为第一轮的信息提供给专家，使专家们有一个共同的起点。这对于工业预测提供背景资料尤为重要。如果销售经营部、市场调查部和上层管理机构不提供大量市场需求和行情情况，以及公司的技术政策，公司内部的科技人员难以作出正确的预测。

(3)减少应答轮数。经典德尔菲法一般经过四轮，有时甚至五轮。但是一系列短期实验表明，通过两轮意见已相当协调。因而就现有经验来看，一般采用三轮较为适宜。如果要在短期内作出预测，或者第一轮提出预测事件一览表，采用两轮也可得到正确的预测结果。

(4)对预测事件给出多重数据。经典的德尔菲法经常要求专家对每个事件实现的日期作出评价。专家提供的日期一般是实现与否可能性相当的日期，即事件在这个日期之前或之后实现的可能性相等。在某些情况下，要求专家提供三个概率不同的日期，即未必有可能实现，成功概率相当10%；实现与否可能性相等，成功概率为50%；基本上可以实现，成功概率为90%。当然也可选择其他的类似概率。计算这三类日期的中位数，得出专家应答的统计特性，即预测结果。专家意见的离散程度用10%和90%概率日期的时间间距表示。

(5)自我评价。德尔菲法通常不考虑专家对预测事件的熟悉程度。但有时要求考虑专家在相关领域中的权威性。当要求考虑专家权威性时，就要求对专家的权威程度取权数，对评价结果进行加权平均计算。这有利于提高德尔菲法的预测精度。

(6) 置信概率指标。在某些德尔菲法中对每个预测事件引用了“置信因数”。“置信因数”是对小组应答的一种统计特性。这种统计只是根据作出肯定的回答计算的，即从 100% 中减去提出“从不”(从来不会发生) 应答的比重，便得置信概率指标。例如，对某预测事件作出肯定回答的中位数是 1985 年，而 30%的专家认为该事件“从不”，则这一事件的置信概率为 70%。引用置信概率是对“从不”回答的一种有益的统计方法，因为任何其他方法都不能把“从不”回答与肯定回答结合在一起。

2) 改变德尔菲法基本特点的派生方法

这类方法是改变匿名性和反馈特性。

(1) 部分取消匿名性。匿名性有助于发挥个人长处，不受外界的支持和反对意见的影响。但是在某些情况下，全部或部分取消匿名性也能保持德尔菲法的优点，从而有助于加快预测过程。其具体做法：有的先采取匿名询问；有的是专家们各自阐明自己的论据，然后通过灯光显示装置匿名表达各自的意见，最后进行口头辩论，也可伴随询问，由此得出的结论作为最后评价。

(2) 部分取消反馈。如果完全取消反馈，则第二轮以后专家将仅限于对自己提出的评价进行重新认识。实验研究表明，对自己的判断简单地重新认识只能使回答结果变坏，而不会改善。因而全部取消反馈将丧失德尔菲法的特点。部分取消反馈，一种是只向专家反馈四分点和十分点，而不提供中位数，这样有助于避免某些专家只是简单地向中位数靠拢，借以回避提出新的评价和论据的倾向；另一种是要求专家对事件给出三个概率日期，并分别计算其中位数。如专家的评价日期(50%)处在小组的 10% 和 90% 概率日期的中位数之间，则第三轮不再对其反馈。第三轮仅向两种人提出反馈：①其评价未进入十分点之间的专家；②该领域的权威专家。如果领导小组认为权威专家的意见得到证实，则可用权威专家的评价作为预测结果。否则，以小组应答中位数作为预测结果。

3. 专家的选择

进行德尔菲法预测需要成立预测领导小组。领导小组不仅负责拟订预测主题、编制预测事件一览表，以及对结果进行分析和处理，更重要的是负责专家的选择。

德尔菲法是一种对意见和价值进行判断的作业。如果应邀专家对预测主题不具有广泛的知识，则很难提出正确的意见和有价值的判断。即使预测主题比较窄和针对性很强，要物色很多对这一专题涉及的各个领域都有很深造诣的专家也很困难，因而物色专家是德尔菲法成败的关键，是预测领导小组的一项主要工作。

选择专家决不能简单从事，不能事先不经征得同意就将调查表发给拟邀请的专家。因为有的专家可能不同意参加这项预测。据统计，有些预测第一轮分发了 200～300 张调查表，结果给予应答的只有 50%，有的还不到 50%。因而事先不经征得同意就盲目分发调查表，难以征得足够数量的专家参加预测。

那么选择专家的工作应如何进行呢？这里有三个问题：什么叫专家，怎样选择专家和选择什么样的专家。组织某一项预测时，拟选的专家是指在该领域从事十年以上技术工作的专业人员。

怎样选择专家是由预测任务决定的。如果要求比较深入地了解本部门的历史情况和技术政策，或牵涉到本部门的机密问题，最好从本部门中选择专家。从本部门选取专家比较简单，既有档可查，又熟悉人员的现实情况。

如果预测任务仅仅关系到具体技术发展，最好同时从部门内外挑选。从外部选择专家，大体按如下程序进行：

(1)编制征求专家应答问题一览表；

(2)根据预测问题，编制所需专家类型一览表；

(3)将问题一览表发给每个专家，询问他们能否坚持参加规定问题的预测；

(4)确定每个专家从事预测所消耗的时间和经费。

从外部选择专家比较困难，一般要经过几轮。首先要收集本部门职工比较熟悉的专家名单，而后在有关期刊和出版物中物色一批知名专家。以这两部分专家为基础，将调查表发给他们，征求意见，同时要求他们再推荐 1～2 名有关专家。预测领导小组从推荐名单中，再选择一批由两人以上同时推荐的专家。

在选择专家过程中不仅要注意选择精通技术、有一定名望、有学派代表性的专家，同时还需要选择边缘学科、社会学和经济学等方面的专家。选择担负技术领导职务的专家固然重要，但要考虑他们是否有足够的时间认真填写调查表。经验表明，一个身居要职的专家匆忙填写的调查表，其参考价值还不如一个专事某项技术工作的一般专家认真填写的调查表。再有，乐于承担任务，并坚持始终，也是选择专家要注意的一个问题。

预测小组人数视预测问题规模而定，一般以 10～50 人为宜，人数太少，限制学科代表性，并缺乏权威，同时影响预测精度；人数太多，难以组织，对结果处理比较复杂。然而对于一些重大问题，专家人数也可扩大到 100 人以上。在确定专家人数时，值得注意的是即使专家同意参加预测，因种种原因也不见得每轮必答，有时甚至中途退出，因而预选人数要多于规定人数。

专家选定后还可根据具体预测问题，划分从事基础研究预测和应用研究预测的小组，也可按其他形式分组。

美国“兰德”公司首先采用德尔菲法就科学的突破、人口的增长、自动化技术、航天技术、战争的可能和防止、新的武器系统等六个问题进行了预测。专家组由 82 人组成，分六个小组活动。成员一半来自本公司，外单位成员中包括六名欧洲专家。

美国和加拿大锻造协会对粉末冶金和冷锻技术的发展及其对锻造行业的影响进行了预测。专家组由原材料供应商、设备制造商、锻件制造厂、锻件用户和科研单位等五个方面的 90 名专家组成，分三个小组，分别对黑色金属粉末锻件、有色金属和耐高温金属粉末锻件，以及冷锻件的潜在增长趋势进行了预测。

美国马尼托巴大学邀请 40 名专家就能源和环境进行了预测。40 名专家中，美国专家 23 名，法国专家 8 名，英国专家 3 名，联邦德国和瑞士专家各 2 名，日本和比利时专家各 1 名。专家们任职年限的中位数和平均值都是 21 年。专家们的职业分布：8 名就职于政府机关，6 名在大学工作，11 名在专业期刊编辑部，15 名在工业和工业研究部门。专家的学位头衔：48%具有博士学位，37%是硕士，三轮预测参加到底的应答者约占 2/3，每一轮的人数超过 30。由于人员比较稳定，排除了人员波动对调查结果的影响。

4. 编制调查表

首先要根据实际预测问题的要求编制调查表。通常分为目标-手段调查表、事件完成时间调查表、肯定式回答调查表、推断式回答调查表等类型。

5. 预测过程

调查表编制后就可以开始预测，预测过程中要创造条件使专家能够自由、独立地进行判断。经典德尔菲法一般分四轮进行。

第一轮：发给专家的第一轮调查表不带任何框框，只提出预测主题。预测领导小组对专家填写后寄回的调查表进行汇总整理，归并同类事件，排除次要事件，用准确术语提出一个事件一览表，并作为第二轮调查表发给每个专家。

例如，上述美国和加拿大锻造协会就粉末锻件和冷锻件潜在增长趋势的预测，第一轮专家们共提出 150 多个应预测事件，领导小组归纳整理为 121 个。

第二轮：专家对第二轮调查表所列的每个事件作出评价，并阐明理由。领导小组对专家意见进行统计处理。

第三轮：根据第二轮统计材料，专家再一次进行判断和预测，并充分陈述理由。有些预测在第三轮时仅要求持异端意见的专家充分陈述理由，因为他们的依据经常是其他专家忽略的一些外部因素或未曾研究过的一些问题。这些依据往往对其他成员重新作出判断产生影响。

第四轮：在第三轮统计结果基础上，专家再次进行预测。根据领导小组要求，有的成员要重新作出论证。

通过四轮，专家的意见一般可以相当协调。例如，美国“兰德”公司就人口等六个问题、49 个事件进行的 50 个长期预测，四轮后有 31 个事件取得相当一致的结论。又如，美国制造工程师学会和密执安大学协作分别组织 125 名和 150 名专家对生产管理技术和生产装配技术进行了预测，四轮后的预测结果相当接近，持不同意见的仅占 20%。

6. 组织预测应遵守的十个原则

采用德尔菲预测时，不会有适应于所有情况的准则。然而通过对大量德尔菲预测的分析和研究，可以从中找出一些应共同遵守的原则。

(1) 对德尔菲法作出充分说明。为了使专家全面了解情况，一般调查表都应有前言，用以说明预测的目的和任务，以及专家的回答在预测中的作用。同时还要对德尔菲法作出充分说明，因为德尔菲法并不是为众人所周知。即使有些专家接触过德尔菲法，他们也难免有些曲解。因而领导小组应阐明德尔菲法的实质、特点，以及轮间反馈对评价的作用。

(2) 问题要集中。问题要集中并有针对性，不要过于分散，以便使各个事件构成一个有机整体。问题要按等级排队，先综合，后局部。同类问题中，先简单，后复杂。这样由浅入深的排列，易于引起专家回答问题的兴趣。

(3) 避免组合事件。如果一个事件包括两个方面，一方面是专家同意的，而另一方面则是其不同意的，这时专家难以作出回答。例如，对于题为“以海水中提炼的氘(重氢)为原料的核电站到哪一年可以建成”的预测事件，有的专家就难以作出回答。因为某位专家虽然可以对核电站建成日期作出评价，但是他认为原料应是氚(超重氢)而不是氘。这时，这位专家如果提出预测，似乎他同意采用氘做原料，如果他拒绝回答，似乎他对能否建成核电站持怀疑态度。因而应避免提出“一种技术的实现是建立在某种方法基础上”这类组合事件。

(4) 语义要清晰、明确。在制订预测事件时常常出现一些含糊不清的用语，这是因为不注意使用大家熟知的技术术语和“行话”。例如，有一个预测事件题目为“私人家庭到哪一年将普遍拥有遥控通道的终端设备”，这里普遍二字比较含糊，缺乏定量概念。如果一位专家认为 50% 属于普遍，并提出一个评价日期；而另一位专家认为 80% 属于普遍，也提出一个评价日期。由于评价起点不同，两个评价结果可能相差很大。然而实际上，如果以私人家庭安装终端设备的年平均增长率为题进行预测，则这两个专家意见可能完全一致。因而，像“普遍”“广泛”“正常”等缺乏定量概念的用语应避免使用。

(5) 领导小组的意见不应强加于调查表中。在对某事件的预测过程中，当意见对立的双方对对方的意见都没有给予足够考虑，或者领导小组认为已经存在着明显的判断和事实，而双方都没有注意时，领导小组就试图把自己的观点加在调查表中，作为反馈材料供下一轮预测时参考。这样处理势必出现诱导现象，使专家的评价向领导小组意图靠拢。因而由此得到的预测结果的可靠性是值得怀疑的。

(6) 调查表要尽可能简化。调查表应有助于而不是妨碍专家作出评价，应使专家把主要精力用于思考问题，而不是理解复杂的和混乱的调查表。调查表的应答要求，最好是选择一个日期或填空。调查表还应留有足够的地方，以便专家阐明意见。总之调查表应尽可能方便于专家，而不是领导小组。

(7) 问题的数量要限制。问题的数量不仅取决于应答要求的类型，还取决于专家可能作出应答的上限。如果问题只要求作出简单的回答，则数量可多些。如果问题比较复杂，并有一些对立的观点和看法需要斟酌，则数量要少些。严格的界限是没有的，一般可以认为问题数量的上限以 25 个为宜。如果问题过多，超过 50 个，则领导小组就要认真研究，问题是否过于分散，而未切中要害。

(8) 支付适当报酬。20 世纪 70 年代之前开展的德尔菲法预测，绝大部分没有给予专家以应有的报酬，这必然会在一定程度上影响应邀专家的积极性。因而在组织德尔菲法预测时，应酌付适当报酬，以鼓励专家积极参与。

(9) 考虑对结果处理的工作量。如果专家组成员比较少，则结果处理的工作量不大。例如，组织一个由 10 名专家组成的专家组，进行五轮预测。每轮预测结果的处理时间如表 2-1 所示。从表中可以看到，前三轮每轮处理时间大体为 20 小时，即对每一位专家每轮结果的处理，平均耗费 2 小时。另一项预测有 50 人参加，对每轮预测结果的处理工时大体为表 2-1 中的五倍，亦即对每一位专家每轮结果的处理也平均耗费 2 小时。由此可以粗略地得出一个结论：对于每一位专家每轮结果的处理大体需要 2 小时。如果参加预测的人员过多，超过 100 人，则必须利用计算机进行处理。因为领导小组中的有限成员无力承担如此繁重的处理任务。

表 2-1　每轮循环工作负荷表

轮次	1	2	3	4	5
数量/(人·小时)	22	20	20	10.5	3.5

(10) 轮间时间间隔。从经验来看，不同的预测轮间时间间隔差别较大。多数预测完成一轮需要 4 周或 6 周。然而有的预测两轮一共只需 26 天。这除了与问题的繁简、难易有关，还与专家对预测问题的兴趣有关。

上述原则来自大量的德尔菲法的实验总结和领导小组的经验。当然不是什么时候都必须遵守这些原则，有时即使遵循这些原则也不见得得到成功的预测。但是，研究和遵守这些原则，可以使领导小组少犯错误，并有助于得到有益的预测。

我们分六个方面论述了德尔菲法预测的特点，但是德尔菲法并不是十全十美的，它还存在某些缺点，有待进一步完善，概括起来有如下四点。

(1) 受主观因素制约。这取决于已形成的观点和观点包含的问题、专家的学识和权威、利用的评价尺度、专家的生理状态，以及专家对预测对象的兴趣程度。

(2) 专家通常不具备了解未来所必需的思想方法学。专家的精力主要用于解决日常问题，以及用来考虑问题的变化动向及其相互联系。专家通常属于某个较窄的知识领域，一般不了解相关学科和相关部门的成就，因此思维难免会带有某种局限性。

(3) 专家评价通常建立在直观基础上，缺乏严格的考证。因而专家预测的方案结论，往往是不稳定的。组织者需要将比较接近的评价意见协调、集中，并排除极端意见，才能得到大体一致的意见。

(4) 专家的评价意见往往受到传统观点的束缚。对发展趋势的预测是通过直观外推得到的，因而难以估计到那些大大超前于现实的新思想。

尽管德尔菲法有某些缺陷和不足，但目前仍不失为主要预测方法之一，并且在各类预测方法的使用中所占的比重近年来有增无减。这除因为德尔菲法简单易行外，还因为有些技术领域只能用直观法进行预测。例如，对过去没有足够信息的技术领域进行预测，以及需要对很多相关因素的影响作出判断的技术领域进行预测；另外，对更依赖于技术政策和主观能动性，而不完全取决于技术自身可能性的技术领域进行预测等，还必须依靠专家的直观判断。

第四节　主观概率法

一、主观概率与客观概率

主观概率法是对市场调查预测法或专家预测法得到的定量估计结果进行集中整理的常用方法。主观概率是预测者对某一事件在未来发生或不发生可能性的估计，反映个人对未来事件的主观判断和信任程度。经济预测的主观概率法，是指利用主观概率对各种预测意见进行集中整理，得出综合性预测结果的方法。

主观概率也必须符合概率论的基本公理，即每一事件发生的概率大于等于零，小于等于 1；必然事件发生的概率等于 1，不可能事件发生的概率等于零；两个互斥事件之和的概率等于它们的概率之和。

客观概率，是指某一随机事件经过反复试验后，出现的频数，也就是对某一随机事件发生的可能性大小的客观估量。如掷一枚硬币，出现国徽面和出现数字面的客观概率各为 1/2。

客观概率与主观概率的根本区别在于，客观概率具有可检验性，主观概率则不具有这种可检验性。

在有些现象无法通过试验确定其客观概率，或由于资料不完备无法计算客观概率时，常常采用主观概率法进行预测。常用的主观概率法有主观概率加权平均法和累计概率中位数法。

二、主观概率加权平均法

主观概率加权平均法是以主观概率为权数，通过对各种预测意见进行加权平均，计算出综合性预测结果的方法。我们以某公司的统计人员和计划人员对下一年首季销售额的预测为例来说明该方法的基本步骤。

参加预测者首先确定各种可能情况出现的主观概率，然后以主观概率为权数，计算每人预测的最高销售、最低销售和最可能销售的加权算术平均数，作为个人预测期望值。

如统计员甲预测的期望值(表 2-2)为

$$(1000\times30+800\times50+600\times20)\div100=820(\text{万元})$$

表 2-2　统计人员预测期望值计算表

统计员	估计	销售额/万元	主观概率	销售×概率/万元
(1)	(2)	(3)	(4)	(5)
甲	最高销售	1000	0.3	300
	最可能销售	800	0.5	400
	最低销售	600	0.2	120
	期望值			820
乙	最高销售	1200	0.2	240
	最可能销售	1000	0.6	600
	最低销售	800	0.2	160
	期望值			1000
丙	最高销售	900	0.2	180
	最可能销售	700	0.5	350
	最低销售	500	0.3	150
	期望值			680

接下来再以主观概率为权数，对每个人的期望值进行综合平均。

如果三位统计员的判断能力不相上下，其主观概率各为 1/3，则三人预测的平均销售额为

$$(820+1000+680)\div3=833.33(\text{万元})$$

如果计划员甲的期望值为 950 万元，乙的期望值为 750 万元，二人的主观概率各为 50%，则计划员预测的平均销售额为

$$(950+750)\div2=850(\text{万元})$$

如果统计员的主观概率为 60%，计划员的主观概率为 40%，则该公司明年首季的预测销售额为

$$(833.33\times 60+850\times 40)\div 100=840(\text{万元})$$

上述每个人期望值的主观概率，主要根据其过去判断预测的准确程度确定。

最后计算平均偏差程度及校正预测结果。具体做法：将过去若干季的实际数和预测数对比，计算比率、平均比率和平均偏差程度。设过去 8 个季度的实际数与预测数之比如表 2-3 所示。

表 2-3　实际数与预测数的比值

季数	1	2	3	4	5	6	7	8	平均比率
实际数/预测数	0.98	1.03	1.02	0.86	0.97	1.01	0.93	1.04	0.98

从表 2-3 可以看出，各季实际数比预测数有高有低，平均比率是各季实际数与预测数之比的简单算术平均数，即 98%。所以平均偏差程度为 98% − 1 = −2%，即预测数比实际数平均偏高 2%。因此需对对预测结果进行校正，将所得的预测值乘以 98%作为最后预测结果，经校正后的下一年首季预测销售额为

$$840\times 98\%=823.2(\text{万元})$$

三、累计概率中位数法

累计概率中位数法是根据累计概率，确定不同预测值的中位数，对预测值进行点估计和区间估计的方法。我们以某公司流通费用率预测为例来说明该方法的基本步骤。

第一步，确定主观概率及其累计概率。

某公司根据 2014 年 1 月至 2016 年 6 月共 30 个月的流通费用率，预测 2016 年 12 月的流通费用率。其统计资料如表 2-4 所示。

表 2-4　2014 年 1 月至 2016 年 6 月各月流通费用率　　（单位：%）

年＼月	1	2	3	4	5	6	7	8	9	10	11	12
2014	3.3	2.8	2.9	3.0	2.9	3.0	3.4	3.1	3.0	2.9	3.0	3.1
2015	3.5	3.4	3.3	3.4	3.5	3.5	4.6	4.0	4.0	4.4	4.9	6.3
2016	8.3	8.3	9.6	8.8	8.3	9.4						

从表 2-4 可以看出，2015 年 12 月以来流通费率有明显的迅速上升趋势。要外推预测 2016 年 12 月的流通费率，可用意见征询表进行调查，获取预测 2016 年 12 月流通费率的信息，并据此确定主观概率及其累计概率。每个参与预测者要根据自己对流通费率未来发展趋势的估价给出主观概率，并向预测主持人提供相关信息。

预测主持人可通过征询表向参与预测者提出一系列问题，预测者回答时要符合概率基本公理的要求，并要参照下列标尺回答问题（图 2-1）。

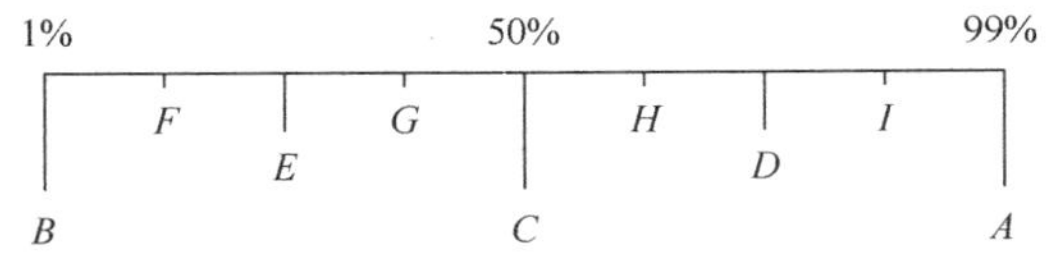

图 2-1　概率标尺

图 2-1 给出的标尺代表从 0～1 的累计概率区间，图中各分点将[0, 1]区间分成 8 等份，样本点落在每一个小区间中的概率均为 12.5%。利用标尺可以了解每一答案在累计概率区间的位置。

意见征询表中通常提出下列问题。

A. 你认为 2004 年 12 月流通费用率的最高值可能是多少？所谓最高值，就是实际流通费用率小于或等于这个值的概率几乎接近于 1。

B. 你认为 2004 年 12 月流通费用率的最低值可能是多少？所谓最低值，就是实际流通费用率小于或等于这个值的概率几乎为 0。

C. 请在 *A*，*B* 答案之间确定一个流通费用率，使实际值大于或小于该数值的概率各为 50%。这是概率分布的中位数。

D. 请在中位数 *C* 和最高值 *A* 之间确定一个流通费用率，使实际值小于或等于该数值的概率为 75%。这是概率分布的上四分位数。

E. 在最低值 *B* 和中位数 *C* 之间确定一个流通费用率，使实际值小于或等于该数值的概率为 25%。这是概率分布的下四分位数。

F. 在 *B* 与 *E* 间确定一个流通费用率，使实际值小于或等于该数值的概率为 12.5%。

类似地，可得其余各点的概率。

将上述意见征询表发给每个预测组成员，根据收回的预测意见即可得到各种预测值及其主观概率和累计概率。

第二步，汇总整理意见征询表，进行点估计和区间估计。

设有 12 人参加预测，将每个人关于各个问题的答案汇总，整理成表 2-5。为得到整个预测组的统一的累计概率分布函数，需要求出从 *A* 到 *B* 每一个分点对应的 12 个估计值的平均数。将所得累计概率分布函数的中位数，确定为 2016 年 12 月流通费用率的点估计值，如表 2-5 所示。

表 2-5　意见征询表的答案汇总表　（单位：%）

预测者	累计分布函数沿横轴的点								
编号	*B*	*F*	*E*	*G*	*C*	*H*	*D*	*I*	*A*
1	6.0	6.25	6.50	6.75	7.0	7.25	7.50	7.75	8.0
2	6.0	6.40	6.50	7.00	8.3	8.40	8.50	9.40	9.5
3	8.0	8.13	8.25	8.38	8.5	8.63	8.75	8.88	9.0
4	6.0	6.70	7.50	8.00	8.0	8.60	8.70	8.80	9.0
5	5.0	5.50	6.00	6.50	7.5	8.00	8.25	8.50	9.0
6	8.0	8.23	8.45	8.68	8.9	9.13	9.35	9.58	9.8
7	7.8	8.00	8.20	8.50	8.8	9.00	9.30	9.40	9.6
8	8.0	8.20	8.40	8.60	8.8	9.00	9.20	9.40	9.6
9	7.2	7.80	8.26	8.40	8.6	8.80	9.20	9.60	10.0
10	6.0	6.68	8.25	8.38	8.5	8.63	8.75	9.33	10.0
11	9.2	9.25	9.30	9.35	9.4	9.45	9.50	9.70	9.8
12	6.5	6.80	7.20	8.10	8.8	9.00	9.10	9.30	9.5
平均数	6.98	7.33	7.73	8.05	8.43	8.49	8.84	9.14	9.40
累计概率/%	1.0	12.5	25.0	37.5	50.0	62.5	75.0	87.5	99.0

由表 2-5 可知，2016 年 12 个月流通费用率的中位数为 8.43%。此外，还可以得到其他信息，如根据所有预测者的估计平均，2016 年 12 月流通费率低于或等于 8.84 的概率为 75.0%。

根据表 2-5 各点的平均数和累计概率，可以绘制流通费用率的累计概率分布函数图，如图 2-2 所示。

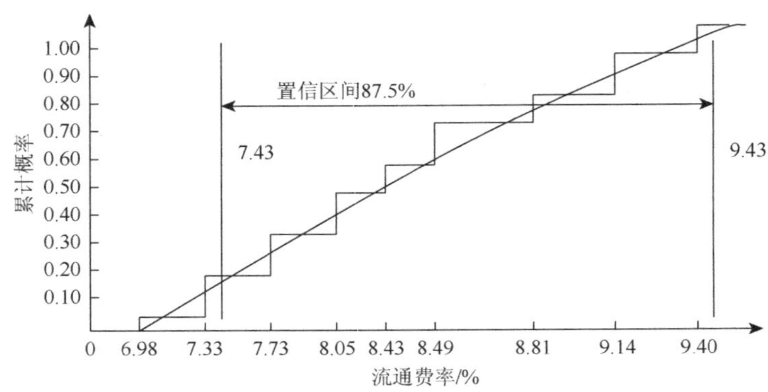

图 2-2　流通费率累计概率分布函数图

根据外推预测与插值需要，可将图 2-2 折线修匀成一条平滑曲线。在本例中，如果要求预测误差不超过 1%，即以点预测为中心，置信区间为±1%。由 8.43%±1% 不难得到置信区间为[7.43%, 9.43%]。根据图 2-2 可以算出流通费用率落入此置信区间的概率为 $1-0.125=87.5\%$。即可以有 87.5% 的把握保证流通费用率预测值的置信区间为[7.43%, 9.43%]，可靠程度能够满足要求。

第三步，计算预测误差，校正预测值。

利用主观概率法进行判断预测，预测的准确程度和预测误差的大小成反比。为了提高预测的准确程度，对点估计值加以校正，还应计算预测误差。设某公司用上述预测方法进行预测已有一年的记录，可比较预测值与实际值的误差，计算以下几个平均误差指标，对预测值进行校正。

表 2-6　误差计算表　（单位：%）

月别	实际值 x	预测值 $\hat{x}$	$x-\hat{x}$	$\lvert x-\hat{x}\rvert$	校正预测 $\hat{x}'$	$\lvert x-\hat{x}'\rvert$
(1)	(2)	(3)	(4)=(2)−(1)	(5)	(6)=(3)+E	(7)=(2)−(6)
2003 年 7 月	4.6	5.4	−0.8	0.8	5.867	1.267
8 月	4.0	4.2	−0.2	0.2	4.667	0.667
9 月	4.0	3.9	0.1	0.1	4.367	0.367
10 月	4.4	4.0	0.4	0.4	4.667	0.067
11 月	4.9	4.8	0.1	0.1	5.267	0.367
12 月	6.3	6.5	−0.2	0.2	6.967	0.667
2004 年 1 月	8.3	8.9	−0.6	0.6	9.367	1.067
2 月	8.3	6.1	2.2	2.2	6.567	1.733

续表

月别	实际值 x	预测值 $\hat{x}$	$x-\hat{x}$	$\|x-\hat{x}\|$	校正预测 $\hat{x}'$	$\|x-\hat{x}'\|$
(1)	(2)	(3)	(4)=(2)-(1)	(5)	(6)=(3)+E	(7)=(2)-(6)
3 月	9.6	7.3	2.3	2.3	7.767	1.833
4 月	8.8	7.7	1.1	1.1	8.167	0.633
5 月	8.3	7.5	0.8	0.8	7.967	0.333
6 月	9.4	9.0	0.4	0.4	9.467	0.067
合计	80.9	75.3	5.6	9.2	80.900	9.068

(1)预测平均误差$\overline{e}$。

$$\overline{e}=\frac{\sum(x-\hat{x})}{n}=\frac{5.6\%}{12}=0.467\%$$

$\overline{e}$是测定预测的偏向性的统计指标。上例表明预测有系统误差，偏低 0.467%，可用$\overline{e}$来校正原预测值$\hat{x}$，得校正预测值$\hat{x}'$，填入表 2-6 第(6)栏。

$$\hat{x}'=\hat{x}+\overline{e}=\hat{x}+0.467\%$$

如 2015 年 7 月的校正预测值为

$$5.4\%+0.467\%=5.867\%$$

(2)预测平均绝对误差$|\overline{e}|$。

$$|\overline{e}|=\frac{\sum|x-\hat{x}|}{n}=\frac{9.2\%}{12}=0.767\%$$

$|\overline{e}|$是测定预测准确性的统计指标。

(3)校正预测的平均绝对误差$|\overline{e}'|$。

$|\overline{e}'|$是测定校正后预测一致性的统计指标。利用表 2-6 第(7)栏合计数计算如下：

$$|\overline{e}'|=\frac{\sum|x-\hat{x}'|}{n}=\frac{9.068\%}{12}=0.756\%$$

本例中 12 个月流通费用率的平均数为

$$\overline{x}=\frac{\sum x}{n}=\frac{80.9\%}{12}=6.74\%$$

而$|\overline{e}'|=0.756\%$，为平均流通费用率的 11%，表明对过去 12 个月所作的校正预测是相当一致和比较稳定的。$|\overline{e}'|$越低，一致性越高。

经过校正的预测比原预测的误差下降，预测的准确程度有所提高。根据上述预测平均误差$\overline{e}$，可对 2016 年 12 月流通费用率的预测值进行校正。

$$\hat{x}_{2016.12}+\overline{e}=8.43\%+0.467\%=8.9\%$$

为了适应经济情况的发展变化，$\overline{e}$值可每年调整一次。

第五节 预兆预测法

自然现象、社会现象、经济现象等之间的相互联系，有时在变动时间上呈现先后顺序。

当一种现象发生变化之后，另一种现象随之发生变化。前者的变化传递了后者即将发生变化的信息，成为后者发生变化的前兆现象。预兆预测法就是根据预测对象前兆现象的变化情况，推断预测对象发展前景的预测方法。古人云："月晕而风，础润而雨"，他们通过观察月亮周围的光圈和柱基的湿度来预测风和雨的出现。现代经济生活中，人们通过收入水平的变动来预测消费水平的变动。这些都体现了预兆预测法的基本思想。

一、经济波动及其监测预警的概念

所谓经济波动，指的是经济增长中出现上升与下降交替的循环往复运动。一个典型的经济波动周期包括复苏、高涨、衰退和萧条四个阶段。具体表现：经济运行从前一周期的谷底开始，经转折点后缓慢上升，进而加快上升速度达到高峰，而后又从峰顶上逐渐下降并跌落到谷底。对经济波动的描述，既可以高峰→低谷→高峰为一个周期，也可以低谷→高峰→低谷为一个周期。由于经济运行的外在数量关系反映其内在联系，而外在数量关系无不通过统计指标的数量变动特征表现出来，应用预兆预测法对经济波动进行监测预警时要建立指标体系，通过对指标系统的观测和分析来反映经济运行系统的变化，以便对经济增长中行将出现的波动态势发出警报信号，为提早实施宏观调控提供依据，做到防患于未然。需要说明的是，在监测预警过程中，监测侧重于对现行经济运行过程的测度，相当于一般的景气分析；而预警是对经济运行中具有突发性、倾向性和不稳定性的因素及时发出警报信号，预测的意义更加鲜明。

二、监测预警指标体系的构造

设置指标体系的核心问题是筛选指标。指标的选择要从分析经济机理入手，把握指标之间的相互关系。一套有效的监测预警指标体系，应当有一个较完整的理论框架，能够说明经济波动的产生机制和传导过程。设置指标体系要考虑三个方面的问题。

1. 指标的内容

指标的内容要与预警目标相一致。例如，要反映社会再生产过程的主要方面及内在联系，可以考虑的指标如下。

(1) 生产方面。生产成果是总供给的来源，因此主要从生产成果和效益方面考虑入选指标，如第一、二、三产业增加值，粮食总产量，钢材总产量，独立核算工业企业销售收入等。

(2) 流通方面。主要反映交通运输条件和商品流转、销售方面的情形，因为生产成果要经过流通才能进入消费或形成积累。可以考虑的指标有货物周转量、铁路货运量、主要消费品和生产资料的国内购进和进口、主要消费品和生产资料的国内销售和出口等。

(3) 财政信贷方面。财政信贷进行价值分配形成需求，财政信贷的平衡是总供需平衡的主要内容。这方面可以围绕资金的供求状况选择指标，如银行存贷款余额、银行现金收入与支出、流动资金贷款规模、货币流通量以及财政收支等。

(4) 消费和积累方面。可以考虑的指标诸如居民消费品零售额、社会商品零售额、居民货币收入、社会商品购买力、固定资产投资实际完成额、基本建设拨款和贷款额等，以反映供给和需求在使用方面的平衡情况。

(5) 物价方面。物价稳定是总供需平衡的重要表现，也是宏观经济调控的主要目标之一。选择这方面的指标主要是反映各类商品价格的变动情况，包括各类价格指数以及汇率、股价指数等敏感的市场信号指标。

(6) 劳动就业方面。人民安居乐业是社会繁荣、稳定的前提，不断满足广大人民群众日益增长的物质文化生活需要是社会主义生产的根本目的。反映劳动就业情况的主要指标包括全社会劳动者人数及其占总人口的比重、各产业就业劳动力的数量及其结构、下岗职工人数和农村劳动力闲置率等。

2. 指标时差关系分类

根据指标变动的时差关系，入选指标可以分为先行、同步和滞后三种类型。这种分类是指示景气动向的重要基础。指标之间的时差关系是相对于经济系统的变化而言的；先行指标的变化领先于经济系统的变化，同步指标的变化与经济系统的变化大体一致，滞后指标的变化落后于经济系统的变化。因此，分类过程中首先要确立一个代表“经济系统”变化的基准，即分类的参照系，该基准由基准日期和基准循环构成，确立的步骤如下。

(1) 从指标体系中挑选出 1～3 个能代表经济系统变化的指标，称基准循环指标。我国建立的监测预警体系通常选择工业总产值，结合工业销售收入等反映工业产品价值实现状况的指标作为基准循环指标。因为工业生产是经济增长的发动机，所以可作为经济增长水平的标志。

(2) 根据基准循环指标构造一个综合指数，将其处于高峰和低谷的日期即循环转折点定为基准日期。此时基准循环也随之确定，即从一个低谷(高峰)到下一个低谷(高峰)的循环。

(3) 以基准循环为参照系，划分先行、同步和滞后指标。最简单的方法是图示对比法。这种方法把被比较指标的循环与基准循环画在同一张曲线图上，将其峰、谷日期和基准日期对应地进行比较，如果被比较指标的峰和谷总是(或绝大部分)保持比较稳定的先行关系，则可确定为先行指标。用同样的方法可以划分同步指标和滞后指标。第二种方法称为马场方法，是日本马场正雄教授提出来的，其主要步骤如下。

第一步，将基准循环中的每个循环均按谷→谷分成 9 段，如表 2-7 所示。表 2-7 中，表示谷、峰、谷的第 1、第 5 和第 9 段时间长度各为 1 个月；扩张期分为 3 段，每段的时间长度按扩张期的实际长度平均，如扩张期历时 1 年，则每段为 4 个月；收缩期也分为 3 段，每段时间长度的确定方法与扩张期相同。

第二步，计算被比较指标对应于基准循环各阶段的指标数值，其中峰、谷值取包括峰、谷在内的前后 3 个月的平均值，而扩张期和收缩期各段的值则取该段对应月份的平均值。

第三步，比较各循环中相邻两阶段的平均值。后一段的值大于前一段的值表示该指标在此段是上升的，记为“+”；后一段的值小于前一段的值表示该指标在此段是下降的，记为“−”；两阶段的数值相等时，则以“=”表示。将指标值及其符号填入分析表(表 2-7)。选出历次循环中同一阶段上占最多数的符号填入“平均”栏，并算出该符号所占的比例填入“检定”栏。

第四步，将“平均”栏中上升与下降构成的循环与基准循环比较，确定被比较指标与基准指标的时差关系。例如，被比较指标各阶段的符号结构为“++−−−−++”，表示峰出现在第 3 段，因而是先行指标；若为“++++−−−−”，则为同步指标；若为“−−−++++−”，则为滞后指标。

表 2-7　经济指标时差分类马场方法分析表

	谷	扩张			峰	收缩			谷
	1	2	3	4	5	6	7	8	9
第一循环	1.02	1.05	1.07	−1.04	−1.02	−1.00	1.73	1.04	−1.04
第二循环	1.04	1.06	−1.05	−1.03	−1.01	−1.00	−1.00	1.01	1.02
⋮	⋮	⋮	⋮	⋮	⋮	⋮	⋮	⋮	⋮
平均		+	+	−	−	−	−	+	+
检定		1.00	0.60	0.80	0.80	1.00	0.60	0.80	0.80

显然，马场方法较图示对比法精确，便于计算机操作，因此应用较为广泛。此外，还可以用时差相关分析等方法对先行、同步、滞后指标进行分类。需要指出的是，无论用什么方法分类，指标的经济性质要能说明它与基准循环的时差关系。

3. 指标选择的原则

为了保证监测预警系统运行的准确性与有效性，筛选指标应当遵循以下原则。

(1) 经济性质的重要性。所选指标要能反映某一方面的经济活动，对经济增长波动有较大影响作用；整个指标体系覆盖面广，能反映经济运行的基本趋势。

(2) 变动特征的灵敏性与稳定性。所选指标要求灵敏度高，能充分表现其在经济系统中的作用。如先行指标能以较大的概率预示总体经济活动的扩张和收缩，同步指标和滞后指标则能显示总体经济活动扩张与收缩的程度及其后果。由于受系统内外诸多因素的影响，指标的波动曲线不会是规则曲线，但其基本轨迹要稳定，不规则波动现象应尽可能少。

(3) 统计上的完整性、及时性与充分性。所选指标要有完整的统计资料，这一点对于使用分月(季)资料对短期波动进行监测的指标系统尤其重要。及时性要求指标的统计制度健全，能按时获得资料；充分性则要求指标时间序列足够长，能显示经济波动的历史变动特征。

就目前情况而言，有时不容易找到完全符合上述原则的指标，只能使用替代指标。但随着我国统计信息收集、管理制度的健全和完善，这些问题将逐步得到解决。

三、信息指标的综合、识别与评价

监测预警指标体系由大量覆盖面广的指标构成，其中先行、同步、滞后指标也各自构成指标子体系。许多指标的变化方向并不完全一致。要用这些指标反映经济系统的变化状况，还需要对指标信息进行一定的综合和浓缩，即将各类指标值合并为一个或几个综合性的量化指标。进行指标信息的综合时，首先要将各个指标变为无量纲的指数型波动测定值，最简单的方法是对经过季节调整的数据计算逐期环比指数或年距环比指数。而指标信息的识别与评价，则是指如何运用综合后的指标信息来判别经济运行状况，并对未来的发展前景作出估计，即进行监测与预警。下面介绍三种常用方法。

1. 扩张指数方法

扩张指数方法根据扩张和半扩张指标数量比例进行指标信息的综合。计算公式是

$$\mathrm{DI}_t=\sum_{j=1}^{N}W_jI(X_t^j\geqslant X_{t-i}^j) \tag{2-5}$$

其中，X_t^j代表第j个指标t期的波动测定值，W_j代表其权数，可采用专家评估等方法确定。X_{t-i}^j中i的数值取决于比较基础，如和前期比，则$i=1$；和上年同期比，则$I=12$或4等。I是一个示性函数，只取三种数值：

$$\begin{cases}I=1, & X_t^j>X_{t-i}^j\\ I=0.5, & X_t^j=X_{t-i}^j\\ I=0, & X_t^j<X_{t-i}^j\end{cases}$$

当各指标的权数相等时，式(2-5)变成

$$\mathrm{DI}_t=\frac{1}{N}\sum_{j=1}^{N}I(X_t^j\geqslant X_{t-i}^j) \tag{2-6}$$

把进行一定的综合和浓缩后按各个时点计算的DI_t值依序排列起来就形成一个动态序列，可用于景气分析及经济运行转折点的判断。

由计算公式知$0\leqslant\mathrm{DI}_t\leqslant1$，当$\mathrm{DI}_t>50\%$时，扩张的因素大于收缩的因素，经济系统处于景气状态；当$\mathrm{DI}_t<50\%$时，扩张的因素小于收缩的因素，经济系统处于不景气状态；当$\mathrm{DI}_t=50\%$时，经济系统处于维持前期状态的局面。直线$\mathrm{DI}_t=50\%$具有特别重要的意义，称景气转折线，如图2-3所示。根据DI_t穿越景气转折线的变动方向，可进一步分析景气的变化动态。

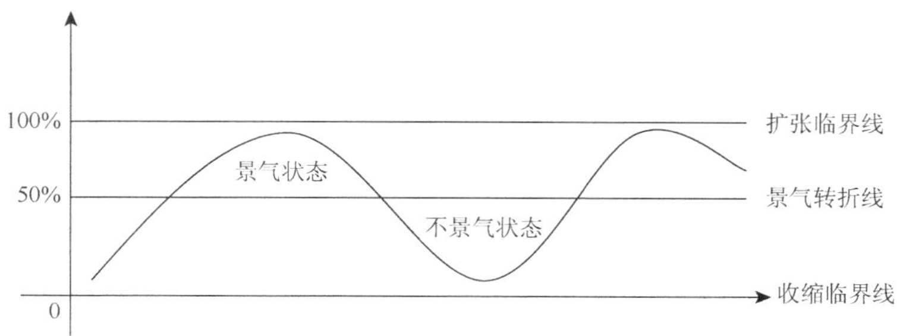

图2-3　扩张指数的变动趋势

(1)在DI_t呈现景气状态的区间[50%, 100%]中，DI_t由景气转折线向扩张临界线趋近，表明扩张因素在不断增加，经济运行的热度越来越高；DI_t由扩张临界线向景气转折线趋近，表明扩张因素在逐渐减少，经济运行处于降温阶段。

(2)在DI_t呈现不景气状态的区间[0, 50%]中，DI_t由收缩临界线向景气转折线趋近，表明收缩因素已逐渐减少，经济系统处于复苏之中；DI_t由景气转折线向收缩临界线趋近，表明收缩的因素在增加，经济系统正滑向谷底。

因此 DI_t 的变化动态反映了经济系统每次循环波动的峰谷位置、循环周期的持续时间以及扩张期、收缩期的持续时间。将指标体系根据时差关系分类后，可分别计算先行、同步和滞后指标各个子系统的 DI_t 值，并运用先行指标的 DI_t 序列，预报下阶段经济运行的趋势和峰谷位置；运用同步指标的 DI_t 序列反映经济循环波动的态势，检验先行指标预报的准确性；运用滞后指标的 DI_t 序列检验经济活动的峰、谷是否已经过去以及评价宏观调控措施是否已经奏效。

值得注意的是，扩张指数 DI_t 只能反映经济扩张和收缩的方向及转折位置，而不能定量地反映经济扩张和收缩的程度，因为在其计算公式中把指标波动的任何一个上升（下降）看作一个单位的扩张，而没有考虑这个上升（下降）幅度的大小。

2. 景气对策信号方法

景气对策信号方法采用类似交通管制信号灯的方法来显示经济总体的运行状态和应当采取的景气对策，在美国、日本等国家和中国台湾地区都有广泛应用。我国编制景气对策信号的方法如下。

(1) 将经济运行的景气波动范围划分为过冷、偏冷、正常、偏热、过热五个景气区，分别用蓝灯、浅蓝灯、绿灯、黄灯、红灯表示。

(2) 根据某些定性和定量原则确定各灯区之间的界限标准，也称预警界限或“检查值”。

首先要对单个指标的波动测定值设置预警界限，通常采用两种方法。其一是专家评估法，主要考虑各指标的历史波动状况，并结合各个时期的经济发展目标直接确定。其二是平均值-标准差原则，该方法的基本思想：以各指标的平均值 $\bar{X}$ 作为监测目标值，以指标实际值偏离平均值的大小作为警界限，并用反映该指标波动状况的标准差 σ 来衡量，倍数为 t；选择适当的 t 值确定各区间的宽度，即

蓝灯区　浅蓝灯区　绿灯区　黄灯区　红灯区

$\bar{X}-t_2\sigma$　$\bar{X}-t_1\sigma$　$\bar{X}+t_1\sigma$　$\bar{X}+t_2\sigma$

例如，选择 $t_1=1.65$，表示实际值在 $X\pm1.65\sigma$ 内划入绿灯区，其余类推。t 值的大小要根据指标的历史波动特征具体分析确定。

其次是计算分类指标或总指标的综合信号分数并确定其预警界限。通常采用均匀记分法表示各灯区，即对落入蓝灯区、浅蓝灯区、绿灯区、黄灯区、红灯区的指标分别打 1 分、2 分、3 分、4 分和 5 分；然后在每一时点上按类别对相应指标的信号分数求和，得出分类指标或总指标的综合信号分数。

设 N 为指标个数，第 i 个指标的得分记为 x_i，令

$$Y=\frac{\sum_{i=1}^{N}x_i}{5N} \tag{2-7}$$

我们可以按照 Y 值的大小划定综合指标的预警界限：

(3) 将综合信号分数转换为相应的灯号，借助号判断经济运行的景气状况，考虑应当

采取的景气对策。

例如，某地区 8 项同步指标在某一季度的景气信号分别为

工业总产值(红)：$x_1=5$；　货物周转量(红)：$x_2=5$

社会消费品零售额(黄)：$x_3=4$；　货币流通量(红)：$x_4=5$

银行现金工资性支出(红)：$x_5=5$；　国内商业工业品纯购进(黄)：$x_6=4$

国内商业工业品纯销售(黄)：$x_7=4$；全民基建投资完成额(红)：$x_8=5$

由式(2-7)可得

$$Y=\frac{\sum_{i=1}^{8}x_i}{5\times 8}=\frac{5+5+4+5+5+4+4+5}{40}=\frac{37}{40}=0.925$$

因 $Y=0.925>0.86$，可知该地区同步指标综合指数已落入红灯区，显示当地经济已处于过热状态，必须采取紧缩措施。

概括地说，综合信号亮出的各种灯色表示景气状况和相应的调控措施：信号为绿灯显示经济稳定发展，应当采取稳步推进政策。信号为红灯或蓝灯，显示经济运行已处于报警区，前一种状况经济过热，应立即进行经济紧缩性调整；后一种状况经济过冷，应当采取有力措施刺激经济复苏。信号为黄灯，表示经济尚稳定，短期内可能转热也可能趋稳，应针对具体情况采取措施：若由“绿灯区”转变而来，则刺激经济成长的措施应作适当调整；若由“红灯区”转变而来，就不宜继续加强紧缩措施。信号为浅蓝灯区显示经济偏冷，此时无论是从“绿灯区”或“蓝灯区”转变过来，都应当采取促进经济增长的措施。

3.“组合信号”预测方法

我们已讨论过先行、同步和滞后指标的扩张指数在景气分析中的作用。对经济系统循环波动中下一阶段的峰谷位置进行预报，是先行指标预测功能的重要体现，但在实际应用中为了提高预测的准确性，还可以利用同步指标甚至是滞后指标参与预测，然后取各个预测值的平均值作为最终预测值，称为“组合信号”预测值。

利用先行、同步和滞后指标进行峰谷位置的预报，首先要计算各类指标的 DI_t 序列，对其历史波动特性进行统计分析，计算出各类指标在各个循环中的峰谷日期、平均周期、平均扩张期、平均收缩期以及定时表。平均周期等于样本期各循环周期长度之和除以周期个数，可以按谷→峰→谷计算，也可以按峰→谷→峰计算。平均扩张期(收缩期)等于谷到邻近的峰(峰到邻近的谷)的平均时间长度，计算方法与平均周期相同。而定时表则是指先行指标和滞后指标峰、谷分别相对于基准循环峰、谷的平均领先和平均滞后时间。其次是计算各类指标的先行 DI_t 值，判别它们所显示的景气状况并进行预报。下面以峰的预报为例分别介绍三类指标的预测公式，谷的预报类似可得。

(1)利用同步指标自身波动的统计规律，把这一波动曲线延伸下去。对下阶段的峰(谷)进行预报时，既能以其循环波动中最近一周期的峰为出发点，也能以谷为出发点。即

下阶段的峰 = 同步指标最近的峰 + 同步指标峰→峰的平均周期　　(2-8)

或

下阶段的峰 = 同步指标最近的谷 + 同步指标的平均扩张期　　(2-9)

例如，同步指标当前的 DI_t 值已连续 5 个月上升，历史上同步指标的平均扩张期为 9

个月，则可以推断大约 4 个月后经济景气将进入峰顶。

(2) 利用先行指标先行波动的特征预报同步指标的峰(谷)位置，对下阶段峰的预报有三个不同的出发点，相应有三个公式：

$$\text{下阶段的峰} = \text{与同步指标最近的峰相对应的峰} + \text{先行指标峰} \rightarrow \text{峰的平均周期} + \text{先行指标峰的平均领先时间} \tag{2-10}$$

或

$$\text{下阶段的峰} = \text{与同步指标最近的谷相对应的谷} + \text{先行指标的平均扩张期} + \text{先行指标峰的平均领先时间} \tag{2-11}$$

或

$$\text{下阶段的峰} = \text{先行指标最近的峰} + \text{先行指标峰的平均领先时间} \tag{2-12}$$

上述三个公式中，式(2-12)最为简单。例如，先行指标峰的平均领先时间为 7 个月，已在 4 个月前越过峰顶，那么可以推断同步指标大约在 3 个月后达到自己的峰顶。

(3) 利用滞后指标滞后波动的特征检验预报同步指标的峰(谷)位置。和先行指标的预报一样，对下阶段峰的预报也可以从三个不同的出发点得到三个计算公式，如果计算出的峰(谷)时间已经过去，则可以与实际的峰(谷)时间对照进行检验；如果计算出的峰(谷)时间是在未来，则可用于计算“组合信号”的预测值。

$$\text{下阶段的峰} = \text{与同步指标最近的峰相对应的峰} + \text{滞后指标峰} \rightarrow \text{峰的平均周期} - \text{滞后指标峰的平均滞后时间} \tag{2-13}$$

或

$$\text{下阶段的峰} = \text{与同步指标最近的谷相对应的谷} + \text{滞后指标的平均扩张期} - \text{滞后指标峰的平均滞后时间} \tag{2-14}$$

或

$$\text{下阶段的峰} = \text{滞后指标最近的峰} - \text{滞后指标峰的平均滞后时间} \tag{2-15}$$

类似地，可以得到下阶段谷的预报公式。

例 2.5.1　表 2-8 和表 2-9 是某地区经济波动监测预警系统先行、同步和滞后指标的历史波动资料，要求利用“组合信号”预测法预报下阶段的峰谷位置。

表 2-8　先行和同步指标的历史波动特性数据　　(单位：月)

	平均周期			先行指标定时表		滞后指标定时表	
	同步指标	先行指标	滞后指标	峰的平均领先时间	谷的平均领先时间	峰的平均滞后时间	谷的平均滞后时间
峰→峰	25	26	24	11	10	7.5	9
谷→谷	24.5	25.5	26				

表 2-9　最近一个循环的峰谷时间

	峰	谷	峰
先行指标	2014 年 2 月	2015 年 10 月	2016 年 3 月
同步指标	2014 年 12 月	2016 年 8 月	
滞后指标	2015 年 8 月		

解　(1)根据表2-8和表2-9中的资料，下一个峰可分别由下列公式计算。

由式(2-8)得

下阶段的峰 = 2014年12月 + 25个月 = 2017年1月

由式(2-10)和式(2-12)得

下阶段的峰 = 2014年2月 + 26个月 + 11个月 = 2017年3月

下阶段的峰 = 2016年3月 + 11个月 = 2017年2月

由式(2-13)得

下阶段的峰 = 2015年8月 + 24个月−7.5个月 = 2017年1月

综合上述结果，下一个峰的“组合信号”预测值是2017年2月。

(2)根据表中的资料，下一个谷可以类似计算。

类似式(2-8)，利用同步指标数据可得

下阶段的谷 = 2016年8月 + 24.5个月 = 2018年9月

类似式(2-10)，利用先行指标数据可得

下阶段的谷 = 2015年10月 + 25.5个月 + 10个月 = 2018年10月

下一个谷的“组合信号”预测值是2018年9月至10月间。

应当指出的是，上述预报只是根据经济循环波动的历史资料进行的，在实际应用中，要注意联系各个时期所采取的宏观调控措施及未来经济发展目标等情况来确定预测值。

习题与思考题

1. 定性预测应注意什么问题？
2. 什么是头脑风暴法？
3. 什么是德尔菲法？它有哪些特点？有哪些优缺点？怎样选定专家？
4. 德尔菲法集中整理专家意见时，常用的有什么方法？
5. 什么是累计概率中位数法？各种平均误差指标是怎样计算的？对预测值是怎样进行校正的？
6. 已知某百货公司三位销售人员对明年销售的预测意见与主观概率如下表，又知计划人员预测销售的期望值为1000万元，统计人员的预测销售的期望值为900万元，计划、统计人员的预测能力分别是销售人员的1.2倍和1.4倍。试用主观概率加权平均法求：

(1)每位销售人员的预测销售期望值；

(2)三位销售人员的平均预测期望值；

(3)该公司明年的预测销售额。

销售人员预测期望值计算表

销售人员	估计	销售额/万元	主观概率
甲	最高销售	1120	0.25
	最可能销售	965	0.50
	最低销售	640	0.25
	期望值		0.30

续表

销售人员	估计	销售额/万元	主观概率
乙	最高销售	1080	0.20
	最可能销售	972	0.50
	最低销售	660	0.30
	期望值		0.35
丙	最高销售	1200	0.25
	最可能销售	980	0.60
	最低销售	600	0.15
	期望值		0.35

7. 已知某工业公司选定 10 位专家用德尔菲法进行预测，最后一轮征询意见，对明年利润率的估计的累计概率分布如下表所示：

（单位：%）

专家序号	1.0%	12.5%	25.0%	37.5%	50.0%	62.5%	75.0%	87.5%	99.0%
1	8.0	8.1	8.2	8.3	8.4	8.5	8.6	8.7	8.8
2	7.8	8.0	8.2	8.4	8.6	8.8	8.9	9.0	9.1
3	6.0	6.2	6.5	6.7	7.0	7.2	7.5	7.7	8.0
4	6.0	6.5	7.0	7.5	8.0	8.5	8.6	8.7	9.0
5	5.0	5.5	6.0	6.5	7.0	7.5	8.0	8.5	8.9
6	8.0	8.2	8.3	8.4	8.5	8.6	8.8	9.0	9.2
7	6.5	6.7	7.0	7.7	8.0	8.2	8.4	8.6	8.8
8	7.2	7.6	8.0	8.2	8.4	8.6	8.8	9.0	9.3
9	9.0	9.2	9.3	9.4	9.5	9.6	9.7	9.8	10.0
10	7.5	8.0	8.2	8.4	8.6	8.8	9.0	9.1	9.5

试用累计概率中位数法，

(1) 计算每种概率的不同意见的平均数，用累计概率确定中位数，作为点估计值；

(2) 计算当要求预测误差不超过 1% 时的区间估计值，以及其区间概率。

8. 上题中的工业公司过去 10 次预测的利润率预测值与观察值资料如下表所示：

（单位：%）

预测编号	1	2	3	4	5	6	7	8	9	10
观察值 x	7.8	7.2	7.0	6.2	6.4	7.8	8.2	7.4	7.7	8.6
预测值 $\hat{x}$	8.6	6.8	6.9	6.4	7.0	6.6	6.9	6.3	7.1	8.2

根据上表计算：

(1) 预测平均误差；

(2)平均绝对误差；

(3)校正预测的平均绝对误差；

(4)对上题的点估计值进行校正。

9. 利用十大指标以三个月为期计算扩张指数，监测宏观经济运行状况，1996 年 3 月～2001 年 12 月的 DI_t 数值如下表所示：

时间	扩张指数	时间	扩张指数	时间	扩张指数
1996 年 3 月	0.93	1998 年 3 月	0.31	2000 年 3 月	0.35
1996 年 6 月	0.87	1998 年 6 月	0.57	2000 年 6 月	0.26
1996 年 9 月	0.78	1998 年 9 月	0.71	2000 年 9 月	0.39
1996 年 12 月	0.65	1998 年 12 月	0.78	2000 年 12 月	0.38
1997 年 3 月	0.66	1999 年 3 月	0.89	2001 年 3 月	0.49
1997 年 6 月	0.48	1999 年 6 月	0.69	2001 年 6 月	0.66
1997 年 9 月	0.24	1999 年 9 月	0.56	2001 年 9 月	0.84
1997 年 12 月	0.16	1999 年 12 月	0.52	2001 年 12 月	0.91

假定 2001 年 3 月这十大指标相对于 2000 年 12 月的增长率(增长率在±1%内视为稳定)为

通货膨胀率：+1.3%；　失业率：1.8%；　利率：0.9%；　汇率：－0.07%

国民生产总值：1.2%；　财政赤字率：1.73%；　固定资产投资额：－2.4%

贸易收入：－0.95%；　货币供应量：－2.8%；　外汇储备：－0.42%

(1)试利用这些资料计算 2002 年 3 月的 DI_t 数值，并确定该时期在经济循环中所处的地位；

(2)根据 DI_t 序列分析经济循环波动的峰、谷位置和波动状况；

(3)设 1996 年 3 月为峰顶，计算峰→峰的平均周期并外推下一个峰的时间；

(4)计算平均收缩期并外推下一个谷的时间。

第三章　时间序列平滑预测法

要点

(1) 时间序列的概念及其组合形式;

(2) 移动平均预测法:

(3) 指数平滑预测法;

(4) 自适应滤波法。

学习要求　理解时间序列的概念及其组合形式，掌握时间序列平滑预测法、移动平均预测法、指数平滑预测法、差分指数平滑预测法、自适应滤波法；能够熟练运用各种时间序列平滑预测法对实际问题进行预测。

在经济统计资料中，我们经常会遇到一系列随时间变化的经济指标值，如历年的国内生产总值、历年的固定资产投资额等。这些经济指标值随着时间的变化而变化，有时有起伏，但趋势是明显的。

时间序列预测法，是将预测对象的历史数据按照时间的顺序排列成为时间序列，然后分析它随时间的变化趋势，外推预测对象的未来值。这样，就把影响预测对象变化的一切因素由“时间”综合起来描述了。

时间序列分析预测法可分为确定性时间序列预测法和随机性时间序列预测法。

第一节　时间序列概述

时间序列是指某一统计指标数值按时间先后顺序排列而形成的数列。例如，国内生产总值按年度顺序排列起来的数列；某种商品销售量按季度或月度排列起来的数列等都是时间序列。时间序列一般用 $y_1, y_2, \cdots, y_t, \cdots$ 表示，t 为时间。

在社会经济统计中，编制和分析时间序列具有重要的作用：

(1) 它为分析研究社会经济现象的发展速度、发展趋势及变化规律，提供基本统计数据；

(2) 通过计算分析指标，研究社会经济现象的变化方向、速度及结果；

(3) 将不同的时间序列同时进行分析研究，可以揭示现象之间的联系程度及动态演变关系；

(4) 建立数学模型，揭示现象的变化规律并对未来进行预测。

一、时间序列的因素分析

时间序列分析是一种动态的数列分析，其目的在于掌握统计数据随时间变化的规律。时间序列中每一时期的数值都是由许多不同的因素同时发生作用后的综合结果。例如，某商品月销售量，它受居民的购买力、商品的价格、质量的好坏、顾客的爱好、季节的变化等因素的影响。我们往往难以对各种因素进行细分来测定每一种因素作用的大小。因此，在进行时间序列分析时，人们通常将各种可能发生影响的因素按其性质不同分成四大类：长期趋势、季节变动、循环变动和不规则变动。

1. 长期趋势

长期趋势是指由于某种根本性因素的影响，时间序列在较长时间内朝着一定的方向持续上升或下降，以及停留在某一水平上的倾向。它反映了事物的主要变化趋势。例如，由于科学技术在农业中的应用，从一个较长时期看，粮食亩产量是持续增加的。我国国民经济主要指标，如国内生产总值、国民收入、农民人均纯收入等随着时间的变化呈现增长的趋势。也有一些时间序列随着时间的推移无明显上升或下降，呈现出一种稳定趋势。时间序列分析的首要任务就是认识和把握序列的长期趋势变化。

2. 季节变动

季节变动是指受自然条件和社会条件的影响，时间序列在一年内随着季节的转变而引起的周期性变动。经济现象的季节变动是季节性的固有规律作用于经济活动的结果。例如，农作物的生长受季节影响，从而导致一些农产品的销售和农产品加工工业的季节变动，这是自然方面的季节变动。也有人为的季节变动，如春节、中秋节等节日期间，某些食品的需求量剧增，这是人为季节变动的表现。

季节变动的周期性比较稳定，一般是以一年为一个变动周期。当然也有不到一年的周期变动，如银行的活期储蓄，发工资前少，发工资后多，每月具有周期性。

3. 循环变动

循环变动一般是指周期不固定的波动变化，有时是以数年为周期变动，有时是以几个月为周期变动，并且每次周期一般不完全相同。循环变动与长期趋势不同，它不是朝单一方向持续发展，而是涨落相间的波浪式起伏变动。与季节变动也不同，它的波动时间较长，变动周期长短不一，短则在一年以上，长则数年、数十年，上次出现以后，下次何时出现，难以预料。

4. 不规则变动

不规则变动是指由各种偶然性因素引起的无周期变动。不规则变动又可分为突然变动和随机变动。突然变动，是指诸如战争、自然灾害、地震、意外事故、方针、政策的改变所引起的变动；随机变动是指由于大量的随机因素所产生的影响。不规则变动的变动规律不易掌握，很难预测。

二、时间序列的组合形式

时间序列由长期趋势、季节变动、循环变动和不规则变动四类因素组成。四类因素的组合形式，常见的有以下几种类型：

(1)加法型：$y_t = T_t + S_t + C_t + I_t$。

(2)乘法型：$y_t = T_t \cdot S_t \cdot C_t \cdot I_t$。

(3)混合型：$y_t = T_t \cdot S_t + C_t + I_t$，$y_t = S_t + T_t \cdot C_t \cdot I_t$。

式中：y_t为时间序列的全变动；T_t为长期趋势；S_t为季节变动；C_t为循环变动；I_t为不规则变动。

对于一个具体的时间序列，要由哪几类变动组合，采取哪种组合形式，应根据所掌握的资料、时间序列的特点及研究目的来确定。

本章主要介绍长期趋势的平滑预测法。

第二节　移动平均法

移动平均法也称为时间序列修匀，是根据时间序列资料逐项推移，依次计算包含一定项数的时序平均数，以反映长期趋势的方法。当时间序列的数值由于受周期变动和不规则变动的影响，起伏较大，不易显示出发展趋势时，可采用移动平均法，消除这些因素的影响，分析、预测序列的长期趋势。

以下分别介绍简单移动平均法和加权移动平均法。

一、简单移动平均法

随着移动平均项数的奇偶性变化，简单移动平均法的移动平均公式有所不同。当移动平均项数为奇数时，相应的移动平均过程较为简单；当移动平均项数为偶数时，一次移动平均值与原序列中的数值不对应，此时需要进行两次移动平均。第二次移动平均的项数为2，其所得结果才是与原时间序列数值对应的趋势模拟值或预测值。

设时间序列为 $Y=(y_1, y_2, \cdots, y_t, \cdots, y_n)$；奇数项移动平均公式如下：

$$M_t = \frac{y_{t-k}+\cdots+y_{t-2}+y_{t-1}+y_t+y_{t+1}+y_{t+2}+\cdots+y_{t+k}}{N}, \quad t-k \geqslant 1, \quad t+k \leqslant n \tag{3-1}$$

式中：M_t 为 t 期移动平均数；$N=2k+1$ 为移动平均的项数。式(3-1)表明 t 期移动平均数是取 y_t 及其前后各 k 个值得到的平均数。

当 N 为偶数时，一次移动平均公式如下：

$$M_{t-1,t} = \frac{y_{t-k}+\cdots+y_{t-2}+y_{t-1}+y_t+y_{t+1}+\cdots+y_{t+k-1}}{N}, \quad t-k \geqslant 1, \quad t+k-1 \leqslant n \tag{3-2}$$

$M_{t-1,t}$ 与原序列中的数值不对应，因此需要再进行一次二项移动平均，由 $M_{t-1,t}$ 和 $M_{t,t+1}$ 得到

$$M_t = \frac{M_{t-1,t}+M_{t,t+1}}{2}, \quad t-k \geqslant 1, \quad t+k-1 \leqslant n \tag{3-3}$$

在式(3-1)～式(3-3)中，t 向前移动一个时期，就增加一个新数据，去掉一个远期数据，得到一个新的平均数。由于它不断“吐故纳新”，逐期向前移动，所以称为移动平均法。

表 3-1 给出了 $N=3$ 和 $N=4$ 时的移动平均公式。

表 3-1　移动平均公式($N=3$, $N=4$)

时期	指标值	三项移动平均 $\hat{y}_t$	四项移动平均 $\hat{y}_{t-1,t}$	$\hat{y}_{t-1,t}$ 二项移动平均 $\hat{y}_t$
t_1	y_1			
t_2	y_2	$(y_1+y_2+y_3)/3$	$\hat{y}_{23}=(y_1+y_2+y_3+y_4)/4$	
t_3	y_3	$(y_2+y_3+y_4)/3$	$\hat{y}_{34}=(y_2+y_3+y_4+y_5)/4$	$(\hat{y}_{23}+\hat{y}_{34})/2=\hat{y}_3$
t_4	y_4	$(y_3+y_4+y_5)/3$	$\hat{y}_{45}=(y_3+y_4+y_5+y_6)/4$	$(\hat{y}_{34}+\hat{y}_{45})/2=\hat{y}_4$
t_5	y_5	$(y_4+y_5+y_6)/3$		
⋮	⋮	⋮	⋮	⋮
t_n	y_n			

恰当地确定移动平均项数 N 对于改善移动平均公式的平滑效果十分重要。

对于随机波动较大的数据，通过移动平均公式平滑后随机波动会显著减少。而且移动平均项数 N 越大，平滑效果越明显；与此同时，趋势模拟值对原始数据的变动反应也越来越不灵敏。反过来，移动平均项数 N 越小，平滑效果越差；同时，趋势模拟值对原始数据的变动反应较为灵敏一些。

在实际应用过程中，可以选取若干个 N 值进行试算，比较模拟误差，从中选择模拟效果最好的模型。

例 3.2.1　运用移动平均法测算我国粮食产量的变化趋势。

当 $N=3, N=4$ 时，所得结果如表 3-2 所示。

表 3-2　移动平均法趋势模拟值计算表

年度	代号	粮食产量/万吨	三项移动平均 $\hat{y}_t$	四项移动平均 $\hat{y}_{t-1,t}$	$\hat{y}_{t-1,t}$ 二项移动平均 $\hat{y}_t$
2005	y_1	48402			
2006	y_2	49804	49455		
2007	y_3	50160	50945	50309	50894
2008	y_4	52871	52038	51479	52085
2009	y_5	53082	53534	52691	53561
2010	y_6	54648	54950	54431	55192
2011	y_7	57121	56909	55952	56841
2012	y_8	58958	58758	57730	58488
2013	y_9	60194	59954	59246	
2014	y_{10}	60710			

分别计算三项移动平均和四项移动平均模拟值与实际值的残差平方和 s^2，再开平方可得均方误差 s，以此作为比较模型优劣的指标。

当 $N=3$ 时，

$$s^2=\frac{1}{6}\sum_{t=3}^{8}(y_t-\hat{y}_t)^2=\frac{1690566}{6}=281761,\quad s=530.8\text{（万吨）}$$

当 $N=4$ 时，

$$s^2=\frac{1}{6}\sum_{t=3}^{8}(y_t-\hat{y}_t)^2=\frac{1981229}{6}=330204,\quad s=574.6\text{（万吨）}$$

显然，取 $N=3$ 进行移动平均模拟效果优于 $N=4$。

二、加权移动平均法

在简单移动平均公式中，计算平均数时每期数据的作用是相同的。在实际应用中，不同时间的数据所包含的信息量不同，通常新数据包含更多关于系统未来变化的信息，t 期数据自身和靠近 t 期的数据包含更多 t 期数据波动的信息。因此，简单移动平均把各期数据等同对待不尽合理。加权移动平均法的基本思想是在移动平均计算过程中考虑各时期数据的重要性差异，对靠近模拟目标的数据赋予较大的权重。

设时间序列为 $Y=(y_1, y_2, \cdots, y_t, \cdots, y_n)$；一般加权移动平均公式为

$$M_{tw}=\frac{w_1 y_t + w_2 y_{t-1} + \cdots + w_N y_{t-N+1}}{w_1 + w_2 + \cdots + w_N}, \quad t \geqslant N \tag{3-4}$$

式中：M_{tw} 为 t 期加权移动平均数；w_i 为 y_{t-i+1} 的权数，体现了相应的 y_t 在加权平均数中的重要性。

利用加权移动平均数进行预测，其预测公式为

$$\hat{y}_{t+1}=M_{tw} \tag{3-5}$$

即以第 t 期加权移动平均数作为第 $t+1$ 期的预测值。

例 3.2.2　对于例 3.2.1，试用加权移动平均法进行模拟。

当 $N=3$ 时，将 y_{t-1}, y_t, y_{t+1} 的权重分别取为 $w_{t-1}=0.25, w_t=0.5, w_{t+1}=0.25$。

当 $N=4$ 时，将 $y_{t-2}, y_{t-1}, y_t, y_{t+1}$ 的权重分别取为 $w_{t-2}=0.2, w_{t-1}=0.3, w_t=0.3, w_{t+1}=0.2$。

可得如表 3-3 所示的模拟结果。

表 3-3　加权移动平均法趋势模拟值计算表

年度	代号	粮食产量/万吨	三项移动平均 $\hat{y}_t$	四项移动平均 $\hat{y}_{t-1,t}$	$\hat{y}_{t-1,t}$ 二项移动平均 $\hat{y}_t$
2005	y_1	48402			
2006	y_2	49804	49455	50244	
2007	y_3	50160	50749	51476	50860
2008	y_4	52871	52246	52731	52104
2009	y_5	53082	53421	54301	53516
2010	y_6	54648	54861	55928	55115
2011	y_7	57121	56962	57792	56860
2012	y_8	58958	58808	59312	58552
2013	y_9	60194	60014		
2014	y_{10}	60710			

分别计算三项移动平均和四项移动平均模拟值与实际值的残差平方和 s^2，再开平方可得均方误差 s，以此作为比较模型优劣的指标。

当 $N=3$ 时，

$$s^2=\frac{1}{6}\sum_{t=3}^{8}(y_t-\hat{y}_t)^2=\frac{945617}{6}=157602, \quad s=397.0(\text{万吨})$$

当 $N=4$ 时，

$$s^2=\frac{1}{6}\sum_{t=3}^{8}(y_t-\hat{y}_t)^2=\frac{1717691}{6}=286282, \quad s=535.1(\text{万吨})$$

显然，无论是 $N=3$ 还是 $N=4$，加权移动平均公式的模拟效果均优于简单移动平均。

第三节　指数平滑法

指数平滑法可以说是移动平均法的改进和发展，其应用十分广泛。根据平滑次数的不

同，指数平滑法又分为一次指数平滑法、二次指数平滑法和三次指数平滑法等，分别介绍如下。

一、一次指数平滑法

1. 预测模型

设时间序列为 $y_1, y_2, \cdots, y_t, \cdots$，令

$$S_t = \frac{y_t + y_{t-1} + \cdots + y_{t-N+1}}{N}, \quad t \geqslant N$$

可得如下的一次指数平滑公式

$$S_t^{(1)} = \alpha y_t + (1-\alpha) S_{t-1}^{(1)} \tag{3-6}$$

式中：$S_t^{(1)}$ 为一次指数平滑值；α 为加权系数，且 $0 < \alpha < 1$。

为进一步理解指数平滑的实质，把式(3-6)依次展开，有

$$\begin{aligned} S_t^{(1)} &= \alpha y_t + (1-\alpha)[\alpha y_{t-1} + (1-\alpha) S_{t-2}^{(1)}] \\ &= \alpha y_t + \alpha(1-\alpha) y_{t-1} + (1-\alpha)^2 S_{t-2}^{(1)} \\ &= \cdots \\ &= \alpha y_t + \alpha(1-\alpha) y_{t-1} + \alpha(1-\alpha)^2 y_{t-2} + \cdots + (1-\alpha)^t S_0^{(1)} \\ &= \alpha \sum_{j=0}^{t-1} (1-\alpha)^j y_{t-j} + (1-\alpha)^t S_0^{(1)} \end{aligned} \tag{3-7}$$

由于 $0 < \alpha < 1$，当 t 趋向于无穷大时，$(1-\alpha)^t$ 趋向于零，于是式(3-7)变为

$$S_t^{(1)} = \alpha \sum_{j=0}^{\infty} (1-\alpha)^j y_{t-j} \tag{3-8}$$

由此可见 $S_t^{(1)}$ 实际上为 $y_t, y_{t-1}, \cdots, y_{t-j}, \cdots$ 的加权平均。加权系数分别是 $\alpha, \alpha(1-\alpha)$, $\alpha(1-\alpha)^2, \cdots$，几何级数衰减，越近的数据权数越大，越远的数据权数越小，且权数之和为 1。由于加权系数符合指数规律，又具有平滑数据的功能，故称为指数平滑。

以这种平滑值进行预测，就是一次指数平滑公式。预测模型为

$$\hat{y}_{t+1} = S_t^{(1)}$$

即

$$\hat{y}_{t+1} = \alpha y_t + (1-\alpha) \hat{y}_t \tag{3-9}$$

也就是以第 t 期指数平滑值作为 $t+1$ 期预测值。

由式(3-9)可以看出，只要知道当期的实际值和上一期的指数平滑值，就可用 α 和 $1-\alpha$ 加权求和，得出当期的指数平滑值。由此可见，利用指数平滑法不需要很多的时间序列数据，而且也不需要确定几个权重，只要寻找一个 α 值即可。下面介绍如何进行权重的选择。

2. 加权系数的选择

在进行指数平滑时，加权系数的选择是很重要的。由式(3-9)可以看出，α 的大小规定了在新预测值中新数据和原预测值所占的比重。α 值越大，新数据所占的比重就越大，原预测值所占的比重就越小，反之亦然。若把式(3-9)改写为

$$\hat{y}_{t+1} = \hat{y}_t + \alpha(y_t - \hat{y}_t) \tag{3-10}$$

则从式(3-10)可看出，新预测值是根据预测误差对原预测值进行修正而得到的。α 的大小

则体现了修正的幅度，α 值越大，修正幅度越大；α 值越小，修正幅度也越小。

因此，α 值既代表预测模型对时间序列数据变化的反应速度，同时又决定了预测模型修匀误差的能力。

若选取 $\alpha=0$，则

$$\hat{y}_{t+1}=\hat{y}_t$$

即下期预测值就等于本期预测值，在预测过程中不考虑任何新信息；

若选取 $\alpha=1$，则

$$\hat{y}_{t+1}=y_t$$

即下期预测值就等于本期观测值，完全不相信过去的信息。

这两种极端情况很难作出正确的预测。因此，α 值应根据时间序列的具体性质在 0～1 选择。具体如何选择一般可遵循下列原则。

(1) 如果时间序列波动不大，比较平稳，则 α 应取小一点，如 0.1～0.3，以减少修正幅度，使预测模型能包含较长时间序列的信息；

(2) 如果时间序列具有迅速且明显的变动倾向，则 α 应取大一点，如 0.6～0.8，使预测模型灵敏度高一些，以便迅速跟上数据的变化。

在实用时，类似于移动平均法，可取若干个 α 值进行试算，看哪个预测误差较小，就采用哪个 α 值作为权重。

3. *初始值的确定*

用一次指数平滑法进行预测，除了选择合适的 α 外，还要确定初始值 $S_0^{(1)}$。初始值是由预测者估计或指定的。当时间序列的数据较多，如在 20 个以上时，初始值对以后的预测值影响很小，可选用第一期数据为初始值。如果时间序列的数据较少，在 20 个以下时，初始值对以后的预测值影响较大，这时，就必须认真研究如何正确确定初始值。一般以最初几期实际值的平均值作为初始值。

例 3.3.1 某企业利润如表 3-4 所示，试预测 2017 年该企业利润。

表 3-4 某企业利润及指数平滑预测值计算表 （单位：亿元）

年份	利润 y_t	预测值 $\hat{y}_t$ $\alpha=0.2$	预测值 $\hat{y}_t$ $\alpha=0.5$	预测值 $\hat{y}_t$ $\alpha=0.8$
2004	227.7	219.1000	219.1000	219.1000
2005	210.5	220.8200	223.4000	225.9800
2006	208.6	218.7560	216.9500	213.5960
2007	224.8	216.7248	212.7750	209.5992
2008	228.9	218.3398	218.7875	221.7598
2009	236.7	220.4519	223.8438	227.4720
2010	232.4	223.7015	230.2719	234.8544
2011	243.6	225.4412	231.3359	232.8909
2012	238.4	229.0730	237.4680	241.4582
2013	251.2	230.9384	237.9340	239.0116

续表

年份	利润 y_t	预测值 $\hat{y}_t$ $\alpha=0.2$	预测值 $\hat{y}_t$ $\alpha=0.5$	预测值 $\hat{y}_t$ $\alpha=0.8$
2014	242.9	234.9907	244.5670	248.7623
2015	248.6	236.5726	243.7335	244.0725
2016	246.3	238.9780	246.1667	247.6945
2017		240.4424	246.2334	246.5789

解　采用指数平滑法，并分别取 $\alpha=0.2$，0.5 和 0.8 进行计算，初始值

$$S_0^{(1)}=\frac{y_1+y_2}{2}=219.1$$

即按预测模型

$$\hat{y}_{t+1}=\alpha y_t+(1-\alpha)\hat{y}_t$$
$$\hat{y}_1=S_0^{(1)}=219.1$$

计算各期预测值，列于表 3-4 中。

从表 3-4 可以看出，$\alpha=0.2$，0.5 和 0.8 时，预测值是很不相同的。究竟 α 取何值为好，可通过计算它们的均方误差 s^2，选取使 s^2 较小的那个 α 值。

当 $\alpha=0.2$ 时，

$$s^2=\frac{1}{12}\sum_{t=1}^{12}(y_t-\hat{y}_t)^2=151.2$$

当 $\alpha=0.5$ 时，

$$s^2=83.9$$

当 $\alpha=0.8$ 时，

$$s^2=80.6$$

计算结果表明：$\alpha=0.8$ 时，s^2 较小，故选取 $\alpha=0.8$，预测 2017 年该企业的利润为

$$\hat{y}_{2017}=246.58(\text{万元})$$

二、二次指数平滑法

一次指数平滑法虽然克服了移动平均法的两个缺点，但当时间序列的变动出现直线趋势时，用一次指数平滑法进行预测，仍存在明显的滞后偏差。因此，也必须加以修正。修正的方法是再作二次指数平滑，利用滞后偏差的规律建立直线趋势模型。这就是二次指数平滑法。其计算公式为

$$\begin{aligned}S_t^{(1)}&=\alpha y_t+(1-\alpha)S_{t-1}^{(1)}\\S_t^{(2)}&=\alpha S_t^{(1)}+(1-\alpha)S_{t-1}^{(2)}\end{aligned}\tag{3-11}$$

式中：$S_t^{(1)}$ 为一次平滑指数；$S_t^{(2)}$ 为二次指数的平滑值。当时间序列 $\{y_t\}$ 从某时期开始具有直线趋势时，可采用直线趋势模型：

$$\hat{y}_{t+T}=a_t+b_tT,\quad T=1,2,3,\cdots\tag{3-12}$$

$$\begin{cases} a_t = 2S_t^{(1)} - S_t^{(2)} \\ b_t = \dfrac{\alpha}{1-\alpha}(S_t^{(1)} - S_t^{(2)}) \end{cases} \tag{3-13}$$

进行预测。

下面，我们用矩量分析方法来证明式(3-13)。

由式(3-8)可知

$$S_t^{(1)} = \alpha \sum_{j=0}^{\infty} (1-\alpha)^j y_{t-j}$$

同理，

$$S_t^{(2)} = \alpha S_t^{(1)} + (1-\alpha) S_{t-1}^{(2)} = \alpha \sum_{j=0}^{\infty} (1-\alpha)^j S_{t-j}^{(1)}$$

而

$$S_{t-j}^{(1)} = \alpha y_{t-j} + (1-\alpha) S_{t-j-1}^{(1)} = \alpha \sum_{t=0}^{\infty} (1-\alpha)^t y_{t-j-i}$$

所以

$$E(S_t^{(1)}) = \alpha \sum_{j=0}^{\infty} (1-\alpha)^j E(y_{t-j}) = \alpha \sum_{j=0}^{\infty} (1-\alpha)^j (a_t - b_t \cdot j) = a_t - \frac{1-\alpha}{\alpha} b_t$$

其中

$$\alpha \sum_{j=0}^{\infty} (1-\alpha)^j = 1, \quad \alpha \sum_{j=0}^{\infty} (1-\alpha)^j j = \frac{1-\alpha}{\alpha}$$

$$E(S_{t-j}^{(1)}) = \alpha \sum_{i=0}^{\infty} (1-\alpha)^i E(y_{t-j-i}) = \alpha \sum_{i=0}^{\infty} (1-\alpha)^i [a_t - b_t (j+i)] = a_t - b_t j - \frac{1-\alpha}{\alpha} b_t$$

$$\begin{aligned} E(S_t^{(2)}) &= \alpha \sum_{j=0}^{\infty} (1-\alpha)^j E(S_{t-j}^{(1)}) = \alpha \sum_{j=0}^{\infty} (1-\alpha)^j \left(a_t - b_t j - \frac{1-\alpha}{\alpha} b_t \right) \\ &= \alpha \sum_{j=0}^{\infty} (1-\alpha)^j \left(a_t - b_t j - \frac{1-\alpha}{\alpha} b_t \right) = a_t - \frac{2(1-\alpha)}{\alpha} b_t \end{aligned}$$

因为随机变量的数学期望是随机变量的最佳估计值，所以可取 $S_t^{(1)}$，$S_t^{(2)}$ 代替 $E(S_t^{(1)})$，$E(S_t^{(2)})$，从而有

$$\begin{cases} S_t^{(1)} = a_t - \dfrac{2(1-\alpha)}{\alpha} b_t \\ S_t^{(2)} = a_t - \dfrac{2(1-\alpha)}{\alpha} b_t \end{cases}$$

由此可得解

$$\begin{cases} a_t = 2S_t^{(1)} - S_t^{(2)} \\ b_t = \dfrac{\alpha}{1-\alpha}(S_t^{(1)} - S_t^{(2)}) \end{cases}$$

例 3.3.2　我国 2001～2015 年国内生产总值如表 3-5 所示，试用二次指数平滑法预测 2016～2018 年的国内生产总值。

表 3-5　我国国内生产总值及一、二次指数平滑值计算表　（单位：亿元）

年份	国内生产总值	一次平滑值	二次平滑值
2001	109655.2	109655.20	109655.20
2002	120332.7	112858.45	110616.18
2003	135822.8	119747.76	113355.66
2004	159878.3	131786.92	118885.04
2005	184937.4	147732.06	127539.15
2006	216314.4	168306.76	139769.44
2007	265810.3	197557.82	157105.96
2008	314045.4	232504.09	179725.40
2009	340902.8	265023.70	205314.89
2010	401512.8	305970.43	235511.55
2011	473104.0	356110.50	271691.23
2012	519470.1	405118.38	311719.37
2013	588018.8	459988.51	314801.15
2014	636138.7	512833.56	374210.87
2015	676708.0	561995.89	430546.38

解　取 $\alpha=0.3$，初始值 $S_0^{(1)}$ 和 $S_0^{(2)}$ 都取序列首项的数值，即 $S_0^{(1)}=S_0^{(2)}=109655.2$。计算 $S_t^{(1)}$，$S_t^{(2)}$，列于表 3-5，得到

$$S_{15}^{(1)}=561995.89,\quad S_{15}^{(2)}=430546.38$$

由式(3-13)，当 t=17 时，有

$$a_{15}=2S_{15}^{(1)}-S_{15}^{(2)}=2\times561995.89-430546.38=693445.4$$

$$b_{15}=\frac{0.3}{1-0.3}(S_{15}^{(1)}-S_{15}^{(2)})=\frac{0.3}{0.7}(561995.89-430546.38)=56335.5$$

于是，得 t=15 时直线趋势方程为

$$\hat{y}_{15+T}=693445.4+56335.5T$$

预测 2016～2018 年的国内生产总值为

$$\hat{y}_{2016}=\hat{y}_{16}=\hat{y}_{15+1}=693445.4+56335.5=749780.9(\text{亿元})$$

$$\hat{y}_{2017}=\hat{y}_{17}=\hat{y}_{15+2}=693445.4+56335.5\times2=806116.4(\text{亿元})$$

$$\hat{y}_{2018}=\hat{y}_{18}=\hat{y}_{15+3}=693445.4+56335.5\times3=862451.9(\text{亿元})$$

由于融合了历史数据的影响，对于单调增长序列，指数平滑会弱化序列的增长趋势，平滑次数越高，弱化作用越大。

三、三次指数平滑法

当时间序列的变动表现为二次曲线趋势时，则需要用三次指数平滑法。三次指数平滑是在二次指数平滑的基础上，再进行一次平滑，其计算公式为

$$\begin{aligned}S_t^{(1)}&=\alpha y_t+(1-\alpha)S_{t-1}^{(1)}\\S_t^{(2)}&=\alpha S_t^{(1)}+(1-\alpha)S_{t-1}^{(2)}\\S_t^{(3)}&=\alpha S_t^{(2)}+(1-\alpha)S_{t-1}^{(3)}\end{aligned}\tag{3-14}$$

式中：$S_t^{(3)}$ 为三次指数平滑值。

三次指数平滑法的预测模型为

$$\hat{y}_{t+T} = a_t + b_t T + c_t T^2 \tag{3-15}$$

式中：

$$\begin{cases} a_t = 3S_t^{(1)} - 3S_t^{(2)} + S_t^{(3)} \\ b_t = \dfrac{\alpha}{2(1-\alpha)^2}[(6-5\alpha)S_t^{(1)} - 2(5-4\alpha)S_t^{(2)} + (4-3\alpha)S_t^{(3)}] \\ c_t = \dfrac{\alpha^2}{2(1-\alpha)^2}(S_t^{(1)} - 2S_t^{(2)} + S_t^{(3)}) \end{cases} \tag{3-16}$$

例 3.3.3　2000～2012 年我国全社会固定资产投资总额如表 3-6 所示，试预测 2013 年和 2014 年全社会固定资产投资总额。

表 3-6　我国全社会固定资产总额及一、二、三次指数平滑值计算表　（单位：亿元）

年份	投资总额 y_t	一次平滑值	二次平滑值	三次平滑值	y_{t+1} 的估计值
2000	32918	37877.00	37877.00	37877.00	
2001	37213	37677.80	37817.24	37859.07	37877.00
2002	43500	39424.46	38299.41	37991.17	37279.41
2003	55567	44267.22	40089.75	38620.75	42698.65
2004	70073	52008.96	43665.51	40134.18	55762.60
2005	88605	62987.77	49462.19	42932.58	73748.99
2006	109870	77052.44	57739.26	47374.58	96587.85
2007	137239	95108.41	68950.01	53847.21	122905.35
2008	172291	118263.20	83743.96	62816.24	155040.57
2009	224846	150238.00	103692.20	75079.02	195314.96
2010	278140	188608.60	129167.10	91305.45	253331.32
2011	311022	225332.60	158016.80	111318.80	317566.89
2012	374676	270135.60	191652.40	135418.90	363576.76

解　从图 3-1 可以看出，投资总额呈二次曲线上升，可用三次指数平滑法进行预测。取 $\alpha = 0.3$，初始值

$$S_0^{(1)} = S_0^{(2)} = \frac{y_1 + y_2 + y_3}{3} = 37877$$

计算 $S_t^{(1)}$，$S_t^{(2)}$，$S_t^{(3)}$ 列于表 3-6 中，得到

$$S_{13}^{(1)} = 270135.6, \quad S_{13}^{(2)} = 191652.4, \quad S_{13}^{(3)} = 135418.9$$

$$a_{13} = 3 \times (270135.6 - 191652.4) + 135418.9 = 370868.5$$

$$b_{13} = \frac{0.3}{2(1-0.3)}[(6 - 5 \times 0.3) \times 270135.6 - 2 \times (5 - 4 \times 0.3) \times 191652.4 + (4 - 3 \times 0.3) \times 135418.9] = 54750.17$$

$$c_{13} = \frac{0.3^2}{2(1-0.3)^2}(270135.6 - 2 \times 191652.4 + 135418.9) = 2043.34$$

由式(3-16)，可得到预测模型

$$\hat{y}_{13+T}=370868.5+54750.17T+2043.34T^2$$

于是，

$$\hat{y}_{2013}=\hat{y}_{14}=370868.5+54750.17+2043.34=427662.01(\text{亿元})$$

$$\hat{y}_{2014}=\hat{y}_{15}=370868.5+54750.17\times2+2043.34\times4=488542.2(\text{亿元})$$

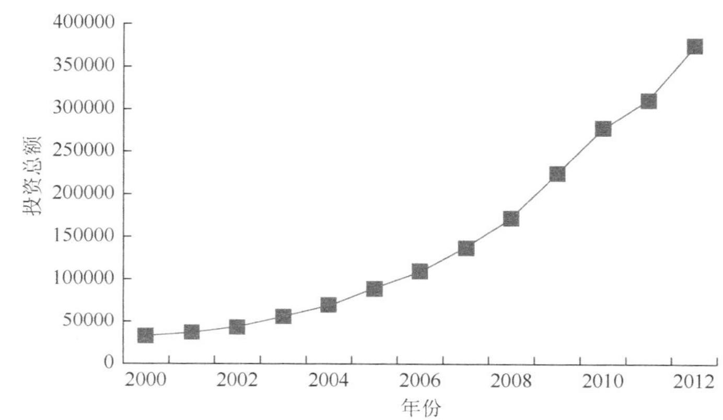

图 3-1　全社会固定资产投资总额变化趋势

与二次指数平滑法一样，为了计算各期的追溯预测值，可将式(3-16)代入式(3-15)，并令 $T=1$，则得

$$\hat{y}_{t+1}=(3S_t^{(1)}-3S_t^{(2)}+S_t^{(3)})+\frac{\alpha}{2(1-\alpha)^2}[(6-5\alpha)S_t^{(1)}-2(5-4\alpha)S_t^{(2)}+(4-3\alpha)S_t^{(3)}]$$
$$+\frac{\alpha^2}{2(1-\alpha)^2}(S_t^{(1)}-2S_t^{(2)}+S_t^{(3)})$$

即

$$\hat{y}_{t+1}=\frac{3-3\alpha+\alpha^2}{(1-\alpha)^2}S_t^{(1)}-\frac{3-\alpha}{(1-\alpha)^2}S_t^{(2)}+\frac{1}{(1-\alpha)^2}S_t^{(3)}$$

或

$$\hat{y}_{t+1}=\left(1+\frac{1}{1-\alpha}+\frac{1}{(1-\alpha)^2}\right)S_t^{(1)}-\left[\frac{1}{1-\alpha}+\frac{2}{(1-\alpha)^2}\right]S_t^{(2)}+\frac{1}{(1-\alpha)^2}S_t^{(3)} \tag{3-17}$$

本例中，

$$\frac{1}{1-\alpha}=\frac{1}{1-0.3}=1.4286$$
$$\frac{1}{(1-\alpha)^2}=\frac{1}{0.49}=2.0408$$

则

$$1+\frac{1}{1-\alpha}+\frac{1}{(1-\alpha)^2}=4.4694$$

$$\frac{1}{1-\alpha}+\frac{2}{(1-\alpha)^2}=5.5102$$

令 $t=0, 1, 2, \cdots, 11$，由式(3-17)可求出各期的追溯预测值，如表 3-6 所示。

第四节　差分指数平滑法

如果时间序列呈直线变动趋势，用一次指数平滑法会出现滞后偏差，其原因在于数据不满足模型要求。因此，我们也可以从数据变换的角度来考虑改进措施，即在运用指数平滑法以前先对数据作一些技术上的处理，使之能适合于一次指数平滑模型，然后对输出结果作技术上的还原处理，使之恢复为原变量的形态。差分方法是改变数据变动趋势的简易方法。下面讨论如何用差分方法来改进指数平滑法。

一、一阶差分-指数平滑模型

当时间序列呈直线增加时，可运用一阶差分-指数平滑模型进行预测。其公式如下：

$$\nabla y_t = y_t - y_{t-1} \tag{3-18}$$

$$\nabla \hat{y}_{t+1} = \alpha \nabla y_t + (1-\alpha)\nabla \hat{y}_t \tag{3-19}$$

$$\hat{y}_{t+1} = \nabla \hat{y}_{t+1} + y_t \tag{3-20}$$

其中：∇ 为差分记号。式(3-18)表示对呈现直线增加的序列作一阶差分，构成一个平稳的新序列；式(3-20)表示把经过一阶差分后的新序列的指数平滑预测值与变量当前的实际值叠加，作为变量下一期的预测值。对于这个公式的数学意义可作如下解释。

$$y_{t+1} = y_{t+1} - y_t + y_t = \nabla y_{t+1} + y_t \tag{3-21}$$

但是，在 t 为当前期时，y_{t+1} 实际上还不存在，因此不能按照式(3-18)来计算 ∇y_{t+1}，而只能进行估计。我们采用按式(3-19)计算的模拟值去估计式(3-21)中的 ∇y_{t+1}，从而式(3-21)等号两边的 y_{t+1} 也要改为估计值，亦即成为式(3-20)：

$$\hat{y}_{t+1} = \nabla \hat{y}_{t+1} + y_t$$

指数平滑值实质上是一种加权平均数。因此，把序列中逐期增量的加权平均数(指数平滑值)加上当前值的实际数进行预测，比一次指数平滑法只用变量以往取值的加权平均数作为下一期的预测更合理。从而预测值始终围绕实际值上下波动，从根本上克服了采用一次指数平滑法对具有直线增长趋势的序列进行模拟，所得的结果通常落后于实际值的弊端。

例 3.4.1　仍以例 3.3.2 的我国国内生产总值资料为例。试用一阶差分-指数平滑模型预测 2016 年的国内生产总值。

解　由表 3-7 的数据可看出，我国国内生产总值逐期增长量变动比较平稳，即呈直线增长趋势，因此可用一阶差分-指数平滑模型进行预测。取 $\alpha=0.4$，初始值为序列首项值，计算结果列于表 3-7 中。预测 2016 年的国内生产总值为

$$\hat{y}_{2016}=48873.3+676708.0=725581.3(亿元)$$

表 3-7　我国国内生产总值差分指数平滑法计算表（$\alpha=0.4$）　（单位：亿元）

年份	国内生产总值 y_t	差分	差分指数平滑值	模拟、预测值
2001	109655.2			
2002	120332.7	10677.5		
2003	135822.8	15490.1	10677.5	131010.2
2004	159878.3	24055.5	12602.5	148425.3
2005	184937.4	25059.1	17183.7	177062.0
2006	216314.4	31377.0	20333.8	205271.2
2007	265810.3	49495.9	24751.1	241065.5
2008	314045.4	48235.1	34649.1	300459.4
2009	340902.8	26857.4	40083.4	354128.8
2010	401512.8	60610.0	34793.1	375695.9
2011	473104.0	71591.2	45119.8	446632.6
2012	519470.1	46366.1	55708.4	528812.4
2013	588018.8	68548.7	51971.4	571441.5
2014	636138.7	48119.9	58602.4	646621.2
2015	676708.0	40569.3	54409.4	690548.1
2016			48873.3	725581.3

二、二阶差分-指数平滑模型

当时间序列呈现二次曲线增长时，可用二阶差分-指数平滑模型来预测，其公式如下：

$$\nabla y_t=y_t-y_{t-1} \tag{3-22}$$

$$\nabla^2 y_t=\nabla y_t-\nabla y_{t-1} \tag{3-23}$$

$$\nabla^2\hat{y}_{t+1}=\alpha\nabla^2 y_t+(1-\alpha)\nabla^2\hat{y}_t \tag{3-24}$$

$$\hat{y}_{t+1}=\nabla^2\hat{y}_{t+1}+\nabla y_t+y_t \tag{3-25}$$

∇^2 表示二阶差分，与一阶差分-指数平滑模型类似。

因为

$$\begin{aligned}y_{t+1}&=y_{t+1}-y_t+y_t=\nabla y_{t+1}+y_t\\&=(\nabla y_{t+1}-\nabla y_t)+\nabla y_t+y_t=\nabla^2 y_{t+1}+\nabla y_t+y_t\end{aligned}$$

同样地，用 $\nabla^2 y_{t+1}$ 的估计值代替 $\nabla^2 y_{t+1}$ 得到式(3-25)。

差分方法与指数平滑法的联合运用，能够克服一次指数平滑法的滞后偏差，同时由于数据经过差分平稳化处理后，所产生的新序列基本上是平稳的，这时，初始值取新序列的第一期数据对于未来预测值不会有太大影响。另外，差分指数平滑方法拓宽了指数平滑法的适用范围，能够用来解决一些原本需要运用趋势线方法处理的问题。但是，指数平滑法存在的加权系数 α 的选择问题，以及只能逐期预测问题，差分-指数平滑模型仍然存在。

第五节　自适应滤波法

一、自适应滤波法的基本过程

自适应滤波法与移动平均法、指数平滑法一样，也是对历史观测值时间序列进行某种加权平均。其办法是先用一组给定的权数来计算一个模拟值，然后计算模拟误差，再根据模拟误差调整权数以减少误差。这样反复进行，直至找出一组“最佳”权数，使误差减少到最低限度。由于这种调整权数的过程与通信工程中的滤波传输噪声的过程极为接近，故称为自适应滤波法。

自适应滤波法的基本预测公式为

$$\hat{y}_{t+1}=w_1y_t+w_2y_{t-1}+\cdots+w_Ny_{t-N+1}=\sum_{i=1}^{N}w_iy_{t-i+1} \tag{3-26}$$

式中：$\hat{y}_{t+1}$为第 $t+1$ 期的预测值；w_i为第 $t-i+1$ 期的观测值权数；y_{t-i+1}为第 $t-i+1$ 期的观测值；N 为权数的个数。

其调整权数的公式为

$$w_i'=w_i+2k\cdot e_{i+1}y_{t-i+1} \tag{3-27}$$

式中：$i=1, 2, \cdots, N$，$t=N, N+1, \cdots, n$；n 为序列数据的个数；w_i为调整前的第 i 个权数；w_i'为调整后的第 i 个权数；k 为学习常数；e_{k+1}为第 $t+1$ 期的模拟误差。

式(3-27)表明：调整后的一组权数应等于旧的一组权数加上误差调整项，这个调整项包括模拟误差、原观测值和学习常数等三个因素。学习常数 k 的大小决定权数调整的幅度。

下面举一个简单的例子来说明此法的全过程。设有一个时间序列包括 10 个观测值，如表 3-8 所示。试用自适应滤波法，以两个权数来求第 11 期的预测值。

表 3-8　时间序列数据表

时期 t	1	2	3	4	5	6	7	8	9	10
观测值 y_t	0.1	0.2	0.3	0.4	0.5	0.6	0.7	0.8	0.9	1.0

本例中 $N=2$。取初始权数 $w_1=0.5$，$w_2=0.5$，并设 $k=0.9$。t 的取值由 $N=2$ 开始，当 $t=2$ 时，

(1)按预测公式(3-26)求第 $t+1=3$ 期的模拟值。

$$\hat{y}_{t+1}=\hat{y}_3=w_1y_2+w_2y_1=0.5\times0.2+0.5\times0.1=0.15$$

(2)计算模拟误差

$$e_{t+1}=e_3=y_3-\hat{y}_3=0.3-0.15=0.15$$

(3)根据式(3-27)，有

$$w_i'=w_i+2k\cdot e_{i+1}y_{t-i+1}$$

调整权数为

$$w_1'=w_1+2ke_3y_2=0.5+2\times0.9\times0.15\times0.2=0.554$$

$$w_2' = w_2 + 2ke_3y_1 = 0.5 + 2\times0.9\times0.15\times0.1 = 0.527$$

(1)～(3) 结束，即完成了一次权数调整，然后 t 加 1 并重复以前步骤。当 $t=3$ 时，

(i) 利用所得到的权数，计算第 $t+1=4$ 期的模拟值。方法是，舍去最前面的一个观测值 y_1，增加一个新的观测值 y_3，即

$$\hat{y}_{t+1} = \hat{y}_4 = w_1y_3 + w_2y_2 = 0.544\times0.3 + 0.527\times0.2 = 0.2716$$

(ii) 计算模拟误差。

$$e_{t+1} = e_4 = y_4 - \hat{y}_4 = 0.4 - 0.2716 = 0.1284 \approx 0.13$$

(iii) 调整权数。

$$w_1' = 0.554 + 2\times0.9\times0.13\times0.3 = 0.624$$
$$w_2' = 0.527 + 2\times0.9\times0.13\times0.2 = 0.564$$

这样进行到 t=10 时，

$$\hat{y}_{t+1} = \hat{y}_{11} = w_1'y_{10} + w_2'y_9$$

但由于没有 t=11 时的观测值 y_{11}，所以

$$e_{t+1} = e_{11} = y_{11} - \hat{y}_{11}$$

无法计算。这时，第一轮的调整就此结束。把现有的新权数作为初始权数，重新开始 $t=2$ 的过程。这样反复进行下去，到模拟误差(指一轮的模拟总误差)没有明显改进时，就认为获得了一组“最佳”权数，能实际用来预测第 11 期的数值。本例在调整过程中，可使得误差降为零，而权数达到稳定不变，最后得到的“最佳”权数为

$$w_1' = 2.0, \quad w_2' = -1.0$$

用“最佳”权数预测第 11 期的取值：

$$\hat{y}_{11} = w_1'y_{10} + w_2'y_9 = 2.0\times1.0 + (-1.0)\times0.9 = 1.1$$

要达到这样的结果，在实际应用中，调整计算的工作量可能很大，必须借助于计算机才能实现。

二、*N*, *K* 值和初始权数的确定

在开始调整权数时，首先要确定权数个数 N 和学习常数 k。一般说来，当时间序列的观测值呈季节变动时，N 应取季节性长度值。例如，序列以一年为周期进行季节变动时，若数据是月度的，则取 $N=12$，若季节是季度的，则取 $N=4$. 如果时间序列无明显的周期变动，则可用自相关系数法来确定，即取 N 为最高自相关系数的滞后时期.

k 的取值一般可定为 $1/N$，也可以用不同的 k 值来进行计算，以确定一个能使 S 最小的 k 值。

初始权数的确定也很重要，如无其他依据，也可用 $1/N$ 作为初始权系数用，即

$$w_i = \frac{1}{N} \quad (i = 1, 2, 3, \cdots, N)$$

自适应滤波法有两个明显的优点：一是技术比较简单，可根据预测意图来选择权数的个数和学习常数，也可以由计算机自动选定；二是它使用了全部历史数据来寻求最佳权系数，并随数据轨迹的变化而不断更新权数，从而可使模拟精度不断改善。

由于自适应滤波法的预测模型简单，又可以在计算机上对数据进行处理，所以这种预

测方法应用较为广泛。

习题与思考题

1. 中国 2014 年 2～11 月社会消费品零售总额如下表所示：

月份		2	3	4	5	6
社会消费品零售总额/亿元		42280.7	19800.55	19701.2	21249.8	21166.45
月份	7	8	9	10	11	12
社会消费品零售总额/亿元	20775.79	21133.93	23042.43	23967.24	23474.7	…

试分别以 3 个月和 5 个月移动平均法，预测 12 月份的社会消费品零售总额，并比较它们的优劣。

2. 2005～2012 年全国财政收入如下表所示：

年份	2005	2006	2007	2008	2009	2010	2011	2012
财政支出/亿元	31649.29	38760.2	51321.78	61330.35	68518.3	83101.51	103874.43	117253.52

试用加权平均法预测 2013 年财政收入(三年加权系数为 0.5, 1, 1.5)。

3. 我国 2005～2012 年全社会固定资产投资额如下表所示：

年份	2005	2006	2007	2008	2009	2010	2011	2012
固定资产投资/亿元	88605	109870	137239	172291	224846	278140	311022	374676

试用一次指数平滑法预测 2003 年全社会固定资产投资额(取 $\alpha=0.3$，初始值为 13.0)。

4. 我国 2006～2013 年全国城乡居民人民币储蓄存款年底余额如下表所示：

年份	2006	2007	2008	2009	2010	2011	2012	2013
定期存款/亿元	161587.3	172534.19	217885.35	260771.66	303302.49	343635.89	399551	447601.57

(1) 试用趋势移动平均法(取 $N=3$)，建立全国城乡居民人民币储蓄存款年底余额预测模型；

(2) 分别取 $\alpha=0.3$，$\alpha=0.6$，

$$S_0^{(1)}=S_0^{(2)}=\frac{Y_1+Y_2+Y_3}{3}=28292.8$$

建立全国城乡居民人民币储蓄存款年底余额的直线指数平滑预测模型；

(3) 计算模型拟合误差；

(4) 比较 3 个模型的优劣；

(5)用最优的模型预测 2014 年全国城乡居民人民币储蓄存款年底余额的数量。

5. 1991～2013 年全国社会商品零售额如下表所示：

年份	1991	1992	1993	1994	1995	1996	1997	1998
零售总额/亿元	9415.6	10993.7	14270.4	18622.9	23613.8	28360.2	31252.9	33378.1
年份	1999	2000	2001	2002	2003	2004	2005	2006
零售总额/亿元	35647.9	39105.7	43055.4	48135.9	52516.3	59501.0	68352.6	79145.2
年份	2007	2008	2009	2010	2011	2012	2013	
零售总额/亿元	93571.6	114830.1	132678.4	156998.4	183918.6	210307.0	237809.9	

试用三次指数平滑法预测 2014 年和 2015 年零售总额。

6. 我国 2006～2013 年全社会固定资产投资额如下表所示：

年份	2006	2007	2008	2009	2010	2011	2012	2013
固定资产投资/亿元	109998	137324	172828	224599	251684	311485	374695	446294

试用差分指数平滑法预测 2014 年全社会固定资产投资额($\alpha = 0.3$)。

第四章　回归分析预测方法

要点

(1) 一元线性回归模型；

(2) 多元线性回归模型；

(3) 含有虚拟变量的回归模型；

(4) 非线性回归模型。

学习要求　理解一元线性回归模型和多元线性回归模型的概念及其假设条件，掌握线性回归模型参数的估计与检验方法，并能够熟练运用线性回归模型研究解决实际问题；了解含有虚拟变量的回归模型，能够正确选择解释变量；了解非线性回归模型的各种不同形式及其分类。

第一节　引　言

回归分析起源于生物学研究，是由英国生物学家兼统计学家高尔顿(F. Galton，1822～1911)在 19 世纪末研究遗传学特性时首先提出来的。他在研究人类的身高时，发现父母身高与子女身高之间有密切的关系。一般说来，高个子父母的子女身高有低于其父母身高的趋势；而矮个子父母的子女身高往往有高于其父母身高的趋势。从整个发展趋势看，高个子父母的子女身高回归于其种族的平均身高，而矮个子父母的子女身高则从另一个方向回归于种族的平均身高。高尔顿在 1889 年发表的著作《自然的遗传》中，提出了回归分析方法以后，很快就应用到经济领域中来，而且这一名词也一直为生物学和统计学所沿用。

回归的现代涵义与过去大不相同。一般说来，回归是研究因变量随自变量变化的关系形式的分析方法。其目的在于根据已知自变量来估计和预测因变量的总平均值。例如，农作物亩产量对施肥量、降雨量和气温有着依存关系。通过对这一依存关系的分析，在已知施肥量、降雨量和气温信息的条件下，可以预测农作物的平均亩产量。

一、回归分析和相关分析

1. 相关关系的概念

在现实经济生活中，经济现象之间客观地存在着各种各样的有机联系，一种经济现象的存在和发展变化必然受到与之相联系的其他现象的存在和发展变化的制约与影响。在许多场合下我们经常需要研究这些客观现象之间的依存关系，如果从定量角度来研究，就归结为两种不同类型的关系：一种是函数关系；另一种是相关关系。

(1) 函数关系。函数关系表示客观事物之间存在着严格的依存关系。在这种关系中，当一个或几个变量取值一定时，另一个变量有确定的值与之相对应，并且这种关系可以用一个确定的数学表达式反映出来。例如，某种商品的销售收入 Y 与该商品的销售量 X 以及该商品的价格 P 之间的关系可以用 $Y=PX$ 表示，这就是一种函数关系。再如，圆面积

S与半径r之间的关系$S=\pi r^2$等。一般把作为影响因素的变量称为自变量，把发生对应变化的变量称为因变量。

(2)相关关系。相关关系反映的是客观事物之间的非严格、不确定的线性依存关系。这种线性依存关系有两个显著的特点：①客观事物之间在数量上确实存在一定的内在联系。表现在一个变量发生数量上的变化，要影响另一个变量也相应地发生数量上的变化。例如，身体高的人一般来讲体重也重一些；劳动生产率的提高会降低成本等。②客观事物之间的数量依存关系不是确定的，具有一定的随机性。表现在当一个或几个相互联系的变量取一定数值时，与之对应的另一个变量可以取若干个不同的数值。这种关系虽然不确定，但因变量总是遵循一定规律围绕这些数值的平均数上下波动。其原因是影响因变量发生变化的因素不止一个。例如，影响一个人体重的因素除了身高外，还有胖瘦、体质等；影响粮食单位面积产量的因素除了施肥量外，还有土壤条件、气候条件、日照时间、种子品种等。在经济活动和生产过程中，许多经济技术的因素之间都存在着这种相关关系。

相关关系与函数关系又有十分密切的联系。在实际中，由于实验和观测误差等，函数关系往往是通过相关关系表现出来的；而在研究相关关系中，又常常是用函数关系作为工具，以相应的函数关系的数学表达式来表现相关关系的一般数量联系。

2. 回归分析与相关分析

回归分析与相关分析都是研究和测度两个或两个以上变量之间关系的方法。相关分析是以相关关系为对象，研究两个或两个以上随机变量之间线性依存关系的紧密程度，通常用相关系数表示。多元相关时用复相关系数表示。回归分析是对具有相关关系的变量之间的数量变化规律进行测定，研究某一随机变量(因变量)与其他一个或几个普通变量(自变量)之间的数量变动关系，并据此对因变量进行估计和预测的分析方法。由回归分析求出的关系式，称为回归模型。

回归分析与相关分析的区别如下：

(1)相关分析只能说明变量之间相关的方向和密切程度而不能指出变量之间相互关系的具体形式，也无法从一个变量的变化来推断另一个变量的变动情况；回归分析则是用回归方程来反映变量间相互关系的具体形式，并根据这个方程由已知变量推断未知变量。

(2)相关分析研究的是变量之间的相互依存关系，变量间的关系是并列的、对等的，不必确定哪个是自变量，哪个是因变量；回归分析研究的是一个变量随其他变量变化的形式，变量间的关系不是并列的、对等的，因此必须根据研究对象的性质和分析目的，确定哪个是自变量，哪个是因变量。

(3)在相关分析中，所涉及的变量都可以是随机变量，各自受随机因素的影响；在回归分析中，自变量是可以准确测量或控制的非随机变量，因变量的取值事先不能确定，是随机变量。

(4)在相关分析中，对于两个变量x和y来说，由于不区分自变量和因变量，所以只有一个相关系数。在回归分析中，对于两个变量x和y来说，如果其因果关系不明显，则可以确定两个不能相互替代的回归方程，一个是以x为自变量，y为因变量的回归方程；另一个是以y为自变量，x为因变量的回归方程。

回归分析与相关分析的联系是，它们是研究客观事物之间相互依存关系的两个不可分割的方面。在实际工作中，一般先进行相关分析，由相关系数的大小决定是否需要进行回归分析。在相关分析的基础上建立回归模型，以便进行推算、预测，同时相关系数还是检验回归分析效果的标准。相关分析需要回归分析来表明客观事物数量关系的具体形式，而回归分析则应建立在相关分析的基础上。

相关分析与回归分析的主要作用：①通过对客观事物数量关系的研究分析，深入认识客观事物之间的相互依存关系；②运用回归模型进行预测和预报；③用于补充缺少的资料。

二、回归模型的种类

回归模型可以从不同的角度进行分类，常用的分类如下：

(1) 根据自变量的多少，回归模型可以分为一元回归模型和多元回归模型。一元回归模型是根据某一因变量与一个自变量之间的变动关系建立的模型。例如，根据耐用消费品销售量对居民货币收入的变动关系建立的回归模型。多元回归模型是根据某一因变量与两个或两个以上自变量之间的变动关系建立的模型。例如，根据农作物单位面积产量对施肥量、降雨量和气温的变动关系建立的回归模型。

(2) 根据回归模型的形式线性与否，回归模型可以分为线性回归模型和非线性回归模型。在线性回归模型中，因变量与自变量之间呈线性关系。例如，耐用消费品销售量与居民货币收入的关系。在非线性回归模型中，因变量与自变量之间呈非线性关系。例如，某商店的商品流通费用率与销售额的关系。

(3) 根据回归模型所含的变量是否有虚拟变量，回归模型可以分为普通回归模型和带虚拟变量的回归模型。普通回归模型的自变量都是数量变量。虚拟变量回归模型的自变量既有数量变量又有品质变量。例如，农作物单位面积产量不仅受施肥量、降雨量和气温等数量变量的影响，而且也受地形地势和政府经济政策等品质变量的影响。

此外，根据回归模型是否用滞后的因变量作自变量，回归模型又可分为无自回归现象的回归模型和自回归模型。

第二节　一元线性回归预测法

一元线性回归预测法，是对两个具有线性关系的变量，建立线性回归模型，根据自变量的变动来预测因变量平均发展趋势的方法。

一、一元线性回归模型

设 x 为自变量，y 为因变量，y 与 x 之间存在某种线性关系，即一元线性回归模型为

$$y = a + bx + \varepsilon \tag{4-1}$$

式中：x 代表影响因素，我们往往认为它是可以控制或预先给定的，故称之为自变量；ε 表示各种随机因素对 y 的影响的总和，根据中心极限定理，可以认为它服从正态分布，即 $\varepsilon \sim N(0, \sigma^2)$；因变量 y 就是我们的预测目标，由于受各种随机因素的影响，它是一个以回归直线上的对应值为中心的正态随机变量，即 $y \sim N(a+bx, \sigma^2)$，常数 a，b 是待定的参数。给定自变量 x 的一个具体数值 x_i，可以按下式求出对应的 y_i，即

$$y_i = a + bx_i + \varepsilon_i,\quad i = 1,2,\cdots,n \tag{4-2}$$

设

$$\hat{y}_i = a + bx_i \tag{4-3}$$

为由一组观测值$(x_i, y_i)$$(i=1,2,\cdots,n)$得到的回归方程。式中$\hat{y}_i$为$y_i$的估计值，对于每一个自变量$x_i$，都可得到一个估计值$\hat{y}_i = a + bx_i$。$a$和$b$为回归系数，其中$a$是直线$\hat{y}_i = a + bx_i$在$y$轴上的截距，它是$x_i = 0$时，对应$y_i$的估计值；$b$是直线$\hat{y}_i = a + bx_i$的斜率，表明自变量增加(或减少)一个单位，因变量$\hat{y}_i$相应的增加(或减少)量。可以证明，当$b>0$时，$x$与$y$为正相关，当$b<0$时，$x$与$y$为负相关。

二、OLS 估计

估计模型的回归系数有许多方法，其中使用最广泛的是最小二乘(ordinary least square)法，下面用最小二乘法来估计模型的回归系数。

$\hat{y}_i$与y_i之差称为估计误差(离差)或残差，记为e_i，即

$$e_i = y_i - \hat{y}_i$$

最小二乘法的中心思想是，为观测值$(x_i, y_i)$$(i=1,2,\cdots,n)$配合一条较为理想的趋势线。这条趋势线必须满足下列两点要求：①原观测值与模型估计值的离差平方和为最小；②原观测值与模型估计值的离差总和为0。这两点可以用公式表示如下：

$$\sum (y_i - \hat{y}_i)^2 = \min \tag{4-4}$$

$$\sum (y_i - \hat{y}_i) = 0 \tag{4-5}$$

根据最小二乘法的要求，记

$$Q = \sum_{i=1}^{n} e_i^2 = \sum_{i=1}^{n} (y_i - \hat{y}_i)^2 = \sum_{i=1}^{n} (y_i - a - bx_i)^2$$

根据多元微分学的极值原理，Q取极小值的必要条件是Q对a，b的两个一阶偏导数全为零。上式分别对a和b求偏导数，并令其等于零，有

$$\frac{\partial Q}{\partial a} = -2\sum_{i=1}^{n} (y_i - a - bx_i) = 0$$

$$\frac{\partial Q}{\partial b} = -2\sum_{i=1}^{n} (y_i - a - bx_i)x_i = 0$$

整理得

$$na + b\sum_{i=1}^{n} x_i = \sum_{i=1}^{n} y_i$$

$$a\sum_{i=1}^{n} x_i + b\sum_{i=1}^{n} x_i^2 = \sum_{i=1}^{n} x_i y_i$$

对上两等式联立求解，可得回归参数的估计值为

$$\hat{b} = \frac{n\sum_{i=1}^{n} x_i y_i - \sum_{i=1}^{n} x_i \sum_{i=1}^{n} y_i}{n\sum_{i=1}^{n} x_i^2 - \left(\sum_{i=1}^{n} x_i\right)^2} \tag{4-6}$$

$$\hat{a}=\frac{\sum_{i=1}^{n}y_i}{n}-\hat{b}\frac{\sum_{i=1}^{n}x_i}{n}=\overline{y}-\hat{b}\overline{x} \tag{4-7}$$

式中：$\overline{x}=\frac{1}{n}\sum_{i=1}^{n}x_i$，$\overline{y}=\frac{1}{n}\sum_{i=1}^{n}y_i$。

由上式所确定的直线 $\hat{y}=a+bx$ 称为 x 对 y 的回归直线，b 称为回归系数。

三、OLS 估计的统计特性

由最小二乘法推导出的回归系数 b 的估计值可以变形为

$$\hat{b}=\frac{\sum(x_i-\overline{x})(y_i-\overline{y})}{\sum(x_i-\overline{x})^2}=\frac{\sum(x_i-\overline{x})y_i-\sum(x_i-\overline{x})\overline{y}}{\sum(x_i-\overline{x})^2}=\frac{\sum(x_i-\overline{x})y_i}{\sum(x_i-\overline{x})^2}=\sum c_i y_i$$

其中

$$\sum c_i=\frac{\sum(x_i-\overline{x})}{\sum(x_i-\overline{x})^2}=0$$

$$\sum c_i x_i=\sum c_i x_i-\overline{x}\sum c_i=\sum c_i(x_i-\overline{x})=\sum\frac{(x_i-\overline{x})^2}{\sum(x_i-\overline{x})^2}=1$$

可见 $\hat{b}$ 是独立正态变量 $y_1,y_2,\cdots,y_n$ 的线性组合，所以 $\hat{b}$ 也是正态随机变量，其期望值为

$$E(\hat{b})=E\left(\sum c_i y_i\right)=\sum c_i E(y_i)=\sum c_i(a+bx_i)=a\sum c_i+b\sum c_i x_i=b \tag{4-8}$$

这表示 $\hat{b}$ 是 b 的无偏估计量。

同理可以证明 $\hat{a}$ 也是 a 的无偏估计量。

$\hat{b}$ 方差为

$$D(\hat{b})=D\left(\sum c_i y_i\right)=\sum c_i^2 D(y_i)=\sum\frac{(x_i-\overline{x})^2}{\left[\sum(x_i-\overline{x})^2\right]^2}\cdot\sigma^2=\frac{\sigma^2}{\sum(x_i-\overline{x})^2} \tag{4-9}$$

所以

$$\hat{b}\sim N\left(b,\frac{\sigma^2}{\sum(x_i-\overline{x})^2}\right) \tag{4-10}$$

按照上述方法可以求得 $\hat{a}$ 的方差

$$D(\hat{a})=\sigma^2\frac{\sum x_i^2}{n\sum(x_i-\overline{x})^2} \tag{4-11}$$

以及 $\hat{a}$ 与 $\hat{b}$ 的协方差

$$\begin{aligned}\operatorname{cov}(\hat{a},\hat{b})&=E\{[\hat{a}-E(\hat{a})]-[\hat{b}-E(\hat{b})]\}=E(\hat{a}-a)(\hat{b}-b)\\&=-\overline{x}E(\hat{b}-b)^2=-\overline{x}D(\hat{b})\end{aligned} \tag{4-12}$$

四、相关系数

在运用一元线性回归模型时，正确地判断两个变量之间的相互关系，选择主要影响因

素作为模型的自变量是至关重要的。为阐明相关系数的性质，需要从变差的分析开始。

1. 离差平方和的分解

在一元线性回归模型中，观测值 y_i 的数值会发生波动，这种波动称为变差。变差产生的原因如下：①受自变量变动的影响，即 x 的取值不同；②受其他因素(包括观测和实践中产生的误差)的影响。为了分析这两方面的影响，需要对总变差进行分解。

对每一个观测值来说，变差的大小可以用该观测值 y_i 与其算术平均数 $\overline{y}$ 的离差 $y_i-\overline{y}$ 来表示，而全部 n 次观测值的总变差可由这些离差的平方和来表示：

$$L_{yy}=\sum(y_i-\overline{y})^2 \tag{4-13}$$

其中 L_{yy} 称为总离差。

因为

$$\begin{aligned}L_{yy}&=\sum(y_i-\overline{y})^2=\sum[(y_i-\hat{y}_i)+(\hat{y}_i-\overline{y})]^2\\&=\sum(y_i-\hat{y}_i)^2+\sum(\hat{y}_i-\overline{y})^2+2\sum(y_i-\hat{y}_i)(\hat{y}_i-\overline{y})\end{aligned}$$

其中交叉相乘项等于零，所以总变差可以分解成两个部分，即

$$\sum(y_i-\overline{y})^2=\sum(y_i-\hat{y}_i)^2+\sum(\hat{y}_i-\overline{y})^2 \tag{4-14}$$

或记为

$$L_{yy}=Q_1+Q_2$$

即

$$总变差=剩余变差+回归变差$$

等式右边的第二项 Q_2 称为回归变差(或称回归平方和)，反映了 $\hat{y}_i$ 与 y_i 的平均值 $\overline{y}$ 之间的变差，这一变差由自变量 x 的变动而引起，是总变差中由自变量 x 解释的部分，它的大小反映了自变量 x 的重要程度，即反映了由于 x 与 y 的线性关系所引起的波动；等式右边的第一项 Q_1 称为剩余变差(或称残差平方和)，是由观测或实验中产生的误差以及其他未加控制的因素引起的，反映的是总变差中未被自变量 x 解释的部分。

2. 可决系数 R^2

$$R^2=\frac{回归变差}{总变差}$$

可决系数 R^2 的大小表明了在 y 的总变差中由自变量 x 变动引起的回归变差所占的比例，是反映变量 x 与 y 之间的线性相关关系密切程度的一个重要指标。根据上述定义，有

$$R^2=\frac{\sum(\hat{y}_i-\overline{y})^2}{\sum(y_i-\overline{y})^2}=1-\frac{\sum(y_i-\hat{y})^2}{\sum(y_i-\overline{y})^2} \tag{4-15}$$

从式(4-15)可以看出，$0\leqslant R^2\leqslant 1$。

由 R^2 的计算公式可知，当所有观测值都位于回归直线上时，残差平方和等于零，这时 $R^2=1$，说明总离差可以完全由所估计的样本回归直线来解释；当观测值不完全位于回归直线上时，残差平方和大于零，这时 $R^2>0$；当回归直线没有解释任何离差，即模型中解释变量 x 与因变量 y 完全无关时，y 的总离差全部归于残差平方和，这时 $R^2=0$。

3. 相关系数 R

相关系数是可决系数的平方根，它是一元线性回归模型中用来衡量两个变量之间线性相关关系强弱程度的重要指标。相关系数有两种定义方法：

(1) 根据总变差定义，

$$R=\sqrt{\frac{\sum(\hat{y}_i-\overline{y})^2}{\sum(y_i-\overline{y})^2}}=\sqrt{1-\frac{\sum(y_i-\hat{y})^2}{\sum(y_i-\overline{y})^2}} \tag{4-16}$$

(2) 根据积差法定义，因为

$$\begin{aligned}\frac{\sum(\hat{y}_i-\overline{y})^2}{\sum(y_i-\overline{y})^2}&=\frac{\sum(a+bx_i-a-b\overline{x})^2}{\sum(y_i-\overline{y})^2}=\frac{b^2\sum(x_i-\overline{x})^2}{\sum(y_i-\overline{y})^2}\\&=\left[\frac{\sum(x_i-\overline{x})(y_i-\overline{y})}{\sum(x_i-\overline{x})^2}\right]^2\cdot\frac{\sum(x_i-\overline{x})^2}{\sum(y_i-\overline{y})^2}\\&=\frac{\left[\sum(x_i-\overline{x})(y_i-\overline{y})\right]^2}{\sum(x_i-\overline{x})^2\cdot\sum(y_i-\overline{y})^2}\end{aligned}$$

所以，相关系数为

$$R=\frac{\sum(x_i-\overline{x})(y_i-\overline{y})}{\sqrt{\sum(x_i-\overline{x})^2\sum(y_i-\overline{y})^2}} \tag{4-17}$$

由于根据积差法定义的相关系数不需要先求回归模型的剩余变差，可以直接从样本数据中计算得到，所以在实际工作中得到广泛应用。用积差法计算相关系数计算量比较大，因此根据平均数的数学性质可将其简化为

$$R=\frac{n\sum x_iy_i-\sum x_i\sum y_i}{\sqrt{n\sum x_i^2-\left(\sum x_i\right)^2}\sqrt{n\sum y_i^2-\left(\sum y_i\right)^2}} \tag{4-18}$$

从上述定义可以看出，相关系数的取值范围为 $-1\leqslant R\leqslant 1$，相关系数为正值表示两变量之间为正相关；相关系数为负值表示两变量之间为负相关。相关系数 R 的绝对值大小表示相关程度的高低。

(i) 当 $R=0$ 时，说明回归变差为 0，自变量 x 的变动对总变差毫无影响，这种情况称 y 与 x 不相关。

(ii) 当 $|R|=1$ 时，说明回归变差等于总变差，总变差的变化完全由自变量 x 的变化所引起，这种情况称为完全相关。这时因变量 y 是自变量 x 的线性函数，二者之间呈函数关系。

(iii) 当 $0<|R|<1$ 时，说明自变量 x 的变动对总变差有部分影响，这种情况称为普通相关。其中，R 的绝对值越大，表示相关程度越高。一般情况下，当 $|R|>0.7$，即 $R^2>0.49$ 时，说明自变量 x 的变动对总变差的影响占一半以上，故称为高度相关；当 $|R|<0.3$，即 $R^2<0.09$ 时，说明自变量 x 的变动对总变差的影响小于 9%，故称为低度相关；当 $0.3\leqslant|R|<0.7$ 时，说明自变量 x 的变动对总变差的影响程度在 9%～50%之间，故称为中度相关。

五、显著性检验

建立的一元线性回归模型，是否符合变量之间的客观规律性，两变量之间是否具有显著的线性相关关系，还需要对回归模型进行显著性检验。这是因为对于任何观测值（x_i, y_i）（$i=1,2,\cdots,n$）均可估计出回归系数 a，b 的值，配出一条回归直线，但是这条回归直线是否有意义，可否用于预测或控制，只有通过显著性检验才能下结论。在一元线性回归模型中最常用的显著性检验方法有：相关系数检验法、F 检验法和 t 检验法。

1. 相关系数检验法

相关系数是用来衡量一元线性回归模型中两个变量之间线性相关关系强弱程度的指标。一般说来，相关系数越大说明两个变量之间的线性相关关系越强。但相关系数的绝对值大到什么程度时，才能认为两变量之间的线性相关关系是显著的，回归模型用来预测是有意义的？对于不同组数的观测值，不同数值的显著性水平、衡量的标准是不同的。这一数量界限的确定只有根据具体的条件和要求，通过相关系数检验法的检验才能加以判别。相关系数检验法的步骤如下：

第一步，按式(4-16)，(4-17)或(4-18)计算相关系数 R；

第二步，根据回归模型的自由度 $n-2$ 和给定的显著性水平 α 值，从相关系数临界值表中查出临界值 $R_\alpha(n-2)$；

第三步，判别。若 $|R| > R_\alpha(n-2)$，表明两变量之间线性相关关系显著，检验通过，这时回归模型可以用来预测；若 $|R| \leqslant R_\alpha(n-2)$，表明两变量之间线性相关关系不显著，检验不通过。在这种情况下，回归模型不能用来进行预测。这时，应分析其原因，对回归模型重新调整。

2. F 检验法

构造 F 统计量

$$F=\frac{\sum(\hat{y}_i-\overline{y})^2}{\sum(y_i-\hat{y}_i)^2/(n-2)}=\frac{Q_2}{Q_1/(n-2)} \tag{4-19}$$

可以证明 F 服从第一自由度为 1，第二自由度为 $n-2$ 的 F 分布。对给定的显著性水平 α，查 F 分布表可得临界值 $F_\alpha(1,n-2)$。

若 $F > F_\alpha$，则认为两变量之间线性相关关系显著；反之，若 $F \leqslant F_\alpha$，则认为两变量之间线性相关关系不显著。

3. t 检验法

t 检验法是检验 a, b 是否显著异于 0 的方法。我们以对 b 检验为例来说明 t 检验法的步骤。

构造 t 统计量

$$t=\frac{\hat{b}}{S_{\hat{b}}} \tag{4-20}$$

其中

$$S_{\hat{b}}=\sqrt{\frac{\sum(\hat{y}_i-y_i)^2}{(n-2)\sum x_i^2}}=\sqrt{\frac{Q_1}{(n-2)\sum x_i^2}}$$

称为 $\hat{b}$ 的样本标准差。可以证明 $t=\dfrac{\hat{b}}{S_{\hat{b}}}$ 服从自由度为 $n-2$ 的 t 分布。查 t 分布表得临界值 $t_{\alpha/2}(n-2)$。若 $t>t_{\alpha/2}(n-2)$，则认为 b 显著异于 0，反之，若 $t\leqslant t_{\alpha/2}(n-2)$，则认为 b 不显著异于 0。

对于 a 是否显著异于 0 的检验过程与此完全相同。

六、预测区间

回归模型通过显著性检验后，就可以用来进行预测了。在一元线性回归模型 $\hat{y}=a+bx$ 中，对于自变量 x 的一个给定值 x_0，代入回归模型，就可以求得一个对应的回归预测值 $\hat{y}_0$，$\hat{y}_0$ 又称为点估计值。但是在实际工作中，预测对象的实际值不一定刚好就等于预测值，随着现实情况的变化和各种环境因素的影响，两者总是会产生或大或小的偏差，如果仅根据某一点的预测计算就得出结论，则几乎总是谬误。所以，我们不仅要预测出 y 的点估计值，还要给出 y 的预测区间。所谓预测区间就是指在一定的显著性水平上，依据数理统计方法计算出的包含预测对象未来真实值的某一区间范围。

1. 点估计值 $\hat{y}_0$ 的统计性质

对于自变量 x 的一个给定值 x_0，对应回归模型的点估计值为 $\hat{y}_0=\hat{a}+\hat{b}x_0$，其期望值与方差分别为

$$\begin{aligned}E(\hat{y}_0)&=E(\hat{a}+\hat{b}x_0)=E[(\overline{y}-\hat{b}\overline{x})+\hat{b}x_0]=E[\overline{y}+\hat{b}(x_0-\overline{x})]\\&=a+b\overline{x}+b(x_0-\overline{x})=a+bx_0\end{aligned}\tag{4-21}$$

$$\begin{aligned}D(\hat{y}_0)&=D(\hat{a}+\hat{b}x_0)=D[\overline{y}+\hat{b}(x_0-\overline{x})]=D\left(\frac{\sum y_i}{n}\right)+(x_0-\overline{x})^2D(\hat{b})\\&=\frac{1}{n^2}\sum D(y_i)+\frac{(x_0-\overline{x})^2\cdot\sigma^2}{\sum(x_i-\overline{x})^2}=\frac{1}{n^2}n\cdot\sigma^2+\frac{(x_0-\overline{x})^2\cdot\sigma^2}{\sum(x_i-\overline{x})^2}\\&=\left[\frac{1}{n}+\frac{(x_0-\overline{x})^2}{\sum(x_i-\overline{x})^2}\right]\cdot\sigma^2\end{aligned}\tag{4-22}$$

所以

$$\hat{y}_0\sim N\left\{a+bx_0,\left[\frac{1}{n}+\frac{(x_0-\overline{x})^2}{\sum(x_i-\overline{x})^2}\right]\cdot\sigma^2\right\}\tag{4-23}$$

2. 总体方差 σ^2 的无偏估计量

由式(4-14)可得

$$Q_1=\sum(y_i-\overline{y})^2-\sum(\hat{y}_i-\overline{y})^2=\sum(y_i-\overline{y})^2-\hat{b}^2\sum(x_i-\overline{x})^2$$

$$E\left[\sum(y_i-\overline{y})^2\right]=E\left(\sum y_i^2-n\overline{y}^2\right)=\sum E(y_i^2)-nE(\overline{y}^2)$$

由 $D(y_i)=E(y_i^2)-[E(y_i)]^2$，上式变为

$$
\begin{aligned}
E\left[\sum(y_i-\bar{y})^2\right] &= \sum\{D(y_i)+[E(y_i)]^2\}-n\{D(\bar{y})+[E(\bar{y})]^2\}\\
&= \sum[\sigma^2+(a+bx_i)^2]-n\left[\frac{\sigma^2}{n}+(a+b\bar{x})^2\right]\\
&= n\sigma^2+na^2+2ab\sum x_i+b^2\sum x_i^2-\sigma^2-na^2-2abn\bar{x}-nb^2\bar{x}^2\\
&= (n-1)\sigma^2+b^2\left(\sum x_i^2-n\bar{x}^2\right)\\
&= (n-1)\sigma^2+b^2\sum(x_i-\bar{x})^2
\end{aligned}
$$

$$
\begin{aligned}
E\left[\hat{b}^2\sum(x_i-\bar{x})^2\right] &= E(\hat{b}^2)\sum(x_i-\bar{x})^2=\{D(\hat{b})+[E(\hat{b})]^2\}\sum(x_i-\bar{x})^2\\
&= \left[\frac{\sigma^2}{\sum(x_i-\bar{x})^2}+b^2\right]\sum(x_i-\bar{x})^2\\
&= \sigma^2+b^2\sum(x_i-\bar{x})^2
\end{aligned}
\tag{4-24}
$$

因此，有

$$
E\left[\frac{\sum(y_i-\hat{y}_i)^2}{n-2}\right]=E\left[\frac{\sum(y_i-\bar{y}_i)^2-\left[\hat{b}^2\sum(x_i-\bar{x})^2\right]}{n-2}\right]=\sigma^2 \tag{4-25}
$$

从而证明了$\dfrac{\sum(y_i-\hat{y}_i)^2}{n-2}$是$\sigma^2$的无偏估计量。由于总体方差$\sigma^2$往往是未知的，所以常用总体方差$\sigma^2$的无偏估计量来代替。

$$
S_y=\sqrt{\frac{\sum(y_i-\hat{y}_i)^2}{n-2}}=\sqrt{\frac{Q_1}{n-2}} \tag{4-26}
$$

式(4-26)中，S_y称为y的估计标准误差。实际计算时可用其简洁式

$$
S_y=\sqrt{\frac{\sum y_i^2-\hat{a}\sum y_i-\hat{b}\sum x_iy_i}{n-2}} \tag{4-27}
$$

3. 预测值和预测区间

设预测点为(x_0,y_0)，则预测值为

$$
\hat{y}_0=\hat{a}+\hat{b}x_0 \tag{4-28}
$$

设其预测误差为

$$
e_0=y_0-\hat{y}_0
$$

由于y_0和$\hat{y}_0$都服从正态分布，所以e_0也服从正态分布，其期望值与方差分别为

$$
E(e_0)=E(y_0-\hat{y}_0)=E(y_0)-E(\hat{y}_0)=0 \tag{4-29}
$$

$$
\begin{aligned}
D(e_0) &= D(y_0-\hat{y}_0)=D(y_0)+D(\hat{y}_0)\\
&= \sigma^2+\left[\frac{1}{n}+\frac{(x_0-\bar{x})^2}{\sum(x_i-\bar{x})^2}\right]\sigma^2\\
&= \left[1+\frac{1}{n}+\frac{(x_0-\bar{x})^2}{\sum(x_i-\bar{x})^2}\right]\sigma^2
\end{aligned}
\tag{4-30}
$$

所以，

$$e_0 \sim N\left(0, \left[1+\frac{1}{n}+\frac{(x_0-\overline{x})^2}{\sum(x_i-\overline{x})^2}\right]\sigma^2\right) \tag{4-31}$$

令

$$S_0^2 = \left[1+\frac{1}{n}+\frac{(x_0-\overline{x})^2}{\sum(x_i-\overline{x})^2}\right]S_y^2$$

因为 S_y^2 是 σ^2 的无偏估计量，所以 S_0^2 也是 $D(e_0)$ 的无偏估计量。可以证明，S_0^2 服从 χ^2 分布，故有

$$\frac{y_0-\hat{y}_0}{S_0} \sim t(n-2) \tag{4-32}$$

其中

$$S_0 = \sqrt{1+\frac{1}{n}+\frac{(x_0-\overline{x})^2}{\sum(x_i-\overline{x})^2}}S_y \tag{4-33}$$

通过上述分析，可以得到，在显著性水平为 α 时，预测值 $\hat{y}_0$ 的预测区间为

$$\hat{y}_0 \mp t_{\alpha/2}(n-2)S_0 \tag{4-34}$$

当实际观测值较多，满足大样本条件(一般 $n>30$)时，式(4-33)中根式的值近似地等于 1，式(4-34)的 $t_{\alpha/2}(n-2)$ 也近似趋于正态分布 $Z_{\alpha/2}$，因此，式(4-34)可简化为

$$\hat{y}_0 \mp Z_{\alpha/2} \cdot S_y \tag{4-35}$$

七、应用举例

江苏省 1996～2013 年国内生产总值和固定资产投资完成额数据如表 4-1 所示。

表 4-1　一元线性回归模型计算表　　(单位：亿元)

年份	固定资产投资完成额 x	国内生产总值 y	x^2	y^2	xy
1996	1950	6004	3800667	36050538	11705388
1997	2203	6680	4853606	44626943	14717390
1998	2536	7200	6428760	51839280	18255473
1999	2743	7698	7522129	59256433	21112426
2000	2995	8554	8972601	73165613	25621980
2001	3303	9457	10909545	89431823	31235564
2002	3849	10607	14816649	112505267	40828311
2003	5336	12443	28470762	154825014	66392666
2004	6828	15004	46615985	225108013	102438429
2005	8740	18599	76382531	345911270	162547157
2006	10071	21742	101433501	472716738	218973317
2007	12268	26018	150505542	676961302	319196534
2008	15060	30982	226817154	959883085	466602561
2009	18950	34457	359097952	1187305523	652961700

续表

年份	固定资产投资完成额 x	国内生产总值 y	x^2	y^2	xy
2010	23184	41425	537510839	1716070393	960419927
2011	26315	49110	692461331	2411818619	1292320058
2012	31707	54058	1005307215	2922291150	1714001277
2013	35983	59162	1294741746	3500112663	2128788853
合计	214021	419200	4576648513	15039879665	8248119011

资料来源于《江苏统计年鉴》

试配合适当的回归模型并进行显著性检验；若 2014 年该省固定资产投资完成额为 41000 亿元，当显著性水平 $\alpha=0.05$ 时，试估计 2014 年国内生产总值的预测区间。

解 (1)绘制散点图。

设国内生产总值为 y，固定资产投资完成额为 x，绘制散点图(图略)，由散点图看出两者呈线性关系，可以建立一元线性回归模型。

(2)设一元线性回归方程为

$$\hat{y}=a+bx$$

(3)计算回归系数。

列表计算有关数据(表 4-1)，并计算出回归系数估计值

$$\hat{b}=\frac{n\sum xy-\sum x\sum y}{n\sum x^2-\left(\sum x\right)^2}=1.16$$

$$\hat{a}=\frac{\sum y}{n}-\hat{b}\frac{\sum x}{n}=4190.7$$

所求回归预测方程为

$$\hat{y}=4190.7+1.16x$$

(4)检验线性关系的显著性。

由于在一元线性回归情形中，相关系数检验、F 检验、t 检验的结果一致，此处仅给出相关系数检验。

$$R=\frac{n\sum xy-\sum x\sum y}{\sqrt{n\sum x^2-\left(\sum x\right)^2}\sqrt{n\sum y^2-\left(\sum y\right)^2}}=0.9967$$

当显著性水平 $\alpha=0.05$，自由度 $=n-m=18-2=16$ 时，查相关系数临界值表，得 $R_{0.05}(16)=0.4683$，因

$$R=0.9899>0.4683=R_{0.05}(16)$$

故在 $\alpha=0.05$ 的显著性水平上，检验通过，说明两变量之间线性相关关系显著。

(5)预测。

(i)计算估计值的标准误差

$$S_y=\sqrt{\frac{\sum y^2-\hat{a}\sum y-\hat{b}\sum xy}{n-2}}=520.34$$

(ii) 当显著性水平 $\alpha = 0.05$，自由度 $= n-2 = 18-2 = 16$ 时，查 t 分布表得

$$t_{0.025}(16) = 2.1199$$

(iii) 当 $x_0 = 41000$ 亿元时，代入回归方程得 y 的点估计值为

$$\hat{y} = 4190.7 + 1.16x = 68590.7(\text{亿元})$$

预测区间为

$$\hat{y}_0 \mp t_{\alpha/2}(n-2) \cdot S_y \sqrt{1 + \frac{1}{n} + \frac{n(x_0 - \bar{x})^2}{n\sum x^2 - \left(\sum x\right)^2}} = 68590.7 \mp 3720.08$$

即：当 2014 年全省固定资产投资完成额为 41000 亿元时，在 $\alpha = 0.05$ 的显著性水平下，国内生产总值的预测区间为 64870.62 亿～72310.78 亿元。

第三节　多元线性回归预测法

一元线性回归预测法研究的是某一因变量与一个自变量之间的关系问题。但是，客观现象之间的联系是复杂的，许多现象的变动都涉及多个变量之间的数量关系。例如，农作物单位面积产量与光照、温度、种子、灌溉、肥料等因素有关。这种研究某一因变量与多个自变量之间的相互关系的理论和方法就是多元线性回归预测法。其基本原理与一元线性回归相似，只是多元线性回归预测的计算较繁杂，故本节采用矩阵形式讨论多元线性回归预测法的基本原理。

一、多元线性回归模型

设所研究的对象受多个因素 $x_1, x_2, \cdots, x_m$ 的影响，假定各个影响因素与 y 的关系是线性的，这时就需要建立多元线性回归模型：

$$y = \beta_1 x_1 + \beta_2 x_2 + \cdots + \beta_m x_m + \varepsilon \tag{4-36}$$

给定变量 y, $x_1, x_2, \cdots, x_m$ 的一组观测值 $y_i, x_{1i}, x_{2i}, \cdots, x_{mi}$，对应地，有

$$y_i = \beta_1 x_{1i} + \beta_2 x_{2i} + \cdots + \beta_m x_{mi} + \varepsilon_i, \quad i = 1, 2, \cdots, n \tag{4-37}$$

若取 x_1 的观测值恒等于 1，即对任意 i 有 $x_{i1} = 1$，则式(4-37)变为

$$y_i = \beta_1 + \beta_2 x_{2i} + \cdots + \beta_m x_{mi} + \varepsilon_i, \quad i = 1, 2, \cdots, n \tag{4-38}$$

其矩阵形式为

$$Y = XB + \varepsilon$$

其中

$$Y = \begin{pmatrix} y_1 \\ y_2 \\ \vdots \\ y_n \end{pmatrix}, \quad X = \begin{pmatrix} 1 & x_{21} & \cdots & x_{m1} \\ 1 & x_{22} & \cdots & x_{m2} \\ \vdots & \vdots & & \vdots \\ 1 & x_{2n} & \cdots & x_{mn} \end{pmatrix}, \quad B = \begin{pmatrix} \beta_1 \\ \beta_2 \\ \vdots \\ \beta_m \end{pmatrix}, \quad \varepsilon = \begin{pmatrix} \varepsilon_1 \\ \varepsilon_2 \\ \vdots \\ \varepsilon_n \end{pmatrix}$$

1. OSL 估计

我们仍采用最小二乘法估计参数向量 B，设观测值与回归方程估计值的残差向量为 E，则

$$E = Y - \hat{Y}$$

其中

$$\hat{Y}=XB$$

根据最小二乘法的要求，应有

$$E'E=(Y-\hat{Y})'(Y-\hat{Y})=\min \tag{4-39}$$

即

$$E'E=(Y-XB)'(Y-XB)=\min$$

由极值原理，根据矩阵求导法则，上式对 B 求导，并令其等于零，则得

$$\begin{aligned}\frac{\partial E'E}{\partial B}&=\frac{\partial(Y-XB)'(Y-XB)}{\partial B}=\frac{\partial(Y'Y-2Y'XB+B'X'XB)}{\partial B}\\&=-2(Y'X)'+2(X'X)B=0\end{aligned}$$

整理得回归系数向量 B 的估计值为

$$\hat{B}=(X'X)^{-1}X'Y \tag{4-40}$$

2. 回归系数向量估计值 $\hat{B}$ 的统计性质

(1) 回归系数向量估计值 $\hat{B}$ 的数学期望

$$\begin{aligned}E(\hat{B})&=E[(X'X)^{-1}X'Y]\\&=E[(X'X)^{-1}X'(XB+\varepsilon)]\\&=E[(X'X)^{-1}X'XB+(X'X)^{-1}X'\varepsilon]\\&=E(B)=B\end{aligned} \tag{4-41}$$

可见 $\hat{B}$ 是 B 的无偏估计。

(2) 回归系数向量估计值 $\hat{B}$ 的协方差

$$\mathrm{cov}(\hat{B},\hat{B}')=E[(\hat{B}-B)(\hat{B}-B)']$$

因为

$$\hat{B}-B=(X'X)^{-1}X'(XB+\varepsilon)-B=(X'X)^{-1}X'\varepsilon$$

故

$$\begin{aligned}\mathrm{cov}(\hat{B},\hat{B}')&=E[(X'X)^{-1}X'\varepsilon\varepsilon'X(X'X)^{-1}]\\&=(X'X)^{-1}X'E(\varepsilon\varepsilon')X(X'X)^{-1}\\&=(X'X)^{-1}X'\sigma^2IX(X'X)^{-1}\\&=(X'X)^{-1}\sigma^2\end{aligned} \tag{4-42}$$

二、多元线性回归模型的检验

在建立多元线性回归模型的过程中，为进一步分析回归模型所反映的变量之间的关系是否符合客观实际，引入的影响因素是否有效，需要对回归模型进行检验。常用的检验方法有 R 检验，F 检验，t 检验和 DW 检验。

1. R 检验

R 检验是通过复相关系数检验一组自变量 $x_1,x_2,\cdots,x_m$ 与因变量 y 之间的线性相关程度的方法，又称复相关系数检验法。与一元线性回归模型类似，可以通过对总变差的分解

$$\sum(y_i-\overline{y})^2=\sum(y_i-\hat{y}_i)^2+\sum(\hat{y}_i-\overline{y})^2=Q_1+Q_2$$

得到多元线性回归模型的 R^2 的计算公式。上式右边的第二项 Q_2 称为回归变差(或称回归平方和)，反映了 y_i 与 $\hat{y}_i$ 之间的变差，这一变差由自变量 $x_1,x_2,\cdots,x_m$ 的变动引起，是总变差中由自变量 $x_1,x_2,\cdots,x_m$ 解释的部分，它的大小反映了自变量 $x_1,x_2,\cdots,x_m$ 的重要程度；等式右边的第一项 Q_1 称为剩余变差(或称残差平方和)，是由观测或实验中产生的误差以及其他未加控制的因素引起的，反映的是总变差中未被自变量 $x_1,x_2,\cdots,x_m$ 解释的部分，即

$$总变差=剩余变差+回归变差$$

与一元回归分析一样，也可以利用 Q_2 在总离差中所占的比例表示多元线性回归模型的复可决系数 R^2，即

$$R^2=\frac{\sum(\hat{y}_i-\overline{y})^2}{\sum(y_i-\overline{y})^2}=1-\frac{\sum(y_i-\hat{y}_i)^2}{\sum(y_i-\overline{y})^2} \tag{4-43}$$

它可以用来衡量变量 y 与自变量 $x_1,x_2,\cdots,x_m$ 之线性相关关系的密切程度。

$$R=\sqrt{1-\frac{\sum(y_i-\hat{y}_i)^2}{\sum(y_i-\overline{y})^2}} \tag{4-44}$$

称为复相关系数。这里 R^2 说明在 y 的总变差中，由一组自变量 $x_1,x_2,\cdots,x_m$ 变动所引起的变差所占的百分比；R 则描述一组自变量 $x_1,x_2,\cdots,x_m$ 与因变量 y 之间的线性相关程度。尽管式(4-43)，(4-44)与式(4-15)，(4-16)在形式上相同，但内涵不同。式(4-43)和(4-44)体现的是一组自变量对因变量的影响程度及其线性相关程度，故称为复可决系数和复相关系数。

与相关系数检验法一样，复相关系数检验法的步骤：①计算复相关系数；②根据回归模型的自由度 $n-m$ 和给定的显著性水平 α 值，查相关系数临界值表；③判别。

在实际工作中，式(4-44)复相关系数的计算常用其简洁形式，如对于二元和三元的情形，其简洁形式分别如下所示：

$$R=\sqrt{1-\frac{\sum y_i^2-\hat{\beta}_1\sum y_i-\hat{\beta}_2\sum x_{2i}y_i-\hat{\beta}_3\sum x_{3i}y_i}{\sum y_i^2-n\overline{y}^2}} \tag{4-45}$$

$$R=\sqrt{1-\frac{\sum y_i^2-\hat{\beta}_1\sum y_i-\hat{\beta}_2\sum x_{2i}y_i-\hat{\beta}_3\sum x_{3i}y_i-\hat{\beta}_4\sum x_{4i}y_i}{\sum y_i^2-n\overline{y}^2}} \tag{4-46}$$

由于 R^2 是一个随自变量个数增加而递增的函数，所以，当我们对两个具有不同自变量个数但性质相同的回归模型进行比较时，就不能只用 R^2 作为评价回归模型优劣的标准，还必须考虑回归模型所包含的自变量个数的影响。因此，就需要定义一个经过校正的 R^2，记为 $\overline{R}^2$，即

$$\overline{R}^2=1-\frac{\sum(y_i-\hat{y}_i)^2/(n-m)}{\sum(y_i-\overline{y})^2/(n-1)} \tag{4-47}$$

式中：$n-m$ 是剩余变差 $\sum(y_i-\hat{y}_i)^2$ 的自由度，$n-1$ 是总变差 $\sum(y_i-\overline{y})^2$ 的自由度。由此可见，$\overline{R}^2$ 中体现了自变量个数 m 的影响。根据式(4-43)和(4-47)可得 $\overline{R}^2$ 与 R^2 之间的关系式如下：

$$\bar{R}^2 = 1-(1-R^2)\frac{n-1}{n-m} \tag{4-48}$$

从式(4-48)可以看出：

(1)当$m>1$时，$\bar{R}^2 < R^2$。说明$\bar{R}^2$中包含了自变量个数的影响，随着自变量$x_1,x_2,\cdots,x_m$个数的增加，$\bar{R}^2$总是小于R^2。

(2)尽管R^2总是非负的，但$\bar{R}^2$却可能为负。若遇到$\bar{R}^2$为负数的情况，$\bar{R}^2$取值为零。

2. F检验

F检验是通过F统计量检验假设H_0：$\beta_1=\beta_2=\cdots=\beta_m=0$是否成立的方法。

(1)F统计量。

$$F=\frac{\sum(\hat{y}_i-\bar{y})^2/(m-1)}{\sum(y_i-\hat{y}_i)^2/(n-m)} \tag{4-49}$$

式中：$m-1$是回归变差$\sum(\hat{y}_i-\bar{y})^2$的自由度，$n-m$是剩余变差$\sum(y_i-\hat{y}_i)^2$的自由度。可以证明$F$统计量服从第一自由度为$m-1$，第二自由度为$n-m$的$F$分布。故对给定的显著性水平$\alpha$，查$F$分布表可得临界值$F_\alpha(m-1,n-m)$。若

$$F > F_\alpha(m-1,n-m)$$

则否定假设H_0，认为一组自变量$x_1,x_2,\cdots,x_m$与因变量y之间的回归效果显著；反之，则不显著。一般来讲，回归效果不显著的原因有以下三种：

(i)影响y的因素除了一组自变量$x_1,x_2,\cdots,x_m$之外，还有其他不可忽略的因素；

(ii)y与一组自变量$x_1,x_2,\cdots,x_m$之间的关系不是线性的；

(iii)y与一组自变量$x_1,x_2,\cdots,x_m$之间不相关。

这时，回归模型就不能用来预测，应分析其原因另选自变量或改变预测模型的形式。

(2)F统计量与可决系数、相关系数的关系。从式(4-44)和(4-49)中我们可以推导出三者的关系：

$$F=\frac{R^2}{1-R^2}\cdot\frac{n-m}{m-1} \tag{4-50}$$

$$R=\sqrt{\frac{(m-1)F}{(n-m)+(m-1)F}} \tag{4-51}$$

同样地，F分布的临界值与相关系数临界值也具有上述等式关系。

3. t检验

前述的R检验和F检验都是将所有的自变量作为一个整体来检验它们与因变量y的相关程度以及回归效果，而t检验则是通过t统计量对所求回归模型的每一个系数逐一检验假设H_0：$\beta_j=0, j=1,2,\cdots,m$是否成立的方法。

(1)t统计量。

$$t_j=\frac{\hat{\beta}_j}{S_{\hat{\beta}_j}},\quad j=1,2,\cdots,m \tag{4-52}$$

式中：$\hat{\beta}_j$为第j个自变量x_j的回归系数；$S_{\hat{\beta}_j}$是$\hat{\beta}_j$的样本标准差。

(2) t 检验的步骤。

(i) 计算估计标准误差

$$S=\sqrt{\frac{\sum(y_i-\hat{y}_i)^2}{n-m}}$$

对于二元和三元情形，估计标准误差的简洁公式分别为

$$S=\sqrt{\frac{\sum y_i^2-\hat{\beta}_1\sum y_i-\hat{\beta}_2\sum x_{2i}y_i-\hat{\beta}_3\sum x_{3i}y_i}{n-3}} \tag{4-53}$$

$$S=\sqrt{\frac{\sum y_i^2-\hat{\beta}_1\sum y_i-\hat{\beta}_2\sum x_{2i}y_i-\hat{\beta}_3\sum x_{3i}y_i-\hat{\beta}_4\sum x_{4i}y_i}{n-4}} \tag{4-54}$$

(ii) 计算样本标准差，由式(4.3.7)可知

$$S_{\hat{\beta}_j}=\sqrt{C_{jj}}\cdot S \tag{4-55}$$

式中：C_{jj} 为矩阵 $(X'X)^{-1}$ 主对角线上的第 j 个元素。

(iii) 计算 t 统计量。

(iv) 建立假设。

$$H_0:\quad \beta_j=0, j=1,2,\cdots,m$$

若 $|t_j|>t_{\alpha/2}(n-m)$ 成立，则否定假设 H_0，说明 x_j 对 y 有显著影响；反之假设成立，$\beta_j=0, j=1,2,\cdots,m$ 被接受，说明 x_j 对 y 无显著影响，则应删除该因素。

4. DW 检验

(1) 序列相关的概念及对回归模型的影响。序列相关是指数列的前后期相关。这里讲的前后期相关，可以是只与前一期相关，也可以与前若干期都相关。最常见的是时差为一期的序列相关，又称一阶自相关。回归模型假设随机误差项之间不存在序列相关或自相关，即 $\varepsilon_i,\varepsilon_j$ 互不相关，$\mathrm{cov}(\varepsilon_i,\varepsilon_j)=0$，$i\neq j$。若回归模型不满足这一假设，则称回归模型存在自相关，这时，若我们继续使用最小二乘法估计参数，将可能产生下列严重后果：

(i) 估计标准误差 S 可能严重低估 σ 的真实值；

(ii) 样本方差 $S_{\hat{\beta}_j}^2$ 可能严重低估 $D(\beta_j)$ 的真实值；

(iii) 估计回归系数 $\hat{\beta}_j$ 可能歪曲 β_j 的真实值；

(iv) 通常的 F 检验和 t 检验将不再有效；

(v) 根据最小二乘估计量所作的预测将无效。

(2) DW 检验法。在序列相关中，最常见的是一阶自相关，最常用的检验方法是 DW 检验法(Durbin-Watson 准则)。定义 DW 统计量为

$$\mathrm{DW}=\frac{\sum_{i=2}^{n}(e_i-e_{i-1})^2}{\sum_{i=1}^{n}e_i^2} \tag{4-56}$$

其中：$e_i = y_i - \hat{y}_i$ 是 ε_i 的估计量。

因为 ε_{i-1} 的最初序号必须是 1，所以分子求和公式应从 2 开始。将式(4-56)展开，得

$$\mathrm{DW} = \frac{\sum_{i=2}^{n} e_i^2 - 2\sum_{i=2}^{n} e_i e_{i-1} + \sum_{i=2}^{n} e_{i-1}^2}{\sum_{i=1}^{n} e_i^2} \tag{4-57}$$

在大样本情况下，即 $n > 30$，可以认为 $\sum_{i=2}^{n} e_i^2 \approx \sum_{i=2}^{n} e_{i-1}^2 \approx \sum_{i=1}^{n} e_i^2$，所以式(4-57)可以写成

$$\mathrm{DW} = 2\left(1 - \frac{\sum_{i=2}^{n} e_i e_{i-1}}{\sum_{i=1}^{n} e_i^2}\right) \approx 2(1 - R_1) \tag{4-58}$$

R_1 是 ε_i 与 ε_{i-1} 的相关系数 ρ_1 的估计量。当 ε_i 与 ε_{i-1} 正相关时，$R_1 \to 1$，$\mathrm{DW} \to 0$；当 ε_i 与 ε_{i-1} 负相关时，$R_1 \to -1$，$\mathrm{DW} \to 4$；若不存在自相关或相关程度很小时，$R_1 \to 0$，$\mathrm{DW} \to 2$。从式(4-58)可以看出，DW 值在 0～4 内。根据 DW 统计量，检验模型是否存在自相关，其步骤如下：

（i）利用最小二乘法求回归模型及残差 e_i；

（ii）利用式(4-56)，(4-57)或(4-58)计算 DW 统计量；

（iii）确立假设 $H_0 : \rho_1 = 0$，即假定回归模型不存在自相关；

（iv）根据给定的检验水平及自变量个数 m 从 DW 检验表中查得相应临界值 d_L, d_U，并利用表 4-2 判别检验结论。

表 4-2　DW 检验判别表

DW 值	检验结果
$4-d_L < \mathrm{DW} < 4$	否定假设，出现负自相关
$0 < \mathrm{DW} < d_L$	否定假设，出现正自相关
$d_U < \mathrm{DW} < 4 - d_U$	接受假设，不存在自相关
$d_L < \mathrm{DW} < d_U$	检验无结论
$4-d_U < \mathrm{DW} < 4 - d_L$	检验无结论

从表 4-2 可以看出，DW 检验的最大弊端是存在着无结论区域。无结论区域的大小与样本容量 n 和自变量个数 m 有关，当 n 一定时，m 越大，无结论区域也越大；当 m 一定时，n 越大，无结论区域就越小。如果计算的 DW 统计量落到了无结论区域，那么，决策者就不能作出回归模型是否存在自相关现象的结论。在这种情况下，解决的办法：①增加样本容量，重新计算 DW 统计量，再进行检验；②调换样本，利用新的样本计算 DW 统计量，然后再进行检验；③利用其他方法进行自相关性检验。

将上面 DW 检验判别表绘成图形如图 4-1 所示。

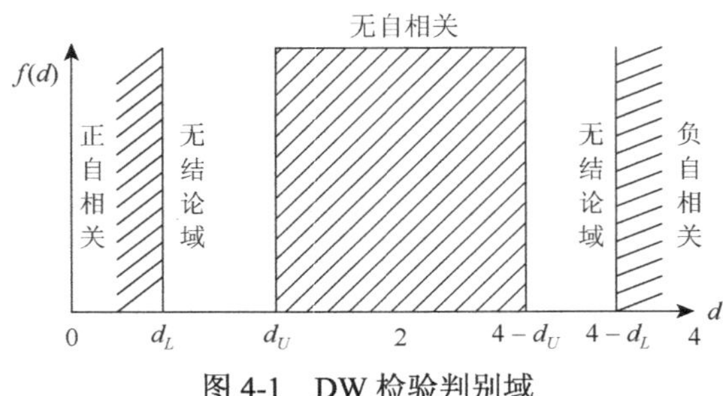

图 4-1　DW 检验判别域

(3)产生自相关的原因及补救办法。当检验结果出现 0<DW<d_L和 4–d_L<DW<4 情况时，说明随机误差项相互独立的假设不能成立，回归模型存在自相关。在实际预测中，产生自相关的原因可能是：

(i) 忽略了某些重要的影响因素。由于许多经济变量往往存在自相关，把它们忽略之后，其影响将在误差项 ε_i 中反映出来。

(ii) 错误地选用了回归模型的数学形式。如果回归模型的数学形式与所研究的变量之间的真实关系形式不一致，则 ε 值在时间上有可能相关。

(iii) 随机误差项 ε 本身的确存在自相关。例如，战争、自然灾害或某些政策对一些经济变量的影响是有后效的，所以随机因素本身可能存在自相关。

针对上述三种情况，合适的补救办法：①把略去的重要影响因素引入回归模型中来；②重新选择回归模型的形式；③增加样本容量，改善数据的准确性。

三、预测区间

与一元回归模型相似，多元回归模型的预测值和预测区间计算步骤如下：

(1)计算估计标准误差

$$S=\sqrt{\frac{\sum(y_i-\hat{y}_i)^2}{n-m}}$$

(2)记预测点为 $X_0=(x_{01},x_{02},\cdots,x_{0m})$，则预测值为

$$\hat{y}_0=X_0\hat{B}$$

预测误差 $e_0=y_0-\hat{y}_0$ 的样本方差为

$$S_0^2=S^2[1+X_0(X'X)^{-1}X_0'] \tag{4-59}$$

(3)当预测值 $\hat{y}_0$ 的显著性水平为 α 时，多元线性回归模型的预测区间为

$$\hat{y}_0\mp t_{\alpha/2}(n-m)S_0,\quad n<30 \tag{4-60}$$

$$\hat{y}_0\mp Z_{\alpha/2}\cdot S_y,\quad n\geqslant 30 \tag{4-61}$$

由于这里的 x_0 是一个影响因素数据向量，按式(4-59)计算 S_0 较为复杂，故在实际预测中，一般用 S 代替 S_0 近似地估计预测区间。

四、应用实例

某快递服务公司的经理经过分析，认为雇员承担的业务次数及投递行程距离对工作时间有影响。对于如表 4-3 给出的工作时间、投递行程距离及业务次数的数据，试配合适当

的回归方程并进行各种检验；取显著性水平$\alpha = 0.05$，当投递行程距离为 60 千米，业务次数为 2 次时，试估计雇员工作时间的预测区间。

解　(1) 设工作时间为y，投递行程距离为x_1，业务次数为x_2，并假设y与x_1,x_2之间存在线性关系。

(2) 建立二元线性回归方程

$$\hat{y} = \beta_1 + \beta_2 x_2 + \beta_3 x_3$$

(3) 计算回归系数。

列表计算有关数据，如表 4-3 表示，由计算结果得

$$X'X = \begin{pmatrix} 1 & 1 & \cdots & 1 \\ x_{21} & x_{22} & \cdots & x_{2,10} \\ x_{31} & x_{32} & \cdots & x_{3,10} \end{pmatrix} \begin{pmatrix} 1 & x_{21} & x_{31} \\ 1 & x_{22} & x_{32} \\ \vdots & \vdots & \vdots \\ 1 & x_{2,10} & x_{3,10} \end{pmatrix}$$

$$= \begin{pmatrix} n & \sum x_{2i} & \sum x_{3i} \\ \sum x_{2i} & \sum x_{2i}^2 & \sum x_{2i}x_{3i} \\ \sum x_{3i} & \sum x_{2i}x_{3i} & \sum x_{3i}^2 \end{pmatrix}$$

$$= \begin{pmatrix} 10 & 800 & 29 \\ 800 & 67450 & 2345 \\ 29 & 2345 & 91 \end{pmatrix}$$

$$(X'X)^{-1} = \begin{pmatrix} 2.756363 & -0.02069 & -0.34534 \\ -0.2069 & 0.000298 & -0.00108 \\ -0.34534 & -0.00108 & 0.148835 \end{pmatrix}$$

$$X'Y = \begin{pmatrix} 1 & 1 & \cdots & 1 \\ x_{21} & x_{22} & \cdots & x_{2,10} \\ x_{31} & x_{32} & \cdots & x_{3,10} \end{pmatrix} \begin{pmatrix} y_1 \\ y_2 \\ \vdots \\ y_{10} \end{pmatrix} = \begin{pmatrix} \sum y_i \\ \sum x_{2i} y_i \\ \sum x_{3i} y_i \end{pmatrix} = \begin{pmatrix} 67 \\ 5594 \\ 202.2 \end{pmatrix}$$

$$\hat{B} = (X'X)^{-1} X'Y = \begin{pmatrix} -0.8687 \\ 0.0611 \\ 0.9234 \end{pmatrix}$$

表 4-3　多元线性回归方程计算表

编号	工作时间为 y	投递行程距离为 x_2	业务次数为 x_3	x_2x_3	x_2^2	x_3^2	x_2y	x_3y	y^2
1	9.3	100	4	400	16	10000	930	37.2	86.49
2	4.8	50	3	150	9	2500	240	14.4	23.04
3	8.9	100	4	400	16	10000	890	35.6	79.21
4	6.5	100	2	200	4	10000	650	13	42.25
5	4.2	50	2	100	4	2500	210	8.4	17.64
6	6.2	80	2	160	4	6400	496	12.4	38.44

续表

编号	工作时间为 y	投递行程距离为 x_2	业务次数为 x_3	x_2x_3	x_2^2	x_3^2	x_2y	x_3y	y^2
7	7.4	75	3	225	9	5625	555	22.2	54.76
8	6	65	4	260	16	4225	390	24	36
9	7.6	90	3	270	9	8100	684	22.8	57.76
10	6.1	90	2	180	4	8100	549	12.2	37.21
合计	67	800	29	2345	91	67450	5594	202.2	472.8

（4）R 检验。

$$R=\sqrt{1-\frac{\sum y_i^2-\hat{\beta}_1\sum y_i-\hat{\beta}_2\sum x_{2i}y_i-\hat{\beta}_3\sum x_{3i}y_i}{\sum y_i^2-n\overline{y}^2}}$$

$$=\sqrt{1-\frac{472.8+0.8687\times 67-0.0611\times 5594-0.9234\times 202.2}{472.8-67^2/10}}=0.9038$$

当 $\alpha=0.05$， $n-m=10-3=7$ 时， $R_{0.05}(7)=0.697$ 说明相关关系显著。

$$\overline{R}^2=1-(1-R^2)\frac{n-1}{n-m}=1-(1-0.904)\times\frac{10-1}{10-3}=0.8766$$

（5）F 检验。

$$F=\frac{R^2}{1-R^2}\cdot\frac{n-m}{m-1}=\frac{0.9038}{1-0.9038}\times\frac{7}{2}=32.88$$

当 $\alpha=0.05$ 时，

$$F_{0.05}(3-1,10-3)=4.74$$

说明回归效果非常显著。

（6）t 检验

$$S=\sqrt{\frac{\sum y_i^2-\hat{\beta}_1\sum y_i-\hat{\beta}_2\sum x_{2i}y_i-\hat{\beta}_3\sum x_{3i}y_i}{n-m}}$$

$$=\sqrt{\frac{472.8-(-0.8687)\times 67-0.0611\times 5594-0.9234\times 202.2}{10-3}}=0.5731$$

根据 $(X'X)^{-1}$ 的计算有

$$S_{\hat{\beta}_1}=\sqrt{C_{11}}\cdot S\sqrt{2.756363}\times 0.5731=1.66023\times 0.5731=0.9515$$

$$S_{\hat{\beta}_2}=\sqrt{C_{22}}\cdot S=\sqrt{0.000298}\times 0.5731=0.0099$$

$$S_{\hat{\beta}_3}=\sqrt{C_{33}}\cdot S=\sqrt{0.148835}\times 0.5731=0.2211$$

$$t_1=\frac{\hat{\beta}_1}{S_{\hat{\beta}_1}}=\frac{-0.8687}{0.9515}=-0.913$$

$$t_2=\frac{\hat{\beta}_2}{S_{\hat{\beta}_2}}=\frac{0.0611}{0.00989}=6.178$$

$$t_3 = \frac{\hat{\beta}_3}{S_{\hat{\beta}_3}} = \frac{0.9234}{0.2211} = 4.176$$

当 $\alpha = 0.05$ 时，$t_{0.05/2}(10-3) = 2.365$

因为 t_2, t_3 的绝对值均大于 $t_{0.05/2}(7) = 2.365$，故拒绝假设 $\beta_2 = 0$ 和 $\beta_3 = 0$。据此，可以断言：投递行程距离和投递业务次数对该公司雇员工作时间有显著影响。$|t_1| = 0.913 < 2.365$，故接受假设 $\beta_1 = 0$，回归方程的常数项较小。

(7) DW 检验

表 4-4　DW 检验计算表

编号	y_i	$\hat{y}_i$	e_i	$(e_i - e_{i-1})^2$	e_i^2
1	9.3	8.9249	0.3751	—	0.1407
2	4.8	4.9515	−0.1515	0.277308	0.022952
3	8.9	8.9249	−0.0249	0.016028	0.00062
4	6.5	7.0781	−0.5781	0.30603	0.3342
5	4.2	4.0281	0.1719	0.5625	0.02955
6	6.2	5.8581	0.3419	0.0289	0.116896
7	7.4	6.4765	0.9235	0.338259	0.852852
8	6	6.7899	−0.7899	2.93574	0.623942
9	7.6	7.3915	0.2085	0.996803	0.043472
10	6.1	6.4681	−0.3681	0.332468	0.135498
合计	67	66.8916	0.1084	5.794034	2.300681

$$DW = \frac{\sum_{i=2}^{n}(e_i - e_{i-1})^2}{\sum_{i=1}^{n} e_i^2} = \frac{5.794034}{2.30068} = 2.5184$$

当 $\alpha = 0.05$，$m = 3, n = 12$ 时，查 DW 检验表，因 DW 检验表中，样本容量最低是 15，故取：$d_L = 0.82$，$d_U = 1.75$，因 DW 统计量满足

$$4 - d_U = 2.25 < \mathrm{DW} = 2.5184 < 4 - d_L = 3.18$$

自相关性不能确定。

综合上述模型估计和各项检验结果可以认为：下列回归方程

$$\hat{y} = -0.8687 + 0.061x_2 + 0.9234x_3$$
$$(-0.913)\quad(6.178)\quad(4.176)$$

$$R^2 = 0.904,\quad \bar{R}^2 = 0.8765,\quad n = 10,\quad F = 32.88,\quad S = 0.5731,\quad DW = 2.5184$$

由于数据量少，参数估计结果不是很理想，由此得到的预测值参考价值存疑。

(8) 预测区间

设预测点为 $X_0 = (1, 60, 2)$，则其预测值为：

$$\hat{y}_0 = X_0\hat{B} = (1,60,2)\begin{pmatrix} -0.8687 \\ 0.0611 \\ 0.9234 \end{pmatrix} = 4.646(\text{小时})$$

预测区间为

$$\hat{y}_0 \mp t_{\alpha/2}(n-m)S = 4.646 \mp 2.365 \times 0.5731 = 4.643 \mp 1.3554$$

即：当业务次数为 2 次，投递行程距离为 60 公里时，可以预计雇员平均工作时间在 3.3～6.0 小时之间。因是否存在序列相关不能确定，所得预测结果使用时需要谨慎。

第四节　虚拟变量回归预测

在回归模型分析中，各预测因子(自变量)均为具有数量性质的变量，如产量、销售量、工资收入、价格、消费物价指数、成本、身高和温度等。但在经济分析和经济预测中，还存在另一类因素，它反映了地域、经济结构、社会、历史、文化、性别、宗教、战争、地震、季节、地势及政府经济政策变化等具有属性性质的品质变量的影响。因此我们在建立线性回归模型时，既要考虑数量变量，也要考虑品质变量，即有必要将品质变量引入线性回归模型中。

一、虚拟变量

品质变量不像数量变量那样表现为具体的数值。它只能以品质、属性、种类等形式来表现。例如：性别可表现为男或女；地震可表现为有或无；季节可表现为春夏秋冬；地势可表现为山区、丘陵和平原；政府经济政策可表现为改变前或改变后，如此等等。尽管这些品质变量对因变量有着重要的影响，但是这些不同的品质、属性和种类的具体形式是无法引入回归模型中的。要在回归模型中引入此类品质变量，必须首先将具有属性性质的品质变量数量化。通常的做法是令某种属性出现对应于 1，不出现对应于 0。这种以出现为 1，未出现为 0 形式表现的品质变量，就称为虚拟变量。

二、带虚拟变量的回归模型

常见的带虚拟变量的回归模型有以下三种形式。

(1) 反映政府政策变化或某种因素发生重大变异的跳跃、间断式模型。其模型的形式为

$$y_i = \beta_1 + \beta_2 x_{2i} + \beta_3 D_i + \varepsilon_i \tag{4-62}$$

式中：y_i 为因变量，x_{2i} 为自变量，D_i 为虚拟变量，设 i_0 为观测值出现重大变异的年份，则 D_i 的取值为

$$D_i = \begin{cases} 0, & i < i_0 \\ 1, & i \geqslant i_0 \end{cases}$$

式(4-62)定义的多元线性回归模型可以写成分段形式：

$$y_i = \begin{cases} \beta_1 + \beta_2 x_{2i} + \varepsilon_i, & i < i_0 \\ (\beta_1 + \beta_3) + \beta_2 x_{2i} + \varepsilon_i, & i \geqslant i_0 \end{cases}$$

其变化趋势如图 4-2 所示。

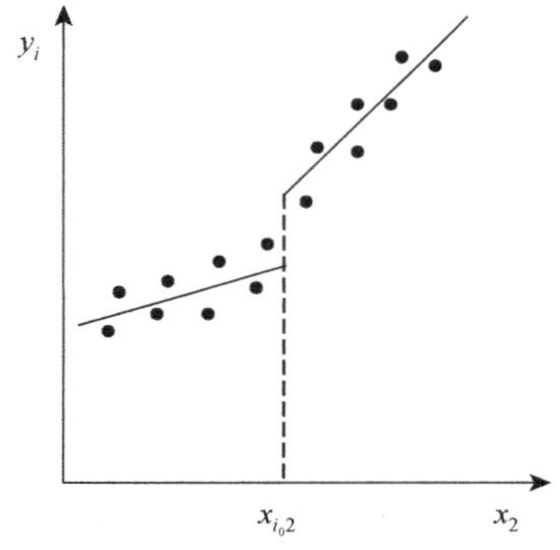

图 4-2

(2) 具有转折点的系统趋势变化模型，其模型的形式为

$$y_i = \beta_1 + \beta_2 x_{2i} + \beta_3 (x_{2i} - x_{2i_0}) D_i + \varepsilon_i \tag{4-63}$$

式中：D_i 为虚拟变量，D_i 的取值为

$$D_i = \begin{cases} 0, & i < i_0 \\ 1, & i \geqslant i_0 \end{cases}$$

i_0 为发生转折点的年份，x_{2i_0} 为 i_0 年份 x_2 的观测值。式 (4-63) 定义的多元线性回归模型也可以写成分段形式：

$$y_i = \begin{cases} \beta_1 + \beta_2 x_{2i} + \varepsilon_i, & i < i_0 \\ (\beta_1 - \beta_3 x_{2i_0}) + (\beta_2 + \beta_3) x_{2i} + \varepsilon_i, & i \geqslant i_0 \end{cases}$$

由上式可见，在转折点 i_0 之前，模型的斜率为 β_2；在转折点 i_0 之后，模型的斜率变化为 $\beta_2 + \beta_3$，但是在转折点 i_0 处，曲线仍然是连续的。因为 $i = i_0$ 时，所以有

$$\begin{aligned} y_i &= (\beta_1 - \beta_3 x_{2i_0}) + (\beta_2 + \beta_3) x_{2i_0} + \varepsilon_i \\ &= (\beta_1 - \beta_3 x_{2i_0}) + (\beta_2 + \beta_3) x_{2i_0} + \varepsilon_i \\ &= \beta_1 + \beta_2 x_{2i_0} + \varepsilon_i \end{aligned}$$

式 (4-63) 的趋势变化如图 4-3 所示。

对于包含多个自变量的线性回归模型，同样可以建立类似式 (4-62) 的模型来描述跳跃、间断的变化；也可以建立类似式 (4-63) 的模型来描述可能存在的转折点的情形。并可以通过 t 检验判别虚拟变量的回归系数 β_t 是否等于零来检验实际研究对象是否存在着结构变化或者转折点的变化。

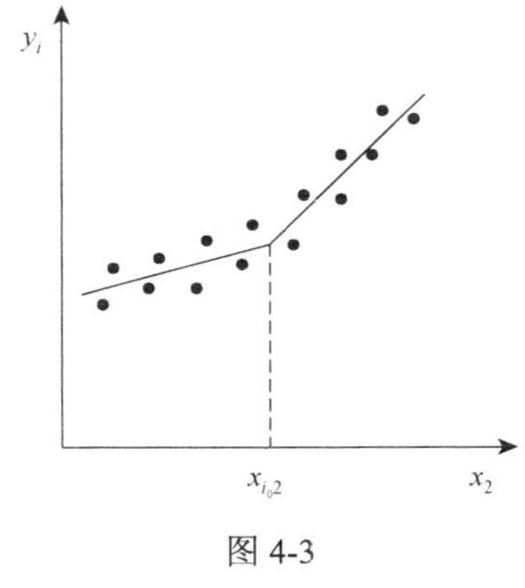

图 4-3

(3) 含有多个虚拟变量的线性回归模型。虚拟变量在回归预测中的应用非常广泛，根据品质变量的不同特征和建立回归模型的需要，还可以引入多个虚拟变量来描述出现多次转折、跳跃和间断的情况。含有多个虚拟变量的回归模型建模步骤如下。

(i) 确定虚拟变量的个数。确定虚拟变量个数的一般原则：当品质变量有 K 个分类时，引入的虚拟变量个数为 $K-1$。例如，对个人医疗保健费年支出额进行预测时，已知个人医疗保健费年支出额的大小除了受年收入的影响，还受文化程度的影响。这时，可将文化程度分为高中及高中以下、大专、本科及本科以上三类。根据确定虚拟变量个数的一般原则，应引入两个虚拟变量。值得注意的是，如果有 K 个分类就指定 K 个虚拟变量，回归模型就会出现完全共线性，将使最小二乘法估计失效，落入所谓的虚拟变量"陷阱"中。

(ii) 建立含有多个虚拟变量的回归模型，以个人医疗保健费年支出额为例，其模型为

$$y_i = \beta_1 + \beta_2 x_{2i} + \beta_3 D_{1i} + \beta_4 D_{2i} + \varepsilon_i \tag{4-64}$$

式中：y_i 为个人医疗保健费年支出额；x_{2i} 为年收入额；D_{1i} 和 D_{2i} 为虚拟变量，D_{1i} 和 D_{2i} 取值分别为

$$D_{1i}=\begin{cases}1, & \text{文化程度为大专}\\ 0, & \text{其他}\end{cases}$$

$$D_{2i}=\begin{cases}1, & \text{文化程度为本科及本科以上}\\ 0, & \text{其他}\end{cases}$$

在式(4-64)中，把高中及高中以下文化程度作为比较的基础，其对 y 的影响反映在回归模型的 β_1 中，而 β_3 和 β_4 的大小分别反映大专和大专以上文化程度对 y 的影响程度。

(iii) 估计参数，并进行各种检验。方法如前所述。

三、应用举例

某省农业生产资料购买力和农民货币收入统计数据如表 4-5 所示。

表 4-5　某省农业生产资料购买力和农民货币收入数据表　（单位：十亿元）

年份	农资购买力 y	农民货币收入 x	年份	农资购买力 y	农民货币收入 x
1975	1.3	4.7	1981	2.3	11.3
1976	1.3	5.4	1982	2.6	13.4
1977	1.4	5.5	1983	2.7	15.2
1978	1.5	6.9	1984	3.0	19.3
1979	1.8	9.0	1985	3.2	27.8
1980	2.1	10.0			

根据上述统计数据，试建立一元线性回归模型和带虚拟变量的回归模型，并将两模型对比分析。

解　(1) 一元线性回归模型。计算结果如下：

$$\hat{y}=1.0161+0.09357x$$

$$R^2=0.8821,\quad S=0.2531,\quad F=67.3266$$

从上述计算结果看，模型的估计标准误差 S 较大，可决系数 R^2 也不太理想，说明该模型对实际数据的拟合效果较一般。

(2) 带虚拟变量的线性回归模型。从上述统计数据可以看出，由于 1979 年党的农村经济政策的影响，农村经济形势发生了巨大的变化，农民货币收入和农业生产资料购买力发生了重大变异，因此，需引入虚拟变量 D_i 来反映经济政策的影响。设 D_i 的取值为

$$D_i=\begin{cases}0, & i<1979\\ 1, & i\geqslant 1979\end{cases}$$

采用式(4-62)所示的模型，回归得到预测模型为

$$y=0.9855+0.0692x+0.4945D$$

$$(9.2409)\ (6.3997)\ \ (3.2853)$$

$$R^2=0.9498,\quad S=0.1751,\quad F=75.6895$$

上述模型各项指标均通过检验，其中虚拟变量的 t 统计量为 3.2853，说明虚拟变量对

因变量有显著影响。对比上述两个模型可以看出引入虚拟变量之后，回归模型的估计标准差从 0.2531 降到 0.1751，而可决系数由 0.8821 上升到 0.9498，回归模型的拟合效果明显提高。

第五节　非线性回归预测法

本章在此之前所研究的回归模型，均假定自变量和因变量之间呈线性关系，但社会经济现象是极其复杂的，有时因变量和自变量之间的依存关系不一定是线性的，而可能存在某种非线性关系，这时，就需要选择适当类型的曲线模型拟合这种关系，这就是非线性回归模型或曲线回归模型。非线性回归模型按变量个数也可以分为一元非线性回归模型和多元非线性回归模型；曲线的形式也因实际情况不同而有多种形式，如指数曲线、双曲线、S 形曲线等。拟合何种曲线为宜，可以根据理论分析或过去的实际经验事先确定，也可以按照实际数据的散点图来确定。

一、非线性回归模型的概念及其分类

常见的非线性回归模型有以下八种。

(1) 双曲线模型

$$y_i = \beta_1 + \beta_2 \frac{1}{x_i} + \varepsilon_i \tag{4-65}$$

(2) 二次曲线模型

$$y_i = \beta_1 + \beta_2 x_i + \beta_3 x_i^2 + \varepsilon_i \tag{4-66}$$

(3) 对数模型

$$y_i = \beta_1 + \beta_2 \ln x_i + \varepsilon_i \tag{4-67}$$

(4) 三角函数模型

$$y_i = \beta_1 + \beta_2 \sin x_i + \varepsilon_i \tag{4-68}$$

(5) 指数模型

$$y_i = ab^{x_i} + \varepsilon_i \tag{4-69}$$

$$y_i = \mathrm{e}^{\beta_0 + \beta_1 x_{i1} + \beta_2 x_{i2} + \varepsilon_i} \tag{4-70}$$

(6) 幂函数模型

$$y_i = a x_i^b + \varepsilon_i \tag{4-71}$$

(7) 逻辑斯谛曲线

$$y_i = \frac{\mathrm{e}^{\beta_0 + \beta_1 x_i}}{1 + \mathrm{e}^{\beta_0 + \beta_1 x_i}} + \varepsilon_i \tag{4-72}$$

(8) 修正指数增长曲线

$$y_i = a + b r^{x_i} + \varepsilon_i \tag{4-73}$$

根据非线性回归模型线性化的不同性质，上述模型一般可以分成以下三种类型。

第一类为直接换元型。这类非线性回归模型通过简单的变量换元可直接化为线性回归模型，如式(4-65)～(4-68)。由于这类模型的因变量没有变形，所以可以直接采用最小二

乘法估计回归系数并进行检验和预测。

第二类为间接代换型。这类非线性回归模型经常通过对数变形代换间接地化为线性回归模型，如式(4-69)～(4-71)。由于这类模型在对数变形代换过程中改变了因变量的形态，所以变形后模型的最小二乘估计失去了原模型的残差平方和为最小的意义，从而估计不到原模型的最佳回归系数，可能造成回归模型与原数列之间的较大偏差。

第三类为非线性型。这类非线性回归模型属于不可线性化的非线性回归模型，如式(4-72)和(4-73)。第一类和第二类非线性回归模型相对于第三类，又可称为可线性化的非线性回归模型。本节重点是研究第一类，即直接换元型。

二、直接换元法

换元过程和参数估计法如表 4-6 所示。

表 4-6 直接换元法的变量代换

原模型	模型代换	代换后模型	参数估计
双曲线模型 $y_i=\beta_1+\beta_2\dfrac{1}{x_i}+\varepsilon_i$	$x_i'=\dfrac{1}{x_i}$	$y_i=\beta_1+\beta_2 x_i'+\varepsilon_i$	一元线性回归 OLS 法
二次曲线模型 $y_i=\beta_1+\beta_2 x_i+\beta_3 x_i^2+\varepsilon_i$	$x_i'=x_i^2$	$y_i=\beta_1+\beta_2 x_i+\beta_3 x_i'+\varepsilon_i$	多元线性回归 OLS 法
对数模型 $y_i=\beta_1+\beta_2\ln x_i+\varepsilon_i$	$x_i'=\ln x_i$	$y_i=\beta_1+\beta_2 x_i'+\varepsilon_i$	一元线性回归 OLS 法
三角函数模型 $y_i=\beta_1+\beta_2\sin x_i+\varepsilon_i$	$x_i'=\sin x_i$	$y_i=\beta_1+\beta_2 x_i'+\varepsilon_i$	一元线性回归 OLS 法

例 4.5.1 设某网店 2007～2016 年的商品流通费用率和商品零售额资料如表 4-7 所示。

表 4-7 直接换元法计算表

年份	商品流通费用率 y_i /%	商品零售额 x_i /亿元	$x_i'=\dfrac{1}{x_i}$	$x_i'y_i$ /%	$x_i'^2$	y_i^2 /%
2007	7.0	10.2	0.0980	0.6860	0.00960	0.4900
2008	6.2	11.7	0.0855	0.5301	0.00731	0.3844
2009	5.8	13.0	0.0769	0.4460	0.00591	0.3364
2010	5.3	15.0	0.0667	0.3535	0.00445	0.2809
2011	5.0	16.5	0.0606	0.3030	0.00367	0.2500
2012	4.6	19.0	0.0526	0.2420	0.00277	0.2116
2013	4.5	22.0	0.0455	0.2048	0.00207	0.2025
2014	4.4	25.0	0.0400	0.1760	0.00160	0.1936
2015	4.2	28.5	0.0351	0.1474	0.00123	0.1764
2016	4.0	32.0	0.0313	0.1252	0.00098	0.1600
合计	51.0	—	0.5922	3.2140	0.03959	2.6858

根据上述资料，配合适当的回归模型分析商品零售额与流通费用率的关系，若 2017 年该网店商品零售额为 36.33 万元，试预测其 2017 年的商品流通费用额。

解　(1)绘制散点图(图 4-4)。从图中可以清楚地看到：随着商品零售额的增加，流通费用率有不断下降的趋势，呈双曲线形状。

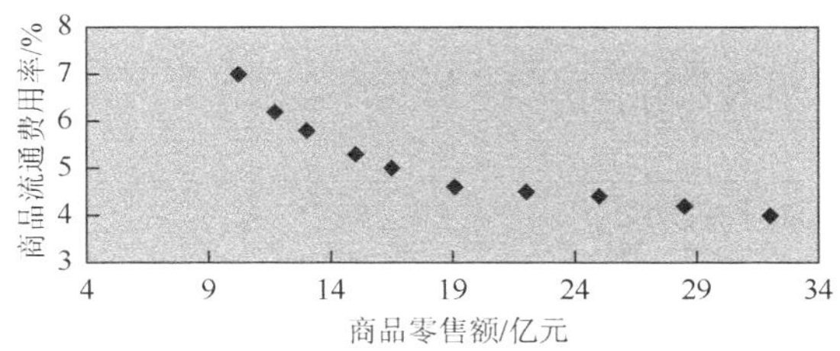

图 4-4　商品零售额与流通费用率的散点图

(2)建立双曲线模型。

$$y_i = \beta_1 + \beta_2 \frac{1}{x_i} + \varepsilon_i$$

令 $x_i' = \dfrac{1}{x_i}$ 得

$$y_i = \beta_1 + \beta_2 x_i' + \varepsilon_i$$

(3)估计参数。

$$\hat{\beta}_2 = \frac{n\sum x_i' y_i - \sum x_i' \sum y_i}{n\sum x_i'^2 - \left(\sum x_i\right)^2} = \frac{10 \times 3.2140\% - 0.5922 \times 51.0\%}{10 \times 0.03959 - (0.5922)^2}$$

$$= \frac{1.9378\%}{0.045199} = 42.8726\%$$

$$\hat{\beta}_1 = \frac{\sum y_i}{n} - \hat{\beta}_i \frac{\sum x_i'}{n} = \frac{51.0\%}{10} - 42.8726\% \times \frac{0.5922}{10} = 2.5611\%$$

得回归模型

$$\hat{y} = 2.5611\% + 42.8726\% \times \frac{1}{x}$$

(4)相关系数。

$$R = \frac{n\sum x_i' y_i - \sum x_i' \sum y_i}{\sqrt{n\sum x_i'^2 - \left(\sum x_i\right)^2}\sqrt{n\sum y_i^2 - \left(\sum y_i\right)^2}}$$

$$= \frac{1.9378\%}{\sqrt{0.045199}\sqrt{10 \times 2.6858\% - (51.0\%)^2}} = \frac{1.9378\%}{1.9578\%} = 0.9898$$

由于商品零售额增加，流通费用率呈下降趋势，二者之间为负相关关系，故相关系数取为负值：－0.9898。说明两者高度相关，用双曲线回归模型配合进行预测是可靠的。

(5)预测。将 2017 年该网店零售额 36.33 万元代入模型，得 2017 年流通费用率为

$$\hat{y}=2.5611\%+42.8726\%\times\frac{1}{36.33}=3.74\%$$

故 2017 年该网店商品流通费用总额预测值为 $36.33\times3.74\%=1.3587$ 万元。

习题与思考题

1. 何谓相关分析？相关分析与回归分析有什么关系？对社会经济现象进行相关分析时应注意什么问题？

2. 已知下列数据组如下表所示：

X	2	3	5	6	7	9	10	12
Y	6	8	11	14	16	19	22	25

(1) 建立一元线性回归模型；

(2) 计算相关系数 R，取显著性水平 $\alpha=0.05$，对回归模型进行显著性检验；

(3) 计算估计标准误差 S_y。

3. 某地区 2008～2016 年居民消费品购买力和居民货币收入统计数据如下表所示：

年份	居民消费品购买力/亿元	居民货币收入/亿元	年份	居民消费品购买力/亿元	居民货币收入/亿元
2008	8.5	11.6	2013	20.5	25.6
2009	11.1	14.1	2014	27.8	33.6
2010	13.6	17.1	2015	33.5	40.5
2011	15.8	19.6	2016	39.2	47.8
2012	17.6	22.1			

根据上述统计数据，试

(1) 建立一元线性回归模型；

(2) 对回归模型进行显著性检验(取 $\alpha=0.05$)；

(3) 若居民货币收入每年平均增长 19%，试预测该省 2017 年居民消费品购买力；

(4) 对 2017 年居民消费品购买力作区间预测(取 $\alpha=0.05$)。

4. 运用多元线性回归预测技术，对有关数据进行计算，结果如下：

$$y=-653.964+1.309x_2+0.728x_3+83.026x_4$$
$$(-2.17)\quad(3.76)\quad(2.27)\quad(1.984)$$

$R^2=0.97849$，　$R^2=0.97418$，　$n=19$，　$F=227.398$，　$S=22.445$，　$\mathrm{DW}=1.0429$

(1) 取显著性水平 $\alpha=0.05$，对回归模型进行 R 检验、F 检验、t 检验和 DW 检验；

(2) 对检验结果加以分析。

5. 某市 2005～2016 年主要百货商店营业额、在业人员总收入、当年竣工住宅面积的统计数据如下表所示：

年份	营业额 y/亿元	在业人员总收入 x_2 /亿元	当年竣工住宅面积 x_3 /亿 m^2	年份	营业额 y/亿元	在业人员总收入 x_2 /亿元	当年竣工住宅面积 x_3 /亿 m^2
2005	8.2	76.4	9.0	2011	12.2	116.2	6.2
2006	8.3	77.9	7.8	2012	13.7	129.0	10.8
2007	8.6	80.2	5.5	2013	15.5	147.5	18.4
2008	9.0	83.0	5.0	2014	18.3	183.2	15.7
2009	9.4	85.2	10.8	2015	23.3	210.3	32.5
2010	9.4	88.2	3.5	2016	27.3	248.5	45.5

根据上述统计数据，试

(1)建立多元线性回归模型；

(2)对回归模型进行 R 检验、F 检验、t 检验和 DW 检验(取 $\alpha=0.05$)；

(3)假定该市在业人员总收入、当年竣工住宅面积在 2016 年的基础上分别增长 15%，17%，请对该市 2017 年主要百货商店营业额作区间估计(取 $\alpha=0.05$)。

6. 某企业某产品 2009～2016 年利润率与单位成本统计数据如下表所示：

年份	利润率/%	单位成本/(元/件)	年份	利润率/%	单位成本/(元/件)
2009	10	95	2013	18	79
2010	13	88	2014	20	75
2011	15	84	2015	22	70
2012	16	82	2016	25	66

根据上述数据，试

(1)配合适当的曲线模型；

(2)对回归模型进行显著性检验(取 $\alpha=0.05$)；

(3)若该企业 2017 年的单位成本为 63 元，预测 2017 年的利润率；

(4)当该企业 2017 年总产量为 80 万件时，利润总额为多少？

7. 某企业销售收入与招待费支出统计数据如下表所示：

年份	销售收入/亿元	招待费支出/百万元
	y	x
2006	76	4.4
2007	79	4.8
2008	74	5.2
2009	82	6.3
2010	94	6.9
2011	115	7.6
2012	144	7.7
2013	157	5.7
2014	154	5.6
2015	174	5.8
2016	198	6.2

根据上述数据，

(1) 试建立一元线性回归模型，并计算 R^2，S 和 F 统计量；

(2) 试建立带虚拟变量的回归模型，并计算 R^2，S 和 F 统计量；

(3) 试比较两种不同的回归模型。

8. 某地区有 10 个商店，销售额和流通费率资料如下表所示：

商店编号	销售额 x/百万元	流通费率 y/%
1	0.7	6.4
2	1.5	4.5
3	2.1	2.7
4	2.9	2.1
5	3.4	1.8
6	4.3	1.5
7	5.5	1.4
8	6.4	1.3
9	6.9	1.2
10	7.8	1.2

要求：(1) 试用散点图观测销售额与流通费率的相关形式；

(2) 拟合双曲线回归模型；

(3) 检验该模型的显著性，并预计 $x_0 = 9$ 百万元时的流通费率。

第五章　趋势外推预测方法

要点

(1)指数曲线法和修正指数曲线法；

(2)生长曲线法；

(3)包络曲线法。

学习要求　掌握指数曲线法、修正指数曲线法和生长曲线法；了解包络曲线预测法。

反映社会经济发展的大量统计资料通常是渐进型的，其发展相对于时间具有一定的规律性。趋势外推预测方法根据事物的历史和现实数据，寻求事物随时间推移而发展变化的规律，并据以推测其未来状态。当预测对象依时间变化呈现某种上升或下降的趋势，且无明显的季节波动时，若能找到一条合适的函数曲线反映这种变化趋势，就可用时间 t 为自变量，时序数值 y 为因变量建立趋势模型

$$y=f(t) \tag{5-1}$$

如果有理由相信这种趋势能够延伸到未来，在式(5-1)中赋予变量 t 在未来时刻的一个具体数值，可以得到相应时刻的时间序列未来值。这就是趋势外推法。

趋势外推法的假设条件：

(1)假设事物发展过程没有跳跃式变化，即事物的发展变化是渐进型的；

(2)假设所研究系统的结构、功能等基本保持不变，即假定根据过去资料建立的趋势外推模型能刻画系统未来趋势变化的规律。

由以上两个假设条件可知，趋势外推预测法是事物发展渐进过程的一种统计预测方法。简言之，就是运用一个数学模型，拟合一条趋势线，然后用这个模型外推预测未来时期事物的发展。趋势外推预测法主要利用描绘散点图的方法(图形识别)和差分法计算来进行模型选择。它的主要优点是可以揭示事物发展的规律，并定量地估计其功能特性。趋势外推预测法比较适合中、长期新产品预测，要求有至少五年的数据资料。本章介绍几种较为常用的趋势外推预测模型。

第一节　指数曲线法

许多系统行为特征数据序列，如反映技术进步或经济增长的时间序列数据，在其未达到饱和状态之前的成长期内，往往遵循指数曲线增长规律。因此，对发展中的事物，可以考虑用指数曲线进行预测。

指数曲线预测模型为

$$\hat{y}_t = a\mathrm{e}^{bt} \quad (a>0) \tag{5-2}$$

对式(5-2)两端取对数，得

$$\ln y_t = \ln a + bt$$

令 $Y_t = \ln y_t, A = \ln a$，则

$$Y_t = A + bt$$

这样，就把指数曲线模型转化为直线模型了。

$\hat{y}_t = ae^{bt}$ 的图形如图 5-1 所示。

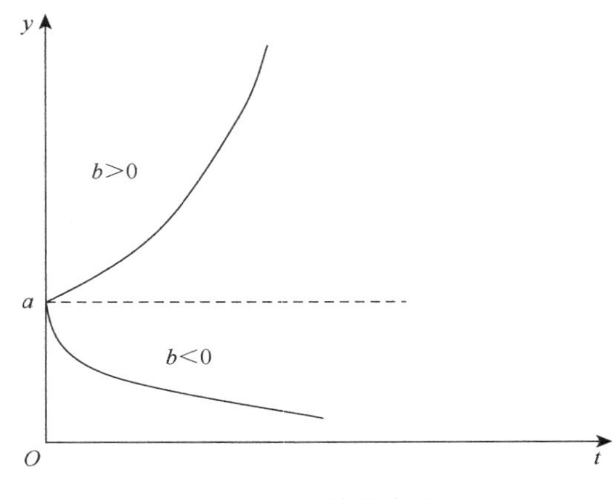

图 5-1　指数曲线图

在模型 $\hat{y}_t = ae^{bt}$ 中，a，b 都是待定参数，可以按照最小二乘法进行估计。同时，利用指数曲线模型差分计算表 5-1 可以判断，当时间序列各期观测值的一阶差比率大致相等时，就可以配合指数曲线进行预测。指数曲线模型差分计算表如表 5-1 所示。

表 5-1　指数曲线模型差分计算表

时序 t	$y_t = ae^{bt}$	一阶差比率 $\frac{y_t}{y_{t-1}}$
1	ae^b	—
2	ae^{2b}	e^b
3	ae^{3b}	e^b
4	ae^{4b}	e^b
⋮	⋮	⋮
$t-1$	$ae^{(t-1)b}$	e^b
t	ae^{tb}	e^b

例 5.1.1　某商品 2008～2016 年投入市场以来，社会总需求量统计资料如表 5-2 所示，试预测 2017 年的社会总需求量。

表 5-2　某商品社会总需求量资料

年份	2008	2009	2010	2011	2012	2013	2014	2015	2016
总需求量/万件	165	270	450	740	1220	2010	3120	5460	9000

第一步，选择预测模型。

(1)描绘散点图，根据散点图分布来选择模型（图 5-2）。

根据图 5-2，可以初步确定选用指数曲线预测模型 $\hat{y}_t = ae^{bt}$（$a>0$，$b>0$）。

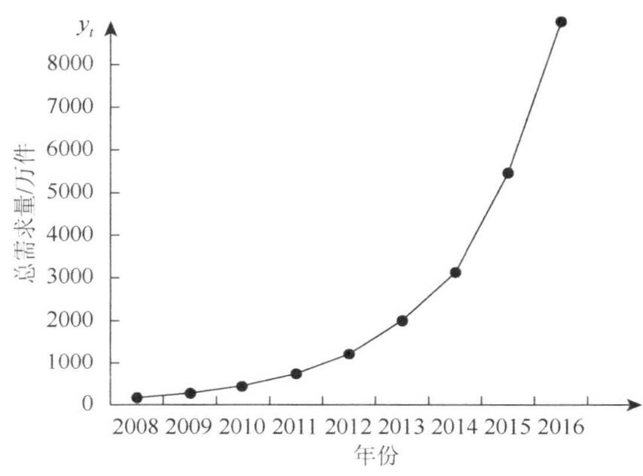

图 5-2　某商品 2008～2016 年需求量散点图

(2)计算一阶差比率(表 5-3)，并结合散点图最后确定选用哪一种模型。

表 5-3　指数曲线模型差分计算表

总需求量/万件	165	270	450	740	1220	2010	3120	5460	9000
一阶差比率	—	1.64	1.67	1.64	1.65	1.65	1.55	1.75	1.65

由表 5-3 可知，观测值 y_t 的一阶差比率大致相等，符合指数曲线模型的数字特征。

通过以上分析可知，所给统计数据的图形和数字特征都与指数曲线模型相符，所以可选用模型 $\hat{y}_t = ae^{bt}$。

第二步，求模型参数。

先对观测值 y_t 的数据进行变换，使其满足 $\ln y_t = \ln a + bt \Leftrightarrow Y_t = A + bt$。其变换数据如表 5-4 所示。

表 5-4　观测值数据转换表

年份	2008	2009	2010	2011	2012	2013	2014	2015	2016
时序 t	1	2	3	4	5	6	7	8	9
$Y_t = \ln y_t$	7.11	7.60	6.11	6.61	7.11	7.61	8.05	8.61	9.11

经计算后得

$$n = 9,\quad \sum t = 45,\quad \sum t^2 = 285,\quad \sum Y = 63.92,\quad \sum Y^2 = 468.89$$

$$\sum tY = 349.51, \quad \overline{t} = \frac{1}{n}\sum t = 5, \quad \overline{Y} = \frac{1}{n}\sum Y = 7.10$$

根据直线模型公式得

$$\begin{cases} b = \dfrac{\sum tY - n\overline{t}\overline{Y}}{\sum t^2 - n\overline{t}^2} = \dfrac{349.51 - 9\times5\times7.10}{285 - 9\times5^2} \approx 0.5 \\ A = \overline{Y} - b\overline{t} = 7.10 - 0.5\times5 = 4.6 \end{cases}$$

因为 $A = \ln a$ ，所以 $a = \mathrm{e}^A = \mathrm{e}^{4.6} = 99.48$。所求指数模型为

$$\hat{y}_t = 99.48\mathrm{e}^{0.5t}$$

第三步，预测 2017 年的需求量为

$$\hat{y}_{2017} = 99.48\mathrm{e}^{0.5\times10} = 14764.14(\text{万件})$$

第二节　修正指数曲线法

采用指数曲线外推预测，存在预测值随着时间推移无限增大的问题。这与客观实际是不一致的，因为任何事物的发展都有其一定的限度，不可能无限增长。例如，一种商品的销售量，在其市场成长期内可能会按指数曲线增长。但随着时间的推移，其增长的趋势可能会减缓，甚至于停滞。对于这种情况，可以考虑改用修正指数曲线进行预测。

修正指数曲线预测模型为

$$\hat{y}_t = a + bc^t \tag{5-3}$$

式中：a，b，c 为待定参数。

为求出 a，b 和 c 三个参数，可应用分组法。通常的做法是先把整个时间序列数据分成三组，使每组数据个数相等，然后通过各组数据之和求出参数的具体数值。

设数据序列为

$$y_0, y_1, y_2, \cdots, y_{3n-1}$$

将其分成每组数据个数相等的三组

$$\text{I}: y_0, y_1, y_2, \cdots, y_{n-1}$$
$$\text{II}: y_n, y_{n+1}, y_{n+2}, \cdots, y_{2n-1}$$
$$\text{III}: y_{2n}, y_{2n+1}, y_{2n+2}, \cdots, y_{3n-1}$$

各组数据之和也分别记为 I，II，III。

将第 I 组数据分别代入式(5-3)，有

$$y_0 = a + bc^0$$
$$y_1 = a + bc^1$$
$$y_2 = a + bc^2$$
$$\cdots\cdots$$
$$y_{n-1} = a + bc^{n-1}$$

对上述各式两端求和，得

$$
\begin{aligned}
\text{I}=\sum_{i=0}^{n-1}y_i&=na+b+bc+bc^2+\cdots+bc^{n-1}\\
&=na+b(1+c+c^2+\cdots+c^{n-1})\\
&=na+b(1+c+c^2+\cdots+c^{n-1})\frac{c-1}{c-1}\\
&=na+b\left(\frac{c+c^2+c^3+\cdots+c^n-1-c-c^2-\cdots-c^{n-1}}{c-1}\right)\\
&=na+b\left(\frac{c^n-1}{c-1}\right)
\end{aligned}
$$

同理，

$$
\begin{aligned}
\text{II}=\sum_{i=n}^{2n-1}y_i&=na+bc^n+bc^{n+1}+bc^{n+2}+\cdots+bc^{2n-1}\\
&=na+bc^n(1+c+c^2+\cdots+c^{n-1})\\
&=na+bc^n\left(\frac{c^n-1}{c-1}\right)\\
&=na+bc^n(1+c+c^2+\cdots+c^{n-1})\frac{c-1}{c-1}
\end{aligned}
$$

$$
\begin{aligned}
\text{III}=\sum_{i=2n}^{3n-1}y_i&=na+bc^{2n}+bc^{2n+1}+bc^{2n+2}+\cdots+bc^{3n-1}\\
&=na+bc^{2n}(1+c+c^2+\cdots+c^{n-1})\\
&=na+bc^{2n}\left(\frac{c^n-1}{c-1}\right)
\end{aligned}
$$

整理得

$$
\text{II}-\text{I}=na+bc^n\left(\frac{c^n-1}{c-1}\right)-na-b\left(\frac{c^n-1}{c-1}\right)=b\frac{(c^n-1)^2}{c-1}
$$

所以

$$
b=(\text{II}-\text{I})\frac{c-1}{(c^n-1)^2}
$$

又

$$
\text{III}-\text{II}=na+bc^{2n}\left(\frac{c^n-1}{c-1}\right)-na-bc^n\left(\frac{c^n-1}{c-1}\right)=bc^n\frac{(c^n-1)^2}{c-1}
$$

$$
\frac{\text{III}-\text{II}}{\text{II}-\text{I}}=\frac{\dfrac{bc^n(c^n-1)^2}{c-1}}{\dfrac{b(c^n-1)^2}{c-1}}=c^n
$$

所以

$$
c=\left(\frac{\text{III}-\text{II}}{\text{II}-\text{I}}\right)^{\frac{1}{n}}
$$

又据

$$\text{I} = na + b\left(\frac{c^n - 1}{c - 1}\right)$$

所以

$$a = \frac{1}{n}\left[\text{I} - b\left(\frac{c^n - 1}{c - 1}\right)\right]$$

最后综合以上各式有

$$c = \left(\frac{\text{III} - \text{II}}{\text{II} - \text{I}}\right)^{\frac{1}{n}}, \quad b = (\text{II} - \text{I})\frac{c - 1}{(c^n - 1)^2}, \quad a = \frac{1}{n}\left[\text{I} - b\left(\frac{c^n - 1}{c - 1}\right)\right]$$

修正指数曲线预测模型 $\hat{y}_t = a + bc^t$ 的图形如图 5-3 所示。

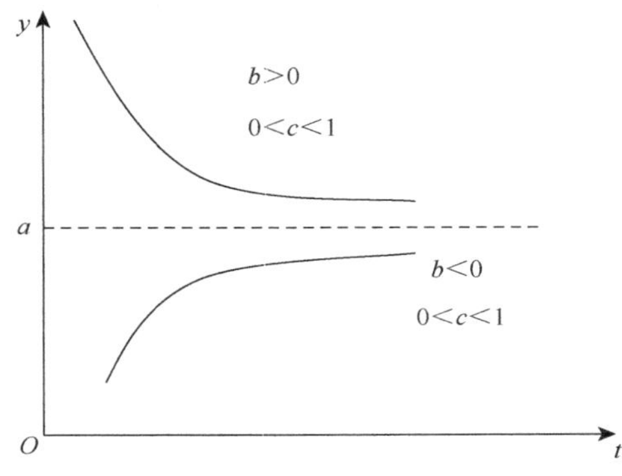

图 5-3　修正指数曲线图

修正指数曲线模型差分计算表如表 5-5 所示。

表 5-5　修正指数曲线模型差分计算表

时序 t	$y_t = a + bc^t$	一阶差分 $y_t - y_{t-1}$	一阶差分的一阶比率 $\frac{y_t - y_{t-1}}{y_{t-1} - y_{t-2}}$
1	$a + bc$	—	
2	$a + bc^2$	$bc(c-1)$	—
3	$a + bc^3$	$bc^2(c-1)$	—
4	$a + bc^4$	$bc^3(c-1)$	c
⋮	⋮	⋮	⋮
$t-1$	$a + bc^{t-1}$	$bc^{t-2}(c-1)$	c
t	$a + bc^t$	$bc^{t-1}(c-1)$	c

例 5.2.1　某商品 2008～2016 年的销售量资料如表 5-6 所示，试预测 2017 年的销售量。

表 5-6　某商品销售量统计数据表

年份	2008	2009	2010	2011	2012	2013	2014	2015	2016
销售量/万吨	50.0	60.0	68.0	69.6	71.1	71.7	72.3	72.8	73.2

第一步，选择模型。

(1)描散点图，初步确定模型形式。

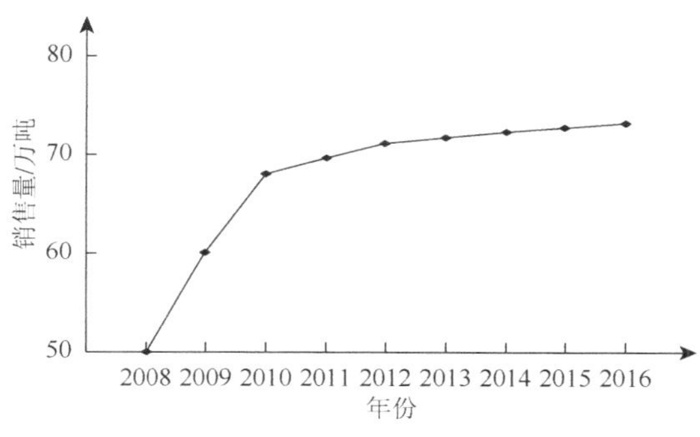

图 5-4　某商品 1995～2003 年销售量散点图

由散点图 5-4 可以初步确定选用修正指数曲线预测模型 $\hat{y}_t = a + bc^t$ ($b<0$，$0<c<1$)进行预测。

(2)计算一阶差比率(表 5-7)。

表 5-7　某商品销售量一阶差比率计算表

y_i	50.0	60.0	68.0	69.6	71.1	71.7	72.3	72.8	73.2
一阶差分	—	10	8	1.6	1.5	0.6	0.6	0.5	0.4
一阶差比率	—	—	0.8	0.2	0.94	0.4	1.0	0.83	0.8

由表 5-7 可知，y_i 的一阶差比率大致相等。所以，结合散点图分析，最后确定选用修正指数曲线模型进行预测比较适宜。

第二步，求模型的参数(计算表如表 5-8 所示)。

表 5-8　修正指数曲线模型计算表

年份	时序 t	销售量 y_i
2008 2009 2010	0 1 2	50.0 60.0 68.0
I	—	178.0
2011 2012 2013	3 4 5	69.6 71.1 71.7
II	—	212.4
2014 2015 2016	6 7 8	72.3 72.8 73.2
III	—	218.3

$$c=\left(\frac{\text{III}-\text{II}}{\text{II}-\text{I}}\right)^{\frac{1}{n}}=\left(\frac{218.3-212.4}{212.4-178.0}\right)^{\frac{1}{3}}=0.5556$$

$$b=(\text{II}-\text{I})\times\frac{c-1}{(c^n-1)^2}=(212.4-178)\times\frac{0.5556-1}{(0.5556^3-1)^2}=-22.272$$

$$a=\frac{1}{n}\left(\text{I}-b\times\frac{c^n-1}{c-1}\right)=\frac{1}{3}\left(178+22.272\times\frac{0.5556^3-1}{0.5556-1}\right)=73.174$$

所求模型为

$$\hat{y}_t=73.174-22.272\times 0.5556^t$$

第三步，进行预测。

$$\hat{y}_{2017}=73.174-22.272\times 0.5556^9=73.06(\text{万吨})$$

需要指出的是，许多新产品投入市场后，在市场成长期销售量常常呈现出迅速增长趋势，一段时期后增长趋势逐步减缓，而增长量的环比速度又大体上保持各期相等，最后发展水平趋向于某一个正的常数极限。修正指数曲线模型正是用来描述这种发展趋势的理想工具。

第三节　生长曲线法

生物的生长过程一般经历发生、发展、成熟到衰老几个阶段，在不同的生长阶段，生物生长的速度也不一样。发生初期成长速度较慢，由慢到快；发展时期生长速度则较快；成熟时期，生长速度由达到最快而后逐渐变慢，到衰老期则几乎停止生长。指数曲线模型不能预测接近极限值时生物生长的特性值，因为趋近极限值时，生物生长特性值已不按指数规律增长。描述生物生长过程可以考虑运用形状近似于 S 型的曲线(称为 S 曲线)。本节主要介绍两种最为常用的生长曲线：龚珀兹曲线和皮尔曲线。

一、龚珀兹曲线模型及其应用

龚珀兹曲线和皮尔曲线，均属于生长曲线回归预测方法。龚珀兹曲线多用于新产品的研制、发展、成熟和衰退分析。工业产品寿命一般可分为四个时期：一是萌芽期；二是畅销期；三是饱和期；四是衰退期。龚珀兹曲线特别适宜于对处在成熟期的商品进行预测。

龚珀兹曲线预测模型为

$$\hat{y}=ka^{b^t} \tag{5-4}$$

式中：k，a，b 为待定参数。参数 k，a 和 b 的不同取值，决定龚珀兹曲线的不同形式，用以描述不同产品生命周期的具体规律。

式(5-4)两端取对数，得

$$\lg\hat{y}=\lg k+b^t\lg a \tag{5-5}$$

式(5-5)在形式上已与式(5-3)表示的修正指数曲线相同。

当 $\lg a$ 和 b 的取值范围不同时，龚珀兹曲线的形状也不同，曲线的一般形状如图 5-5 所示。

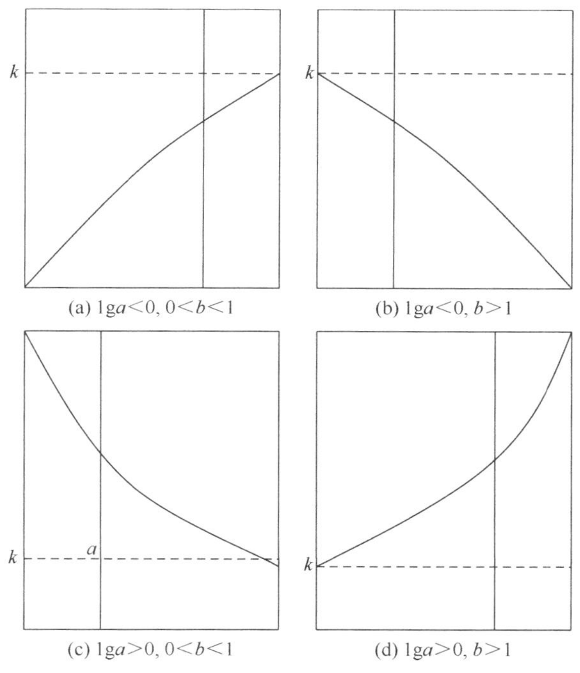

图 5-5　龚珀兹曲线一般形状

图 5-5(a)中的渐近线(k)意味着市场对某类产品的需求已逐渐接近饱和状态；图 5-5(b)中的渐近线(k)意味着市场对某类产品的需求已由饱和状态开始下降；图 5-5(c)中的渐近线(k)意味着市场需求下降迅速，已接近最低水平 k；图 5-5(d)中的渐近线(k)意味着市场需求量开始从最低水平迅速上升。

用分组法求解龚珀兹曲线中参数 k，a，b 的具体步骤如下。

(1)收集的历史统计数据，样本数要能够被 3 整除，设为

$$y_1, y_2, \cdots, y_{3n}$$

(2)将收集到的数据分成每组数据个数相等的三组：

$$\text{I}: y_1, y_2, \cdots, y_n$$

$$\text{II}: y_{n+1}, y_{n+2}, \cdots, y_{2n}$$

$$\text{III}: y_{2n+1}, y_{2n+2}, \cdots, y_{3n}$$

(3)对各组中的样本数据 y_i 取对数：

$$\text{I}: \lg y_1, \lg y_2, \cdots, \lg y_n$$

$$\text{II}: \lg y_{n+1}, \lg y_{n+2}, \cdots, \lg y_{2n}$$

$$\text{III}: \lg y_{2n+1}, \lg y_{2n+2}, \cdots, \lg y_{3n}$$

(4)取对数后的各组数据求和，仍分别记为 I，II，III。

(5)仿照 5.2 节中的过程，可得

$$
\begin{cases}
b=\left(\dfrac{\text{Ⅲ}-\text{Ⅱ}}{\text{Ⅱ}-\text{Ⅰ}}\right)^{\frac{1}{n}} \\
\lg a=(\text{Ⅱ}-\text{Ⅰ})\times\dfrac{b-1}{(b^n-1)^2} \\
\lg k=\dfrac{1}{n}\left(\text{Ⅰ}-\dfrac{b^n-1}{b-1}\times\lg a\right) \\
\text{或}\quad \lg k=\dfrac{1}{n}\left[\dfrac{\text{Ⅰ}\times\text{Ⅲ}-(\text{Ⅱ})^2}{\text{Ⅰ}+\text{Ⅱ}-2\text{Ⅲ}}\right]
\end{cases}
$$

(6) 查反对数表，求出参数 k，a，b，并将 k，a，b 代入公式 $\hat{y}=ka^{b^t}$，即得龚珀兹预测模型。

例 5.3.1　某公司 2008～2016 年的实际销售额资料如表 5-9 所示。试利用龚珀兹曲线预测 2017 年的销售额。

表 5-9　龚珀兹曲线计算表

年份	时序 t	销售额 y/亿元	$\lg y$
2008	0	4.94	0.6937
2009	1	6.21	0.7931
2010	2	7.18	0.8561
Ⅰ	—	—	2.3429
2011	3	7.74	0.8887
2012	4	8.38	0.9232
2013	5	8.45	0.9269
Ⅱ	—	—	2.7388
2014	6	8.73	0.9410
2015	7	9.42	0.9741
2016	8	10.24	1.0103
Ⅲ	—	—	2.9254

(1) 计算参数 k，a 和 b。因为

$$b^3=\frac{\text{Ⅲ}-\text{Ⅱ}}{\text{Ⅱ}-\text{Ⅰ}}=\frac{2.9254-2.7388}{2.7388-2.3429}=0.4713$$

所以

$$b=0.7782$$

$$
\begin{aligned}
\lg a&=(\text{Ⅱ}-\text{Ⅰ})\times\frac{b-1}{(b^3-1)^2}\\
&=(2.7388-2.3429)\times\frac{0.7782-1}{(0.4713-1)^2}\\
&=-0.3141
\end{aligned}
$$

于是

$$a=0.4852$$

$$
\begin{aligned}
\lg k &= \frac{1}{n}\left(\text{I} - \frac{b^n-1}{b-1}\lg a\right) \\
&= \frac{1}{3}\left[2.3429 - \frac{0.4713-1}{0.7782-1}\times(-0.3141)\right] \\
&= 1.0306
\end{aligned}
$$

因此

$$k = 10.73$$

(2)把 k，a 和 b 代入公式 $\hat{y} = ka^{b^t}$，即可得预测模型

$$\hat{y} = 10.73 \times 0.4852^{0.7782^t}$$

(3)预测

$$\hat{y}_{2017} = 10.73 \times 0.4852^{0.7782^9} = 9.948(\text{亿元})$$

由以上计算可知，市场饱和点的需求量是 $k = 10.73$ 亿元，2016年的销售量已达到10.24亿元，2017 年的预测销售量可达 9.948 亿元。产品处于生命周期的成熟阶段最高峰，销售量已无增长前景，并可能在某一时刻转入下降趋势。

就整个社会或某个地区来讲，市场总容量是不断扩大的。但是，就具体商品来讲，总要经过进入市场、销售量快速增长、市场饱和、销售量下降这样几个阶段。特别是轻工产品的销售额，大部分都遵循“增长缓慢→迅速增加→维持一定水平→逐渐减少”的规律发生变化。龚珀兹曲线是预测各种商品市场容量的一种最佳拟合线。

在选择应用龚珀兹曲线时，应考察历史数据 y_i 对数一阶差的比率是否大致相等。当一组统计数据对数一阶差的比率大致相等时，就可选用龚珀兹曲线进行预测，如表 5-10 所示。

表 5-10　龚珀兹曲线模型一阶差比率计算表

时序 t	$\hat{y} = ka^{b^t}$	$\lg y_t = \lg k + b^t \lg a$	$\lg y_t - \lg y_{t-1}$	$\dfrac{\lg y_t - \lg y_{t-1}}{\lg y_{t-1} - \lg y_{t-2}}$
1	ka^b	$\lg k + b \times \lg a$	—	—
2	ka^{b^2}	$\lg k + b^2 \times \lg a$	$b(b-1)\lg a$	—
3	ka^{b^3}	$\lg k + b^3 \times \lg a$	$b^2(b-1)\lg a$	b
4	ka^{b^4}	$\lg k + b^4 \times \lg a$	$b^3(b-1)\lg a$	b
⋮	⋮	⋮	⋮	⋮
$t-1$	$ka^{b^{t-1}}$	$\lg k + b^{t-1} \lg a$	$b^{t-1}(b-1)\lg a$	b
t	ka^{b^t}	$\lg k + b^t \lg a$	$b^t(b-1)\lg a$	b

二、皮尔曲线模型

皮尔曲线多用于生物繁殖、人口发展统计，也适用于对产品生命周期进行分析预测，尤其适用于处在成熟期的商品的市场需求饱和量(或称市场最大潜力)的分析和预测。皮尔曲线函数模型为

$$y_t=\frac{L}{1+a\mathrm{e}^{-bt}} \tag{5-6}$$

式中：L 为变量 y_t 的极限值；a，b 为常数；t 为时间。

确定式(5-6)中参数 a，b，L 的方法最常用的是倒数和法。式(5-6)两端取倒数，得

$$y_t^{-1}=\frac{1+a\mathrm{e}^{-bt}}{L} \tag{5-7}$$

式(5-7)在形式上已与式(5-2)表示的修正指数曲线相同。用倒数和法确定参数 a，b，L 的具体步骤如下。

(1)收集的历史统计数据，样本数要能够被 3 整除，设为

$$y_1,y_2,\cdots,y_{3n}$$

(2)将收集到的数据分成每组数据个数相等的三组

$$\mathrm{I}:y_1,y_2,\cdots,y_n$$
$$\mathrm{II}:y_{n+1},y_{n+2},\cdots,y_{2n}$$
$$\mathrm{III}:y_{2n+1},y_{2n+2},\cdots,y_{3n}$$

(3)对各组中的样本数据 y_i 取倒数。

$$\mathrm{I}:y_1^{-1},y_2^{-1},\cdots,y_n^{-1}$$
$$\mathrm{II}:y_{n+1}^{-1},y_{n+2}^{-1},\cdots,y_{2n}^{-1}$$
$$\mathrm{III}:y_{2n+1}^{-1},y_{2n+2}^{-1},\cdots,y_{3n}^{-1}$$

(4)取倒数后的各组数据求和，仍分别记为 Ⅰ，Ⅱ，Ⅲ。

$$\mathrm{I}=\frac{n}{L}+\frac{a}{L}\frac{\mathrm{e}^{-b}(1-\mathrm{e}^{-nb})}{1-\mathrm{e}^{-b}}$$
$$\mathrm{II}=\frac{n}{L}+\frac{a}{L}\frac{\mathrm{e}^{-(n+1)b}(1-\mathrm{e}^{-nb})}{1-\mathrm{e}^{-b}}$$
$$\mathrm{III}=\frac{n}{L}+\frac{a}{L}\frac{\mathrm{e}^{-(2n+1)b}(1-\mathrm{e}^{-nb})}{1-\mathrm{e}^{-b}}$$

(5)记

$$D_1=\mathrm{I}-\mathrm{II},\quad D_2=\mathrm{II}-\mathrm{III}$$

得

$$D_1=\frac{a}{L}\frac{\mathrm{e}^{-b}(1-\mathrm{e}^{-nb})^2}{1-\mathrm{e}^{-b}}$$
$$D_2=\frac{a}{L}\frac{\mathrm{e}^{-(n+1)b}(1-\mathrm{e}^{-nb})^2}{1-\mathrm{e}^{-b}}$$

从而

$$\frac{D_1}{D_2}=\mathrm{e}^{nb} \tag{5-8}$$

式(5-8)两端取对数，得

$$b=\frac{1}{n}\ln\frac{D_1}{D_2} \tag{5-9}$$

(6) 又由

$$\frac{D_1^2}{D_1-D_2}=\frac{\frac{a^2}{L^2}\frac{\mathrm{e}^{-2b}(1-\mathrm{e}^{-nb})^4}{(1-\mathrm{e}^{-b})^2}}{\frac{a}{L}\frac{\mathrm{e}^{-b}(1-\mathrm{e}^{-nb})^3}{1-\mathrm{e}^{-b}}}=\frac{a}{L}\frac{\mathrm{e}^{-b}(1-\mathrm{e}^{-nb})}{1-\mathrm{e}^{-b}}=\mathrm{I}-\frac{n}{L}$$

可得

$$L=\frac{n}{\mathrm{I}-\frac{D_1^2}{D_1-D_2}} \tag{5-10}$$

进一步可得

$$a=\frac{L}{C}\frac{D_1^2}{D_1-D_2} \tag{5-11}$$

其中

$$C=\frac{\mathrm{e}^{-b}(1-\mathrm{e}^{-nb})}{1-\mathrm{e}^{-b}}.$$

至此，式(5-6)中参数 a，b，L 已全部求出。

第四节　包络曲线法

一种技术单元的发展都有一个上限，然而在整个技术系统中，技术发展并没有停止，而是上升到一个更高的境界，原来的功能由具有更强功能的新技术来实现。一个整体系统的功能特性是由一系列相互有区别的、连续发展的技术体现的，而总的功能参数不断提高。

由于科学技术发展过程既有渐进技术进步的成分又有突变因素的影响，对于复杂技术系统的预测，采用指数曲线和生长曲线均不能胜任，因为这些模型仅能预测技术发展的量变过程而不能预测出质的飞跃。

分析和预测复杂的技术系统，特别是从事长远预测时，不仅要预测技术发展的量变过程，还要预测技术发展的质变过程。若用一条相切于这些 S 形生长曲线的平滑的包络线来描述这一过程，则可以得到表示一种技术特性发展总体趋势的曲线，这就是包络曲线法。R. Ayres 在科学技术预测和长远规划一书中，列举了许多实例用以说明很多整体技术系统是符合包络曲线发展规律的。例如，离子加速器工作能量的增加，航空发动机功率的增长趋势，运输速度的增长，白炽光效率的提高等。从上述各整体技术系统的研究可以发现，每一个以一定原理运行的技术装置，其预测变量仅在有限的时间间距或某一个有限的量值中增长。时间间距的大小与科学技术进步的许多因素有关。这些因素将决定某种技术装置存在的时间间距。在某一技术装置的发展历史中，其时间间距通常是从该技术装置出现开始到其性能充分发挥为止。量值间距是由某些相对极限决定的，而相对极限又取决于某种技术装置的性能和原理。

一、包络曲线

包络曲线有可能揭示预测变量的总趋势，估计预测变量的可能极限，描述其极限的性质。同时包络曲线往往要越过现有技术的极限参数，预见或揭示即将出现的新技术。因此，它不仅可以用于预测渐变过程，更主要的是用来预测科学和技术发展的突变，即跳跃式发展过程，揭示原理上新的发明等。所有这些都是技术预测中最重要和最困难的任务。

利用包络曲线预测的具体步骤如下。

第一步，分析各类预测对象参数的发展趋势；

第二步，求出各技术单元功能相对增长速度最快的点$(x_i, y_i), i=1,2,\cdots,m$；

第三步，绘制包络曲线，即在点(x_i, y_i)处与$i(i=1,2,\cdots,m)$技术单元曲线相切的曲线。

这里以运输速度的增长和白炽光效率的提高为例，研究如何建立包络曲线。运输工具从马车—火车—汽车—飞机到火箭，已经更新了几代。其中每一种运输工具也处于技术不断更新、发展的过程中。如飞机就从早期的活塞发动机飞机发展到喷气式飞机，喷气式飞机再进步到化学燃料喷气式飞机，现在正向核燃料喷气式飞机发展(图 5-6)。

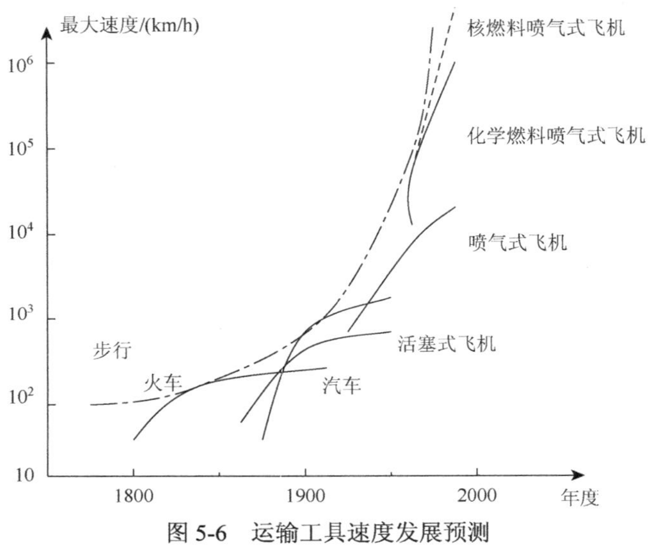

图 5-6　运输工具速度发展预测

白炽光的发展也经历了几代，效率不断提高。如从蜡烛到爱迪生的第一盏电灯，再发展到纤维灯丝，然后进一步发展到钠灯—汞灯—荧光灯(图 5-7)。

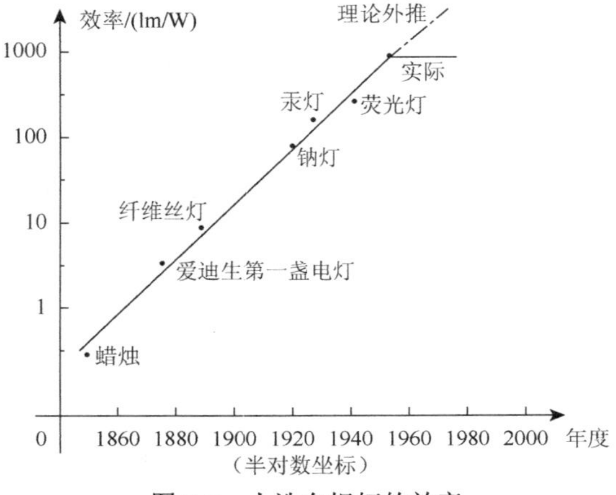

图 5-7　人造白炽灯的效率

无论是每一代的运输工具，还是每一代的白炽光源，它们功能特性的提高和改善一般遵从 S 曲线。而每一技术单元中功能特性提高和改善最快的点，就是 S 曲线的拐点。如果对每条 S 曲线 $y_i = f_i(x)$ ($i = 1,2,\cdots,m$)求二阶导数 $f_i''(x)$，令 $f_i''(x) = 0, i = 1,2,\cdots,m$，可以求出各技术单元所对应 S 曲线 $y_i = f_i(x)$ ($i = 1,2,\cdots,m$) 的拐点 $(x_i, y_i), i = 1,2,\cdots,m$，将各技术单元所对应 S 曲线的拐点连接起来，即得所求的包络曲线。

大量实验表明，相切于各技术单元 S 曲线的包络曲线也是一条 S 曲线。这一结果有力地说明，一个整体技术系统的发展也是连续的，速度是恒定的或略有变化的。从而，当利用包络曲线外推超出现实科学和技术界限的趋势时，就可以根据相应系统的过去发展速度，外推未来的发展速度。该方法虽然未能考虑到个别的或偶然性的技术突破，但用于对一般技术渐近发展累计结果的影响进行预测很有效。

二、应用范围

包络曲线预测主要应用于如下四个方面。

(1) 某项技术发展的前期阶段，采用包络曲线对技术发展进行深入研究，可以外推出新的远景技术(图 5-8)，从而可以未雨绸缪，提前完成技术储备，以便及时进行技术更新。

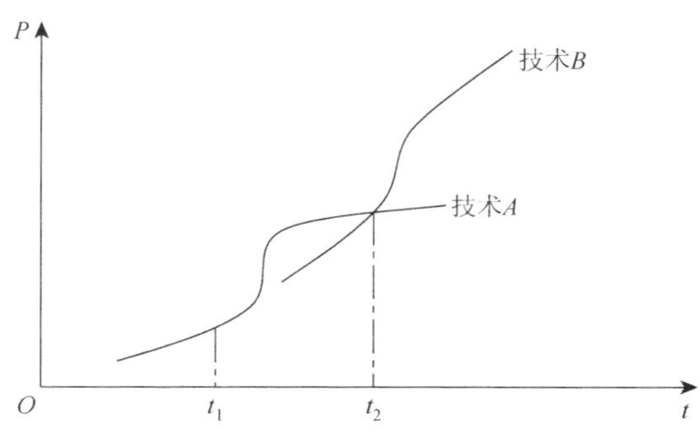

图 5-8　技术发展趋势外推

(2) 当某一技术的发展趋于极限时，采用包络曲线外推可能出现的新技术。

(3) 用包络曲线外推未来某一时刻的特性参数水平，借以推测将会出现那种新技术。

(4) 验证决策中制订的技术参数是否合理。如果拟定的参数在包络曲线之上，则可能有些冒进，如在其下则可能偏于保守。合理的技术参数应与包络曲线相吻合，偏高偏低皆需调整。

下面以某一地区 100 多年来的排字技术的进展为例，介绍一下包络曲线预测的具体应用。

例 5.4.1　把每小时排的字符数作为特性参数，而使这个特定参数不断提高的五个技术阶段为：手工排字，冷金属机器排字，热金属机器排字(分行型活字铸和单字排铸)，照相排字及电子阴极摄像管排字。根据这五个技术阶段达到的排字速度(历史数据)，分别画出五条生长曲线，然后拟成一条包络曲线，见图 5-9。

从图 5-9 可看出，该地区自 19 世纪至 1986 年前后，排字速度的发展是相当平稳的，一个技术接着一个技术。在 1986 年前后，该地区由于在排字中采用了电子技术，排字速度有一个飞跃。因此在用包络曲线法进行预测时要注意，如果产生了一个突破性技术，

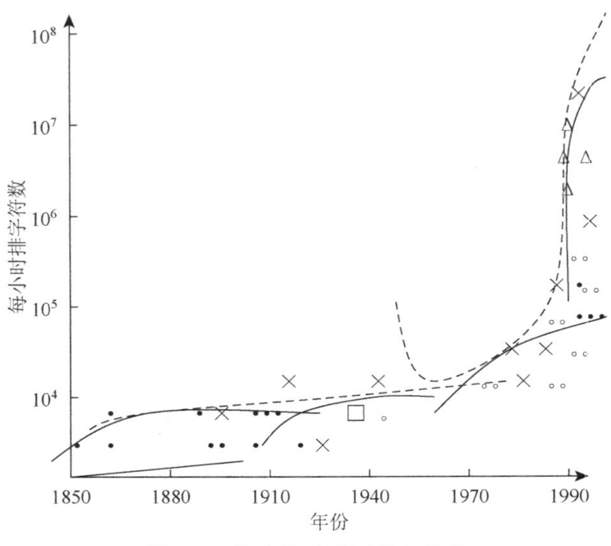

图 5-9　排字技术进展的包络线

注：□手工排字；• 冷金属机器排字；×热金属机器排字（分行型活字铸、单字排铸）；∘照相排字；Δ 电子阴极摄像管排字

那就会改变技术进程的方向。但这种情况不是很多的(对排字技术来说，差不多一百多年才出现这个突破)。因此，一系列技术发展阶段的 S 曲线连起来往往也是一条 S 曲线，这个结论一般情况下是正确的。

从图 5-9 中还可看出，在曲线的端部有分叉，上面的一支是根据包络曲线外推的，下面的一支是根据最后的一个技术发展阶段(电子排字)外推的。前者称上限，后者称下限，上下限中间称预测带。预测的时间越远，这条带越宽。这是用包络曲线法预测的一个特点。对图 5-9 中的数据进行外推预测，结果列于表 5-11 中，上限值是直接取自图 5-9 的数据，而下限值是根据拟合龚珀兹生长曲线的经验公式 $y = Le^{-be^{-kt}}$ 计算的。

表 5-11　排字速度的预测数值

年份	上限	下限
1990	15624000	15624000
1991	20000000	16580558
1992	25000000	17151481
1993	29000000	17485489
1994	32000000	17678677
1995	38000000	17789692
1996	43000000	17853249
1997	48000000	17889560
1998	53000000	17910280
1999	59000000	17922095
2000	65000000	17928829
2001	72000000	17932667
2002	81000000	17934854
2003	90000000	17936100
2004	100000000	17936810

注：表中数字为每小时排的字符数

经验表明，分别对组成整个技术系统的各技术单元进行预测，预测结果往往偏向于保守，一般都是技术发展的下限。这是因为这种分散预测的假定是，技术发展是渐进的，而没有考虑技术发展的突变。对于各技术单元分别预测的不足，可以用包络曲线来弥补，因为包络曲线的最终极限是比较明显的，一般可采用理论极限。

对于比较大的技术系统，采用包络曲线预测可以得到比分散预测稳定的增长趋势，在长远预测中一般不会受到诸如战争和经济萧条等非常规事件的影响。由包络曲线外推得到的技术发展趋势所以比较稳定，除反馈作用外，还因为根据大数定律和中心极限定理，总体宏观变量比较稳定；相对于分布中心，总体宏观变量的相对误差，比系统中的任一微观变量的相对误差都小。

用包络曲线可以预测各分散预测得不到的远景技术趋向，但仅仅采用包络曲线又不了解各技术单元的发展趋向，以及何时会出现什么新技术，因而包络曲线和生长曲线互为补充，配合使用，对于技术预测是十分重要的。

习题与思考题

1. 某地区小麦产量(单位：万吨)，从2002～2016年顺次为3.78，4.19，4.83，7.46，6.71，7.99，8.60，9.24，9.67，9.87，10.49，10.92，10.93，12.39，12.59。试作图判断样本数据的散点分布，选用2或3种适当的曲线预测模型，预测该地区2018年和2020年的小麦产量。

2. 某市自2008～2016年手机的销售量单位：顺次为41.2，50.6，71.3，167.2，248.4，329.8，360.4，381.5，400.2，试用生长曲线法预测2017年与2020年销售量。

3. 某新产品的发展经历了产品1代、产品2代、产品3代、产品4代的过程，经过一系列技术的替换，其运算速度越来越快，而同等功能的产品体积则变得越来越小。但对于其中的每一种具体技术来讲，都有一个呈S形生长曲线的发展过程，并且后一种技术的成长曲线高峰总要高于前一种技术的成长曲线高峰，见下图。试预测2022年产品的计算速度。

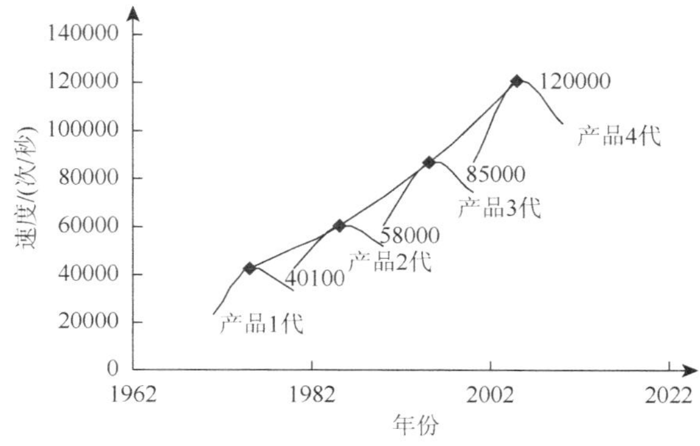

图　某产品发展过程的包络曲线

第六章　马尔可夫预测法

要点

(1) 马尔可夫链;

(2) 商品销售状态预测;

(3) 市场占有率预测;

(4) 期望利润预测。

学习要求　掌握马尔可夫链的概念及状态转移概率的估算方法，能够利用马尔可夫链及状态转移概率对商品销售状态、市场占有率和期望利润进行预测。

马尔可夫预测法是应用随机过程中马尔可夫链的理论和方法研究，分析有关经济现象变化规律并借此对未来进行预测的一种方法。

在经济现象中存在一种“无后效性”，即“系统在每一时刻的状态仅仅取决于前一时刻的状态，而与其过去的历史无关”。有一个例子可以很形象地说明“无后效性”。例如，池塘里有三张荷叶，编号为 1，2，3，假设有一只青蛙随机地在荷叶上跳来跳去，在初始时刻 t_0，它在第二张荷叶上。在时刻 t_1，它有可能跳到第一张或者第三张荷叶上，也有可能在原地不动。我们把青蛙某个时刻所在的荷叶称为青蛙所处的状态。这样，青蛙在未来处于什么状态，只与它现在所处的状态有关，与它以前所处的状态无关。这种性质就是所谓的“无后效性”。下面讨论马尔可夫链及它在市场预测中的应用。

第一节　马尔可夫链简介

一、马尔可夫链

所谓马尔可夫链，就是一种随机时间序列，它在将来取什么值只与它现在的取值有关，而与它过去取什么值的历史情况无关，即无后效性。具备这个性质的离散性随机过程，称为马尔可夫链。下面先介绍几个有关的基本概念。

定义 6.1.1　设随机时间序列 $\{X_n, n \geqslant 0\}$ 满足如下条件：

1° 每个随机变量 X_n 只取非负整数值；

2° 对任意的非负整数 $t_1 < t_2 < \cdots < m < m+k$，以及 $E_1, E_2, \cdots, E_m; E_j$，当

$$P(X_{t_1} = E_1, X_{t_2} = E_2, \cdots, X_m = E_m) > 0 \tag{6-1}$$

时，有

$$P\left\langle X_{m+k} = E_j \middle| X_{t_1} = E_1, X_{t_2} = E_2, \cdots, X_m = E_m \right\rangle = P\left\langle X_{m+k} = E_j \middle| X_m = E_m \right\rangle \tag{6-2}$$

则称 $\{X_n, n \geqslant 0\}$ 为马尔可夫链。

X_n 所可能取到的每一个值 $E_1, E_2, \cdots, E_m; E_j$ 称为状态。在如前所述的例子中，青蛙所处的那张荷叶，称为青蛙所处的状态。在经济系统的研究中，一种经济现象在某一时刻 t

出现的某种结果，就是该系统在该时刻 t 所处的状态。

人们所研究的现象及预测目标的状态可以有不同的划分形式。例如：在市场预测中，可把销售状况划分为“畅销”“一般”“滞销”，或把经营状况划分为“盈利”“亏损”（负增长）等。

二、状态转移概率

由定义 6.1.1 可知，马尔可夫链的概率特性取决于条件概率

$$P\left\langle X_{m+k}=E_j \middle| X_m=E_i\right\rangle \tag{6-3}$$

在概率论中，条件概率 $P(A|B)$ 表达了由状态 B 向状态 A 转移的概率，简称为状态转移概率。式(6-3)中条件概率的含义是，某系统在时刻 m 处于状态 E_i 的条件下，到时刻 $m+k$ 处于状态 E_j 的概率。

定义 6.1.2　称

$$p_{ij}^{(k)}(m)=P\left\langle X_{m+k}=E_j \middle| X_m=E_i\right\rangle \tag{6-4}$$

为 k 步转移概率。

特别地，当 $k=1$ 时，$P\left\langle X_{m+1}=E_j \middle| X_m=E_i\right\rangle$ 称为一步转移概率，记为

$$p_{ij}(m)=P\left\langle X_{m+1}=E_j \middle| X_m=E_i\right\rangle$$

定义 6.1.3　若对任意非负整数 n，马尔可夫链 $\{X_n,n\geqslant 0\}$ 的一步转移概率 $p_{ij}(m)$ 与 m 无关，则称 $\{X_n,n\geqslant 0\}$ 为齐次马尔可夫链。齐次马尔可夫链的一步转移概率记为 p_{ij}。

本章主要讨论齐次马尔可夫链。

例 6.1.1　某地区有甲、乙、丙三家食品厂生产同一食品，有 1000 个用户(或购货点)，假设在研究期间无新用户加入也无老用户退出，只有用户的转移。已知 2016 年 5 月份有 500 户是甲厂的顾客；400 户是乙厂的顾客；100 户是丙厂的顾客。6 月份，甲厂有 400 户原来的顾客，上月的顾客有 50 户转乙厂，50 户转丙厂；乙厂有 300 户原来的顾客，上月的顾客有 20 户转甲厂，80 户转丙厂；丙厂有 80 户原来的顾客，上月的顾客有 10 户转甲厂，10 户转乙厂。试计算其状态转移概率。

解　由题意得 6 月份顾客转移表 6-1 如下。

表 6-1　顾客转移表

从＼到	甲	乙	丙	合计
甲	400	50	50	500
乙	20	300	80	400
丙	10	10	80	100
合计	430	360	210	1000

由表 6-1 可知，6 月份有 430 户是甲厂的顾客；360 户是乙厂的顾客；210 户是丙厂的顾客。于是

$$p_{11}=\frac{400}{500}=0.8,\quad p_{12}=\frac{50}{500}=0.1,\quad p_{13}=\frac{50}{500}=0.1$$
$$p_{21}=\frac{20}{400}=0.05,\quad p_{22}=\frac{300}{400}=0.75,\quad p_{23}=\frac{80}{400}=0.2$$
$$p_{31}=\frac{10}{100}=0.1,\quad p_{32}=\frac{10}{100}=0.1,\quad p_{33}=\frac{80}{100}=0.8$$

三、状态转移概率矩阵

定义 6.1.4　称

$$P=\begin{pmatrix} p_{11} & p_{12} & \cdots & p_{1N} \\ p_{21} & p_{22} & \cdots & p_{2N} \\ \vdots & \vdots & & \vdots \\ p_{N1} & p_{N2} & \cdots & p_{NN} \end{pmatrix}$$

为一步转移概率矩阵。

一步转移概率矩阵具有如下性质：

$$\begin{cases} 0 \leqslant p_{ij} \leqslant 1, & i,j=1,2,\cdots,N \\ \sum_{j=1}^{N} p_{ij}=1, & i=1,2,\cdots,N \end{cases} \tag{6-5}$$

定义 6.1.5　与定义 6.1.4 类似，称

$$P^{(k)}=\begin{pmatrix} p_{11}^{(k)} & p_{12}^{(k)} & \cdots & p_{1N}^{(k)} \\ p_{21}^{(k)} & p_{22}^{(k)} & \cdots & p_{2N}^{(k)} \\ \vdots & \vdots & & \vdots \\ p_{N1}^{(k)} & p_{N2}^{(k)} & \cdots & p_{NN}^{(k)} \end{pmatrix}$$

为 k 步转移概率矩阵。

k 步转移概率矩阵也具有与一步转移概率矩阵类似的性质：

$$\begin{cases} 0 \leqslant p_{ij}^{(k)} \leqslant 1, & i,j=1,2,\cdots,N \\ \sum_{j=1}^{N} p_{ij}^{(k)}=1, & i=1,2,\cdots,N \end{cases} \tag{6-6}$$

从状态转移概率矩阵的性质可知，二步状态转移概率矩阵可由一步状态转移概率矩阵求出：

$$p_{ij}^{(2)}=\sum_{k=1}^{N} p_{ik}p_{kj} \quad (k=1,2,\cdots,N) \tag{6-7}$$

即系统从状态 E_i 出发，经过二步转移到状态 E_j 的概率等于系统从 E_i 出发经一步转移到状态 E_k $(k=1,2,\cdots,N)$，然后再从状态 E_k 转移到状态 E_j 的概率。故有

$$P^{(2)}=\begin{pmatrix} p_{11}^{(2)} & p_{12}^{(2)} & \cdots & p_{1N}^{(2)} \\ p_{21}^{(2)} & p_{22}^{(2)} & \cdots & p_{2N}^{(2)} \\ \vdots & \vdots & & \vdots \\ p_{N1}^{(2)} & p_{N2}^{(2)} & \cdots & p_{NN}^{(2)} \end{pmatrix}$$

$$=\begin{pmatrix}\sum_{k=1}^{N}p_{1k}p_{k1} & \sum_{k=1}^{N}p_{1k}p_{k2} & \cdots & \sum_{k=1}^{N}p_{1k}p_{kN}\\ \sum_{k=1}^{N}p_{2k}p_{k1} & \sum_{k=1}^{N}p_{2k}p_{k2} & \cdots & \sum_{k=1}^{N}p_{2k}p_{kN}\\ \vdots & \vdots & & \vdots\\ \sum_{k=1}^{N}p_{Nk}p_{k1} & \sum_{k=1}^{N}p_{Nk}p_{k2} & \cdots & \sum_{k=1}^{N}p_{Nk}p_{kN}\end{pmatrix}$$

$$=\begin{pmatrix}p_{11} & p_{12} & \cdots & p_{1N}\\ p_{21} & p_{22} & \cdots & p_{2N}\\ \vdots & \vdots & & \vdots\\ p_{N1} & p_{N2} & \cdots & p_{NN}\end{pmatrix}\begin{pmatrix}p_{11} & p_{12} & \cdots & p_{1N}\\ p_{21} & p_{22} & \cdots & p_{2N}\\ \vdots & \vdots & & \vdots\\ p_{N1} & p_{N2} & \cdots & p_{NN}\end{pmatrix}$$

$$=\begin{pmatrix}p_{11} & p_{12} & \cdots & p_{1N}\\ p_{21} & p_{22} & \cdots & p_{2N}\\ \vdots & \vdots & & \vdots\\ p_{N1} & p_{N2} & \cdots & p_{NN}\end{pmatrix}^2 = P^2$$

$$P^{(2)} = P^2 \tag{6-8}$$

即二步状态转移概率矩阵等于一步状态转移概率矩阵的平方。类似地，可以推出

$$P^{(k)} = P^k \tag{6-9}$$

即 k 步状态转移概率矩阵等于一步状态转移概率矩阵的 k 次方。

例 6.1.2　某经济系统有三种状态 E_1,E_2,E_3（比如畅销，一般，滞销）。系统状态转移情况如表 6-2 所示。试求系统的二步转移概率矩阵。

表 6-2　系统状态转移情况表

状态 次数 状态		系统下步所处状态		
		E_1	E_2	E_3
系统本步所处状态	E_1	21	7	14
	E_2	16	8	12
	E_3	10	8	2

按照与例 6.1.1 相同的步骤可得一步状态转移概率矩阵

$$P=\begin{pmatrix}0.50 & 0.167 & 0.333\\ 0.444 & 0.222 & 0.334\\ 0.50 & 0.4 & 0.1\end{pmatrix}$$

于是

$$P(2)=\begin{pmatrix}0.50 & 0.167 & 0.333\\ 0.444 & 0.222 & 0.334\\ 0.50 & 0.4 & 0.1\end{pmatrix}^2=\begin{pmatrix}0.49 & 0.25 & 0.26\\ 0.49 & 0.26 & 0.25\\ 0.48 & 0.21 & 0.31\end{pmatrix}$$

第二节　商品销售状态预测

马尔可夫链预测方法的最简单类型是预测下一期最可能出现的状态，可按以下步骤来完成。

第一步，划分预测对象(系统)所出现的状态。

从预测目的出发，并考虑决策者的需要适当划分系统所处的状态。

第二步，计算初始概率。

在实际问题中，分析历史资料所得的状态概率称为初始概率。

设有 N 个状态 $E_1,E_2,\cdots,E_N$。观测了 M 个时期，其中状态 E_i($i=1,2,\cdots,N$)出现了 M_i 次，于是

$$f_i=\frac{M_i}{M}$$

就是 E_i 出现的频率，用它近似地表示 E_i 出现的概率，即 $f_i \approx p_i$ ($i=1,2,\cdots,N$)。

第三步，计算状态转移概率。

仍然以频率近似地表示概率进行计算。首先计算状态 $E_i \to E_j$ (由 E_i 转移到 E_j)的频率

$$f_{ij}=f(E_j \mid E_i)$$

从第二步知道 E_i 出现了 M_i 次，接着从 M_i 个 E_i 出发，计算下一步转移到 E_j 的个数 M_{ij}，于是得到

$$f_{ij}=\frac{M_{ij}}{M_i}$$

并令 $f_{ij} \approx p_{ij}$

第四步，根据转移概率进行预测。

由第三步可得状态转移概率矩阵 P。如果目前预测对象处于状态 E_i，这时 p_{ij} 就描述了目前状态 E_i 在未来将转向状态 E_j ($j=1,2,\cdots,N$)的可能性。按最大概率原则，可选择 $(p_{i1},p_{i2},\cdots,p_{iN})$ 中最大者对应的状态为预测结果，即当

$$\max\{p_{i1},p_{i2},\cdots,p_{iN}\}=p_{ij}$$

时，可以预测下一步系统将转向状态 E_j。

例 6.2.1　某商店在最近 20 个月的商品销售量统计记录如表 6-3 所示。

表 6-3　商品销售量统计表　　(单位：万件)

时间 t	1	2	3	4	5	6	7	8	9	10
销售量	40	45	80	120	110	38	40	50	62	90
时间 t	11	12	13	14	15	16	17	18	19	20
销售量	110	130	140	120	55	70	45	80	110	120

试预测第 21 个月的商品销售量。

解　依上述步骤如下。

第一步，划分状态。

按销售情况划分状态：

(1)销售量<60 万件，属滞销；

(2)60 万件≤销售量≤100 万件，属一般；

(3)销售量>100 万件，属畅销。

第二步，计算初始概率 p_i。

为了使问题更直观，绘制销售散点图，并画出状态分界线，如图 6-1 所示。

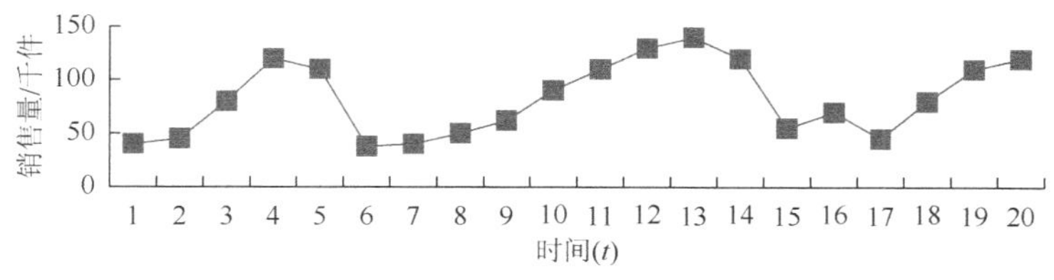

图 6-1　销售量散点图

由图 6-1，可算出处于

滞销状态的有 $M_1 = 7$；

一般状态的有 $M_2 = 5$；

畅销状态的有 $M_3 = 8$。

第三步，计算状态转移概率矩阵。

在计算转移概率时，最后一个数据不参加计算，因为它究竟转到哪个状态尚不清楚。由图 6-1 可得

$$M_{11} = 3,\quad M_{12} = 4,\quad M_{13} = 0$$
$$M_{21} = 1,\quad M_{22} = 1,\quad M_{23} = 3$$
$$M_{31} = 2,\quad M_{32} = 0,\quad M_{33} = 5$$

从而

$$p_{11} = \frac{3}{7},\quad p_{12} = \frac{4}{7},\quad p_{13} = \frac{0}{7}$$
$$p_{21} = \frac{1}{5},\quad p_{22} = \frac{1}{5},\quad p_{23} = \frac{3}{5}$$
$$p_{31} = \frac{2}{7},\quad p_{32} = \frac{0}{7},\quad p_{33} = \frac{5}{7}$$

所以

$$P = \begin{pmatrix} \frac{3}{7} & \frac{4}{7} & 0 \\ \frac{1}{5} & \frac{1}{5} & \frac{3}{5} \\ \frac{2}{7} & 0 & \frac{5}{7} \end{pmatrix}$$

第四步，预测第 21 个月的销售情况。

由于第 20 个月销售量处于畅销状态，而经由一次转移到达三种状态的概率分别为

$$p_{31}=\frac{2}{7},\quad p_{32}=\frac{0}{7},\quad p_{33}=\frac{5}{7}$$

由

$$\max\{p_{31},p_{32},p_{33}\}=\frac{5}{7}=p_{33}$$

可知第 21 个月的销售量将处于“畅销”状态。因此，第 21 个月销售量超过 100 万件的可能性最大。

第三节　市场占有率预测

企业的产品在市场销售总额中所占的比例称为产品的市场占有率。利用马尔可夫链预测模型，可以根据当前的市场占有率和转移概率预测企业未来的市场占有率。

马尔可夫链预测的基本原理：本期市场占有率仅取决于上期市场占有率及转移概率。

比如有甲、乙、丙三家工厂生产同种产品，他们在市场上的现时占有份额为

$$S^0=(p_1^{(0)},p_2^{(0)},p_3^{(0)})$$

其中，S^0 为初始市场占有率向量，$p_1^{(0)}$ 表示甲厂的初始市场占有率；$p_2^{(0)}$ 表示乙厂的初始市场占有率；$p_3^{(0)}$ 表示丙厂的初始市场占有率。

又知

$$P=\begin{pmatrix} p_{11} & p_{12} & p_{13} \\ p_{21} & p_{22} & p_{23} \\ p_{31} & p_{32} & p_{33} \end{pmatrix}$$

为市场占有率转移概率矩阵。在矩阵 P 中，p_{12},p_{22},p_{33} 表示各家工厂保留上期客户(或用户)的概率。当 $i\neq j$ 时，p_{ij} 有两种意义。如对 p_{12} 而言，其一种含义是甲厂丧失的顾客转移到乙厂的概率；另一种含义则为乙厂由甲厂转来顾客(或用户)的概率，等等。

由马尔可夫链预测模型的基本原理，可以建立市场占有率预测的数学模型如下：

$$\begin{cases} p_1^{(1)}=p_{11}\times p_1^{(0)}+p_{21}\times p_2^{(0)}+p_{31}\times p_3^{(0)} \\ p_2^{(1)}=p_{12}\times p_1^{(0)}+p_{22}\times p_2^{(0)}+p_{32}\times p_3^{(0)} \\ p_3^{(1)}=p_{13}\times p_1^{(0)}+p_{23}\times p_2^{(0)}+p_{33}\times p_3^{(0)} \end{cases}$$

写成矩阵形式为

$$S'=(p_1^{(0)},p_2^{(0)},p_3^{(0)})\begin{pmatrix} p_{11} & p_{12} & p_{13} \\ p_{21} & p_{22} & p_{23} \\ p_{31} & p_{32} & p_{33} \end{pmatrix}$$

同理，已知本期市场占有率，即可求出下期的市场占有率。

比如第 k 期的市场占有率为

$$S^k=(p_1^{(K)},p_2^{(K)},p_3^{(K)})=(p_1^{(0)},p_2^{(0)},p_3^{(0)})\begin{pmatrix} p_{11} & p_{12} & p_{13} \\ p_{21} & p_{22} & p_{23} \\ p_{31} & p_{32} & p_{33} \end{pmatrix}^k \tag{6-10}$$

或

$$S^k = S^0 \times p^k$$

即第 k 期的市场占有率等于初始占有率与 k 步转移概率矩阵的乘积。

例 6.3.1　已知某地市场上有 A，B，C 三种牌子的洗涤剂，上月的市场占有率分布为 $(0.3, 0.4, 0.3)$，已知转移概率矩阵为

$$P = \begin{pmatrix} 0.6 & 0.2 & 0.2 \\ 0.1 & 0.7 & 0.2 \\ 0.1 & 0.1 & 0.8 \end{pmatrix}$$

试求本月份和下月份的市场占有率。

解　第一步，求本月份市场占有率。

$$S^1 = (0.3,0.4,0.3)\begin{pmatrix} 0.6 & 0.2 & 0.2 \\ 0.1 & 0.7 & 0.2 \\ 0.1 & 0.1 & 0.8 \end{pmatrix} = (0.25, 0.37, 0.38)$$

第二步，求下月份的市场占有率。

$$\begin{aligned} S^2 &= (0.3, 0.4, 0.3)\begin{pmatrix} 0.6 & 0.2 & 0.2 \\ 0.1 & 0.7 & 0.2 \\ 0.1 & 0.1 & 0.8 \end{pmatrix}^2 \\ &= (0.3, 0.4, 0.3)\begin{pmatrix} 0.4 & 0.28 & 0.32 \\ 0.15 & 0.53 & 0.32 \\ 0.15 & 0.17 & 0.68 \end{pmatrix} \\ &= (0.225, 0.347, 0.428) \end{aligned}$$

计算结果表明，在顾客(或用户)购买偏好改变不大的情况下，下个月 A 牌洗涤剂市场占有率为 22.5%，B 牌洗涤剂市场占有率为 34.7%，C 牌洗涤剂市场占有率为 42.8%。

如果市场的顾客(或用户)流动趋向长期稳定下去，则经过一段时期以后的市场占有率将会出现稳定的平衡状态。

所谓的稳定的市场平衡状态，就是顾客(或用户)的流动不影响市场占有率，即各厂丧失的顾客(或用户)与争取到的顾客相抵消。这时的市场占有率称为终极市场占有率。

如何求出这种稳定的市场占有率以及预测长期趋势呢？为此，我们先讨论马尔可夫链的遍历性。

定义 6.3.1　设 $\{X_n, n \geqslant 0\}$ 为有限状态齐次马尔可夫链，对所有的 $i, j = 1,2,\cdots,N$，存在与 i 无关的极限

$$\lim_{k\to\infty} p_{ij}^{(k)} = \pi_j \tag{6-11}$$

其中 π_j 为常数，则称此 $\{X_n, n \geqslant 0\}$ 为具有遍历性的马尔可夫链。

遍历性的含义：无论系统从哪个状态出发，只要转移步数 k 充分大，到达 j 的概率都近似等于常数 π_j。因此，当转移步数 k 充分大时，可以 π_j 作为 $p_{ij}^{(k)}$ 的近似值。

定理 6.3.1　设 $\{X_n, n \geqslant 0\}$ 为有限状态齐次马尔可夫链，P 为其一步转移概率矩阵，若存在正整数 $s > 0$，使对所有的 $i, j = 1,2,\cdots,N$，有

$$p_{ij}^{(s)} > 0 \tag{6-12}$$

则此马尔可夫链满足遍历性。且式(6-11)中的$\pi_j, j=1,2,\cdots,N$为方程组

$$\pi_j=\sum_{i=1}^{N}\pi_i p_{ij} \tag{6-13}$$

在条件

$$\pi_j>0,\quad \sum_{j=1}^{N}\pi_j=1 \tag{6-14}$$

下的唯一解。

由式(6-14)可知

$$(\pi_1,\pi_2,\cdots,\pi_N)$$

为一概率分布，我们称之为马尔可夫链$\{X_n,n\geqslant 0\}$的极限分布。定理 6.3.1 指出，在有限状态齐次马尔可夫链的一步转移概率矩阵已知时，求极限分布$(\pi_1,\pi_2,\cdots,\pi_N)$只需解方程组(6-13)和(6-14)即可。

例 6.3.2 讨论转移概率矩阵

(1) $P_1=\begin{pmatrix}0.4 & 0.6\\ 0.6 & 0.4\end{pmatrix}$；(2) $P_2=\begin{pmatrix}0 & 1\\ 0.4 & 0.6\end{pmatrix}$；(3) $P_3=\begin{pmatrix}1 & 0\\ 0.5 & 0.5\end{pmatrix}$

的遍历性。

解 (1) P_1满足遍历性是明显的($s=1$)。

(2) 易证P_2也满足遍历性：

$$P_2^2=\begin{pmatrix}0 & 1\\ 0.4 & 0.6\end{pmatrix}\begin{pmatrix}0 & 1\\ 0.4 & 0.6\end{pmatrix}=\begin{pmatrix}0.4 & 0.6\\ 0.24 & 0.76\end{pmatrix}$$

即存在$s=2$，使P^2中的元素皆大于零。

(3) P_3不满足遍历性。因为对任意的正整数$s>0$，恒有$p_{12}^{(s)}=0$。

若转移概率矩阵P满足遍历性，必存在非零行向量$\alpha=(\alpha_1,\alpha_2,\cdots,\alpha_N)$使得

$$\alpha P=\alpha \tag{6-15}$$

α称为转移概率矩阵P的平稳分布。对于有限状态齐次马尔可夫链，平稳分布$(\alpha_1,\alpha_2,\cdots,\alpha_N)$与极限分布$(\pi_1,\pi_2,\cdots,\pi_N)$是一致的。

在市场占有率预测中，当用户转移概率矩阵P满足遍历性时，经过充分步长转移后市场占有率将达到平衡状态。此时，各厂商的用户占有率不再发生变化。α所代表的就是终极市场占有率。

例 6.3.3 设东南亚各国主要行销中国大陆、日本、中国香港三个产地的味精。对目前市场占有情况的抽样调查表明，购买中国大陆味精的顾客占 40%，购买日本、中国香港味精的顾客各占 30%。

顾客流动转移情况如表 6-4 所示。

表 6-4　顾客流动转移情况表　（单位：%）

	中国大陆	日本	中国香港
中国大陆	40	30	30
日本	60	30	10
中国香港	60	10	30

表 6-4 中第一行表明，上月购买中国大陆味精的顾客，本月仍有 40%的购买，并且各有 30%的顾客转移去购买日本和香港的味精。其余类推。

今设本月为第 1 个月，试预测第 4 个月味精市场占有率和预测长期的市场占有率。

解　第一步，预测第 4 个月的市场占有率，即求三步转移后的市场占有率。

已知 $S^0=(0.4, 0.3, 0.3)$ 及转移概率矩阵 P 为

$$P=\begin{pmatrix} p_{11} & p_{12} & p_{13} \\ p_{21} & p_{22} & p_{23} \\ p_{31} & p_{32} & p_{33} \end{pmatrix}=\begin{pmatrix} 0.4 & 0.3 & 0.3 \\ 0.6 & 0.3 & 0.1 \\ 0.6 & 0.1 & 0.3 \end{pmatrix}$$

三步转移概率矩阵为

$$P^3=\begin{pmatrix} 0.4 & 0.3 & 0.3 \\ 0.6 & 0.3 & 0.1 \\ 0.6 & 0.1 & 0.3 \end{pmatrix}^3=\begin{pmatrix} 0.496 & 0.252 & 0.252 \\ 0.504 & 0.252 & 0.244 \\ 0.504 & 0.244 & 0.252 \end{pmatrix}$$

于是，第 4 个月市场占有率为

$$S^4=S^0\times P^3=(0.4, 0.3, 0.3)\begin{pmatrix} 0.496 & 0.252 & 0.252 \\ 0.504 & 0.252 & 0.244 \\ 0.504 & 0.244 & 0.252 \end{pmatrix}$$

$$=(0.5008, 0.2496, 0.2496)$$

即预测第 4 个月，中国大陆味精的市场占有份额为 50.08%，日本、中国香港各为 24.96%。

第二步，预测长期的市场占有率。

易知，转移概率矩阵 P 满足遍历性。所以长期的市场占有率(极限分布)与平稳分布一致。

设 $\alpha=(\alpha_1,\alpha_2,\alpha_3)$，由 $\alpha P=\alpha$，有

$$(\alpha_1,\alpha_2,\alpha_3)\begin{pmatrix} 0.4 & 0.3 & 0.3 \\ 0.6 & 0.3 & 0.1 \\ 0.6 & 0.1 & 0.3 \end{pmatrix}=(\alpha_1,\alpha_2,\alpha_3)$$

以及

$$\alpha_1+\alpha_2+\alpha_3=1$$

可得线性方程组

$$\begin{cases} \alpha_1=0.4\alpha_1+0.6\alpha_2+0.6\alpha_3 \\ \alpha_2=0.3\alpha_1+0.3\alpha_2+0.1\alpha_3 \\ \alpha_3=0.3\alpha_1+0.1\alpha_2+0.3\alpha_3 \\ \alpha_1+\alpha_2+\alpha_3=1 \end{cases}$$

解之得

$$\alpha_1=0.5,\qquad \alpha_2=0.25,\qquad \alpha_3=0.25$$

于是，终极市场占有率为：中国大陆产的味精占 50%，日本、中国香港产味精各占 25%。

第四节　期望利润预测

从事企业经营管理活动，需要把握销路的变化情况，同时还要对利润的变化进行预测。

比如某商品的销售状态有畅销 (E_1) 和滞销 (E_2) 两种。通过调查、统计可以获得销售状态转移概率矩阵 P 和利润分布矩阵 R：

$$P=\begin{pmatrix} p_{11} & p_{12} \\ p_{21} & p_{22} \end{pmatrix}, \quad R=\begin{pmatrix} r_{11} & r_{12} \\ r_{21} & r_{22} \end{pmatrix}$$

R 称为状态转移利润矩阵；r_{ij} $(i,j=1,2)$ 表示由 E_i 转到 E_j 的利润。$r_{ij}>0$ 表示盈利，$r_{ij}<0$ 表示亏本，$r_{ij}=0$ 表示不亏不盈。根据已知的状态转移矩阵和利润矩阵可以对未来的期望利润进行预测。

期望利润预测方法的基本思路如下：

设 $V_i(n)$ 为某商品目前处于状态 E_i $(i=1,2,\cdots,N)$，经过 n 步转移之后的期望利润。为讨论方便起见，这里以仅有两种状态的情形为例说明期望利润预测方法的基本思路。这时 $N=2$，经过一步转移之后的期望利润为

$$V_i(1)=r_{i1}p_{i1}+r_{i2}p_{i2}=\sum_{j=1}^{2}r_{ij}p_{ij}, \quad i=1,2 \tag{6-16}$$

这时，利润分布矩阵 R 变成期望利润分布矩阵

$$R=\begin{pmatrix} V_1(1)+r_{11} & V_2(1)+r_{12} \\ V_1(1)+r_{21} & V_2(1)+r_{22} \end{pmatrix}$$

由此可得二步转移之后的期望利润为

$$\begin{aligned} V_i(2)&=[V_1(1)+r_{i1}]p_{i1}+[V_2(1)+r_{i2}]p_{i2} \\ &=\sum_{j=1}^{2}[V_j(2-1)+r_{ij}]p_{ij}, \quad i=1,2 \end{aligned} \tag{6-17}$$

以此类推，可得经过 n 步转移后的期望利润递推公式

$$V_i(n)=\sum_{j=1}^{2}[V_j(n-1)+r_{ij}]p_{ij}, \quad i=1,2 \tag{6-18}$$

特别地，当 $n=1$ 时，规定 $V_i(0)=0$。并称一步转移的期望利润为即时期望利润。记

$$V_i(1)=q_i, \quad i=1,2$$

例 6.4.1 企业产品的销售转移情况及利润转移情况如表 6-5 和表 6-6 表所示。

表 6-5 销售转移表 （单位：百万元）

状态 j / 可能性 / 状态 i	畅销 1	滞销 2
畅销 1	0.4	0.6
滞销 2	0.3	0.7

表 6-6 利润转移表 （单位：百万元）

状态 j / 利润 / 状态 i	畅销 1	滞销 2
畅销 1	5	1
滞销 2	1	−1

(1)试求该企业即时期望利润；

(2)求三个月后该企业的期望利润。

解　由已知得状态转移概率矩阵

$$P=\begin{pmatrix}0.4 & 0.6\\0.3 & 0.7\end{pmatrix}$$

状态转移利润矩阵

$$R=\begin{pmatrix}5 & 1\\1 & -1\end{pmatrix}$$

(1)即时期望利润

$$q_1=0.4\times5+0.6\times1=2.6$$
$$q_2=0.3\times1+0.7\times(-1)=-0.4$$

即：当本月处于滞销时，下个月期望亏损 40 万元；当本月处于畅销时，下个月可期望获得利润 260 万元。

(2)当 $n=3$ 时，有

$$v_i(2)=q_i+\sum_{j=1}^{2}p_{ij}v_j(1)=q_i+\sum_{j=1}^{2}p_{ij}q_j,\quad i=1,2$$

$$v_i(3)=q_i+\sum_{j=1}^{2}p_{ij}v_j(2),\quad i=1,2$$

代入具体数值可得

$$v_1(2)=q_1+\sum_{j=1}^{2}p_{1j}q_j=2.6+[0.4\times2.6+0.6\times(-0.4)]=3.4$$

$$v_2(2)=q_2+\sum_{j=1}^{2}p_{2j}q_j=-0.4+[0.3\times2.6+0.7\times(-0.4)]=0.1$$

$$v_1(3)=q_1+\sum_{j=1}^{2}p_{1j}v_j(2)=2.6+(0.4\times3.4+0.6\times0.1)=4.02$$

$$v_2(3)=q_2+\sum_{j=1}^{2}p_{2j}v_j(2)=-0.4+(0.3\times3.4+0.7\times0.1)=0.69$$

即：当本月处于畅销状态时，预计三个月后可以期望获利 402 万元；当本月处于滞销时，三个月后可以期望获利 69 万元。

习题与思考题

1. 有三家企业 A，B，C，由于产品质量、服务质量、价格、促销、分销等，订购户的变化如下：

4 月份：A 家 200 户，B 家 500 户，C 家 300 户。

5 月份：A 家保留 160 户，而从 B 转入 35 户，从 C 转入 25 户，B 家保留 450 户，而从 A 转入 20 户，从 C 转入 20 户，C 家保留 255 户，而从 A 转入 20 户，从 B 转入 15 户。试求其转移概率矩阵。

2. 某产品每月的市场销售状态分为畅销、滞销两种。6 年来 24 个季度的状态如下表所示：

季度	1	2	3	4	5	6	7	8	9	10	11	12
状态	畅	畅	滞	畅	滞	滞	畅	畅	畅	滞	畅	滞
季度	13	14	15	16	17	18	19	20	21	22	23	24
状态	畅	畅	滞	滞	畅	畅	滞	畅	滞	畅	畅	畅

试求市场状态转移的一步和二步转移概率矩阵。

3. 已知某经济系统的一步转移概率矩阵为

$$P=\begin{pmatrix}0.5 & 0.5\\ 0.4 & 0.6\end{pmatrix}$$

试求其三步转移概率矩阵。

4. 有三家企业生产同种商品，已知它们当月的市场占有份额为(0.4, 0.3, 0.3)，且已知状态转移概率矩阵为

$$P=\begin{pmatrix}0.5 & 0.25 & 0.25\\ 0.3 & 0.3 & 0.3\\ 0.6 & 0.2 & 0.2\end{pmatrix}$$

求两个月后，它们的市场占有率和终极占有率。

5. 已知某经济系统的状态转移矩阵 P 和利润矩阵 R 分别为

$$P=\begin{pmatrix}0.5 & 0.5\\ 0.4 & 0.6\end{pmatrix},\quad R=\begin{pmatrix}3 & 5\\ 4 & 6\end{pmatrix}$$

求即时期望利润和三步转移期望利润。

6. 某市出租汽车公司有三个管理站，出租汽车司机可以从任何一站借车，也可交还到任何一站。其借、还规律如下表所示：

		交还		
		A	B	C
借用	A	0.8	0.2	0
	B	0.2	0	0.8
	C	0.2	0.2	0.6

问该公司按什么比例配备管理人员才最恰当？

第七章 灰色系统预测

要点

(1)序列算子与灰色信息挖掘;

(2)灰色系统预测模型;

(3)灰色系统预测技术。

学习要求 理解缓冲算子公理与缓冲算子的性质,掌握弱化缓冲算子、强化缓冲算子、累加算子、累减算子的构造与作用;掌握 GM(1, 1)模型的 4 种基本形式及其适用范围,理解灰色 Verhulst 模型和 GM(0, *N*)模型;掌握区间预测和灰色灾变预测方法,了解波形预测方法。

第一节 引 言

灰色系统理论的主要任务之一,就是根据社会、经济、生态等系统的行为特征数据,寻找不同系统变量之间的数学关系或某些系统变量自身的演化规律。灰色系统理论认为任何随机过程都是在一定幅值范围和一定时区内变化的灰色量,并把随机过程看成灰色过程。

灰色系统理论认为,尽管客观世界表象复杂,数据离乱,但作为现实系统,总具有特定的整体功能,因此看似离乱的数据中必然蕴含某种内在规律。关键在于如何选择适当的方式去挖掘它和利用它。一切灰色序列都能通过某种生成弱化其不确定性,显现其规律性。本章主要讨论基于序列算子的作用挖掘灰色信息中蕴含规律的方法和技术。

事实上,研究系统的行为特征,得到的数据往往是一串确定的白数,我们把它看成是某个随机过程的一条轨道或现实,或是看成灰色过程的白化值,这并没有本质上的区别。如何通过系统行为特征数据研究其变化规律,不同的方法思路也不一样。

灰色系统基于序列算子的作用,通过对原始数据处理,挖掘其变化规律。这是一种就数据寻找数据的现实规律的途径,我们称为灰色信息挖掘。例如,对于给定的原始数据序列

$$X^{(0)}=(1,2,1.5,3)$$

看上去似乎没 有明显的规律性。将上述数据作图如图 7-1 所示。

由图 7-1 可以看出,$X^{(0)}$ 的曲线是摆动的,起伏变化幅度较大。对原始数据 $X^{(0)}$ 作一次累加生成,将所得新序列记为 $X^{(1)}$,则

$$X^{(1)}=(1,3,4.5,7.5)$$

$X^{(1)}$ 已呈现明显的增长规律性,如图 7-2 所示。

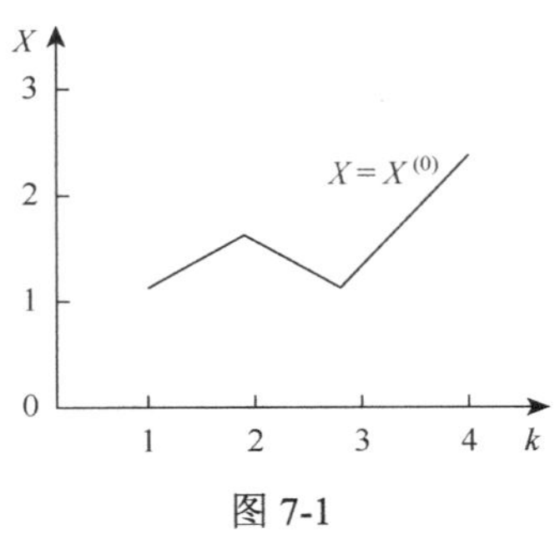

图 7-1

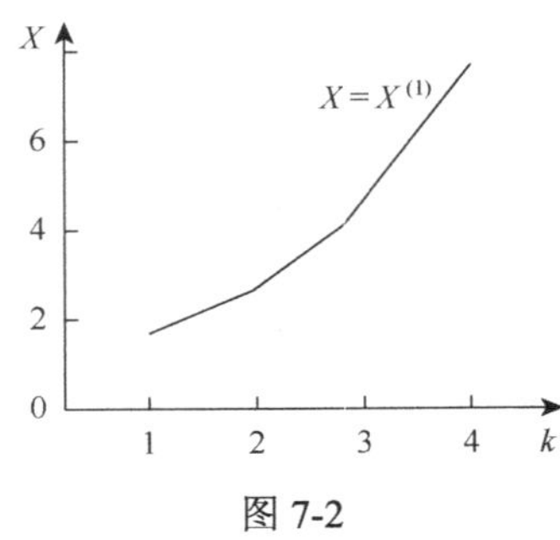

图 7-2

信息不完全、不准确是不确定性系统的基本特征。灰色系统理论以部分信息已知、部分信息未知的小数据、贫信息不确定性系统为研究对象，主要通过对部分已知信息的生成、开发，提取有价值的信息，实现对系统运行行为、演化规律的正确描述，并进而实现对其未来变化的定量预测。GM 系列模型是灰色预测理论的基本模型，尤其是 GM(1, 1)模型，应用十分广泛。本章将介绍 GM(1, 1)模型的几种基本形式：均值 GM(1, 1)模型(EGM)、原始差分 GM(1, 1)模型(ODGM)、均值差分 GM(1, 1)模型(EDGM)和离散 GM(1, 1)模型(DGM)，讨论不同模型适用的序列类型，同时介绍 GM(0, N)模型、灰色 Verhulst 模型等几种最常用的灰色预测模型以及区间预测、突变预测和波形预测等常用灰色预测技术。

第二节　序列算子与灰色信息挖掘

一、冲击扰动系统预测陷阱与缓冲算子

在预测科学领域，冲击扰动系统(shock disturbed system)预测是一大难题。对于冲击扰动系统，模型选择理论也将失去其应有的功效。因为问题的症结不在模型的优劣，而是系统行为数据因系统本身受到某种冲击波的干扰而失真。这时候，系统行为数据已不能正确地反映系统的真实变化规律，因此难以用来对系统的未来变化进行预测。

定义 7.2.1　设

$$X^{(0)}=(x^{(0)}(1),x^{(0)}(2),\cdots,x^{(0)}(n))$$

为系统真实行为序列，而观测到的系统行为数据序列为

$$\begin{aligned}X&=(x(1),x(2),\cdots,x(n))\\&=(x^{(0)}(1)+\varepsilon_1,x^{(0)}(2)+\varepsilon_2,\cdots,x^{(0)}(n)+\varepsilon_n)\\&=X^{(0)}+\varepsilon\end{aligned}$$

其中 $\varepsilon=(\varepsilon_1,\varepsilon_2,\cdots,\varepsilon_n)$ 为冲击扰动项，则称 X 为冲击扰动序列(Liu S F，1991)。

要从冲击扰动序列 X 出发实现对真实行为序列为 $X^{(0)}$ 的系统之变化规律的正确把握和认识，必须首先跨越障碍 ε。如果不事先排除干扰，而用失真的数据 X 直接建模、预测，则会因模型所描述的并非由 $X^{(0)}$ 所反映的系统真实变化规律而导致预测失败。

冲击扰动系统的大量存在导致了定量预测结果与人们直观的定性分析结论大相径庭的现象经常发生。因此，寻求定量预测与定性分析的结合点，设法排除系统行为数据所受到的冲击波干扰，还数据以本来面目，从而提高预测的命中率，乃是摆在每一位预测工作

者面前的一个首要问题。

本节的讨论围绕一个总目标：由 $X \to X^{(0)}$ 展开。

定义 7.2.2　设系统行为数据序列为 $X=(x(1),x(2),\cdots,x(n))$，

(1) 若 $\forall k=2,3,\cdots,n, x(k)-x(k-1)>0$，则称 X 为单调增长序列。

(2) 若 (1) 中不等号反过来成立，则称 X 为单调衰减序列。

单调增长序列和单调衰减序列统称单调序列。

(3) 若存在 $k,k'\in\{2,3,\cdots,n\}$，有

$$x(k)-x(k-1)>0,\quad x(k')-x(k'-1)<0$$

则称 X 为振荡序列。设

$$M=\max\{x(k)\mid k=1,2,\cdots,n\},\qquad m=\min\{x(k)\mid k=1,2,\cdots,n\}$$

称 $M-m$ 为序列 X 的振幅。

定义 7.2.3　设 X 为系统行为数据序列，D 为作用于 X 的算子，X 经过算子 D 作用后所得序列记为

$$XD=(x(1)d,x(2)d,\cdots,x(n)d)$$

称 D 为序列算子，称 XD 为一阶算子作用序列(Liu S F，1991)。

序列算子的作用可以进行多次，相应地，若 D_1D_2 皆为序列算子，我们称 D_1D_2 为二阶算子，并称

$$XD_1D_2=(x(1)d_1d_2,x(2)d_1d_2,\cdots,x(n)d_1d_2)$$

为二阶算子作用序列。同理，称 $D_1D_2D_3$ 为三阶序列算子，并称

$$XD_1D_2D_3=(x(1)d_1d_2d_3,x(2)d_1d_2d_3,\cdots,x(n)d_1d_2d_3)$$

为三阶算子作用序列，以此类推。

公理 7.2.1 (不动点公理)　设 $X=(x(1),x(2),\cdots,x(n))$ 为系统行为数据序列，D 为序列算子，则 D 满足

$$x(n)d=x(n)$$

不动点公理限定在序列算子作用下，系统行为数据序列中的数据 $x(n)$ 保持不变，即运用序列算子对系统行为数据进行调整，不改变 $x(n)$ 这一既成事实。

根据定性分析的结论，也可使 $x(n)$ 以前的若干个数据在序列算子作用下保持不变。例如，令

$$x(j)d\neq x(j)\quad 且\quad x(i)d=x(i)$$

其中，$j=1,2,\cdots,k-1;i=k,k+1,\cdots,n$ (Liu S F，1991)。

公理 7.2.2 (信息依据公理)　算子作用要以现有系统行为数据序列 X 为依据，系统行为数据序列 X 中的每一个数据 $x(k),k=1,2,\cdots,n$ 都应充分参与算子作用的全过程。

信息依据公理强调任何序列算子都应以给定系统行为数据序列 X 中的数据为基础和依据进行定义，不允许抛开原始数据另搞一套(Liu S F，1991)。

公理 7.2.3 (解析表达公理)　任意的 $x(k)d,k=1,2,\cdots,n$，皆可由一个统一的 $x(1)$, $x(2),\cdots,x(n)$ 的初等解析式表达。

解析表达公理要求由系统行为数据序列得到算子作用序列的程序清晰、规范、统一且尽可能简化，以便于计算出算子作用序列并使计算易于在计算机上实现(Liu S F，1991)。

定义 7.2.4　称上述三个公理为缓冲算子三公理，满足缓冲算子三公理的序列算子称为缓冲算子，一阶，二阶，三阶……缓冲算子作用序列称为一阶，二阶，三阶……缓冲序列。

定义 7.2.5　设 X 为原始数据序列，D 为缓冲算子，当 X 分别为增长序列、衰减序列或振荡序列时：

(1)若缓冲序列 XD 比原始序列 X 的增长速度(或衰减速度)减缓或振幅减小，则称缓冲算子 D 为弱化算子；

(2)若缓冲序列 XD 比原始序列 X 的增长速度(或衰减速度)加快或振幅增大，则称缓冲算子 D 为强化算子。

(Liu S F，1991)

定理 7.2.1　设 X 为单调增长序列，XD 为其缓冲序列，则有

(1) D 为弱化算子 $\Leftrightarrow x(k)\leqslant x(k)d, k=1,2,\cdots,n$；

(2) D 为强化算子 $\Leftrightarrow x(k)\geqslant x(k)d, k=1,2,\cdots,n$。

即单调增长序列在弱化算子作用下数据膨胀，在强化算子作用下数据萎缩(Liu S F，1991)。

证明　设

$$r(k)=\frac{x(n)-x(k)}{n-k+1},\quad k=1,2,3,\cdots$$

为原始数据序列 X 中 $x(k)$ 到 $x(n)$ 的增长率。

$$r(k)d=\frac{x(n)d-x(k)d}{n-k+1},\quad k=1,2,3,\cdots$$

为缓冲序列 XD 中 $x(k)d$ 到 $x(n)d$ 的增长率。

$$r(k)-r(k)d=\frac{[x(n)-x(k)]-[x(n)d-x(k)d]}{n-k+1}=\frac{x(k)d-x(k)}{n-k+1}$$

若 D 为弱化算子，则 $r(k)\geqslant r(k)d$，即 $r(k)-r(k)d\geqslant 0$，于是 $x(k)d-x(k)\geqslant 0$，即 $x(k)\leqslant x(k)d$，反之亦然。

若 D 为强化算子，则 $r(k)\leqslant r(k)d$，即 $r(k)-r(k)d\leqslant 0$，于是 $x(k)d-x(k)\leqslant 0$，即 $x(k)\geqslant x(k)d$，反之亦然。

定理 7.2.2　设 X 为单调衰减序列，XD 为其缓冲序列，则有

(1) D 为弱化算子 $\Leftrightarrow x(k)\geqslant x(k)d, k=1,2,\cdots,n$；

(2) D 为强化算子 $\Leftrightarrow x(k)\leqslant x(k)d, k=1,2,\cdots,n.$

即单调衰减序列在弱化算子作用下数据萎缩，在强化算子作用下数据膨胀(Liu S F，1991)。

证明与定理 7.2.1 类似，从略。

定理 7.2.3　设 X 为振荡序列，XD 为其缓冲序列，则有

(1)若 D 为弱化算子，则

$$\max_{1\leqslant k\leqslant n}\{x(k)\}\geqslant\max_{1\leqslant k\leqslant n}\{x(k)d\}$$
$$\min_{1\leqslant k\leqslant n}\{x(k)\}\leqslant\min_{1\leqslant k\leqslant n}\{x(k)d\}$$

(2)若 D 为强化算子，则

$$\max_{1\leqslant k\leqslant n}\{x(k)\}\leqslant \max_{1\leqslant k\leqslant n}\{x(k)d\}$$
$$\min_{1\leqslant k\leqslant n}\{x(k)\}\geqslant \min_{1\leqslant k\leqslant n}\{x(k)d\}$$

定理 7.2.4　设原始数据序列

$$X=(x(1),x(2),\cdots,x(n))$$

令

$$XD=(x(1)d,x(2)d,\cdots,x(n)d)$$

其中

$$x(k)d=\frac{1}{n-k+1}[x(k)+x(k+1)+\cdots+x(n)],\quad k=1,2,\cdots,n \tag{7-1}$$

则当 X 为单调增长序列、单调衰减序列或振荡序列时，D 皆为弱化算子，并称 D 为平均弱化缓冲算子(AWBO)（Liu S F，1991）。

推论 7.2.1　对于定理 7.2.4 中定义的弱化算子 D，令

$$XD^2=XDD=(x(1)d^2,x(2)d^2,\cdots,x(n)d^2)$$

$$x(k)d^2=\frac{1}{n-k+1}[x(k)d+x(k+1)d+\cdots+x(n)d],\quad k=1,2,\cdots,n \tag{7-2}$$

则 D^2 对于单调增长、单调衰减或振荡序列，皆为二阶弱化算子。

例 7.2.1　设有数据序列 $X=(36.5, 54.3, 80.1, 109.8, 143.2)$，试分别根据式(7-1)和式(7-2)计算其一阶和二阶缓冲序列。

(1)求一阶缓冲序列。由式(7-1)，注意到此处 $n=5$，故有

$$\begin{aligned}x(1)d&=\frac{1}{n-k+1}[x(k)+x(k+1)+\cdots+x(n)]=\frac{1}{5-1+1}[x(1)+x(2)+\cdots+x(5)]\\&=\frac{1}{5-1+1}(36.5+54.3+80.1+109.8+143.2)=84.78\end{aligned}$$

$$\begin{aligned}x(2)d&=\frac{1}{n-k+1}(x(k)+x(k+1)+\cdots+x(n))=\frac{1}{5-2+1}[x(2)+\cdots+x(5)]\\&=\frac{1}{4}(54.3+80.1+109.8+143.2)=96.85\end{aligned}$$

$$x(3)d=\frac{1}{5-3+1}[x(3)+x(4)+x(5)]=\frac{1}{3}(80.1+109.8+143.2)=111.03$$

$$x(4)d=\frac{1}{5-4+1}[x(4)+x(5)]=\frac{1}{2}(109.8+143.2)=126.5$$

$$x(5)d=143.2$$

(2)求二阶缓冲序列。以(1)中计算结果 $x(k)d, k=1, 2, \cdots, 5$ 为基础，由式(7-2)可求得二阶缓冲序列。

计算结果如表 7-1 所示。

表 7-1　弱化缓冲序列数据

	数据 1	数据 2	数据 3	数据 4	数据 5
原始数据序列	36.5	54.3	80.1	109.8	143.2
一阶缓冲序列	84.78	96.85	111.03	126.5	143.2
二阶缓冲序列	112.47	119.4	126.91	134.85	143.2

定理 7.2.5　设 $X=(x(1),x(2),\cdots,x(n))$ 为系统行为数据序列，$\omega=(\omega_1,\omega_2,\cdots,\omega_n)$ 为对应的权重向量，$\omega_i>0, i=1,2,\cdots,n$，令

$$XD=(x(1)d,x(2)d,\cdots,x(n)d)$$

其中

$$\begin{aligned}x(k)d&=\frac{\omega_k x(k)+\omega_{k+1}x(k+1)+\cdots+\omega_n x(n)}{\omega_k+\omega_{k+1}+\cdots+\omega_n}\\&=\frac{1}{\sum_{i=k}^{n}\omega_i}\sum_{i=k}^{n}\omega_i x(i)\quad(k=1,2,\cdots,n)\end{aligned}\tag{7-3}$$

则当 X 为单调增长序列、单调衰减序列或振荡序列时，D 皆为弱化缓冲算子(党耀国，刘思峰，刘斌，等，2004)。

称 D 为加权平均弱化缓冲算子(WAWBO)。

推论 7.2.2　设 $\omega=(1,1,\cdots,1)$，即任意 $i=1,2,\cdots,n$，$\omega_i=1$，则

$$\frac{1}{\sum_{i=k}^{n}\omega_i}\sum_{i=k}^{n}\omega_i x(i)=\frac{1}{n-k+1}\sum_{i=k}^{n}x(i)$$

即平均弱化缓冲算子是加权平均弱化缓冲算子的特例。

例 7.2.2　河南省长葛县乡镇企业产值数据(1983～1986 年)为

$$X=(10155,12588,23480,35388)$$

其增长势头很猛，1983～1986 年每年平均递增 51.6%，尤其是 1984～1986 年，每年平均递增 67.7%，参与该县发展规划编制工作的各阶层人士(包括领导层、专家层、群众层)普遍认为该县乡镇企业产值今后不可能一直保持如此高的增长速度。用现有数据直接建模预测，预测结果人们根本无法接受。经过认真分析和讨论，大家认识到增长速度高主要是由于基数低，而基数低的原因则是过去对有利于乡镇企业发展的政策没有用足、用活、用好。要弱化序列增长趋势，就需要将对乡镇企业发展比较有利的现行政策因素附加到过去的年份中，为此引入式(7-2)所示的二阶弱化算子，得到二阶缓冲序列

$$XD^2=(27260,\ 29547,\ 32411,\ 35388)$$

以 XD^2 作为建模的基础数据，根据所建立的 GM(1, 1)模型对 1986～2000 年该县乡镇企业产值进行预测，所得的预测值每年平均递增 9.4%，这一预测结果是 1987 年得到的，与“八五”后半期和“九五”期间该县乡镇企业发展实际基本吻合。

定理 7.2.6　设原始序列和其缓冲序列分别为

$$X=(x(1),x(2),\cdots,x(n))$$

$$XD=(x(1)d,x(2)d,\cdots,x(n)d)$$

其中

$$x(k)d=\frac{x(1)+x(2)+\cdots+x(k-1)+kx(k)}{2k-1},\quad k=1,2,\cdots,n-1 \qquad (7\text{-}4)$$
$$x(n)d=x(n)$$

则当 X 为单调增长序列或单调衰减序列时，D 皆为强化算子(Liu S F，1991)。

推论 7.2.3　设 D 为定理 7.2.6 中定义的强化算子，令

$$XD^2=XDD=(x(1)d^2,x(2)d^2,\cdots,x(n)d^2)$$

其中

$$x(n)d^2=x(n)d=x(n)$$
$$x(k)d^2=\frac{x(1)d+x(2)d+\cdots+x(k-1)d+kx(k)d}{2k-1},\quad k=1,2,\cdots,n-1 \qquad (7\text{-}5)$$

则 D^2 对于单调增长序列和单调衰减序列皆为二阶强化算子。

定理 7.2.7　设 $X=(x(1),x(2),\cdots,x(n))$，令

$$XD_i=(x(1)d_i,x(2)d_i,\cdots,x(n)d_i)$$

其中

$$x(k)d_i=\frac{x(k-1)+x(k)}{2},\quad k=2,3,\cdots,n;\quad i=1,2$$
$$x(1)d_1=\alpha x(1),\quad \alpha\in[0,1] \qquad (7\text{-}6)$$
$$x(1)d_2=(1+\alpha)x(1),\quad \alpha\in[0,1]$$

则 D_1 对单调增长序列为强化算子，D_2 对单调衰减序列为强化算子(Liu S F，1991)。

称 D_1，D_2 为均值强化缓冲算子(ESBO)。

推论 7.2.4　对于定理 7.2.7 中定义的 D_1，D_2，则 D_1^2，D_2^2 分别为单调增长、单调递减序列的二阶强化算子。

定理 7.2.8　设原始数据序列

$$X=(x(1),x(2),\cdots,x(n))$$

令

$$XD=(x(1)d,x(2)d,\cdots,x(n)d)$$

其中

$$x(k)d=\frac{[x(k)+x(k+1)+\cdots+x(n)]/(n-k+1)}{x(n)}\cdot x(k),\quad k=1,2,\cdots,n \qquad (7\text{-}7)$$

当 X 为单调增长序列和单调衰减序列时，D 皆为强化缓冲算子。

称 D 为平均强化缓冲算子(ASBO)。

定理 7.2.9　设 $X=(x(1),x(2),\cdots,x(n))$ 为系统行为数据序列，$\omega=(\omega_1,\omega_2,\cdots,\omega_n)$ 为对应的权重向量，$\omega_i>0,i=1,2,\cdots,n$，令

$$XD=(x(1)d,x(2)d,\cdots,x(n)d)$$

其中

$$x(k)d=\frac{(\omega_k+\omega_{k+1}+\cdots+\omega_n)(x(k))^2}{\omega_k x(k)+\omega_{k+1}x(k+1)+\cdots+\omega_n x(n)}$$
$$=\frac{\sum_{i=k}^{n}\omega_i(x(k))^2}{\sum_{i=k}^{n}\omega_i x(i)}\quad(k=1,2,\cdots,n)\tag{7-8}$$

则当 X 为单调增长序列、单调衰减序列或振荡序列时，D 皆为强化缓冲算子。

称 D 为加权平均强化缓冲算子(WASBO)。

当然，我们还可以考虑构造其他形式的实用缓冲算子，缓冲算子不仅可以用于灰色系统模型建模过程，还可以用于其他各种模型建模过程。通常在建模之前根据定性分析结论对原始数据序列施以缓冲算子，淡化或消除冲击扰动对系统行为数据序列的影响，往往会收到预期的效果。

二、累加算子与累减算子

累加算子是使灰色过程由灰变白的一种方法，它在灰色系统理论中占有极其重要的地位。累加可以挖掘灰量积累过程的演化态势，使离乱的原始数据中蕴含的积分特性或规律清晰地呈现出来。比如对于一个家庭的支出，若按日计算，可能没有什么明显的规律，若按月计算，支出的规律性就可能体现出来，它大体与月工资收入呈某种关系；一种农作物的单粒重，一般说没有什么规律，人们常用千粒重作为农作物品种特性的评估标准；一个生产大型复杂产品的制造商，由于产品生产周期长，其产量、产值若按天计算，就没有规律，若按年计算，则规律显著。

累减生成与累加生成对应，可以看成是灰量释放的过程，它是在获取增量信息时常用的生成，累减生成对累加生成起还原作用。累减生成算子与累加生成算子是一对互逆的序列算子。

定义 7.2.6　设 $X^{(0)}=(x^{(0)}(1),x^{(0)}(2),\cdots,x^{(0)}(n))$ 为原始序列，D 为序列算子 $X^{(0)}D=(x^{(0)}(1)d,x^{(0)}(2)d,\cdots,x^{(0)}(n)d)$，其中

$$x^{(0)}(k)d=\sum_{i=1}^{k}x^{(0)}(i),\quad k=1,2,\cdots,n\tag{7-9}$$

则称 D 为 $X^{(0)}$ 的一次累加生成算子，记为1-AGO (accumulating generation operator)。称 r 阶算子 D^r 为 $X^{(0)}$ 的 r 次累加生成算子，记为 r-AGO，习惯上，我们记

$$X^{(0)}D=X^{(1)}=(x^{(1)}(1),x^{(1)}(2),\cdots,x^{(1)}(n))$$
$$X^{(r-1)}D=X^{(r)}=(x^{(r)}(1),x^{(r)}(2),\cdots,x^{(r)}(n))$$

其中

$$x^{(r)}(k)=\sum_{i=1}^{k}x^{(r-1)}(i),\quad k=1,2,\cdots,n\tag{7-10}$$

定义 7.2.7　设 $X^{(0)}=(x^{(0)}(1),x^{(0)}(2),\cdots,x^{(0)}(n))$ 为原始序列，D 为序列算子 $X^{(0)}D=(x^{(0)}(1)d,x^{(0)}(2)d,\cdots,x^{(0)}(n)d)$，其中

$$x^{(0)}(k)d=x^{(0)}(k)-x^{(0)}(k-1),\quad k=1,2,\cdots,n\tag{7-11}$$

则称 D 为 $X^{(0)}$ 的一次累减生成算子。r 阶算子 D^r 为 $X^{(0)}$ 的 r 次累减生成算子。我们记

$$X^{(0)}D=\alpha^{(1)}X^{(0)}=(\alpha^{(1)}x^{(0)}(1),\alpha^{(1)}x^{(0)}(2),\cdots,\alpha^{(1)}x^{(0)}(n))$$

$$X^{(0)}D^r=\alpha^{(r)}X^{(0)}=(\alpha^{(r)}x^{(0)}(1),\alpha^{(r)}x^{(0)}(2),\cdots,\alpha^{(r)}x^{(0)}(n))$$

其中

$$\alpha^{(r)}x^{(0)}(k)=\alpha^{(r-1)}x^{(0)}(k)-\alpha^{(r-1)}x^{(0)}(k-1),\quad k=1,2,\cdots,n \tag{7-12}$$

由以上定义，显然有如下定理。

定理 7.2.10　累减生成算子是累加生成算子的逆算子，即

$$\alpha^{(r)}X^{(r)}=X^{(0)}$$

鉴于累减过程与累加过程互逆，故将累减生成算子记为 IAGO 。

第三节　灰色预测模型

一、GM(1, 1)模型的几种基本形式

在现实需要的推动下，30 多年来，人们关于 GM(1, 1)模型的研究一直非常活跃，新的研究成果不断涌现。多数研究都是围绕如何进一步优化模型，改善模型的模拟、预测效果展开。

本节基于 GM(1, 1)模型的原始形式和均值形式及其求解的两种不同路径——差分方程求解、微分方程求解，给出 GM(1, 1)模型的 4 种基本形式的定义，包括均值 GM(1, 1)模型(EGM)、原始差分 GM(1, 1)模型(ODGM)、均值差分 GM(1, 1)模型(EDGM)和离散 GM(1, 1)模型(DGM)；并对不同模型的性质和特点进行深入研究。

定义 7.3.1　设序列 $X^{(0)}=(x^{(0)}(1),x^{(0)}(2),\cdots,x^{(0)}(n))$，其中 $x^{(0)}(k)\geqslant 0,\ k=1,2,\cdots,n$；$X^{(1)}$ 为 $X^{(0)}$ 的 1-AGO 序列：

$$X^{(1)}=(x^{(1)}(1),x^{(1)}(2),\cdots,x^{(1)}(n))$$

其中 $x^{(1)}(k)=\sum_{i=1}^{k}x^{(0)}(i)$， $k=1,2,\cdots,n$ ，称

$$x^{(0)}(k)+ax^{(1)}(k)=b \tag{7-13}$$

为 GM(1, 1)模型的原始形式。

GM(1, 1)模型的原始形式实质上是一个差分方程。

式(7-13)中的参数向量 $\hat{a}=(a,b)^{\mathrm{T}}$ 可以运用最小二乘法估计

$$\hat{a}=(B^{\mathrm{T}}B)^{-1}B^{\mathrm{T}}Y \tag{7-14}$$

其中 Y，B 分别为

$$Y=\begin{bmatrix}x^{(0)}(2)\\x^{(0)}(3)\\\vdots\\x^{(0)}(n)\end{bmatrix},\quad B=\begin{bmatrix}-x^{(1)}(2) & 1\\-x^{(1)}(3) & 1\\\vdots & \vdots\\-x^{(1)}(n) & 1\end{bmatrix} \tag{7-15}$$

定义 7.3.2　基于 GM(1, 1)模型的原始形式和式(7-14)估计模型参数，直接以原始差分方程(7-13)的解作为时间响应式所得模型称为 GM(1, 1)模型的原始差分形式，简称原

始差分 GM(1, 1)模型(original difference grey model，ODGM)。

定义 7.3.3　设 $X^{(0)},X^{(1)}$ 如定义 7.3.1 所示，

$$Z^{(1)}=(z^{(1)}(2),z^{(1)}(3),\cdots,z^{(1)}(n))$$

其中 $z^{(1)}(k)=\frac{1}{2}(x^{(1)}(k)+x^{(1)}(k-1))$，称

$$x^{(0)}(k)+az^{(1)}(k)=b \tag{7-16}$$

为 GM(1, 1)模型的均值形式。

GM(1, 1)模型的均值形式实质上也是一个差分方程。

式(7-16)中的参数向量 $\hat{a}=(a,b)^{\mathrm{T}}$ 同样可以运用式(7-14)进行估计，需要注意的是其中矩阵 B 中的元素与式(7-15)不同，

$$B=\begin{bmatrix}-z^{(1)}(2) & 1\\ -z^{(1)}(3) & 1\\ \vdots & \vdots\\ -z^{(1)}(n) & 1\end{bmatrix} \tag{7-17}$$

定义 7.3.4　称

$$\frac{\mathrm{d}x^{(1)}}{\mathrm{d}t}+ax^{(1)}=b \tag{7-18}$$

为 GM(1, 1)模型均值形式 $x^{(0)}(k)+az^{(1)}(k)=b$ 的白化微分方程，也称为影子方程。

定义 7.3.5　将式(7-15)中的矩阵 B 更换为(7-17)，按照最小二乘法估计式(7-16)中的参数向量 $\hat{a}=(a,b)^{\mathrm{T}}$，借助白化微分方程式(7-18)的解构造 GM(1, 1)时间响应式的差分、微分混合模型称为 GM(1, 1)模型的均值混合形式，简称均值 GM(1, 1)模型(even grey model，EGM)。

定义 7.3.6　称均值 GM(1, 1)模型中的参数 $-a$ 为发展系数，b 为灰色作用量。

发展系数 $-a$ 反映了 $\hat{x}^{(1)}$ 及 $\hat{x}^{(0)}$ 的发展态势。

均值 GM(1, 1)模型是邓聚龙教授首次提出的灰色预测模型，也是目前影响最大、应用最为广泛的形式，人们提到 GM(1, 1)模型往往指的就是 EGM。

定义 7.3.7　基于 GM(1, 1)模型的均值形式估计模型参数，直接以均值差分方程(7-16)的解作为时间响应式所得模型称为 GM(1, 1)模型的均值差分形式，简称均值差分 GM(1, 1)模型(even difference grey model，EDGM)。

定义 7.3.8　称

$$x^{(1)}(k+1)=\beta_1 x^{(1)}(k)+\beta_2 \tag{7-19}$$

为 GM(1, 1)模型的离散形式，简称离散 GM(1, 1)模型(discrete grey model，DGM).

式(7-19)中的参数向量 $\hat{\beta}=(\beta_1,\beta_2)^{\mathrm{T}}$ 估计式与式(7-14)类似，其中

$$Y=\begin{bmatrix}x^{(1)}(2)\\ x^{(1)}(3)\\ \vdots\\ x^{(1)}(n)\end{bmatrix},\quad B=\begin{bmatrix}x^{(1)}(1) & 1\\ x^{(1)}(2) & 1\\ \vdots & \vdots\\ x^{(1)}(n-1) & 1\end{bmatrix}$$

GM(1, 1)模型仅利用系统行为数据序列建立预测模型，属于较为简洁实用的单序列建模方法。在时间序列数据情形中，只涉及有规律的时间变量；在横向序列数据情形中，只涉及有规律的对象序号变量。而不涉及其他解释变量，是应用相对简便同时又能够挖掘出有实际价值的发展变化信息的建模方法，因而应用非常广泛。

事实上，按照原始形式、均值形式、差分形式、微分形式的不同组合形态划分，还有一个与原始微分模型对应的可能形式，但实际数据模型模拟结果表明，原始微分 GM(1, 1)模型误差较大，因此不作为 GM(1, 1)模型的一个基本形式向读者推荐。

定理 7.3.1　均值 GM(1, 1)模型的时间响应式为

$$\hat{x}^{(1)}(k)=\left(x^{(0)}(1)-\frac{b}{a}\right)\mathrm{e}^{-a(k-1)}+\frac{b}{a},\quad k=1,2,\cdots,n \tag{7-20}$$

定理 7.3.2　离散 GM(1, 1)模型式(7-19)的时间响应式为

$$\hat{x}^{(1)}(k)=\left[x^{(0)}(1)-\frac{\beta_2}{1-\beta_1}\right]\beta_1^k+\frac{\beta_2}{1-\beta_1} \tag{7-21}$$

定理 7.3.3　原始差分 GM(1, 1)模型的时间响应式为

$$\hat{x}^{(1)}(k)=\left(x^{(0)}(1)-\frac{b}{a}\right)\left(\frac{1}{1+a}\right)^k+\frac{b}{a} \tag{7-22}$$

定理 7.3.4　均值差分 GM(1, 1)模型的时间响应式为

$$x^{(1)}(k)=\left(x^{(0)}(1)-\frac{b}{a}\right)\left(\frac{1-0.5a}{1+0.5a}\right)^k+\frac{b}{a} \tag{7-23}$$

定理 7.3.5　当$-a\to 0^+$时，均值 GM(1, 1)模型与离散 GM(1, 1)模型等价。

事实上，当$-a\to 0^+$时，本节给出的 GM(1, 1)模型的 4 种基本形式：均值 GM(1, 1)模型(EGM)、原始差分 GM(1, 1)模型(ODGM)、均值差分 GM(1, 1)模型(EDGM)和离散 GM(1, 1)模型(DGM)两两相互等价，只是不同形式之间的近似程度有所区别。这种区别导致不同形式的 GM(1, 1)模型适用于不同的情形，也为人们在实际建模过程中提供了多种可能的选择。

定理 7.3.6　原始差分 GM(1, 1)模型(ODGM)、均值差分 GM(1, 1)模型(EDGM)和离散 GM(1, 1)模型(DGM)均能够精确模拟齐次指数序列。

二、GM(0, N)模型

定义 7.3.9　设$X_1^{(0)}=(x_1^{(0)}(1),x_1^{(0)}(2),\cdots,x_1^{(0)}(n))$为系统行为特征数据序列，而

$$X_2^{(0)}=(x_2^{(0)}(1),x_2^{(0)}(2),\cdots,x_2^{(0)}(n))$$

$$X_3^{(0)}=(x_3^{(0)}(1),x_3^{(0)}(2),\cdots,x_3^{(0)}(n))$$

……

$$X_N^{(0)}=(x_N^{(0)}(1),x_N^{(0)}(2),\cdots,x_N^{(0)}(n))$$

为相关因素序列，$X_i^{(1)}$为$X_i^{(0)}$的 1-AGO 序列($i=1,2,\cdots,N$)，则称

$$x_1^{(1)}(k)=b_2x_2^{(1)}(k)+b_3x_3^{(1)}(k)+\cdots+b_Nx_N^{(1)}(k)+a \tag{7-24}$$

为 GM(0, N)模型。

GM(0, N)模型不含导数，因此为静态模型。事实上它是一个多元离散模型。GM(0, N)模型形如多元线性回归模型，与一般的多元线性回归模型有着本质的区别。一般的多元线性回归建模以原始数据序列为基础，GM(0, N)的建模基础则是原始数据的 1-AGO 序列。

定理 7.3.7　设 $X_i^{(0)}$，$X_i^{(1)}$ 如定义 7.3.9 所述，

$$B=\begin{bmatrix} x_2^{(1)}(2) & x_3^{(1)}(2) & \cdots & x_N^{(1)}(2) \\ x_2^{(1)}(3) & x_3^{(1)}(3) & \cdots & x_N^{(1)}(3) \\ \vdots & \vdots & & \vdots \\ x_2^{(1)}(n) & x_3^{(1)}(n) & \cdots & x_N^{(1)}(n) \end{bmatrix},\quad Y=\begin{bmatrix} x_1^{(1)}(2) \\ x_1^{(1)}(3) \\ \vdots \\ x_1^{(1)}(n) \end{bmatrix}$$

则参数列 $\hat{a}=(a,b_1,b_2,\cdots,b_N)^{\mathrm{T}}$ 的最小二乘估计为

$$\hat{a}=(B^{\mathrm{T}}B)^{-1}B^{\mathrm{T}}Y$$

例 7.3.1　设系统行为特征数据序列为

$$X_1^{(0)}=(2.874, 3.278, 3.307, 3.39, 3.679)=\{x_1^{(0)}(k)\}_1^5$$

相关因素数据序列为

$$X_2^{(0)}=(7.04, 7.645, 8.075, 8.53, 8.774)=\{x_2^{(0)}(k)\}_1^5$$

试建立 GM(0, 2)模型。

解　设 GM(0, 2)模型为 $X_1^{(1)}=bX_2^{(1)}+a$，由

$$B=\begin{bmatrix} x_2^{(1)}(2) & 1 \\ x_2^{(1)}(3) & 1 \\ x_2^{(1)}(4) & 1 \\ x_2^{(1)}(5) & 1 \end{bmatrix}=\begin{bmatrix} 14.685 & 1 \\ 22.76 & 1 \\ 31.29 & 1 \\ 40.064 & 1 \end{bmatrix},\quad Y=\begin{bmatrix} x_1^{(1)}(2) \\ x_1^{(1)}(3) \\ x_1^{(1)}(4) \\ x_1^{(1)}(5) \end{bmatrix}=\begin{bmatrix} 6.152 \\ 9.459 \\ 12.849 \\ 16.528 \end{bmatrix}$$

可得 $\hat{b}=(b,a)^{\mathrm{T}}$ 的最小二乘估计

$$\hat{b}=\begin{bmatrix} b \\ a \end{bmatrix}=(B^{\mathrm{T}}B)^{-1}B^{\mathrm{T}}Y=\begin{bmatrix} 0.412435 \\ -0.482515 \end{bmatrix}$$

故有 GM(0, 2)估计式

$$\hat{x}_1^{(1)}(k)=0.412435x_2^{(1)}(k)-0.482515$$

由此可得模拟值，如表 7-2 表示。

表 7-2　误差检验表

序号	实际数据 $x^{(0)}(k)$	模拟数据 $\hat{x}^{(0)}(k)$	残差 $\varepsilon(k)=x^{(0)}(k)-\hat{x}^{(0)}(k)$	相对误差 $\Delta_k=\dfrac{\lvert\varepsilon(k)\rvert}{x^{(0)}(k)}$
2	3.278	3.153	0.125	0.038
3	3.307	3.331	−0.024	0.007
4	3.390	3.518	−0.128	0.038
5	3.679	3.619	0.06	0.016

三、灰色 Verhulst 模型

定义 7.3.10　设 $X^{(0)}$ 为原始数据序列，$X^{(1)}$ 为 $X^{(0)}$ 的 1-AGO 序列，$Z^{(1)}$ 为 $X^{(1)}$ 的紧邻均值生成序列，则称

$$x^{(0)}(k)+az^{(1)}(k)=b(z^{(1)}(k))^{\alpha} \tag{7-25}$$

为 GM(1, 1) 幂模型。

定义 7.3.11　当 $\alpha=2$ 时，称

$$x^{(0)}(k)+az^{(1)}(k)=b(z^{(1)}(k))^{2} \tag{7-26}$$

为灰色 Verhulst 模型。

定义 7.3.12　称

$$\frac{\mathrm{d}x^{(1)}}{\mathrm{d}t}+ax^{(1)}=b(x^{(1)})^{2} \tag{7-27}$$

为灰色 Verhulst 模型的白化方程。

定理 7.3.8　(1) Verhulst 白化方程的解为

$$\begin{aligned} x^{(1)}(t)&=\frac{1}{\mathrm{e}^{at}\left[\dfrac{1}{x^{(1)}(0)}-\dfrac{b}{a}(1-\mathrm{e}^{-at})\right]}=\frac{ax^{(1)}(0)}{\mathrm{e}^{at}[a-bx^{(1)}(0)(1-\mathrm{e}^{-at})]}\\ &=\frac{ax^{(1)}(0)}{bx^{(1)}(0)+(a-bx^{(1)}(0))\mathrm{e}^{at}} \end{aligned} \tag{7-28}$$

(2) 灰色 Verhulst 模型的时间响应式为

$$\hat{x}^{(1)}(k+1)=\frac{ax^{(1)}(0)}{bx^{(1)}(0)+(a-bx^{(1)}(0))\mathrm{e}^{ak}} \tag{7-29}$$

灰色 Verhulst 模型主要用来描述具有饱和状态的过程，即 S 形过程，常用于人口预测、生物生长、繁殖预测和产品经济寿命预测等。由灰色 Verhulst 方程的解可以看出，当 $t\to\infty$ 时，若 $a>0$，则 $x^{(1)}(t)\to 0$；若 $a<0$，则 $x^{(1)}(t)\to\dfrac{a}{b}$，即有充分大的 t，对任意 $k>t$，$x^{(1)}(k+1)$ 与 $x^{(1)}(k)$ 充分接近，此时 $x^{(0)}(k+1)=x^{(1)}(k+1)-x^{(1)}(k)\approx 0$，系统趋于死亡。在实际问题中，常遇到原始数据本身呈 S 形的过程。这时，我们可以取原始数据为 $X^{(1)}$，其 1-IAGO 为 $X^{(0)}$，建立灰色 Verhulst 模型直接对 $X^{(1)}$ 进行模拟。

例 7.3.2　设某型鱼雷研制费用如表 7-3 所示，试用灰色 Verhulst 模型进行模拟和预测。

表 7-3　某型鱼雷研制费用表

年份	1995	1996	1997	1998	1999	2000	2001	2002	2003	2004
研制费用/万元	496	779	1187	1025	488	255	157	110	87	79

其累计研制费用如表 7-4 所示。

表 7-4　某型鱼雷累计研制费用表

年份	1995	1996	1997	1998	1999	2000	2001	2002	2003	2004
研制费用/万元	496	1275	2462	3487	3975	4230	4387	4497	4584	4663

参数估计值为

$$\hat{a}=(a,b)^{\mathrm{T}}=\begin{bmatrix}-0.98079\\-0.00021576\end{bmatrix}$$

从而，白化方程

$$\frac{\mathrm{d}x^{(1)}}{\mathrm{d}t}-0.98079x^{(1)}=-0.00021576(x^{(1)})^2$$

取 $x^{(1)}(0)=x^{(0)}(1)=496$，可得时间响应式为

$$\hat{x}^{(1)}(k+1)=\frac{ax^{(1)}(0)}{bx^{(1)}(0)+(a-bx^{(1)}(0))\mathrm{e}^{ak}}=\frac{-486.47}{-0.10702-0.87378\mathrm{e}^{-0.98079k}}$$

由此可得 $\hat{x}^{(1)}(k)$ 模拟值如表 7-5 所示。

表 7-5　误差检验表

序号	实际数据 $x^{(0)}(k)$	模拟数据 $\hat{x}^{(0)}(k)$	残差 $\varepsilon(k)=x^{(0)}(k)-\hat{x}^{(0)}(k)$	相对误差 $\Delta_k=\frac{\lvert\varepsilon(k)\rvert}{x^{(0)}(k)}$
2	1275	1119.1	155.9	0.12226
3	2462	2116	346	0.14053
4	3487	3177.5	309.5	0.08876
5	3975	3913.7	61.3	0.01541
6	4230	4286.2	− 56.2	0.01328
7	4387	4444.8	− 57.8	0.01318
8	4497	4507.4	−10.4	0.00230
9	4584	4531.3	52.7	0.01150
10	4663	4540.3	122.7	0.02631

由表 7-5 可得平均相对误差

$$\Delta=\frac{1}{9}\sum_{k=2}^{10}\Delta_k=4.3354\%$$

预测 2005 年该型鱼雷的研制费用为

$$\hat{x}_1^{(0)}(11)=\hat{x}_1^{(1)}(11)-\hat{x}_1^{(1)}(10)=9.0342(\text{万元})$$

说明该型鱼雷的研制工作已经接近尾声。

第四节　灰色预测技术

一、区间预测

对于原始数据发生不规则波动的情形，通常无法找到合适的模型描述其变化趋势，因

此无法对其未来变化进行准确预测。这时，可以考虑预测其未来取值的变化范围，这就是灰色区间预测(interval prediction)。

定义 7.4.1　设 $X(t)$ 为序列折线，$f_u(t)$ 和 $f_s(t)$ 为光滑连续曲线。若对任意 t，恒有

$$f_u(t) < X(t) < f_s(t)$$

则称 $f_u(t)$ 为 $X(t)$ 的下界函数，$f_s(t)$ 为 $X(t)$ 的上界函数，并称

$$S = \left\{(t, X(t)) \middle| X(t) \in [f_u(t), f_s(t)]\right\}$$

为 $X(t)$ 的取值域(range of value)。

例 7.4.1　设 $X^{(0)} = (x^{(0)}(1), x^{(0)}(2), \cdots, x^{(0)}(n))$ 为原始序列，其 1-AGO 序列为 $X^{(1)} = (x^{(1)}(1), x^{(1)}(2), \cdots, x^{(1)}(n))$。令

$$\sigma_{\max} = \max_{1\leqslant k\leqslant n}\{x^{(0)}(k)\}, \quad \sigma_{\min} = \min_{1\leqslant k\leqslant n}\{x^{(0)}(k)\}$$

$X^{(1)}$ 下界函数 $f_u(n+t)$ 和上界函数 $f_s(n+t)$ 分别取为

$$f_u(n+t) = x^{(1)}(n) + t\sigma_{\min}, \quad f_s(n+t) = x^{(1)}(n) + t\sigma_{\max} \tag{7-30}$$

由式(7-3)可以得到 $X^{(1)}$ 的取值域

$$S = \left\{(t, X(t)) \middle| t > n, X(t) \in [f_u(t), f_s(t)]\right\}$$

$X^{(1)}$ 的预测区域如图 7-3 所示。

例 7.4.2　设 $X^{(0)}$ 为原始序列，$X_u^{(0)}$ 是 $X^{(0)}$ 的下缘点连线所对应的序列，$X_s^{(0)}$ 是 $X^{(0)}$ 上缘点连线所对应的序列，分别取 $X_u^{(0)}$ 和 $X_s^{(0)}$ 对应的 GM(1, 1)时间响应式

$$\hat{x}_u^{(1)}(k+1) = \left(x_u^{(0)}(1) - \frac{b_u}{a_u}\right)\exp(-a_u k) + \frac{b_u}{a_u}$$

和

$$\hat{x}_s^{(1)}(k+1) = \left(x_s^{(0)}(1) - \frac{b_s}{a_s}\right)\exp(-a_s k) + \frac{b_s}{a_s}$$

为 $X^{(1)}$ 的下界函数和上界函数，可得 $X^{(1)}$ 的取值域

$$S = \left\{(t, X(t)) \middle| X(t) \in [\hat{X}_u^{(1)}(t), \hat{X}_s^{(1)}(t)]\right\}$$

并称为 $X^{(1)}$ 的包络区域(wrapping region)，如图 7-4 所示。

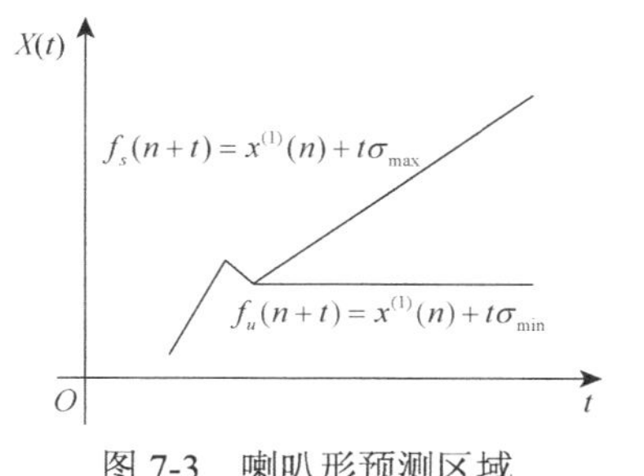

图 7-3　喇叭形预测区域

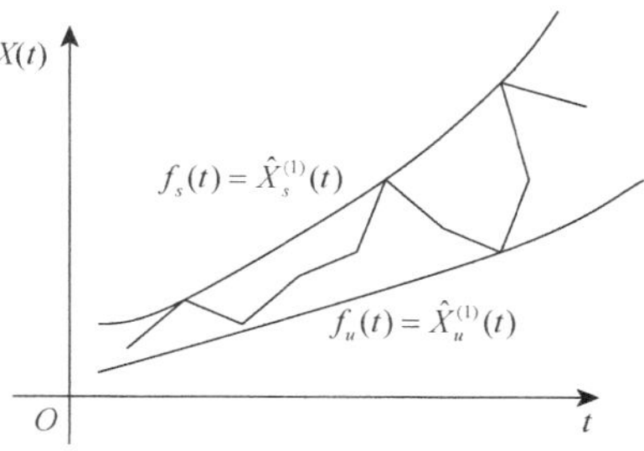

图 7-4　包络区域

例 7.4.3　设 $X^{(0)}$ 为原始数据序列，取 $X^{(0)}$ 中 m 组不同的数据序列可建立 m 个不同的 GM(1, 1)模型，设对应参数分别为 $\hat{a}_i = (a_i, b_i)^{\mathrm{T}}, i = 1, 2, \cdots, m$。令

$$-a_{\max} = \max_{1\leqslant i\leqslant m}\{-a_i\}, \quad -a_{\min} = \min_{1\leqslant i\leqslant m}\{-a_i\}$$

分别取与 $-a_{\max}$ 和 $-a_{\min}$ 对应的 GM(1, 1) 时间响应式

$$\hat{x}_u^{(1)}(k+1)=\left(x_u^{(0)}(1)-\frac{b_{\min}}{a_{\min}}\right)\exp(-a_{\min}k)+\frac{b_{\min}}{a_{\min}}$$

$$\hat{x}_s^{(1)}(k+1)=\left(x_s^{(0)}(1)-\frac{b_{\max}}{a_{\max}}\right)\exp(-a_{\max}k)+\frac{b_{\max}}{a_{\max}}$$

为 $X^{(1)}$ 的下界函数和上界函数，可得 $X^{(1)}$ 的取值域

$$S=\left\{(t,X(t))\middle|X(t)\in[\hat{X}_u^{(1)}(t),\hat{X}_s^{(1)}(t)]\right\}$$

定义 7.4.2 设 $X^{(0)}=(x^{(0)}(1),x^{(0)}(2),\cdots,x^{(0)}(n))$ 为原始数据序列，$f_u(t)$ 和 $f_s(t)$ 为其 1-AGO 序列 $X^{(1)}$ 下界函数和上界函数，对于任意 $k>0$，称

$$\hat{x}^{(0)}(n+k)=\frac{1}{2}[f_u(n+k)+f_s(n+k)] \tag{7-31}$$

为 $X^{(0)}$ 的基本预测值，

$$\hat{x}_u^{(0)}(n+k)=f_u(n+k),\qquad \hat{x}_s^{(0)}(n+k)=f_s(n+k) \tag{7-32}$$

分别为 $X^{(0)}$ 的最低预测值和最高预测值。

例 7.4.4 设有原始数据序列为

$$\begin{aligned}X^{(0)}&=(x^{(0)}(1),x^{(0)}(2),x^{(0)}(3),x^{(0)}(4),x^{(0)}(5),x^{(0)}(6))\\&=(4.9445,5.5828,5.3441,5.2669,4.5640,3.6524)\end{aligned}$$

试按式(7-30)求其一次累加生成序列中 $x^{(1)}(7),x^{(1)}(8),x^{(1)}(9)$ 的最高预测值、最低预测值和基本预测值。

解 $\sigma_{\min}=\max\limits_{1\leqslant k\leqslant 6}\{x^{(0)}(k)\}=5.5828,\quad \sigma_{\min}=\min\limits_{1\leqslant k\leqslant 6}\{x^{(0)}(k)\}=3.6524$。

由 $x^{(1)}(k)=\sum\limits_{i=1}^{k}x^{(0)}(i)$，得 $X^{(0)}$ 的 1-AGO 序列

$$\begin{aligned}X^{(1)}&=(x^{(1)}(1),x^{(1)}(2),x^{(1)}(3),x^{(1)}(4),x^{(1)}(5),x^{(1)}(6))\\&=(4.9445,10.5273,15.8714,21.1383,25.7023,29.3547)\end{aligned}$$

所以

$$f_s(6+k)=x^{(1)}(6)+k\sigma_{\max}=29.3547+5.5828k$$

$$f_u(6+k)=x^{(1)}(6)+k\sigma_{\min}=29.3547+3.6524k$$

当 $k=1,2,3$ 时，得最高预测值

$$\hat{x}_s^{(1)}(7)=f_s(6+1)=x^{(1)}(6)+1\cdot\sigma_{\max}=34.9375$$

$$\hat{x}_s^{(1)}(8)=f_s(6+2)=x^{(1)}(6)+2\cdot\sigma_{\max}=40.5203$$

$$\hat{x}_s^{(1)}(9)=f_s(6+3)=x^{(1)}(6)+3\cdot\sigma_{\max}=46.1031$$

最低预测值

$$\hat{x}_u^{(1)}(7)=f_u(6+1)=x^{(1)}(6)+1\cdot\sigma_{\min}=33.0071$$

$$\hat{x}_u^{(1)}(8)=f_u(6+2)=x^{(1)}(6)+2\cdot\sigma_{\min}=36.6595$$

$$\hat{x}_u^{(1)}(9)=f_u(6+3)=x^{(1)}(6)+3\cdot\sigma_{\min}=40.3119$$

基本预测值

$$\hat{x}^{(1)}(7)=\frac{1}{2}[\hat{x}_s^{(1)}(7)+\hat{x}_u^{(1)}(7)]=33.9723$$

$$\hat{x}^{(1)}(8)=\frac{1}{2}[\hat{x}_s^{(1)}(8)+\hat{x}_u^{(1)}(8)]=38.5899$$
$$\hat{x}^{(1)}(9)=\frac{1}{2}[\hat{x}_s^{(1)}(9)+\hat{x}_u^{(1)}(9)]=43.2075$$

二、灰色灾变预测

灰色灾变预测实质上是异常值预测，什么样的值算作异常值，往往是人们凭经验主观确定的。灰色灾变预测的任务是给出下一个或几个异常值出现的时刻，以便人们提前准备，采取对策。

定义 7.4.3　设原始数据序列 $X=(x(1),x(2),\cdots,x(n))$，给定上限异常值(灾变值) ξ，称 X 的子序列

$$X_\xi=(x[q(1)],x[q(2)],\cdots,x[q(m)])=\left\{x[q(i)]\,\middle|\,x[q(i)]\geqslant\xi,i=1,2,\cdots,m\right\}$$

为上灾变序列(upper catastrophe sequence)。

定义 7.4.4　设原始数据序列 $X=(x(1),x(2),\cdots,x(n))$，给定下限异常值(灾变值) ζ，称 X 的子序列

$$X_\zeta=(x[q(1)],x[q(2)],\cdots,x[q(l)])=\left\{x[q(i)]\,\middle|\,x[q(i)]\leqslant\zeta,i=1,2,\cdots,l\right\}$$

为下灾变序列(lower catastrophe sequence)。

上灾变序列和下灾变序列统称灾变序列。由于对不同的灾变序列研究思路完全一样，在以下的讨论中，我们对上灾变序列和下灾变序列不加区别。

定义 7.4.5　设 X 为原始数据序列，

$$X_\xi=(x[q(1)],x[q(2)],\cdots,x[q(m)])\subset X$$

为灾变序列，则称

$$Q^{(0)}=(q(1),q(2),\cdots,q(m))$$

为灾变日期序列(date sequence of catastrophe)。

灾变预测就是要通过对灾变日期序列的研究，挖掘其规律性，并据以预测以后若干次灾变发生的日期，灰色系统的灾变预测是通过对灾变日期序列建立 GM(1, 1)模型实现的。

定义 7.4.6　设 $Q^{(0)}=(q(1),q(2),\cdots,q(m))$ 为灾变日期序列，其 1-AGO 序列为

$$Q^{(1)}=(q(1)^{(1)},q(2)^{(1)},\cdots,q(m)^{(1)})$$

$Q^{(1)}$ 的紧邻均值生成序列为 $Z^{(1)}$，则称 $q(k)+az^{(1)}(k)=b$ 为灾变 GM(1, 1)。

命题 7.4.1　设 $\hat{a}=(a,b)^{\mathrm{T}}$ 为灾变 GM(1, 1)参数向量的最小二乘估计，则灾变日期序列的 GM(1, 1)序号响应式为

$$\begin{cases}\hat{q}^{(1)}(k+1)=\left(q(1)-\dfrac{b}{a}\right)\mathrm{e}^{-ak}+\dfrac{b}{a}\\ \hat{q}(k+1)=\hat{q}^{(1)}(k+1)-\hat{q}^{(1)}(k)\end{cases}$$

即

$$\hat{q}^{(0)}(k+1)=(1-\mathrm{e}^{a})\left(q(1)-\frac{b}{a}\right)\mathrm{e}^{-ak}$$

定义 7.4.7　设 $X=(x(1),x(2),\cdots,x(n))$ 为原始序列，n 为现在，给定异常值 ξ，相应的灾变日期序列

$$Q^{(0)}=(q(1),q(2),\cdots,q(m))$$

其中 $q(m)(\leqslant n)$ 为最近一次灾变发生的日期，则称 $\hat{q}(m+1)$ 为下一次灾变的预测日期；对任意 $k>0$，称 $\hat{q}(m+k)$ 为未来第 k 次灾变的预测日期。

例 7.4.5 某地区年度平均降雨量数据(单位：mm)序列为

$$\begin{aligned}X&=(x(1),x(2),x(3),x(4),x(5),x(6),x(7),x(8),x(9),x(10),\\&\quad x(11),x(12),x(13,x(14),x(15),x(16),x(17))\\&=(390.6,412.0,320.0,559.2,380.8,542.4,553.0,310.0,561.0,300.0,\\&\quad 632.0,540.0,406.2,313.8,576.0,\ 586.6,318.5)\end{aligned}$$

取 $\xi=320\text{ mm}$ 为下限异常值(旱灾)，试作旱灾预测。

解 令 $\xi=320$，得下限灾变序列

$$X_\xi=(x(3),x(8),x(10),x(14),x(17))=(320.0,\ 310.0,\ 300.0,\ 313.8,\ 318.5)$$

与之对应的灾变日期序列

$$Q^{(0)}=(q(1),q(2),q(3),q(4),q(5))=(3,8,10,14,17)$$

其 1-AGO 序列

$$Q^{(1)}=(3,11,21,35,52)$$

的紧邻均值生成序列

$$Z^{(1)}=(7,16,28,43.5)$$

设 $q(k)+az^{(1)}(k)=b$，由

$$B=\begin{bmatrix}-7&1\\-16&1\\-28&1\\-43.5&1\end{bmatrix},\quad Y=\begin{bmatrix}8\\10\\14\\17\end{bmatrix}$$

得

$$\hat{a}=\begin{bmatrix}a\\b\end{bmatrix}=(B^{\mathrm{T}}B)^{-1}B^{\mathrm{T}}Y=\begin{bmatrix}-0.25361\\6.258339\end{bmatrix}$$

故灾变日期序列的 GM(1, 1)序号响应式

$$\hat{q}^{(1)}(k+1)=27.667\mathrm{e}^{0.25361k}-24.667$$

$$\hat{q}(k+1)=\hat{q}^{(1)}(k+1)-\hat{q}^{(1)}(k)$$

即

$$\hat{q}(k+1)=27.667\mathrm{e}^{0.25361k}-24.667\mathrm{e}^{0.25361(k-1)}=6.1998\mathrm{e}^{0.25361k}$$

由此可得 $Q^{(0)}$ 的模拟序列

$$\begin{aligned}\hat{Q}^{(0)}&=(\hat{q}(1),\hat{q}(2),\hat{q}(3),\hat{q}(4),\hat{q}(5))\\&=(6.1998,7.989,10.296,13.268,17.098)\end{aligned}$$

由

$$\varepsilon(k)=q(k)-\hat{q}(k),\quad k=1,2,3,4,5$$

得残差序列

$$\begin{aligned}\varepsilon^{(0)}&=(\varepsilon(1),\varepsilon(2),\varepsilon(3),\varepsilon(4),\varepsilon(5))\\&=(-3.1998,0.011,-0.296,0.732,-0.098)\end{aligned}$$

再由

$$\Delta_k = \left|\frac{\varepsilon(k)}{q(k)}\right|, \quad k=1,2,3,4,5$$

得相对误差序列

$$\Delta = (\Delta_2, \Delta_3, \Delta_4, \Delta_5) = (0.1\%, 2.96\%, 5.1\%, 0.6\%)$$

这里未考虑Δ_1，由此可计算出平均相对误差

$$\bar{\Delta} = \frac{1}{4}\sum_{k=2}^{5}\Delta_k = 2.19\%$$

平均相对精度为$1-\bar{\Delta}=97.81\%$，模拟精度为$1-\Delta_5 = 99.4\%$，故可用

$$\hat{q}(k+1) = 6.1998\mathrm{e}^{0.25361k}$$

进行预测

$$\hat{q}(5+1) = \hat{q}(6) \approx 22, \quad \hat{q}(6) - \hat{q}(5) \approx 22-17=5$$

即从最近一次旱灾发生的日期算起，5 年之后，可能发生旱灾，为提高预测的可靠程度，可以取若干个不同的异常值，建立多个模型进行预测。

三、波形预测

当原始数据频频波动且摆动幅度较大时，往往难以找到适当的模拟模型，这时若 7.4 节的第一小节所述的变化范围的预测不能满足需要，可以考虑根据原始数据的波形预测未来行为数据发展变化的波形。这种预测称为波形预测（wave form prediction）。

定义 7.4.8　设原始数据序列

$$X = (x(1), x(2), \cdots, x(n))$$

则称

$$x_k = x(k) + (t-k)[x(k+1) - x(k)]$$

为序列X的k段折线图形，称

$$\{x_k = x(k) + (t-k)[x(k+1)-x(k)] \mid k=1,2,\cdots,n-1\}$$

为序列X的折线，仍记为X，即

$$X = \{x_k = x(k) + (t-k)[x(k+1)-x(k)] \mid k=1,2,\cdots,n-1\}$$

定义 7.4.9　设

$$\sigma_{\max} = \max_{1\leqslant k\leqslant n}\{x(k)\}, \quad \sigma_{\min} = \min_{1\leqslant k\leqslant n}\{x(k)\}$$

(1) 对于$\forall \xi \in [\sigma_{\min}, \sigma_{\max}]$，称$X=\xi$为$\xi$-等高线（contour line）；

(2) 称方程组

$$\begin{cases} X = \{x(k) + (t-k)[x(k+1)-x(k)] \mid k=1,2,\cdots,n-1\} \\ X = \xi \end{cases}$$

的解$(t_i, x(t_i))(i=1,2,\cdots)$为$\xi$-等高点（contour point）。

ξ-等高点是折线X与ξ-等高线的交点。

命题 7.4.2　若X的i段折线上有ξ-等高点，则其坐标为

$$\left(i + \frac{\xi - x(i)}{x(i+1) - x(i)}, \xi\right)$$

定义 7.4.10　设

$$X_\xi=(P_1,P_2,\cdots,P_m)$$

为ξ-等高点序列，其中P_i位于第i段折线上，其坐标为

$$(t_i,\xi)=\left(i+\frac{\xi-x(i)}{x(i+1)-x(i)},\xi\right)$$

记

$$q(i)=i+\frac{\xi-x(i)}{x(i+1)-x(i)},\quad i=1,2,\cdots,m$$

则称$Q^{(0)}=(q(1),q(2),\cdots,q(m))$为$\xi$-等高时刻序列。

建立ξ-等高时刻序列的 GM(1, 1)模型，可得ξ-等高时刻的预测值：

$$\hat{q}(m+1),\hat{q}(m+2),\cdots,\hat{q}(m+k)$$

定义 7.4.11　设

$$\xi_0=\sigma_{\min},\xi_1=\frac{1}{s}(\sigma_{\max}-\sigma_{\min})+\sigma_{\min},\cdots,\xi_i=\frac{i}{s}(\sigma_{\max}-\sigma_{\min})+\sigma_{\min},\cdots,$$

$$\xi_{s-1}=\frac{s-1}{s}(\sigma_{\max}-\sigma_{\min})+\sigma_{\min},\xi_s=\sigma_{\max}$$

则称$X=\xi_i(i=0,1,2,\cdots,s)$为$s+1$条等间隔的等高线，否则称为非等间隔的等高线。

取等高线时应注意使对应的等高时刻序列满足 GM(1, 1)建模条件，一般可取成等间隔的等高线，也可根据实际情况取若干条非等间隔的等高线。

定义 7.4.12　设$X=\xi_i(i=1,2,\cdots,s)$为s条不同的等高线，

$$Q_i^{(0)}=(q_i(1),q_i(2),\cdots,q_i(m_1),\quad i=1,2,\cdots,s$$

为ξ_i-等高时刻序列，

$$\hat{q}_i(m_i+1),\hat{q}_i(m_i+2),\cdots,\hat{q}_i(m_i+k_i),\quad i=1,2,\cdots,s$$

为ξ_i-等高时刻的 GM(1, 1)预测值。若存在$i\neq j$，使

$$\hat{q}_i(m_i+l_i)=\hat{q}_j(m_j+l_j)$$

则称$\hat{q}_i(m_i+l_i)$和$\hat{q}_j(m_j+l_j)$为一对无效预测时刻。

命题 7.4.3　设

$$\hat{q}_i(m_i+1),\hat{q}_i(m_i+2),\cdots,\hat{q}_i(m_i+k_i),\quad i=1,2,\cdots,s$$

为ξ_i-等高时刻的 GM(1, 1)预测值，删去

$$\hat{q}_1(m_1+1),\hat{q}_1(m_1+2),\cdots,\hat{q}_1(m_1+k_1)$$

$$\hat{q}_2(m_2+1),\hat{q}_2(m_2+2),\cdots,\hat{q}_2(m_2+k_2)$$

……

$$\hat{q}_i(m_i+1),\hat{q}_i(m_i+2),\cdots,\hat{q}_i(m_i+k_i)$$

……

$$\hat{q}_s(m_s+1),\hat{q}_s(m_s+2),\cdots,\hat{q}_s(m_s+k_s)$$

中的无效时刻，将其余的预测值从小到大重新排序，设为

$$\hat{q}(1)<\hat{q}(2)<\cdots<\hat{q}(n_s)$$

其中$n_s\leqslant k_1+k_2+\cdots+k_s$。若$X=\xi_{\hat{q}(k)}$为$\hat{q}(k)$所对应的等高线，则$X^{(0)}$的预测波形为

$$X=\hat{X}^{(0)}=\left\{\xi_{\hat{q}(k)}+[t-\hat{q}(k)][\xi_{\hat{q}(k+1)}-\xi_{\hat{q}(k)}]\middle|k=1,2,\cdots,n_s\right\}$$

习题与思考题

一、选择题

1. 下面哪个不是缓冲算子公理（　　）。

A. 不动点公理　　B. 信息依据公理

C. 唯一性公理　　D. 解析表达公理

2. 若序列 $X=(10155,12588,23480,35388)$，缓冲算子 D 为

$$x(k)d=\frac{1}{n-k+1}[x(k)+x(k+1)+\cdots+x(n)],\quad k=1,2,\cdots,n$$

则 X 的二阶缓冲序列 XD^2 为（　　）。

A.（10155, 12588, 23480, 35388）　　B.（15323, 17685, 29456, 34567）

C.（22341, 34215, 31625, 43251）　　D.（27260, 29547, 32411, 35388）

3. 对序列 $X=(x(1),x(2),\cdots,x(n))$，下列算子（　　）为其弱化算子。

A. $x(k)d=\dfrac{x(1)+x(2)+\cdots+x(k-1)+kx(k)}{2k-1},k=1,2,\cdots,n-1$

B. $x(k)d=\dfrac{1}{n-k+1}[x(k)+x(k+1)+\cdots+x(n)],k=1,2,\cdots,n$

C. $x(k)d=\dfrac{x(k)}{x(n)}\cdot x(k),k=1,2,\cdots,n$

D. $x(k)d=\dfrac{[x(k)+x(k+1)+\cdots x(n)]/(n-k+1)}{x(n)}\cdot x(k),k=1,2,\cdots,n$

4. 对序列 $X=(x(1),x(2),\cdots,x(n))$，下列算子（　　）为其强化算子。

A. $x(k)d=\dfrac{(x(k))^2}{[x(k)\cdot x(k+1)\cdot\cdots\cdot x(n)]^{\frac{1}{n-k+1}}}=\dfrac{(x(k))^2}{\left[\prod\limits_{i=k}^{n}x(i)\right]^{\frac{1}{n-k+1}}},\quad k=1,2,\cdots,n$

B. $x(k)d=\dfrac{1}{n-k+1}[x(k)+x(k+1)+\cdots+x(n)],k=1,2,\cdots,n$

C. $x(k)d=\dfrac{kx(k)+(k+1)x(k+1)+\cdots+nx(n)}{(n+k)(n-k+1)/2},k=1,2,\cdots,n$

D. $x(k)d=[x(k)\cdot x(k+1)\cdot\cdots\cdot x(n)]^{\frac{1}{n-k+1}}=\left[\prod\limits_{i=k}^{n}x(i)\right]^{\frac{1}{n-k+1}},\quad k=1,2,\cdots,n$

5. 若序列 $X=(5,8,21,24,35)$，下列序列（　　）是其紧邻均值生成序列。

A.（5, 8, 21, 24, 35）　　B.（5, 8, 21, 28, 35）

C.（5, 8, 21, 25, 35）　　D.（5, 8, 21, 30, 35）

6. 下列条件中，（　　）不是准光滑序列需要满足的条件。

A. $\dfrac{\rho(k+1)}{\rho(k)}<1,k=2,3,\cdots,n-1$　　B. $\rho(k)\in[0,\varepsilon],k=3,4,\cdots,n$

C. $\varepsilon<0.5$　D. $\varepsilon>0.5$

7. 以下(　　)是 GM(1, 1)模型的基本形式。

A. 均值 GM(1, 1)模型　B. 原始差分 GM(1, 1)模型

C. 原始微分 GM(1, 1)模型　D. 离散 GM(1, 1)模型

8. 在 GM(1, 1)模型中的参数$-a$和b各作为模型的(　　)。

A. 发展系数，发展系数　B. 灰色作用量，灰色作用量

C. 发展系数，灰色作用量　D. 灰色作用量，发展系数

9. 在 GM(1, 1)模型进行预测时，当$-a$在什么范围时 GM(1, 1)可用于中长期预测。(　　)

A. $-a\leqslant 0.3$　B. $0.3\leqslant -a\leqslant 0.5$　C. $0.5\leqslant -a\leqslant 0.8$　D. $-a\geqslant 1$

10. 下面哪个不是 GM(1, 1)模型的预测形式。(　　)

A. $x^{(0)}(k)+az^{(1)}(k)=b$　B. $x^{(0)}(k)=(1-\mathrm{e}^{a})\alpha x^{(1)}(k-1)$

C. $x^{(0)}(k)=\beta-\alpha x^{(1)}(k-1)$　D. $x^{(0)}(k)=(\beta-\alpha x^{(1)}(1))\mathrm{e}^{-a(k-2)}$

11. 下面哪个模型不适用于非单调的摆动序列模型或呈 S 形的序列。(　　)

A. GM(1, 1)　B. GM(0, 3)　C. DGM　D. 灰色 Verhulst 模型

二、简答题

1. 简述缓冲算子的分类及作用。
2. 试述级比的定义及含义。
3. 弱化算子与强化算子的作用与不同。
4. 简述准光滑序列的条件。
5. 试构造一到两种新型实用弱化缓冲算子和强化缓冲算子。
6. 对于一个具有明显的指数规律的序列，再作累加生成会有什么样的结果。
7. 简述 GM(1, 1)模型的 4 种基本形式。
8. 简述灰色作用量的概念及其存在的意义。
9. 试写出均值 GM(1, 1)模型的原始形式、基本形式、白化方程、时间响应式和参数向量估计的矩阵形式。
10. 简述 GM(0, N)模型的适用情形。
11. 何谓灰色灾变预测？试述其主要思想。
12. 何谓波形预测？试述其主要思想。

三、计算

1. 河南省长葛县乡镇企业产值数据(1983～1986 年)为

$$X=(1015, 1258, 2348, 3538)$$

试求其一阶和二阶弱化算子缓冲序列。

2. 2011 年某市汽车销售量数据序列如下：

$$X^{(0)}=\{x^{(0)}(k)\}_1^6=(52364,46532,51177,93775,110574,120782)$$

求其一次累加生成序列并画出其曲线图。

3. 设有原始数据序列

$$X=(11, 13, 12, 16)$$

试分别用式(3.3.1)，式(3.3.2)，式(3.3.5)～(3.3.7)所示的弱化缓冲算子和强化缓冲算子进行作用并给出相应的缓冲序列。

4. 设原始数据序列为

$$\begin{aligned}X^{(0)} &= (x^{(0)}(1), x^{(0)}(2), x^{(0)}(3), x^{(0)}(4), x^{(0)}(5)) \\ &= (2.874, 3.278, 3.337, 3.39, 3.679)\end{aligned}$$

试按照 4 种基本形式建立不同的 GM(1, 1)模型并进行比较。

5. 对于原始数据序列

$$X^{(0)} = (2.874, 3.278, 3.337, 3.39, 3.679)$$

补充新信息 $x^{(0)}(6) = 3.85$。试建立新信息模型和新陈代谢模型，并进行比较。

6. 我国太阳能热水器 1995 年至 2000 年的销售量如下表：

年份	1995	1996	1997	1998	1999	2000
销售量/万台	200	280	350	340	480	610

试用均值 GM(1, 1)模型 $x^{(0)}(k) + az^{(1)}(k) = b$ 进行模拟。

7. 河南省农用大中型拖拉机拥有量数据如下表所示：

年份	1978	1979	1980	1981	1982
拥有量/万台	4.1299	5.2382	5.9666	6.4590	6.3160

经绘制序列折线图发现，原始数据曲线近似 S 形曲线，试建立灰色 Verhulst 模型并进行预测。

8. 某地区棉布售量数据序列为

$$\begin{aligned}X^{(0)} &= (x^{(0)}(1), x^{(0)}(2), x^{(0)}(3), x^{(0)}(4), x^{(0)}(5), x^{(0)}(6)) \\ &= (4.9445, 5.5828, 5.3441, 5.2669, 4.5640, 3.6524)\end{aligned}$$

其中 $x^{(0)}(k)(k = 1, 2, \cdots, 6)$ 的单位为亿米，试选择合适的方法进行区间预测。

9. 设有原始数据序列

$$X^{(0)} = \{x^{(0)}(k)\}_1^{15} = (35, 28, 31, 40, 38, 25, 29, 36, 32, 22, 41, 45, 23, 27, 33)$$

其中 k 为年份，取下限异常值 $\xi = 28$，试预测下一次异常值出现的时间。

10. 请查出 2010 年 1 月至 2016 年 12 月期间上海证券交易所综合指数的月收盘指数数据，并据以对 2017 年 1 月至 2018 年 12 月期间上海证券交易所综合指数波形进行预测。

第八章　决 策 概 述

要点

(1) 决策分析的概念；

(2) 决策分析的基本要素；

(3) 决策分析的分类、程序及基本原则；

(4) 决策分析的基本步骤。

学习要求　熟悉决策分析的概念、发展现状及基本要素；掌握决策分析的分类、程序及基本原则和基本步骤。

根据实际情况和预定目标确定应采取的行动便是决策。决策的本质含义就是“作出决定”或“决定对策”。决策活动不仅是各类管理活动的重要组成部分，而且贯穿于每个人的工作、学习和生活过程的始终。对决策的理解有广义和狭义之分。从广义上讲决策是指提出问题、收集资料、确定目标、拟订备选方案、方案评价与选择，以及实施、反馈、修正等一系列活动的全过程；从狭义上讲决策仅指决策全过程中选择方案这一环节，习惯上称为“拍板”。也有人仅仅把决策理解为在不确定条件下选择方案，即作出抉择，这在很大程度依赖于决策者个人的经验、态度和决心，要承担一定的风险。预测是从方法论的角度探寻事物演变的规律，研究如何提高科学预见性的一种手段。显然，预测不是目的，它是为决策服务的。这种服务体现在：为决策提供科学预见，为决策提供可靠依据，为决策提供多种方案，预测是决策的基础和前提；决策是预测的服务对象，也是预测意义和价值的体现；没有科学的预测就没有科学的决策，两者相辅相成。预测侧重于对客观事物的科学分析；决策侧重于对有利时机的科学选择；预测提供可能方案，决策选择最佳方案。

第一节　决策分析的内涵及其基本要素

一、决策分析的概念与发展

1. 决策分析的概念

决策是人们日常生活、企业经营管理，以及国家宏观调控中普遍存在的一种行为。决策思想由来已久。例如，早在两千多年前的战国时期，齐王和他的臣子田忌赛马，他们各有上、中、下三等马，但齐王的同等马均较田忌的好，若用同级马比赛，则齐王必以3∶0取胜。为此，田忌采纳了当时著名军事家孙膑提供的对策：以其下等马对齐王的上等马，先输一局，再以其上等马对齐王的中等马，以其中等马对齐王的下等马。结果田忌以2∶1获胜。美国著名学者、诺贝尔经济学奖获得者西蒙有一句名言：“管理就是决策。”一般来说，所谓决策是对未来行动作出的决定。由于决策者所持的态度不同或是对未来不确定性的把握程度不同，决策的效果通常也存在较大的差异。

2. 决策分析的发展

决策是人类活动的主要内容之一。历史上大多数决策活动是很有效的，其决策思想，从现代科学来分析也是很科学的，但是，这些决策在很大程度上是依靠决策者的智慧与经验，取决于他们的个人才能。虽然这些决策方法及决策思想有一定的普遍意义，对后人有启发，但缺乏规范化，没有从科学规律上去总结，没有一套比较完整、便于他人学习、掌握并能运用的理念与方法。一般认为这样的决策为经验决策。

决策从经验决策发展为科学决策，始于 20 世纪 50 年代。由于世界政治、军事、经济和科学技术发生了很大的变化，现代化社会化大生产和现代化科学技术的飞速发展，对“决策”提出了更高的要求，迫切要求经验决策向科学决策的方向发展，要求发展一种以决策活动为研究内容，以科学为基础的决策理论。现代管理学家、经济学家、数学家、哲学家和心理学家都在从不同的角度研究“决策”，决策理论得到了极大的丰富，有些决策理论已经形成了较为完善的体系。

1982 年美国国家科学基金 NSF（National Science Foundation）设立了决策与管理科学计划 DMS（Decision Management Science），并于 1984 年 4 月在德州大学达拉斯分校组织了一个专题讨论会，目的是发掘 DMS 的潜在研究课题。在会议的摘要报告中，对 DMS 研究强调的一条重要原则是：对管理和运筹过程的理论和经验的再创造；对 DMS 的研究任务强调：决策和管理的研究应当以与实际观察结果或经验结论保持一致为基础，并结合社会学、行为科学方面的成果；而决策和管理模型应当经过实际运作检验。NSF 的这一 DMS 计划标志着决策分析的研究进入了一个以实践性为特性的新时期。

20 世纪 80 年代以后的决策分析研究与 60～70 年代的研究的最大差别是有了一定的实践经验基础，这些决策分析实践经验不仅对已有的决策理论进行了一定的检验，还为研究者提供了新的思维空间和研究课题，不断丰富了决策分析研究的内容，促进了理论研究向深度发展，同时决策分析研究的应用性也得到了加强。研究方法上的一个变化是包含了行为科学和心理学的内容，试图从人类行为的特征上探索决策行为的一般性规律。20 世纪 80 年代以后决策分析研究基本模式和内容如图 8-1 所示。

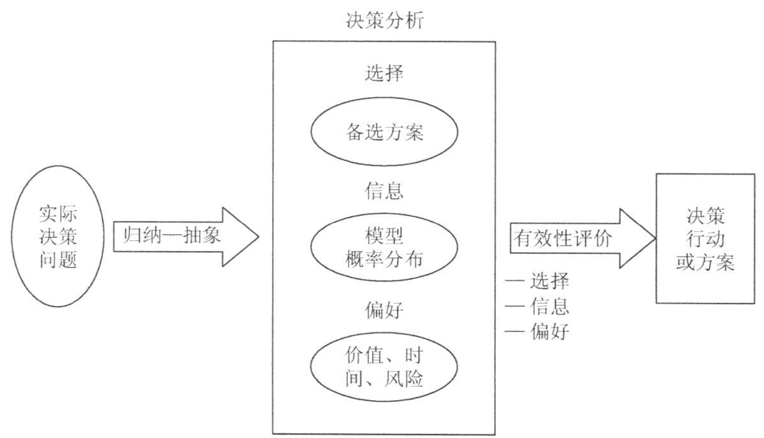

图 8-1 20 世纪 80 年代以后决策分析研究基本模式和内容

决策分析研究取得比较重要的理论成果主要集中在选择理论方面。选择理论研究内容包括个人和群体的选择行为以及选择行为背后的价值偏好、判断、风险行为等。在风险研究领域中一个重要发展方向是关于风险——收益模型的研究。关于决策分析主要困扰人们的问题是决策复杂性的处理和研究，这里的复杂性是指实际决策背景往往比决策分析模型要复杂；复杂性的研究主要是分析其从哪些方面影响决策过程和决策模型，以及决策过程和模型在哪些方面不能满足实际决策问题的复杂性要求。

二、决策分析的特征

决策分析一般具有以下一些典型特征。

1. 不确定性

许多复杂的决策问题都具有一定程度的不确定性。从范围来看，包括决策方案结果的不确定性，即一个方案可能出现多种结果、约束条件的不确定性、技术参数的不确定性等。从性质上看，包括概率意义下的不确定性和模糊、粗糙和灰色等不确定性。概率意义下的不确定性又包括主观概率意义下的不确定性(也称为可能性)和客观概率意义下的不确定性(也称为随机性)。它们的区别在于前者是指人们对可能发生事件的概率分布的一个主观估计，被估计的对象具有不能重复出现的偶然性；后者是指人们利用已有的历史数据对未来可能发生事件的概率分布的一个客观估计，被估计的对象一般具有可重复出现的偶然性。随机性与可能性在决策分析中统称为风险性。限于篇幅，本书将介绍随机决策和灰色系统决策方法。

2. 动态性

很多问题由于其本身具有的阶段性，往往需要进行多次决策，且后面的决策依赖于前面决策的结果。

3. 多目的性

对于许多复杂问题来说，往往有许多不同度量单位的决策目标，且这些目标通常具有冲突性，即一个目标值的改进会导致其他目标值的下降。因此，决策者必须考虑如何在这些目标间进行折中，从而达到一个满意解(注意不是最优解)。

4. 模糊性

模糊性是指人们对客观事物概念描述上的不确定性，这种不确定性一般是由事物无法(或无必要)进行精确定义和度量而造成的，如“社会效益”“满意程度”等概念在不同具体问题中均具有一定模糊性。

5. 群体性

群体性包含两方面的含义：

(1)一个决策方案的选择可能会对其他群体的决策行为产生影响，特别像政府决策，会对各层次的行为主体产生影响；企业一级的决策也会对其他企业产生影响。因此，决策者若能预计到自身决策对其他群体的影响将有益于自身的决策。

(2)决策是由一个集体共同制定的，这一集体中的每一个成员都是一个决策者，他们的利益、观点、偏好有所不同，这就产生了如何建立有效的群决策体制和实施方法的问题。

三、决策分析的基本要素

决策分析通常包括以下一些基本要素：决策者(decision maker)、决策目标(objectives)、自然状态(state of nature)、备选方案(alternative)、收益(payoff)及决策准则(decision criteria)。

1. 决策者

受社会、政治、经济和心理等诸因素影响的决策者，可以是个体或群体。决策者的素质与能力是决策者为完成特定的决策问题，能在决策过程中发挥其影响力和最后作出决断所必备的自身条件，是集先天的生理条件和后天的培养与磨炼，凝结于决策者个体之内的个体特质。由于决策是一项以主观意识为主的活动，所以决策者的素质与能力对决策的正确与否有着至关重要的影响。

2. 决策目标

决策目标是决策者要达到的目标，是决策的出发点和归宿。一般说来，决策者的目的是要设法使其所管理的系统或实体(如一个企业、一个部门、一个地区，甚至一个国家)的各种社会和经济活动按照其预先设定的程序运行，以达到预期的结果(如效益最佳、损失最小、投资最省等)。作为决策问题的目标，应当是能够通过一定方法转化为可测量的、能够直接或间接量化的指标，且具有或可以获得足够多的观测数据。在决策分析中，有的问题只有一个目标，有的则需要同时满足多个目标。

3. 自然状态

自然状态是指环境中可能出现的与决策问题相关的每一种状态，也是影响决策的因素。对同一个决策问题，几种自然状态不能并存，只能出现其中一种，如商业活动中空调的销售问题：天气热，销售快；天气凉爽，销售慢。天气状况就是自然状态，天气热与天气凉爽为天气状况的两种具体的自然状态，二者不可能同时出现。又如，一个大型工程建设的投资决策往往需要从社会、经济、生态、环境等各方面进行评估，每一方面的评估结果都可以是社会、经济、生态和环境等影响的一种自然状态。在实际中只涉及怎样对其进行利用和数学表述，通常不能够改变这种自然状态。但是影响决策的因素也可以不是客观的自然环境而是可以人为控制的因素，例如，市场竞争和军事对抗中投放的资源。

4. 备选方案

备选方案即决策者可以采取的行动方案，最终的行动方案由决策者来决定。在决策过程中，可供选择的行动方案总是有两种或两种以上。如果在解决某个问题时，只有一种办法或一种方案，就无须进行决策，只需照办即可。因此，凡是需要决策的问题，总是存在至少两种方案。如空调可以经销，也可以不经销，这样空调销售决策就有备选方案。

5. 收益

收益是指某种行动方案在不同自然状态下所出现的结果，是衡量决策结果对决策者价值的量化指标，结果值一般以货币价值表示，如收益值、损失值，有时也可用效用值表示。结果值可以是离散的，也可以是连续的。

6. 决策准则

决策准则是评价方案是否达到决策目标的价值标准和行为准则，也是选择方案的依据。一般来说，决策准则依赖于决策者的价值倾向和偏好态度。

第二节　决策分析的分类及其基本原则

一、决策分析的分类

根据决策分析的决策主体、决策目标及自然状态等，决策分析有多种分类方法。

1. 按照决策主体分类

根据参与决策主体的数量，可将决策分为个人决策与群体决策。

个人决策是指由单个人作出的决策。个人决策的优点是处理问题快速、果断；缺点是容易出现鲁莽、武断。群体决策是指由若干人组成的集体共同作出的决策。

群体决策的优点是能够汇总更多的信息，拟定更多的备选方案，有利于提高决策的质量；组织成员之间能够更好地沟通，有利于决策方案的接受性；各部门之间的相互协调，有利于决策的更好执行。群体决策的缺点主要是花费的时间较长、费用较高，并且可能导致责任不清和从众现象。

2. 按照决策的内容分类

根据决策的内容，决策可分为战略决策、管理决策和业务决策。

战略决策关系到组织的生存与发展，是关于组织全局性、长期性的目标和远景等方面重大问题的决策。通常包括组织目标、方针的确定，组织机构的调整，企业产品的更新换代，技术改造，企业上市、兼并等，这些决策牵涉组织的诸多方面，具有长期性和全局性。主要由组织内最高管理层负责进行。

管理决策又称战术决策，是在组织内贯彻的决策，属于战略决策执行过程中的具体决策。例如，企业生产计划和销售计划的制订、设备的更新、新产品的定价等，一般由企业或组织的中间管理层负责进行。

业务决策又称执行决策，是日常工作中为提高生产率、工作效率而作出的决策，牵涉范围较窄，只对组织产生局部影响。属于业务决策范畴的主要有：工作任务的日常分配和检查、工作日程(生产进度)的安排和监督、库存的控制及材料的采购等，一般由初级管理层负责。

3. 按照决策的程序分类

根据决策的程序可将决策划分为程序化决策、非程序化决策。

程序化决策又称常规决策，是指那些常规的反复出现的决策，这类决策问题比较明确，有一套固定的程序来处理，如订货日程、日常的生产技术管理等。由于程序化决策所涉及的变量比较稳定，可以通过制定程序、确定决策模型和选择方案等，由计算机处理。在管理工作中，有 80% 的决策属于程序化决策(可以降低管理成本)，这类决策在中层和基层居多。

非程序化决策又称非常规性决策，是指不经常出现的、复杂的、特殊的决策。其决策步骤和方法难以程序化、标准化，不能重复使用。战略性决策一般都是非程序化的，如新产品的开发等。由于非程序化决策要考虑内外条件变动及其他不可量化的因素，决策者个人的经验、知识、洞察力和直觉、价值观等主观因素对决策有重大影响。

各类决策关联情况如图 8-2 所示。

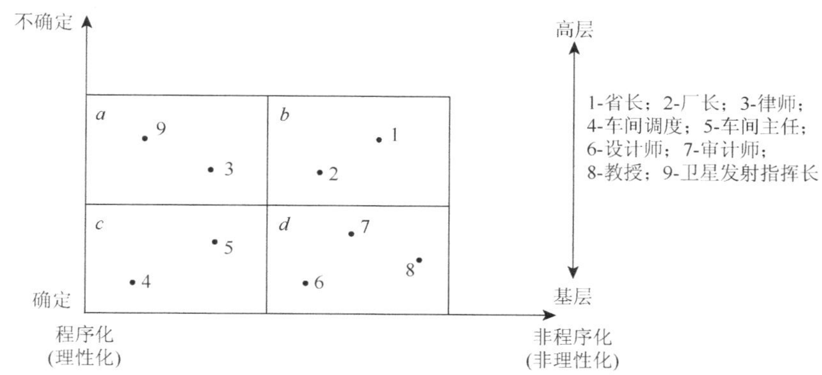

图 8-2 不同类型决策的关联关系

图 8-2 表示了各类决策之间的联系，越是符合“理性”原则的决策越有可能应用程序化决策技术，完全依靠直觉判断的决策必然是非程序化决策。在现实世界中，两个极端的情况都是很少见的，绝大多数都处在两个极端之间。程序化程度和理性化程度都用同一横坐标表示，纵坐标则指不确定性程度。这样，各类人员的决策都可在此平面中找到合适的位置。

4. 按照决策的自然状态分类

根据决策的环境是否完全确定，决策可划分为确定型决策、风险型决策和不确定型决策三种类型。

确定型决策是指当决策环境完全确定的，按照既定目标和决策准则选定方案的决策。例如，某企业用两种原料生产三种产品，当每种产品的原料消耗是固定的，而且每种产品所获得的利润也是已知的，用一定数量的原料组织生产时，有多种选择的方案，要从中选出获利最大的方案，就是一种确定型决策。确定型决策可采用单纯的优选法，根据已掌握的数据，直接进行比较，选取所需方案，或者根据问题需要，建立一定的、与实际情况尽可能相符的数学模型，经过运算优选出满意的行动方案。相对而言，这是一种比较简单、直观的决策。

风险型决策是指当决策环境不完全确定时，存在着两个以上的不以决策者主观意志为转移的自然状态，在几种不同的自然状态中未来会出现哪一种状态，决策者不能肯定，但各种状态出现的可能性即概率，可由决策者预先估计或计算出来。这种决策是以概率或概率密度函数为基础的，具有随机性，因此也称为随机型决策。例如，空调销售问题，当各种天气出现的概率已知，空调是否畅销的问题就是风险型决策。

不确定型决策是指决策者在对未来情况未知，对各种自然状态及其概率也一无所知的情况下所进行的决策。例如，某公司欲发展海外业务，想选择一种进入海外市场的方式：间接出口、直接出口或者直接投资。由于环境不确定，目标国可能存在政治风险(政变、法律条款改变等)，汇率波动，文化习惯等对产品的影响，使得每个备选方案都可能成功也可能失败，存在着较大的不确定性。不确定型决策关键在于尽量掌握有关信息资料，根据决策者的直觉、经验和主观判断行事。

5. 按照决策的目标数量分类

根据决策目标多少的不同，决策可分为单目标决策和多目标决策。

单目标决策是指围绕单一目标而进行的决策，如是否经销彩电的决策，就只需要考虑是否获利和获利是否达到一定的目标。

多目标决策是指需要同时考虑两个或两个以上目标的决策，如某企业要在几种产品中选择一种产品生产，就既要考虑获利大小，又要考虑现有设备能否生产及原材料供应是否充足等因素来选择其中一种，只有使这些相互联系和相互制约的因素都能得到最佳的协调、配合和满足，才是最优的决策。

6. 按决策的阶段分类

根据决策的阶段的不同，决策可分为单阶段决策和多阶段决策。

单阶段决策又称为静态决策，是指决策过程只作一次决策便可得到结果。

多阶段决策又称序列决策或动态决策，是指整个决策过程由一系列决策组成。经济活动中的决策问题多半属于多阶段决策，在这些序列决策中往往有几个关键环节需要作决策，可以把这些关键环节的决策分别看成单阶段决策。

7. 按决策方法的性质分类

根据决策目标与所用方法的性质，决策可分为定量决策和定性决策。

定量决策是指决策有准确的数量目标，可以采用数学模型作出的决策；定性决策即难于用准确数量来表示目标，主要依靠决策者的知识和经验分析判断进行的决策。

8. 按决策问题分类

根据决策问题，决策可分为对抗型决策和非对抗型决策。

对抗型决策是由多个不同的决策主体在相互竞争和对抗中进行决策。进行对抗型决策时，必须考虑对方可能采取的策略。我国历史上著名的“田忌赛马”就是一个典型的对抗型决策案例；非对抗型决策只有一个决策主体，进行决策时，只需考虑可能出现的不同状态，而不必考虑对方可能采取的策略。

二、决策分析的基本原则

决策分析的原则是指决策必须遵循的指导原理和行为准则，它是科学决策指导思想的反映，也是决策实践经验的概括。管理决策过程中所需要遵循的具体原则是多种多样的，如决策过程中的悲观原则、乐观原则、最小后悔值原则等。但是，就管理决策的基本原则而言，有许多是共同的，这些一般原则主要有经济性、系统性、预测性、可行性、方向性、信息性、民主性、科学性、反馈性等。

1. 经济性原则

经济性原则，就是研究经济决策所花的代价和取得收益的关系，研究投入与产出的关系。领导决策必须以经济效益为中心，并且要把经济效益同社会效益结合起来，以较少的劳动消耗和物资消耗取得最大的成果。如果一项决策所花的代价大于所得，那么这项决策是不科学的。

2. 系统性原则

系统性原则，也称为整体性原则，它要求把决策对象视为一个系统，以系统整体目标的优化为准则，协调系统中各分系统的相互关系，使系统完整、平衡，符合全局的利益。因此，在决策时，应该将各个小系统的特性放到大系统的整体中去权衡，以整体系统的总目标来协调各个小系统的目标。

3. 预测性原则

预测性原则指通过预测，为决策提供有关发展方向和趋势的信息。预测是决策的前提和依据。预测是由过去和现在的已知，运用各种知识和科学手段来推知未来的未知。科学决策，必须用科学的预见来克服没有科学根据的主观臆测，防止盲目决策。决策的正确与否，取决于对未来后果判断的正确程度，不知道行动后果如何，常常造成决策失误。所以管理决策必须遵循预测性原则。

4. 可行性原则

可行性原则指任何决策方案在政策、资源、技术、经济方面都要合理可行。可行性分析是可行性原则的外在表现，是决策活动的重要环节。只有经过可行性分析论证后选定的决策方案，才是有较大把握实现的方案。可行性原则的具体要求，就是在考虑制约因素的基础上，进行全面性、选优性、合法性的研究分析。

5. 方向性原则

决策必须具有清晰和实际的具体的方向目标，并且这个方向目标应该具有相对的稳定性，一经确定下来，不宜轻易改动。

6. 信息性原则

信息性原则指决策中要尽可能地调查、收集、整理一切有关信息。信息是决策的基础，信息的质量决定着决策的质量。科学决策所要求的信息必须是准确、及时、适用的。进行决策必须广泛收集与之有关的全面系统的信息资料，然后进行归纳、整理、分析、加工，从而为正确的决策提供基本的条件。

7. 民主性原则

民主性原则，是指决策机构集体决策之前应充分发扬民主，调动决策参与者，甚至包括决策执行者的积极性和创造性，广泛听取各方面的意见，集思广益，共同参与决策活动，并善于集中和依靠集体的智慧与力量进行决策，尤其要注意听取不同的甚至反对的意见，从中吸取合理的内容。

8. 科学性原则

决策科学化，就是要求决策者在作出决策时，必须以科学的资料为依据，按照一定的科学程序和方法，排除个人的猜测、偏见或武断，科学性原则是一系列决策原则的综合体现。决策科学性的基本要求表现在：决策思想科学化、决策程序科学化、决策方法科学化、决策体制科学化。

9. 反馈性原则

反馈性原则是指将实际情况变化和决策付诸行动后的效果，及时反馈给决策者，以便对方案及时调整。

所有这些原则都是指导决策活动的总体的、基本的原则，而不是决策过程中某个环节或个别决策类型的具体原则。管理者需要把握这些原则的基本精神，并紧密联系工作实践，以便不断提高决策水平。

第三节　决策分析的基本步骤

一个合理、科学的决策过程必须包括以下五个步骤：问题分析；确定目标；拟定方案；选择方案；实施方案。这五个步骤及相互间的关系，如图 8-3 所示。

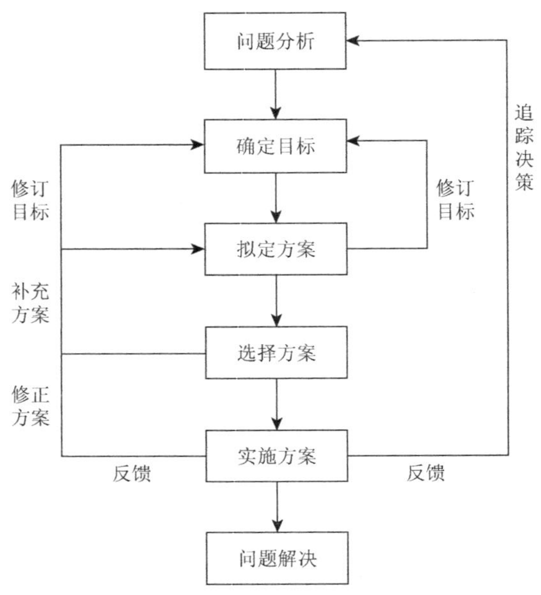

图 8-3　决策分析过程的一般步骤

1. 问题分析

决策是为了解决组织面临的一定问题而作出的，人们只有发现问题后，才会去想办法解决问题，即为什么决策？决策什么？因此，决策者首先要研究组织的现状，发现存在的问题。

发现问题在决策过程中是比较难的，需要不断地对组织与环境状况进行深入的调查研究和创造性的思考才能做到。发现问题后还必须对问题进行分析，确定所要解决问题的基本特性，包括要弄清问题的性质、范围、程度、影响、后果、起因等各个方面，如决策问题包含着哪些主要因素，各要素之间的相互关系，以及与外界环境之间的相互关系等。

2. 确定目标

决策目标是在一定环境和条件下所希望达到的某种结果。针对发现的问题，组织需要研究是否要采取决策行动，采取何种行动，必须达到何种的效果等。明确决策目标，不仅为方案的制订和选择提供了依据，而且为决策的实施和控制、组织资源的分配和各种力量的协调提供了标准。此外，同样的问题，目标不同，采取的决策方案可能就会不同，因此在确定目标时，必须把要解决问题的性质、结构及未解决的原因分析清楚，有针对性地确定出合理的决策目标。

合理的决策目标应能满足以下两条基本要求：

(1)含义准确，易于评估；

(2)既具有现实的可能性，又富于挑战性。

3. 拟订方案

分析目标实现的可能途径，拟定行动方案是决策重要的一步。拟定行动方案是一个创新过程，必须广泛搜集与决策对象及环境有关的各种信息，拓展思路，从多角度预测各种可能达到目标的途径，拟定出新颖可行的多种不同行动方案以供比较和选择。

4. 选择方案

在完成了以上几个步骤后，最后根据预定的决策目标和所建立的决策准则，对各行动方案进行比较，从中选出最优行动方案。决策方案不但必须在技术上和经济上可行，而且应当考虑社会、政治、文化等方面的因素，此外，还应考虑在环境发生预料中的变化时，可以启用的备用方案，以避免临时仓促应变可能造成的混乱。

5. 实施方案

方案确定以后，就应当积极组织实施。在实施过程中，需要加强监督，及时反馈信息，当发生偏差或出现与预测有较大的出入时，应根据新情况及时修正或更换行动方案。对于重大决策，由于其实施往往需要投入大量的人力与物力，如果出现决策方案或目标错误，全面实施决策就会造成巨大损失。为此，应该对重大决策在普遍实施之前，进行局部试验，以验证其可靠性，通过试点，如果确实可行再进行推广。对于那些不宜或无法进行试验的决策方案，则应在实施过程中，加强管理与控制。发现问题，及时反馈，以便尽快采取补救措施。

第四节 决策分析方法概述

决策分析是一门年轻的学科，其产生和发展主要由两条主线展开，最后交叉汇合后形成的。一条主线是统计决策，美国哥伦比亚大学教授瓦尔德(A.Wald)把关于假设检验和参数估计的经典统计理论加以概括，将不确定意义下的决策科学也包括在统计学范围之内，于 1939 年创立了统计决策理论，该理论弥补了过去统计理论的缺陷。经过 20 世纪 40 年代和 50 年代的发展，统计决策科学逐渐形成，到 60 年代，统计决策的理论和方法得到迅速发展，并在社会经济活动过程中得到广泛的应用。20 世纪 40 年代，冯·诺依曼(Von Neumann)和摩根斯坦(Morgenstern)发表了著作《对策论和经济行为》，在古典效用概念基础上，提出了现代效用理论。20 世纪 50 年代，萨维奇(L.J.Savage)运用统计分析方法研究决策问题，建立贝叶斯决策理论。此后许多学者在决策理论方法领域作了大量的研究工作，如序贯决策、多目标决策、群决策等，决策理论逐渐形成一门新兴学科，并得到不断充实、完善及发展。

另一条主线是管理科学，第二次世界大战后，随着现代生产和科学技术的高度分化与高度综合，企业的规模越来越大，特别是跨国公司不断的发展，这种企业不仅经济规模庞大，而且管理十分复杂。同时，这些大企业的经营活动范围超越了国界，使企业的外部环境发生了很大的变化，面临着更加动荡不安和难以预料的政治、经济、文化和社会环境，在这种情况下，对企业整体的活动进行统一管理就显得非常重要，促使管理科学进入深入发展的新阶段。在这一时期，美国学者巴纳德(C.I.Barnard)和斯特恩(E.Stene)在管理科学中首次提出了决策的概念。20 世纪 50 年代，美国卡内基大学教授西蒙(H.A.Simon)发表《管理决策新科学》等一系列著作，突出了决策在管理中的核心地位。20 世纪 60 年代，经济学家阿罗(K.Arrow)发表著作《社会选择和个人价值》，他的不可能定理对群决策和社会选择领域的研究起着重要作用，使决策理论研究进入更新、更广泛的领域。在决策理论方法的发展历程中，两条主线相互交叉和促进，使该学科无论是在理论方法还是应用方面的研究，均取得了长足的进步。许多学者充分吸收系统科学、行为科学、运筹学、统计学和计算机科学的内容和方法，使决策科学在广度和深度方面，都得到了充分发展，逐渐形成了现代决策理论的框架和基础，发展起来各种类型的决策方法。然而由于现实世界决策的复杂性，决策理论远未成熟，有待进一步发展和完善。

1. 多目标决策

多目标决策(multi-objective decision-making，MODM)问题最早是由法国经济学家帕累托于 1896 年从政治经济学角度提出的。1944 年冯·诺依曼和摩根斯坦从对策论的角度提出了几个由多个决策者、彼此之间有相互矛盾的 MODM 问题。1951 年库普曼从生产和分配的活动分析中提出了 MODM 问题，并首次使用了“有效向量”这个概念，即，现代 MODM 中“非控解”的概念。1961 年由 Charnes 和 Cooper 引入的目标规划是早期的 MODM 方法，其准则是使目标值和实际达到值两者之间差的绝对值之和达到最小。1963 年扎德从控制论的角度提出了 MODM 问题，20 世纪 70 年代末，萨蒂（T. L. Saaty）提出的层次分析（analytic hierarchy process，AHP）法可以把定性目标定量化，同时对多目标问题的准则，或对 MODM 方案或策略(一般有限、离散)的优劣进行排序。1985 年，邓聚龙教授提出灰靶决策模型，开创了不确定型决策的一个新领域。

2. 群决策

早期群决策理论的基本原则是：决策群体的最优选择应该是使社会福利达到极大，或群体效用极大。法国数学家 Borda 在 1781 年提出了群体对方案排序的 Borda 规则。1944 年冯·诺依曼和摩根斯坦对多人对策问题效用函数进行了研究。1951 年诺贝尔经济学奖得主阿罗提出了著名的不可能定理，这一结果为群决策奠定了重要的理论基础。阿罗不可能定理是指，如果众多的社会成员具有不同的偏好，而社会又有多种备选方案，那么在民主的制度下不可能得到令所有的人都满意的结果。20 世纪 70 年代以后，群决策研究主要分别由两类学者沿两条不同的途径进行：一条途径是社会心理学家通过实验的方法，观察分析群体相互作用对选择转移的影响；另一条途径是经济学家对个体偏好数量集结模型的研究。20 世纪 80 年代，群决策理论拓展为几个研究领域：偏好分析、群效用理论、社会选择理论、委员会决策理论、投票理论、一般对策论、专家评估分析、量化因子集结、模糊群体决策理论、经济均衡理论，以及群决策支持系统等。20 世纪 90 年代，计算机技术、网络通信技术的发展，促进了群决策的进一步发展。

3. 主从递阶结构决策

一般地，高一级决策机构自上而下地对下一级若干决策机构行使某种控制、引导权，而下一级决策机构在这一前提下，亦可以在其管理范围内行使一定的决策权，虽然这种决策权比较起来处于从属的地位。在这种多层次决策系统中，最终的决策结果往往是寻求使各层决策机构之间达到某种协调的方案，具有以上特征的决策称为主从递阶结构决策。

4. 软计算决策

软计算决策是指灰色系统、粗糙集、模糊集、遗传算法和神经网络等软计算技术及其优势互补杂合的决策。这些软计算方法旨在开采人们决策过程中的不精确性、不确定性、近似推理及部分正确性，以便获得易处理的、功能强大的、低成本的，且与人类决策行为极其类似的解决方法。

随着 Internet 和数据库技术的迅猛发展和广泛应用，KDD(knowledge discovery in database)和数据挖掘(data mining)已成为当前人工智能和数据库技术的一个活跃的研究领域。KDD 旨在发现数据中隐藏的、以前未知的、潜在有用的知识，本质上是在大的数据集合中寻找数据间的规则及普遍模式。数据挖掘可以视为用来发现这些规则和模式的方法。依托数据库所进行的不确定型多属性决策已成为现代决策科学的一个重要组成部分，它广泛应用于社会、经济、管理及工程设计等众多领域。从金融业到制造业，越来越多的公司正依赖于巨量的数据分析获得竞争优势，知识已成为社会生活和生产的第一推动力。例如，应用数据挖掘技术帮助解决商场货物摆放决策问题，著名的“啤酒与尿布”案例便是一个成功的例子。面对复杂的不确定型决策问题，试图完全用数学模型进行精确刻画几乎是不现实的，即使对某些问题可行，但求解与分析也是非常困难的。为了帮助人们智能化地分析数据，自动地分析一些事例，出现了新一代的软技术工具，如粗糙集理论、模糊集理论、神经网络与灰色系统等。

管理活动是由一系列决策组成的，在市场竞争非常激烈的今天，无论企业或个人都经常会遇到复杂的不确定型决策问题，需要分析与处理决策问题中多种不确定性情况，如随机性、模糊性、偏好性、粗糙性和灰性等，并快速作出决策。不确定型决策问题普遍存在于管理科学、信息科学、系统科学、计算机科学、知识工程及可靠性技术等众多领域中。由于现实世界中的许多不确定性问题过于复杂，以致不能用任何解析的、精确的模型来描述，精确的度量和控制的硬技术方法在处理这样复杂的问题时往往难以奏效。软计算技术和人类思维推理与学习的非凡能力相匹配，充分应用了人类的直觉知识，是解决不确定型决策问题的有效方法。与处理精确的、确定的且严格的硬技术方法相比较，软计算技术在获取不精确的或次最优的，但在经济的解决方法方面却是有效的，且可与硬技术匹敌。由于软计算技术的独特功能，软计算技术可为经济与管理的不确定型决策问题提供多种科学、规范、有效的决策方法，解决经济与管理领域中迫切需要解决的许多不确定型决策问题；获取的有价值的知识不仅可用于指导实践，而且可为管理层提供决策建议，提高管理者的决策水平和管理水平。决策方法的发展脉络如图 8-4 所示。

决策方法的主要发展趋势如下：

(1)建立决策公理化体系，如决策及其解的定义、知识和理论方法的公理化建设等。

(2)多目标规划理论(向量极值)已深入到一般偏序和无限维目标的抽象空间中，新的更实用的决策模式与方法将兴起。

(3)把计算机专家系统和多目标决策结合起来，研究具有自动决策支持功能的专家系统、计算机支持协作工作；多目标动态决策、时序决策、信息不对称决策、风险型(不确定型)决策和非线性决策等问题。

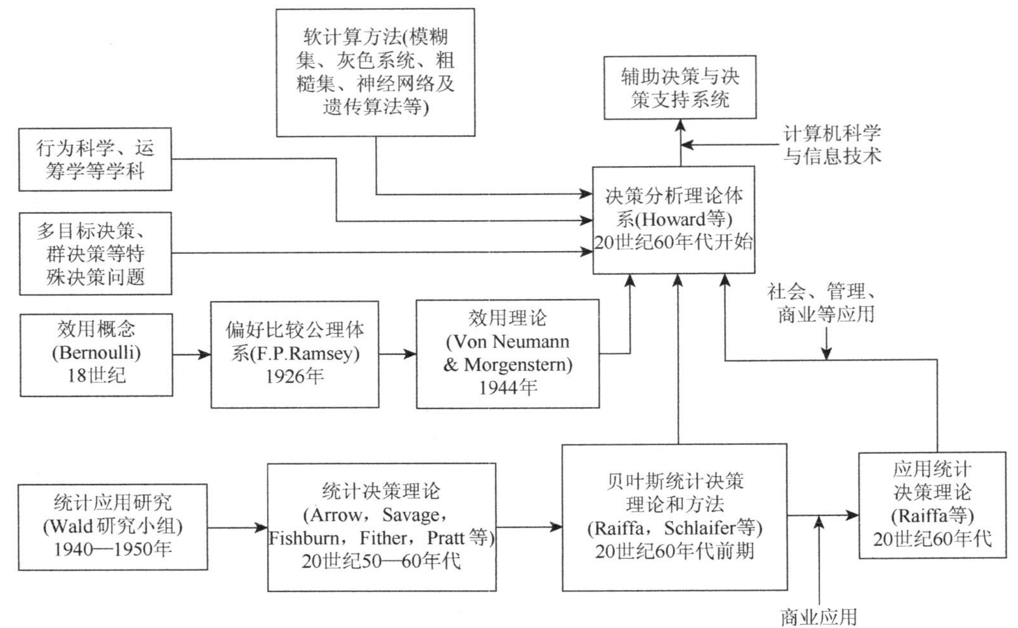

图 8-4　决策方法的发展脉络图

此外，随着熵与混沌理论、合理预期学说、心理行为科学、认知科学和经济学等在决策理论中的渗透，支持决策者对半结构化和非结构化问题作有效决策的决策支持系统的发展，决策科学将被更广泛地应用到国民经济各个领域，如金融市场的风险分析、社会福利(保险)和社会选择问题的决策分析、高科技和统计决策风险分析等。

习题与思考题

1. 什么是决策，决策分析的典型特征有哪些？
2. 20 世纪 80 年代以后的决策分析研究有何特色？
3. 决策分析的基本要素有哪些？
4. 决策分析有哪些分类方法？
5. 科学决策应该遵从哪些原则？
6. 简述决策分析的一般程序。
7. 常见的决策分析方法有哪些？

第九章　确定型决策分析

要点

(1)确定型决策分析方法;

(2)盈亏决策分析方法;

(3)多方案投资决策方法。

学习要求　熟悉确定型决策的过程及步骤;掌握盈亏决策分析的基本理论方法;掌握独立型投资方案决策的静态、动态评价方法;掌握互斥型投资方案决策的主要评价方法。

确定型(certainty)决策亦称标准决策或结构化决策,是指决策环境完全确定的,按照既定目标和决策准则选定方案的决策。确定型决策可采用单纯的优选法,根据已掌握的数据,直接进行比较,选取所需方案;或者根据问题需要,建立一定的、与实际情况尽可能相符的数学模型,经过运算优选出满意的行动方案。

第一节　确定型决策分析概述

确定型决策分析是指决策者对所决策问题的未来情况有清晰的把握,决策过程的结果完全由决策者所采取的行动决定的一类方法。确定型决策的相关条件均能准确地列举,只有一种确定的自然状态,每种决策只可能有一种后果。例如,企业在确定状态下的库存管理、生产日程计划或设备计划等的决策都属于确定型决策。

一、确定型决策的过程与步骤

确定型决策的特点为,决策问题的每一个自然状态变量 q=常量,概率 $p(q)=1$,决策者能够完全确定今后将会发生哪种状态,一个方案 x_i 只可能出现一种后果 $c(x_i)$。

1. 确定型决策的过程

确定型决策的过程是指在不考虑风险和不确定因素的条件下,从一个或多个备选方案中作出选择的过程。了解这些可供选择的备选方案,并且明确评估决策可能会造成重大影响的一个或者多个合理标准,是进行决策的第一步。决策方案代表决策者作出的一系列选择,它们可能是一组简单的静态决策,如物流公司从 6 个可能的地点中选择 1 个最佳的地址,或者从 5 份企业营销策划方案中选择 1 份;有时也可能是一组复杂的动态决策,例如,在新产品的销售中,营销管理者必须决策是否对新产品进行试销,进而根据试销结果决策是继续进行更多的试销,还是开始全面上市销售,或者将该产品从长期销售计划中撤出。在不同情况下,管理者需要列出各种可能的选项。制订可行的决策方案首先要进行一些预先筛选(或许会用到优化模型)。例如,依据总分销成本,一家公司对根据优化模型确定的潜在厂址用地进行敏感性分析。然而,作出的最终决策通常包含了许多定性因素,如劳动力供给、税收优惠、环境规制、未来不确定因素等。管理者必须确定他们已经考虑到了所有可能的选项，以确保“最好的”选择包括在备选方案列表之中，要求管理者通过丰富的创造力来确定那些通常不会被考虑到的特殊选项，并排除个人偏好，直接进入寻找考虑创新型备选解决方案的过程中，在备选方案确定之后，需要制定适合的决策准则来评估它，如决策准则为使净收益、社会效益最大化，或者使成本、损失最小化等。

2. 确定型决策分析的条件

确定型决策分析需要满足如下条件：

(1) 存在决策者期望达到的明确目标(收益大或损失小等)；

(2) 只存在一个确定的自然状态；

(3) 存在着可供选择的两个或两个以上的行动方案；

(4) 可以计算出各种方案在确定自然状态下的损益值。

确定型决策一般用于程序化的管理性或业务性的决策。

3. 确定型决策分析的步骤

确定型决策分析的一般步骤如下：

第一步，明确决策目标，收集与决策问题相关的信息；

第二步，确定存在的自然状态 x_i；

第三步，列出可供选择的不同方案 $A=\{a\}$；

第四步，确定损益函数 $R(a, x_i)$；

第五步，建立决策数学模型，通常给出决策表；

第六步，确定决策准则，搜寻最优方案。

二、应用分析

1. 直观判断法

直观判断法是指决策的因素很简明，无须复杂的计算，可以直接选择出最优方案的决策方法。

例 9.1.1 某企业生产所需的原材料可从 A、B、C 三地购得，A、B、C 三地距该企业的距离相等，运费相同，A、B、C 三地的同种原材料价格如表 9-1 所示，该企业应从何地购进原材料是最佳方案？

表 9-1 三地同种原材料价格

产地	*A*	*B*	*C*
价格/(元/吨)	2000	2600	2900

解 在其他条件相同的情况下选择价格最低的，即选择从 A 地购进原材料是最佳方案。

2. 线性规划法

线性规划法是研究在线性约束条件下，使一个线性目标函数最优化的理论和方法。线性规划法在经营决策中常用于解决利润最大、成本最低、时间最省、资源调配最合理等问题。

例 9.1.2 某企业生产甲、乙、丙、丁四类产品，A、B 两个生产车间每日生产能力、每件产品的利润，以及生产各类产品所需要的设备台时数如表 9-2 所示，问如何组织生产可使企业的利润最大？

表 9-2　设备台时数　（单位：时数）

车间	产品类型				生产能力
	甲	乙	丙	丁	
A	8	18	14	20	3600
B	2	2	6	80	2400
利润/元	24	40	36	80	

解　用线性规划法求解如下。

(1) 设定决策变量。

设 X_1、X_2、X_3、X_4 分别为四类产品的计划产量，Z 为利润。

(2) 建立目标函数 max。

(3) 建立约束方程

$$\begin{cases} 8X_1+18X_2+14X_3+20X_4 \leqslant 3600 \\ 2X_1+2X_2+6X_3+80X_4 \leqslant 2400 \\ X_j \geqslant 0(j=1,2,3,4) \end{cases}$$

(4) 求解。

解得 $X_1=400$，$X_2=0$，$X_3=0$，$X_4=20$。

因此目标函数的最佳值为

$$\max f(Z)=24\times400+80\times20=11200\text{（元）}$$

即甲产品生产 400 件，乙产品、丙产品不生产，丁产品生产 20 件，可获得最大利润为 11200 元。

3. 成本最小准则法

成本最小准则法是指以成本最小化为决策准则的决策方法。

例 9.1.3　以成本最小化为决策准则，确定使采购费用和库存费用最小的每批采购量。

解　设 C：采购与库存总费用，q：每批采购量，C_p：采购费用，C_s：库存费用，C_f：每次采购成本，n：采购次数，Q：原料总需求量，C_d：单位原料的库存费用，v：平均库存量，则

$$\min_q C=C(q)=C_p+C_s$$

其中：

$$C_p=C_f\times n=C_f\times\frac{Q}{q},\quad C_s=C_d\times v=C_d\times\frac{q}{2}$$

令 $\frac{\partial C}{\partial q}=0$，求得最佳采购批量为

$$q=\sqrt{\frac{2QC_f}{C_d}}$$

第二节　盈亏决策分析

盈亏平衡分析是由美国哥伦比亚大学特劳赫(W. Rauthstrauch)教授在20世纪30年代提出的一种分析项目成本与收益间平衡关系的方法。它通过对产量、成本和利润的综合分析建立三者之间关系的数学模型，掌握企业经营的盈亏界限，确定企业的盈亏平衡产量和最优生产规模，以便作出合理的决策。

一、盈亏决策分析的基本原理

成本、销售量、产品价格、项目寿命期等各种不确定因素的变化会影响投资方案的经济效果，当这些因素的变化达到某一临界值时，就会影响方案的取舍。盈亏平衡分析的目的就是找出这种临界值，即盈亏平衡点(break even point，BEP)，判断投资方案对不确定因素变化的承受能力，为决策提供依据。盈亏平衡分析的原理，如图9-1所示。

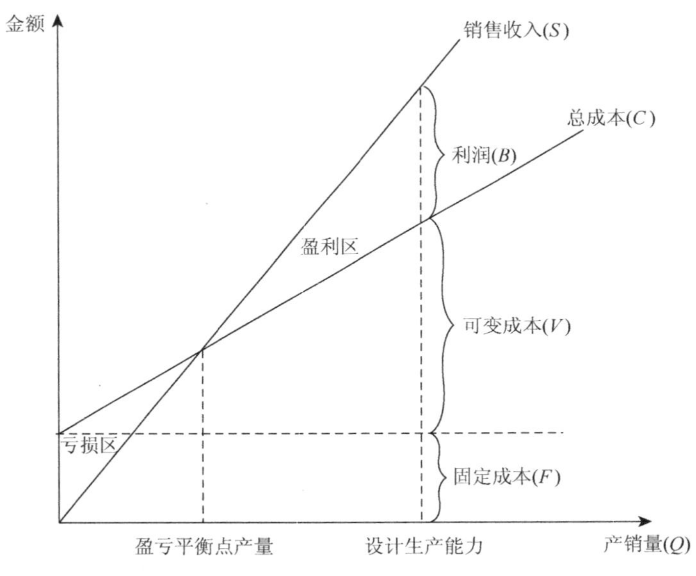

图9-1　盈亏平衡分析图

图9-1中，横轴表示产销量(生产量等于销售量)，纵轴表示金额(如费用、销售收入)等。假定在一定时期内，产品价格不变时，销售收入S随产销量的增加而增加，呈线性函数关系，在图形上就是以零为起点的斜线。产品总成本C是固定总成本和变动总成本之和，当单位产品的变动成本不变时，总成本也呈线性变化。

从图9-1可知，销售收入线与总成本线的交点是盈亏平衡点(BEP)，也称为保本点，表明技术方案在此产销量下总收入与总成本相等，既没有利润，也不发生亏损。在此基础上，增加产销量，销售收入超过总成本，收入线与成本线之间的距离为利润值，形成盈利区；反之，形成亏损区。

盈亏平衡分析是通过计算技术方案达到年盈亏平衡点，分析技术方案成本与收入的平衡关系，判断技术方案对不确定性因素导致产销量变化的适应能力和抗风险能力。技术方案盈亏平衡点的表达形式有多种。可以用绝对值表示，如以实物产销量、单位产品售价、单位产品的可变成本、年固定总成本，以及年销售收入等表示的盈亏平衡点；也可以用相对值表示，如以生产能力利用率表示的盈亏平衡点。其中以产销量和生产能力利用率表示的盈亏平衡点应用最为广泛。盈亏平衡点一般采用公式计算，也可利用盈亏平衡分析图求得。

1. 总成本、固定成本与可变成本

根据成本费用与产量（或工程量）的关系可以将技术方案总成本费用分解为可变成本、固定成本和半可变（或半固定）成本。

1）固定成本

固定成本是指在技术方案一定的产量范围内不受产品产量影响的成本，即不随产品产量的增减发生变化的各项成本费用，如工资及福利费（计件工资除外）、折旧费、修理费、无形资产及其他资产摊销费、其他费用等。

2）可变成本

可变成本是指随技术方案产品产量的增减而成正比变化的各项成本，如原材料、燃料、动力费、包装费和计件工资等。

3）半可变（或半固定）成本

半可变（或半固定）成本是指介于固定成本和可变成本之间，随技术方案产量增长而增长，但不成正比例变化的成本，如与生产批量有关的某些消耗性材料费用、工模具费及运输费等，这部分可变成本随产量变动一般是呈阶梯形曲线。由于半可变（或半固定）成本通常在总成本中所占比例很小，在技术方案经济效果分析中，为便于计算和分析，可以根据行业特点情况将产品半可变（或半固定）成本进一步分解成固定成本和可变成本。长期借款利息应视为固定成本；流动资金借款和短期借款利息可能部分与产品产量相关，其利息可视为半可变（或半固定）成本，为简化计算，一般也将其作为固定成本。

综上所述，技术方案总成本是固定成本与可变成本之和，它与产品产量的关系也可以近似地认为是线性关系，即

$$C = F + C_u Q \tag{9-1}$$

式中：C 为总成本，F 为固定成本，C_u 为单位产品变动成本，Q 为产量（销售量）。

2. 销售收入、营业税金及附加

1）销售收入

技术方案的销售收入与产销量的关系有两种情况。

（1）该技术方案的生产销售活动不会明显地影响市场供求状况，假定其他市场条件不变，产品价格不会随该技术方案的销量的变化而变化，可以看作一个常数，销售收入与产销量呈线性关系。

（2）该技术方案的生产销售活动将明显地影响市场供求状况，随着该技术方案产销量的增加，产品价格有所下降，这时销售收入与产销量之间不再是线性关系。为简化计算，这里仅考虑销售收入与产销量呈线性关系的情况。

2）营业税金及附加

由于单位产品的营业税金及附加是随产品的销售单价变化而变化的，为便于分析，将

销售收入与营业税金及附加合并考虑。

经简化后，技术方案的销售收入是产销量的线性函数，即

$$S = P \times Q - T_u \times Q \tag{9-2}$$

式中：S 为销售收入，P 为单位产品售价，T_u 为单位产品营业税金及附加(当投入、产出都按不含税价格时，T_u 不包括增值税)，Q 为销售量。

3. 线型盈亏平衡分析模型

企业的经营活动，通常以生产数量为起点，而以利润为目标。在一定期间把成本总额分解简化成固定成本和变动成本两部分后，再同时考虑收入和利润，使成本、产销量和利润的关系统一于一个数学模型。这个数学模型的表达形式为

$$B = S - C \tag{9-3}$$

式中：B 为利润；S 为销售收入。

为简化数学模型，对线型盈亏平衡分析作如下假设：

(1) 生产量等于销售量，即当年生产的产品或提供的服务，当年销售出去；

(2) 产销量变化，单位可变成本不变，总生产成本是产销量的线性函数；

(3) 产销量变化，销售单价不变，销售收入与产销量呈线型关系；

(4) 只生产单一产品，或者当生产多种产品时，产品结构不变，且都可以换算为单一产品计算。

根据上述假设，将式(9-1)、式(9-2)代入式(9-3)，可得

$$B = P \times Q - C_u \times Q - F - T_u \times Q \tag{9-4}$$

其中：Q 为产销量(即生产量等于销售量)。

式(9-4)清晰表达了量本利之间的数量关系，是基本的损益方程式。它含有相互联系的 6 个变量，给定其中 5 个，便可求出另一个变量的值。

4. 盈亏平衡分析指标

1) 盈亏平衡产销量 BEP(Q)

从图 9-1 可以看出，当企业在小于盈亏平衡点产量情况下组织生产，则技术方案亏损；在大于盈亏平衡点产量情况下组织生产，则技术方案盈利。显然盈亏平衡点产量 BEP(Q)是表达盈亏平衡点的一个重要指标。盈亏平衡点产销量计算公式如下

$$\text{BEP}(Q) = \frac{F}{P - C_u - T_u} \tag{9-5}$$

式中：BEP(Q)为盈亏平衡点时的产销量，F 为年固定成本，C_u 为单位产品变动成本，P 为单位产品售价，T_u 为单位产品营业税金及附加。由于单位产品营业税金及附加常常是单位产品销售价格与营业税金及附加税率的乘积，故式(9-5)又可表示为

$$\text{BEP}(Q) = \frac{F}{P(1-r) - C_u} \tag{9-6}$$

式中：r 为营业税金及附加的税率。

对技术方案运用盈亏平衡点分析时应注意：盈亏平衡点要按技术方案投产达到设计生产能力后正常年份的产销量、变动成本、固定成本、产品价格、营业税金及附加等数据来

计算，而不能按计算期内的平均值计算。正常年份一般选择还款期间的第一个达产年和还款后的年份分别计算，以便分别给出最高和最低的盈亏平衡点的区间范围。

2）生产能力利用率

BEP（E）表示盈亏平衡点时的生产能力利用率，是指盈亏平衡点产销量占技术方案正常产销量的比重。所谓正常产销量，是指正常市场和正常开工情况下，技术方案的产销数量。在技术方案评价中，一般用设计生产能力表示正常产销量。

$$\mathrm{BEP}(E)=\frac{\mathrm{BEP}(Q)}{Q_C}\times 100\% \tag{9-7}$$

其中：Q_C为正常产销量或技术方案设计生产能力。

进行技术方案评价时，生产能力利用率表示的盈亏平衡点通常根据正常年份的产销量、变动成本、固定成本、产品价格和营业税金及附加等数据来计算，即

$$\mathrm{BEP}(E)=\frac{F}{S_n-C_n-T_n}\times 100\% \tag{9-8}$$

式中：BEP（E）为盈亏平衡点时的生产能力利用率；S_n为年营业收入；C_n为年可变成本；T_n为年营业税金及附加。

由式（9-7）可得

$$\mathrm{BEP}(Q)=\mathrm{BEP}(E)\times Q_C \tag{9-9}$$

3）盈亏平衡单位产品变动成本

若按设计能力进行生产和销售，且销售价格已定，则盈亏平衡单位产品变动成本为

$$\mathrm{BEP}(C_u)=P-\frac{F}{Q_C} \tag{9-10}$$

4）盈亏平衡销售价格

若按设计能力进行生产和销售，则盈亏平衡销售价格为

$$\mathrm{BEP}(P)=C_v+\frac{F}{Q_C} \tag{9-11}$$

显然，产销量表示的盈亏平衡点等于生产能力利用率表示的盈亏平衡点乘以设计生产能力。盈亏平衡点反映了技术方案对市场变化的适应能力和抗风险能力。从图 9-1 中可以看到，盈亏平衡点越低，达到此点的盈亏平衡产销量就越少，技术方案投产后盈利的可能性越大，适应市场变化的能力越强，抗风险能力也越强。

平衡分析能够粗略地衡量项目的风险，了解产量、成本和营业收入之间的关系。通过盈亏平衡分析，管理者在判断一种新出现的费用时，可以集中精力考虑所需的活动量。这种方法可以解决很多运营问题，例如，依据盈亏平衡分析，管理者就能够决定是否放弃生产线上现有的某种产品，是否更换设备，或者购买零件还是自己制造等。

盈亏平衡分析的局限性主要体现在以下四方面：

第一，由于盈亏平衡分析特别是线型盈亏平衡分析是建立在一系列假设条件上的，如果假设条件与实际出入很大，那么分析结果很难准确。

第二，盈亏平衡分析仅仅是讨论价格、成本、产量等不确定性因素的变化对工程盈利水平的影响，却不能从分析中判断项目实际盈利能力的大小。

第三，盈亏平衡分析虽然能对项目的风险进行分析，但难以定量测度风险的大小。

第四，盈亏平衡分析是一种静态分析，没有考虑资金的时间价值因素和项目计算期的现金流量的变化，因此，其计算结果和结论是比较粗略的。

二、盈亏分析的应用实例

例 9.2.1　某工业项目年设计生产能力为生产某种产品 4 万件，单位产品售价 4000 元，总成本费用为 9600 万元，其中固定成本 4000 万元，总变动成本与产品产量成正比，求以产量、生产能力利用率、销售价格、单位产品变动成本表示的盈亏平衡点。

解　(1) 单位产品变动成本

$$C_u = \frac{C-F}{Q_C} = \frac{(9600-4000)\times 10000}{40000} = 1400(\text{元/件})$$

(2) 盈亏平衡产销量

$$\text{BEP}(Q) = \frac{F}{P-C_u} = \frac{4000\times 10^4}{4000-1400} = 15385(\text{件})$$

(3) 盈亏平衡点时的生产能力利用率

$$\text{BEP}(E) = \frac{\text{BEP}(Q)}{Q_C}\times 100\% = \frac{15385}{4\times 10^4}\times 100\% = 38.5\%$$

(4) 盈亏平衡销售价格

$$\text{BEP}(P) = C_u + \frac{F}{Q_C} = 1400 + \frac{4000\times 10^4}{4\times 10^4}2400(\text{元/件})$$

(5) 盈亏平衡单位产品变动成本

$$\text{BEP}(C_u) = P - \frac{F}{Q_C} = 4000 - \frac{4000\times 10^4}{4\times 10^4} = 3000(\text{元/件})$$

通过计算盈亏平衡点，结合市场预测，可以对投资方案发生亏损的可能性作出粗略判断。在例 9.2.1 中，如果未来的产品销售价格及生产成本与预期值相同，项目不发生亏损的条件是年销售量不低于 15385 件，生产能力利用率不低于 38.5%；如果按设计能力进行生产并能全部销售，生产成本与预期值相同，项目不发生亏损的条件是产品价格不低于 2400 元/件；如果销售量、产品价格与预期值相同，项目不发生亏损的条件是单位产品变动成本不高于 3000 元/件。

例 9.2.2　某企业生产某种产品，在设备更新前其产品的售价为 16 元，每件产品可变成本为 8 元，每月固定成本费用为 3200 元。如果更新设备，则每月需增加固定成本 600 元，但由于先进设备的引进，单位可变成本降为 6 元，试作出决策，该企业的设备是否应更新？

解　设 C_1，C_2 为设备更新前后的总成本，q 为总销售量，R 为销售总利润，则

销售总利润：$R=16\cdot q$；

设备更新前总成本：$C_1=3200+8\cdot q_1$；

设备更新后总成本：$C_2=3800+6\cdot q_2$；

设备更新前后的盈亏平衡点销售量分别为

$$16\, q_1=3200+8\cdot q_1,\quad 求得\ q_1=400(\text{件})$$

$$16q_2=3800+6q_2,\quad 求得\ q_2=380(件)$$

据上述绘制的设备更新前后的盈亏平衡图如图 9-2 所示。盈亏平衡点只能分析设备更新前后要保本分别应达到的产量，并不能比较两个方案利润的大小。因为两个方案收入相同，只是成本不同，只需比较其成本，成本低的方案利润大。

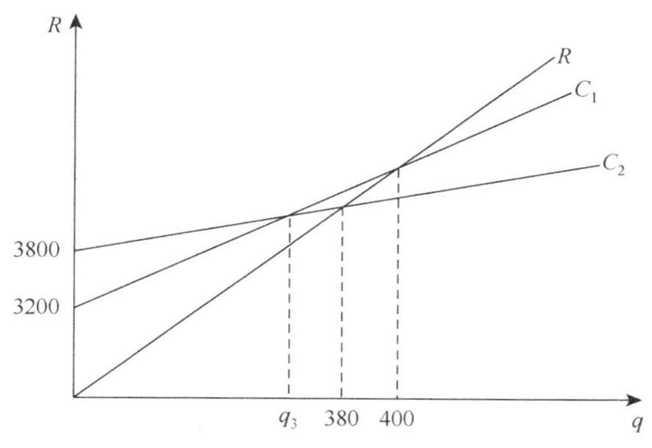

图 9-2　设备更新前后的盈亏平衡图

令 $C_1=C_2$，即 $3200+8q_3=3800+6q_3$，可得 $q_3=300$。

依据图 9-2，若产销量 $q<300$ 件，更新设备比不更新设备方案亏损更大，应选择保留原设备；

当 $380>q>300$ 时，$R-C_2>R-C_1$，更新后的成本略低于更新前的成本，但厂家仍与更新前一样会有亏损，应根据该厂的实际情况作慎重考虑。

当 $380<Q<400$ 时，更新设备则方案盈利，而不更新设备则方案亏损，应选择更新设备；

当 $q>400$ 时，更新设备与不更新设备方案均会盈利，且更新设备后的盈利空间更大，应选择更新设备。

第三节　多方案投资决策

独立方案投资决策的评价指标，按其是否考虑时间因素可分为两大类：静态评价指标(不考虑时间因素)和动态评价指标(考虑时间因素)。在实际项目的经济评价中，往往需要在多个备选方案中进行比较和选择。对于多方案的比选，除了独立方案的经济效益评价指标外，还可以运用多方案的评价指标，如相对投资回收期、差额内部收益率等。事实上，多方案的评价指标是独立方案的经济效益评价指标的进一步应用。此外，多方案比选的方法与备选方案之间关系的类型有关。不同类型的备选方案，其使用的评价方法不同。

一、独立型投资方案决策

独立型投资方案决策是指各方案间不具有排他性，在一组备选的技术方案中，采纳某一方案并不影响其他方案的采纳。对于独立方案来说，经济上是否可行的依据是其绝对经济效果是否优于一定的标准，独立方案的采纳与否，只取决于方案自身的经济效果，因此独立方案的评价与单一方案的评价方法相同。只要方案通过了自身的“绝对经济效果检验”，即可以认为它们在经济效果上是可以接受的，否则应予以拒绝。只要资金充裕，凡是能通过自身效果检验(绝对效果检验)的方案都可采纳。独立型投资方案决策的常用的方法有：净现值法、净年值法、内部收益率法及投资回收期等，而且采用这些评价方法的评价结论是一致的。

1. 资金的等值计算

在投资方案决策中，无论是技术方案所发挥的经济效益还是所消耗的人力、物力和自然资源，最后都是以资金的形式表现出来的。资金流动反映了物化劳动和活劳动的运动过程，这个过程实质上也是资金随时间流动的过程。资金的价值是随时间变化而变化的，是时间的函数，随时间的推移而增值，其增值的这部分资金就是原有资金的时间价值。

资金有时间价值，即使金额相同，因其发生在不同时间点，其价值就不相同。反之，不同时间点绝对值不等的资金在时间价值的作用下却可能具有相等的价值。这些不同时期、不同数额但其价值相等的资金称为等值，又叫等效值。资金等值计算公式和复利计算公式的形式是相同的。常用的等值计算公式和复利计算公式有一次支付的终值和现值计算公式，等额支付系列的终值、现值、资金回收和偿债基金计算公式。

1)一次支付的终值和现值计算

一次支付又称整付，是指所分析系统的现金流量，无论是流入或是流出，分别在时间点上只发生一次，如图 9-3 所示。一次支付情形的复利计算式是复利计算的基本公式。

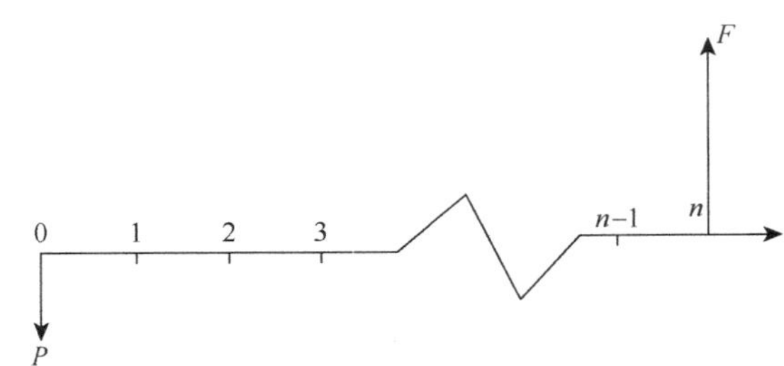

图 9-3　一次支付现金流量图

设折现率为 i，n 年年末的资金为 F 元，则这笔资金在期初的价值 P 称为现值。

$$F = P(1+i)^n = P(F/P,i,n) \tag{9-12}$$

其中：$P(F/P,i,n)$称为整付现值系数，可通过查整付现值系数表求得。求现值的过程称为折现，折现率 i 也称为基准收益率。

例 9.3.1　某企业向银行借款 1000 万元，借款年利率为 i=10%，试问 5 年年末该企业应向银行还款多少？

解　按式(9-12)计算得

$$F = P(1+i)^n=1000\times(1+10\%)^5=1000\times1.61051=1610.51(\text{万元})$$

也可以查$(F/P,i,n)$系数表，得$(F/P,i,n)$=1.61051，则

$$F=P(F/P,i,n)=1000\times1.61051=1610.51(\text{元})$$

由式(9-12)的逆运算即可得出现值 P 的计算式为

$$P=\frac{F}{(1+i)^n}=F(1+i)^{-n}=F(P/F,i,n) \tag{9-13}$$

式中：$(1+i)^{-n}$ 称为一次支付现值系数，用符号 $(P/F,i,n)$ 表示。在投资方案分析中，一般是将未来值折现到基期。计算现值 P 的过程叫“折现”或“贴现”，其所使用的利率常称为折现率或贴现率。故 $(1+i)^{-n}$ 或 $(P/F,i,n)$ 也可叫折现系数或贴现系数。

例 9.3.2　某人希望 3 年年末获取 20000 元资金，年复利率 i=5%，试问现在需一次存款多少？

解　由式(9-13)得

$$P=F(1+i)^{-n}=20000\times(1+5\%)^{-3}=17276.75(\text{元})$$

也可以通过查系数表 $(P/F,i,n)$=0.86384 求得。

2) 等额支付系列的终值和偿债基金计算

等额支付系列现金流量序列是连续的，且数额相等，即

$$A_t=A=\text{常数}\quad(t=1,2,3,\cdots,n)$$

式中：A 为年金，发生在(或折算为)某一特定时间序列各计息期末(不包括零期)的等额资金序列的价值。

等额支付系列现金流量如图 9-4 所示。

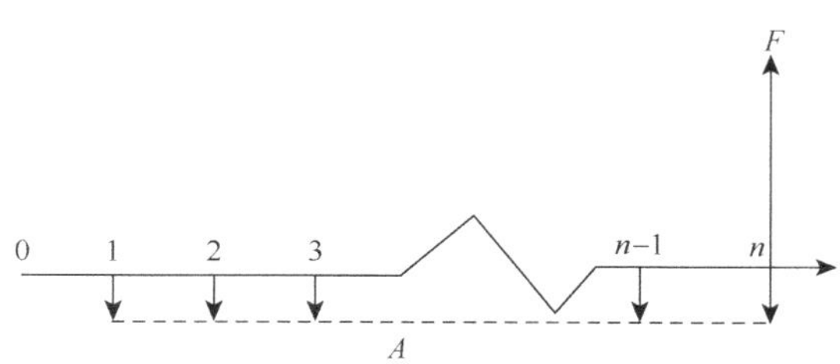

图 9-4　等额支付系列现金流量图

(1) 等额支付系列的终值计算。

等额支付系列的终值计算公式为

$$F=A\frac{(1+i)^n-1}{i}=A(F/A,i,n) \tag{9-14}$$

式中：$\frac{(1+i)^n-1}{i}$ 称为等额支付系列终值系数或年金终值系数，用符号 $(F/A,i,n)$ 表示。

例 9.3.3　某人每年年初存入银行 20000 元，存 10 年准备买房用，存款年利率为 8%。问：10 年年末此人能从银行取出多少钱？

解　由式(9-14)得

$$\begin{aligned}F&=A(1+i)\frac{(1+i)^n-1}{i}=20000\times(F/P,0.08,1)(F/A,0.08,10)\\&=20000\times14.487=312919(\text{元})\end{aligned}$$

(2)等额支付系列的偿债基金计算。

由式(9-14)的逆运算即可得出偿债基金计算公式为

$$A=F\frac{i}{(1+i)^n-1}=F(A/F,i,n) \tag{9-15}$$

式中：$\frac{i}{(1+i)^n-1}$ 称为等额支付系列偿债基金系数，用符号 $(A/F,i,n)$ 表示。

例 9.3.4　某人想在 5 年后从银行提出 200 万元用于高技术项目投资。若银行年存款利率为 5%，那么此人现在应每年存入银行多少钱？

解　此题属于求等额支付系列的偿债基金的类型，故

$$A=F\frac{i}{(1+i)^n-1}=2000000\times(A/F,0.05,5)=361949.6(\text{元})$$

3)等额支付系列的现值和资金回收计算

等额支付系列的现值是指现金流量等额、连续发生在每个时刻点上，相当于期初的一次性发生的现金流量是多少。等额支付系列的现值的现金流量如图 9-5 所示。

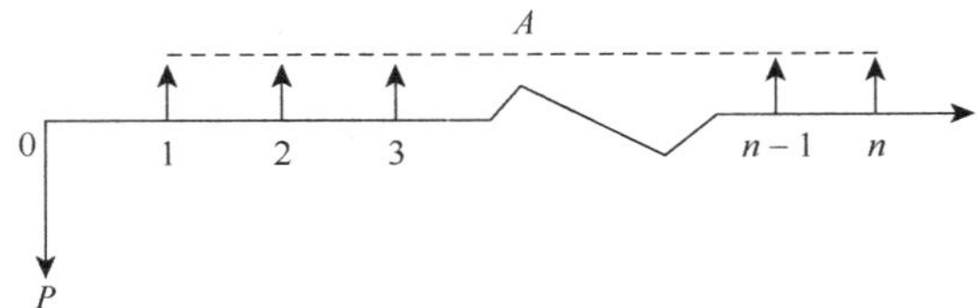

图 9-5　等额支付现值的现金流量图

(1)等额支付系列的现值计算。

由式(9-13)和式(9-15)得

$$P=F(1+i)^{-n}=A\frac{(1+i)^n-1}{i(1+i)^n}=A(P/A,i,n) \tag{9-16}$$

式中：$\frac{(1+i)^n-1}{i(1+i)^n}$ 称为等额支付系列现值系数或年金现值系数，用符号 $(P/A,i,n)$ 表示。

例 9.3.5　某企业投资一项高技术项目，期望五年内每年年末收回 10 万元，当年利率为 10% 时，问开始需一次投资多少？

解　由式(9-16)得

$$P=A\frac{(1+i)^n-1}{i(1+i)^n}=100000\times(P/A,0.1,5)=100000\times3.7908=379080(\text{元})$$

例 9.3.6　某地方政府一次性投入 5000 万元建一条地方公路，年维护费为 150 万元，折现率为 10%，求现值。

解　该公路可按无限寿命考虑，年维护费为等额年金，可利用年金现值公式求解，当 $n\to\infty$ 时的极限来解决。

$$P=\lim_{n\to\infty}A\cdot\left[\frac{(1+i)^n-1}{i(1+i)^n}\right]=\frac{A}{i}$$

因此，现值为$P=5000+\dfrac{150}{10\%}=6500$(万元)。

(2)等额支付系列的资金回收计算。

由式(9-16)的逆运算即可得出资金回收计算公式为

$$A=P\frac{i(1+i)^n}{(1+i)^n-1}=P(A/P,i,n) \tag{9-17}$$

式中：$\dfrac{i(1+i)^n}{(1+i)^n-1}$称为等额支付系列资金回收系数，用符号$(A/P,i,n)$表示。

例 9.3.7　某施工企业现在购买一台推土机，价值 10 万元。希望在今后 10 年内等额回收全部投资。若资金的折现率为 8%，试求该企业每年回收的投资额。

$$A=P\frac{i(1+i)^n}{(1+i)^n-1}=100000\times(A/P,0.08,10)=100000\times0.14903=14903(\text{元})$$

当计息周期小于(或等于)资金收付周期时，一次支付情形的等值计算方法有两种：按收付周期实际利率计算、按计息周期利率计算，分别为

$$F=P\left(F/P,\frac{r}{m},mn\right) \tag{9-18}$$

$$P=F\left(P/F,\frac{r}{m},mn\right) \tag{9-19}$$

例 9.3.8　一企业准备在某大学设立一项奖学金，现在存款 10 万元，年利率为 10%，半年复利一次，问五年年末存款金额为多少？

解　(1)按收付周期实际利率计算：

$$i=(1+10\%/2)^2-1=10.25\%$$

则

$$F=100000\times(1+10.25\%)^5=100000\times1.62889=162889(\text{元})$$

(2)按计息周期利率计算：

$$\begin{aligned}F&=100000\left(F/P,\frac{10\%}{2},2\times5\right)=100000(F/P,5\%,10)\\&=100000\times(1+5\%)^{10}\\&=100000\times1.62889=162889(\text{元})\end{aligned}$$

投资项目评价指标，按其是否考虑时间因素可分为不考虑时间因素的静态评价指标和考虑时间因素的动态评价指标。静态评价指标的最大特点是计算简便，适用于对方案进行粗略评价，或对短期投资项目进行评价，以及对于逐年收益大致相等的项目评价；动态评价指标强调利用复利方法计算资金时间价值，它将不同时间内资金的流入和流出，换算成同一时间点的价值，从而为不同方案的经济比较提供了可比基础，并能反映方案在未来时期的发展变化情况。

2. 静态评价方法

1)投资收益率

投资收益率是衡量投资方案获利水平的评价指标，是指技术方案达到设计生产能力

后一个正常生产年份的年净收益额与项目投资总额的比率。它表明投资方案在正常生产年份中，单位投资每年所创造的年净收益额。对生产期内各年的净收益额变化幅度较大的方案，可计算生产期年平均净收益额与投资总额的比率。投资收益率的计算公式为

$$R = \frac{\mathrm{NB}}{K} \times 100\% \tag{9-20}$$

式中：R 为投资收益率，NB 为年净收益额或年平均净收益额，K 为投资总额(包括建设投资、建设期贷款利息和流动资金)。

将计算出的投资收益率(R)与所确定的基准投资收益率(R_c)进行比较，若 $R \geqslant R_c$，则方案可以考虑接受；若 $R < R_c$，则方案是不可行的。

例 9.3.9 某电动车项目的投资及年净收益额如表 9-3 所示。若基准收益率 i_c=20%，判断项目是否可行。

表 9-3 某电动车项目现金流量表 (单位：万元)

项目＼年份	0	1	2	3	4	5	6	7	8
投资额	1200								
年净收益额		100	160	200	200	200	200	200	200

$R = 200/1200 = 16.7\% < i_c = 20\%$，因此，项目不可行。

投资收益率指标经济意义明确、直观，计算简便，在一定程度上反映了投资效果的优劣，可适用于各种投资规模。

投资收益率指标的不足是，没有考虑投资收益的时间因素，忽视了资金具有时间价值的重要性，常用于初步可行性研究阶段的方案粗略评价和初选。

2) 静态投资回收期

静态投资回收期是在不考虑资金时间价值的条件下，用项目每年的净收益来回收期初的全部投资所需要的时间长度。投资回收期 P_t 的计算公式如下：

$$\sum_{t=0}^{P_t} (\mathrm{CI}_t - \mathrm{CO}_t) = 0 \tag{9-21}$$

式中：P_t 为静态投资回收期，CI_t 为第 t 年现金流入额，CO_t 为第 t 年现金流出额。

对于标准项目，即投资只一次性发生在期初，而从第 1 年年末起每年的净收益均相同，投资回收期与投资收益率有如下关系：$R=1/P_t$。

当项目建成投产后各年的净收益不相同时，静态投资回收期可根据累计净现金流量求得，也就是在现金流量表中累计净现金流量由负值转向正值之间的年份。其计算公式为

$$P_t = (\text{累计净现金流量开始出现正值的年份数} - 1) + \frac{\text{上一年累计净现金流量的绝对值}}{\text{出现正值年份的净现金流量}} \tag{9-22}$$

将计算出的静态投资回收期 P_t 与所确定的基准投资回收期 P_c 进行比较。若 $P_t \leqslant P_c$，表明项目投资能在规定的时间内收回，则方案可以考虑接受；若 $P_t > P_c$，则方案是不可行的。

例 9.3.10 某品牌手机项目期初投资 900 万元，一年建成投产并获得收益。每年的收益和经营成本，如表 9-4 所示。该项目寿命期为 8 年。若基准投资回收期为 6 年，试计算该项目的投资回收期，并判断方案是否可行。

表 9-4 某品牌手机项目现金流量表 （单位：万元）

年份	0	1	2	3	4	5	6	7	8
投资额	900								
年净收益额		200	170	190	210	290	270	250	310
累计净现金流量		−700	−530	−340	−130	160	430	680	990

解 设基准投资回收期为 P_c，若计算出的投资回收期 $P_t \leqslant P_c$，项目可以接受，否则不可以接受。

$$P_t = 5 - 1 + \frac{|-130|}{290} = 4.45 < 6$$

由于该投资方案的投资回收期短于基准投资回收期，因此，方案可行。

3. *动态评价方法*

动态评价方法是指考虑资金时间价值的评价方法，主要用于详细可行性研究阶段对项目作最终决策，是经济效益评价的主要方法。

1) 动态投资回收期

动态投资回收期就是累计现值等于零时的年份，其计算表达式为

$$\sum_{t=0}^{P_d} (\mathrm{CI} - \mathrm{CO})_t (1 + i_c)^{-t} = 0 \tag{9-23}$$

式中：P_d 为动态投资回收期，i_c 为基准收益率。

在实际应用中，一般依据项目的现金流量表，用下列近似公式计算：

$$P_d = (\text{累计净现金流量开始出现正值的年份数} - 1) + \frac{\text{上一年累计净现金流量的绝对值}}{\text{出现正值年份的净现金流量}} \tag{9-24}$$

若 $P_d < P_c$（基准投资回收期）时，说明项目或方案能在要求的时间内收回投资，是可行的；若 $P_d > P_c$ 时，则项目或方案不可行，应予以拒绝。

动态投资回收期是把投资项目各年的净现金流量按基准收益率折成现值之后，再来推算投资回收期，这是它与静态投资回收期的根本区别。

例 9.3.11 某企业投资 800 万购买一设备，设备使用期 10 年，预计在设备使用的 10 年中每年可获得净收益 210 万，若该企业的基准收益率为 10%，求设备的动态投资回收期（表 9-5）。

表 9-5 投资项目现金流量表 （单位：万元）

年份	0	1	2	3	4	5	6	7	8	9	10
净现金流量	−800	210	210	210	210	210	210	210	210	210	210
折现系数	1	0.9091	0.8264	0.7513	0.6830	0.6209	0.5645	0.5132	0.4665	0.4241	0.3855
折现现金流量	−800	190.91	173.54	157.77	143.43	130.39	118.55	107.77	97.66	89.06	80.96
累计折现现金流量	−800	−609.1	−435.6	−277.8	−134.4	−4	114.6				

动态投资回收期：$P_d = 6 - 1 + \frac{|-4|}{118.55} = 5.03 < 6$。

由于计算出的动态投资回收期 $P_d \leqslant P_c$，项目可以接受。

项目投资回收期在一定程度上揭示了资本的周转速度。显然，资本周转速度越快，回收期越短，风险越小，盈利越多。

动态投资回收期不足的是投资回收期没有全面考虑投资方案在整个寿命期内现金流量，即只考虑投资回收之前的效果，不能反映投资回收之后的情况，故无法准确衡量方案在整个寿命期内的经济效果。所以，投资回收期一般作为辅助评价指标，或与其他评价指标结合应用。

2) 净现值(net present value，NPV)

净现值是反映投资方案在寿命期内获利能力的动态评价指标，是指用一个给定的基准收益率(或设定的折现率) i_c，分别把整个计算期间内各年所发生的净现金流量都折现到同一时刻(通常是期初)的现值之和。NPV 计算公式为

$$\mathrm{NPV} = \sum_{t=0}^{n} (\mathrm{CI}_t - \mathrm{CO}_t)(1 + i_c)^{-t} \tag{9-25}$$

式中：NPV 为净现值，CI_t 为第 t 年的现金流入额，CO_t 为第 t 年的现金流出额(包括投资)，n 为项目寿命周期，i_c 为基准折现率。

利用净现值判断方案时，对于单一方案而言，若 $\mathrm{NPV} \geqslant 0$，则方案可行，可以接受；若 $\mathrm{NPV} < 0$ 时，则该方案不可行，应予以拒绝；对于计算期、投资额相同的多方案决策，净现值大者为优。

净现值指标考虑了资金的时间价值，并全面考虑了项目在整个计算期内的经济状况；经济意义明确直观，能够直接以货币额表示项目的盈利水平；不足之处是必须首先确定一个符合经济现实的基准收益率，而基准收益率的确定往往是比较困难的；此外，净现值也不能客观反映项目投资中单位投资的使用效率。

例 9.3.12 某项目的期初投资 1000 万元，投资后一年建成并获益。每年的销售收入为 400 万元，经营成本为 200 万元，该项目的寿命期为 10 年。若基准折现率为 5%，问：该项目是否可行？

解 $\mathrm{NPV} = (400-200)(P/A, 5\%, 10) - 1000 = 544.34$(万元)

由于该项目 $\mathrm{NPV} > 0$，所以项目可行。

3) 内部收益率(internal rate of return，IRR)

技术方案在寿命周期内其净现值的大小与所选定的折现率 i 有关。折现率越小则净现值越大，折现率越大则净现值越小，当折现率达到一定程度后，净现值就由正变为零，再变为负。净现值为零时的折现率内部收益率，即为该技术方案内部收益率的值，如图 9-6 所示。内部收益率是方案自身所能达到的收益率。

内部收益率的值就是满足下列公式 IRR 的解：

$$\sum_{t=0}^{n} (\mathrm{CI} - \mathrm{CO})_t (1 + \mathrm{IRR})^{-t} = 0 \tag{9-26}$$

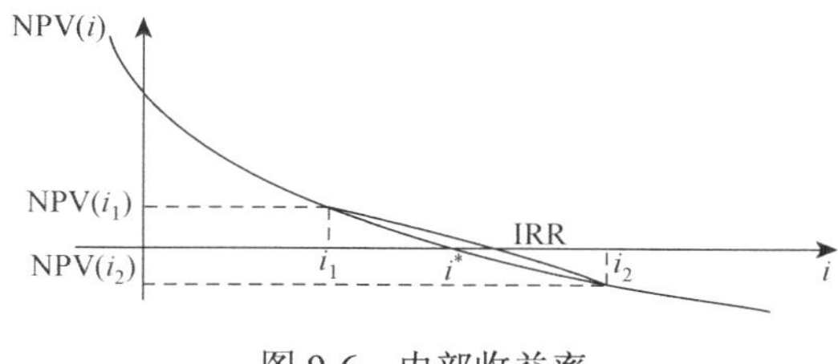

图 9-6 内部收益率

式中：IRR 为内部收益率。

计算内部收益率的方程是一个一元高次方程，不容易直接求解，一般是采用插值法。步骤如下。

第一步，粗略估计 IRR 的值。

第二步，分别计算 i_1，i_2(需满足 $i_2 - i_1 < 5\%$)对应的净现值 NPV_1，NPV_2，并且 $NPV_1 > 0$，$NPV_2 < 0$。

第三步，用线性插值法计算 IRR 的近似值。

$$IRR = i_1 + \frac{|NPV_1|}{|NPV_1| + |NPV_2|}(i_2 - i_1) \tag{9-27}$$

设基准折现率为 i_0，若 $IRR \geqslant i_0$，则项目在经济效果上可以接受；若 $IRR < i_0$，则项目在经济效果上不可接受。

例 9.3.13 某工程项目净现金流量如表 9-6 所示。当基准折现率 i_0=12%时，试用内部收益率指标判断该项目在经济效果上是否可行。

表 9-6 某工程项目净现金流量表 （单位：万元）

年份	0	1	2	3	4	5
净现金流量	−1000	200	300	200	400	400

解 设 $i_1 = 10\%, i_2 = 15\%$，分别计算其净现值：

$$\begin{aligned} NPV_1 &= -1000 + 200(P/F,10\%,1) + 300(P/F,10\%,2) + 200(P/F,10\%,3) \\ &\quad + 400(P/F,10\%,4) + 400(P/F,10\%,5) = 101.6(万元) \end{aligned}$$

$$\begin{aligned} NPV_2 &= -1000 + 200(P/F,15\%,1) + 300(P/F,15\%,2) + 200(P/F,15\%,3) \\ &\quad + 400(P/F,15\%,4) + 400(P/F,15\%,5) = -40.2(万元) \end{aligned}$$

再用内插法算出内部收益率：

$$IRR = 10\% + (15\% - 10\%)\frac{101.6}{101.6 + 40.2} = 13.5\%$$

由于内部收益率大于基准折现率，故该项目在经济效果上是可以接受的。

内部收益率考虑了资金的时间价值以及项目在整个计算期内的经济状况，反映了技术方案所占用资金的盈利能力及投资的使用效率，概念比较清晰，而且避免了像净现值之类的指标那样需事先确定基准收益率这个难题，概念比较清晰，因而得到普遍应用。

内部收益率的不足是，内部收益率计算比较麻烦；对于具有非常规现金流量的项目来说，其内部收益率在某些情况下甚至不存在或存在多个内部收益率。

对于独立方案的评价，应用 IRR 评价与应用 NPV 评价其结论是一致的。

二、互斥型投资方案决策

互斥型投资方案又称排他型方案，是指在若干备选方案中，各投资方案间存在互不相容、互相排斥的关系，且在多个备选方案中只能选择一个方案，即选择其中任何一个技术方案，则其他技术方案必然被排斥。例如，厂址的选择，一个地点就是一个方案，不同地点的方案选择就是互斥型；为了连接两地之间的交通，要么建铁路，要么建公路，这两个方案便是互斥型方案。由于互斥型方案只能从中选择一个方案，因此，选择互斥型方案时，它们的现金流量之间不存在相关关系。

1. 寿命期相等的互斥型方案经济效果评价

1) 差额投资回收期法

差额投资回收期(supplemental pay back period)也称为“追回投资回收期”，是指在静态条件下一个方案比另一个方案多支出的投资，用年经营成本的节约额(或用年净收益的差额)逐年回收所需的时间。亦称追加投资回收期。

静态追加投资回收期的计算公式如下

$$P_a=\frac{\Delta K}{\Delta C}=\frac{K_2-K_1}{C_2-C_1} \tag{9-28}$$

或

$$P_a=\frac{\Delta K}{\Delta \mathrm{NB}}=\frac{K_2-K_1}{\mathrm{NB}_2-\mathrm{NB}_1} \tag{9-29}$$

式中：P_a 为差额投资回收期，K_2 为投资额大的方案的全部投资，K_1 为投资额小的方案的全部投资，C_2 为投资额大的方案的年经营成本，C_1 为投资额小的方案的年经营成本，NB_2 为投资额大的方案的年净收益，NB_1 为投资额小的方案的年净收益。

若两个备选方案提供的年产量 Q 不同时，则计算公式为

$$P_a=\frac{K_2/Q_2-K_1/Q_1}{C_2/Q_2-C_1/Q_1} \tag{9-30}$$

式中：Q_1，Q_2 分别是两个备选投资方案的产出。

差额投资回收期的操作步骤如下。

(1) 将方案按投资额由小到大排序。

(2) 进行绝对效果评价。

计算各方案的静态投资回收期 P_t，淘汰 $P_t>P_c$(基准投资回收期)的方案，保留通过绝对效果检验的方案。

(3) 进行相对效果评价。

依次计算第二步保留方案间的 P_a。若 P_a(差额投资回收期)小于或等于 P_c(基准投资回收期)，则投资大的方案为优；反之，则投资小的方案为优，直到最后一个被保留的方案即为最优方案。

该方法的不足是，差额投资回收期指标只能反映两个方案比较的相对经济效益，而

不能反映两个方案自身的经济效益；没有考虑资金的时间价值，只能用于初始评估阶段，若要计算动态差额投资回收期，可以用投资方案的差额净现金流量参照动态投资回收期进行计算。

例 9.3.14 已知某工程项目的两个投资方案 A 和 B，其现金流量如表 9-7 所示，若基准投资回收期为 P_c=6 年，试对 A，B 两方案选优。

表 9-7 *A*，*B* 方案的投资和收益

方案＼指标	总投资	年收入	年成本	年税金
A	1200	960	500	100
B	900	700	300	60

$$P_A = 1200/(960-500-100)=1200/360 = 3.33\,(\text{年})$$

$$P_B = 900/(700-300-60)=900/340 = 2.64\,(\text{年})$$

两个方案均小于 P_c=6 年，均可行。

$$P_{A-B}=(1200-900)/(360-340)=15\,(\text{年}) > P_c = 6\,(\text{年})$$

由于计算出的静态相对投资回收期大于基准投资回收期，所以投资额小的方案 B 优于投资额大的方案 A，应选择方案 B。

例 9.3.15 已知两个建厂方案甲和乙，甲方案投资 1600 万元，年经营成本为 500 万元，年产量为 1150 件；乙方案投资 1000 万元，年经营成本为 460 万元，年产量为 900 件。若基准投资回收期为 6 年，试选择方案。

解 由于两个方案的产出不同，因此需要用单位费用进行比较。两个方案比较的差额投资回收期为

$$P_a = \frac{K_2 / Q_2 - K_1 / Q_1}{C_2 / Q_2 - C_1 / Q_1} = \frac{1600/1150 - 1000/900}{460/900 - 500/1150} = 3.67(\text{年})$$

由于计算出的静态相对投资回收期 P_a 小于基准投资回收期 P_c，所以投资额大的方案甲优于投资额小的方案乙，应选择方案甲。

2) 差额净现值法

差额净现值(difference of net present value)是指将不同方案间的差额净现金流量依据一定的基准折现率计算出的累计折现值。该方法适合于寿命期相同的互斥方案决策。

设 A、B 为两个投资额不等的互斥方案，则差额净现值的计算公式为

$$\begin{aligned}\Delta\text{NPV} &= \sum_{t=0}^{n}[(\text{CI}_A - \text{CO}_A)_t - (\text{CI}_B - \text{CO}_B)_t](1+i_0)^{-t} \\ &= \sum_{t=0}^{n}(\text{CI}_A - \text{CO}_A)_t(1+i_0)^{-t} - \sum_{t=0}^{n}(\text{CI}_B - \text{CO}_B)_t(1+i_0)^{-t} \\ &= \text{NPV}_A - \text{NPV}_B \end{aligned} \tag{9-31}$$

若 $\Delta\text{NPV} \geqslant 0$，则投资额大的方案优于投资额小的方案；若 $\Delta\text{NPV} < 0$ 时，投资额小的方案优于投资额大的方案。对于寿命期相等的互斥方案，在实际工作中，通常直接用

$\max\{NPV_j \geqslant 0\}$来选择最优方案。

例 9.3.16 某工程项目有 A、B、C 三个互斥投资方案，其寿命期各年内的净现金流量如表 9-8 所示，已知基准收益率 i_c=10%。试用净现值法选择最佳方案。

表 9-8 A、B、C 方案的投资和净现金流量 （单位：万元）

项目 \ 年份	0	1—8
A	–1300	420
B	–1760	510
C	–1900	590

解 $NPV(A) = -1300+420(P/A, 10\%, 8) = -1300+420\times5.33493 = 3540.7$（万元）

$$NPV(B)=-1760+510(P/A, 10\%, 8)=960.81（万元）$$

$$NPV(C)=-1900+590(P/A, 10\%, 10)=1247.61（万元）$$

计算结果表明：$NPV(A)>NPV(C)>NPV(B)>0$，因此，此三个方案均可行，由于方案 A 的净现值最大，所以方案 A 为最佳方案。

3）差额内部收益率法

差额内部收益率（difference in internal rate of return）是指差额净现值为零时所对应的折现率，即满足下式的折现率：

$$\Delta NPV = \sum_{t=0}^{n}[(CI_A - CO_A)_t - (CI_B - CO_B)_t](1+\Delta IRR)^{-t} = 0 \tag{9-32}$$

式中：ΔIRR 为差额内部收益率。

差额内部收益率的具体操作步骤如下。

（1）将方案按投资额由小到大排序。

（2）进行绝对效果评价。

计算各方案的内部收益率 IRR（或 NPV 或 NAV），淘汰 IRR$<i_c$（或 NPV$<$0 或 NAV$<$0）的方案，保留通过绝对效果检验的方案；

（3）进行相对经济效果评价。

依次计算通过绝对效果检验的方案间的差额内部收益率 ΔIRR。若 ΔIRR$>i_c$，则保留投资额大的方案；反之，则保留投资额小的方案。如图 9-7 所示。直到最后一个被保留的方案即为最优方案。

差额内部收益率只能用于方案间的比选（相对效果检验），不能反映各方案自身的经济效益（绝对经济效果）。因此互斥方案的比选不能直接用内部收益率来对比，必须把绝对效果评价和相对效果评价结合起来进行。

例 9.3.17 某物流公司拟投资购买一辆货运汽车，有两种待选方案。方案 A：初始投资 200 万元，年收益 39 万元；方案 B：初始投资 100 万元，年收益 20 万元。两个方案的寿命期均为 10 年，不计残值，试进行决策。设基准收益率为 10%。

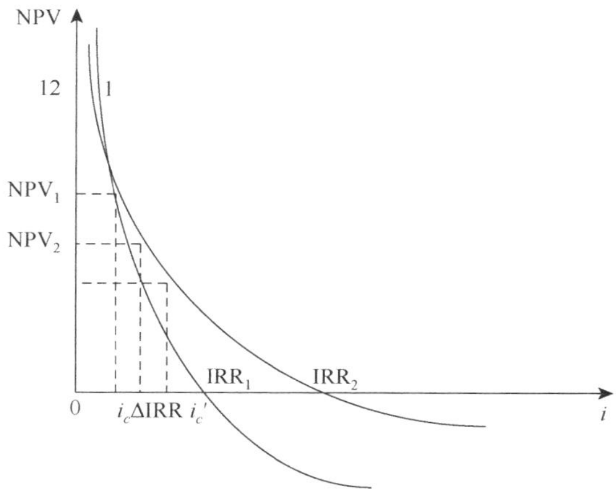

图 9-7　两个比较方案的差额内部收益率

(1)计算方案 A 与方案 B 的净现值。

$$NPV_A = -200+39(P/A, 0.10, 10) = -200+39\times 6.145 = 39.655(\text{万元})$$

$$NPV_B = -100+20(P/A, 0.10, 10) = -100+20\times 6.145 = 22.9(\text{万元})$$

因 $NPV_A > NPV_B > 0$，两个方案都可行，且方案 A 优于方案 B。

(2)计算方案 A 与方案 B 的内部收益率。

由$-200+39(P/A, IRR_A, 10) = 0$，求得 $IRR_A = 14.48\%$，由$-100+20(P/A, IRR_B, 10) = 0$，求得 $IRR_B=15\%$。

因 $IRR_B > IRR_A > 10\%$，两个方案都可行，且方案 B 优于方案 A。

(3)计算差额内部收益率。

由于依据绝对经济效果指标净现值 NPV 的评价结果与依据相对经济效果指标内部收益率 IRR 的评价结果发生了矛盾，需采用差额内部收益率进行分析。

由$[-200-(-100)]+(39-20)(P/A, \Delta IRR_{A-B}, 10)=0$，求得 $\Delta IRR_{A-B}=14.15\%$>基准收益率 10%，因此方案 A 更优。

IRR_{A-B}的含义是：在方案 A 的全部投资中，与方案 B 相等的那部分投资能取得与方案 B 相等的内部收益率 15%，此外比方案二多出的投资所获得的内部收益率 14.15% 也超过了基准收益率 10%，因此，追加投资是合算的。

用差额内部收益率比较互斥方案的相对优劣具有经济概念明确，易于理解的优点。但若比选的方案很多时，计算工作相对烦琐。

2. 寿命期不等的互斥方案经济效果评价

1)净年值法

净年值法是指将投资方案在寿命期的收入及支出，按一定的折现率换算成等值年值，用以评价或选择方案的一种方法。对于寿命期不同的互斥方案的评价与选择，由于在时间上不具备可比性，因此为使方案有可比性，通常宜采用年值法。当参与比选的方案数目很多时，年值法的优点就更为突出。净年值的计算公式为

$$NAV = NPV(A/P, i_0, n) = \sum_{t=0}^{n}(CI_t - CO_t)(1+i_0)^{-t}(A/P, i_0, n) \tag{9-33}$$

或

$$\mathrm{NAV}=\mathrm{NFV}(A/F,i_0,n)=\sum_{t=0}^{n}(\mathrm{CI}_t-\mathrm{CO}_t)(1+i_0)^t(A/F,i_0,n) \tag{9-34}$$

式中：NAV 为净年值，$(A/P, i_0, n)$为等额支付资本回收系数，$(A/F, i_0, n)$为等额支付偿债基金系数。

年值法使用的指标有净年值(NAV)与费用年值(AC)。净年值是与净现值、将来值等价的指标，用净年值来评价方案与用净现值、将来值来评价，其结果是一致的。对于单一方案，当 NAV≥0 时，方案可行；当 NAV＜0 时，方案不可行。对于多个方案，净年值(NAV)最大的方案为最优方案。

使用净年值指标来评价不同方案时，可以不必考虑统一的计算时间。因此，在某些决策结构形式下，采用净年值比采用净现值和将来值更为简便，更具有可比性。用年值法进行寿命期不等的互斥方案比选，隐含着一个假设：各备选方案在其寿命期结束时均可按原方案重复实施或以与原方案经济效果水平相同的方案继续。

例 9.3.18　某工程项目有两个互斥投资方案 A 和 B，方案 A 的寿命期为 8 年，方案 B 的寿命期为 6 年，各方案每年的投资和净收益如表 9-9 所示。若年折现率为 10%，试选择最佳方案。

表 9-9　*A*、*B* 方案的投资和净收益　(单位：万元)

项目＼年份	0	1	2	3	4	5	6	7	8
A	−800	−500	−100	300	300	560	560	560	560
B	−600	−400	200	300	300	400	400		

解　两个方案的净现值分别为

$$\begin{aligned}\mathrm{NPV}(A)&=560(P/A,10\%,4)(P/F,10\%,4)+300(P/F,10\%,4)\\&\quad+300(P/F,10\%,3)-100(P/F,10\%,2)-500(P/F,10\%,1)-800\\&=560\times3.16987\times0.68301+300\times0.68301+300\times0.75131\\&\quad-100\times0.82645-500\times0.90909-800\\&=305.5356(\text{万元})\end{aligned}$$

$$\begin{aligned}\mathrm{NPV}(B)&=400(P/A,10\%,2)(P/F,10\%,4)+300(P/F,10\%,4)\\&\quad+300(P/F,10\%,3)+200(P/F,10\%,2)-400(P/F,10\%,1)-600\\&=106.106(\text{万元})\end{aligned}$$

$$\mathrm{NAV}(A)=\mathrm{NPV}(A)\times(A/P,10\%,8)=305.5356\times0.18744=57.2696$$

$$\mathrm{NAV}(B)=\mathrm{NPV}(B)\times(A/P,10\%,6)=106.1065\times0.22961=24.3631$$

NAV(A)＞NAV(B)＞0，此两个方案均可行，由于方案 A 的净年值较大，所以方案 A 为最佳方案。

2) 寿命期最小公倍数法

寿命期最小公倍数法是以不同方案使用寿命的最小公倍数作为方案比选时共同的分

析期，即将寿命期短于最小公倍数的方案按原方案重复实施，直到其寿命期等于最小公倍数为止。据此算出各方案的净现值，然后选择净现值最大的方案或费用现值(present cost，PC)最小的方案作为最优方案。

例 9.3.19　某工程项目有 A、B 两个互斥方案，方案 A 的初期投资为 1500 万元，寿命期为 5 年，每年的净收益为 500 万元；方案 B 的初期投资为 2000 万元，寿命期为 3 年，每年的净收益为 1000 万元。若年折现率为 8%，问：应选择哪个方案？

解　两个方案寿命期的最小公倍数为 3×5=15 年，即方案 A 需重复实施 3 次，B 方案需重复实施 5 次。两个方案在最小公倍数内的净现值分别为

$$\begin{aligned}\text{NPV}_A &= 500(P/A,8\%,15)-1500(P/F,8\%,10)-1500(P/F,8\%,5)-1500\\&=1064.085(\text{万元})\end{aligned}$$

$$\begin{aligned}\text{NPV}_B &= 1000(P/A,8\%,15)-2000(P/F,8\%,12)-2000(P/F,8\%,9)\\&\quad-2000(P/F,8\%,6)-2000(P/F,8\%,3)-2000\\&=1916.771(\text{万元})\end{aligned}$$

由于 $\text{NPV}_B>\text{NPV}_A$，所以方案 B 优于方案 A，应选择方案 B。

3) 共同分析期法

共同分析期法是指根据对未来市场状况和技术发展前景的预测直接选取一个合理的分析期，一般情况下，取备选方案中最短的寿命期作为共同分析期，然后计算各方案在合理分析期内的净现值，选择净现值最大的方案或费用现值最小的方案为最优方案。

共同分析期法的计算公式为

$$\text{NPV}=\left[\sum_{t=0}^{n}(\text{CI}-\text{CO})_t(P/F,i_0,t)\right](A/P,i_0,n)(P/A,i_0,N)$$

例 9.3.20　通过表 9-9 中的现金流量资料，应用共同分析期法比较两个方案的优劣。

解　取共同的分析为 6 年，用共同分析期法计算两个方案的净现值为

$$\begin{aligned}\text{NPV}(A)&=[560(P/A,10\%,4)(P/F,10\%,4)+300(P/F,10\%,4)\\&\quad+300(P/F,10\%,3)-100(P/F,10\%,2)-500(P/F,10\%,1)-800]\\&\quad\times(A/P,10\%,8)\times(P/A,10\%,6)\\&=57.2696\times4.35526=249.424\end{aligned}$$

$$\begin{aligned}\text{NPV}(B)&=[400(P/A,10\%,2)(P/F,10\%,4)+300(P/F,10\%,4)\\&\quad+300(P/F,10\%,3)+200(P/F,10\%,2)-400(P/F,10\%,1)-600]\\&=106.106(\text{万元})\end{aligned}$$

$\text{NPV}(A)>\text{NPV}(B)$，所以方案 A 为最佳方案。

4) 费用现值和费用年值

在对多方案进行比选时，有时方案的产出难以计量或预测，如企业里的一些后方生产用设备、环保项目、教育项目、社会公益项目等的产出是难以计量和预测的，对这些项目的方案进行比较时，往往只考虑费用，也有一些产出相同的方案，在比较时为了简便起见，不考虑产出。仅用费用来比较方案，常见的指标有两种，即费用现值和费用年值。

(1) 费用现值。

所谓费用现值是指按照一定的折现率，在不考虑项目或方案收益时，将项目或方案每

年的费用折算到某个时刻(一般是期初)的现值之和。其计算公式为

$$\text{PC}=\sum_{t=0}^{n}\text{CO}_t(1+i_c)^{-t}+S(1+i_c)^{-n}$$

式中：PC 为项目或方案的费用现值；S 为期末(第 n 年年末)回收的残值，取负号；n 为项目的寿命周期(或计算期)；CO_t 为第 t 年的费用支出，取正号；i_t 为折现率。

费用现值越小，方案越优。用费用现值判断方案时，必须要满足相同的需要，费用现值的判断准则是：在满足相同需要的条件下，费用现值最小的方案最优。

(2) 费用年值。

所谓费用年值(annul cost，AC)是指通过资金等值换算，将项目的费用现值分摊到寿命期内各年的等额年值。其表达式计算公式为

$$\text{AC}=\text{PC}\cdot(A/P,i_c,n)$$

式中：(A/P，i_c，n)为等额支付资本回收系数；其他符号与费用现值表达式中相同。

由于费用现值和费用年值成系数关系，因此，这两个指标是等价的。费用年值指标评价的准则也是费用年值最小的方案最优。同样，用费用年值指标进行方案比较时，也应满足相同的条件。但是，费用年值相当于一个“年平均值”，比费用现值更具有可比性，尤其当方案或项目的寿命不同时，采用费用年值更简便，更具有可比性。

例 9.3.21 已知某项目的两个投资方案，设基准回收期 $P_c=5$ 年，对表 9-10 中的方案选优。

表 9-10 方案投资的成本费用

指标	方案 A	方案 B	方案 C	方案 D
投资	38	40	46	52
年经营费用	24	22	21	20

解 方案 A 与 B 比较：$P_{B\text{-}A}=(40-38)/(24-22)=1$ 年$<P_c=5$ 年，选方案 B；

方案 B 与 C 比较：$P_{C\text{-}B}=(46-40)/(22-21)=6$ 年$>P_c=5$ 年，选方案 B；

方案 B 与 D 比较：$P_{D\text{-}B}=(52-40)/(22-20)=6$ 年$>P_c=5$ 年，选方案 B。

因此 B 方案最优。

习题与思考题

1. 如何利用盈亏平衡分析进行生产决策？影响盈亏平衡点的主要因素有哪些？
2. 什么是差额净现值和差额内部收益率？
3. 为什么说用差额净现值和用差额内部收益率评价多方案的结论是一致的？
4. 在多方案的比选中，寿命期不等时怎样处理最简单？
5. 每半年存款 1000 元，年利率 8%，每季计息一次，复利计息。问五年年末存款金额为多少？

6. 设两个互斥方案 A、B 的寿命期分别为 3 年和 5 年，各自寿命期内的净现金流量如下表所示，若基准折现率为 12%，试应用共同分析期法比较方案的优劣。

方案＼年份	0	1	2	3	4	5
A	–300	96	96	96	96	96
B	–100	42	42	42		

7. 某项目净现金流量如下表所示，当基准收益率为 12%，试用内部收益率指标判断该项目在经济效果上是否可以接受。

年份	0	1	2	3	4	5
净现金流量	–200	40	60	40	80	80

8. 不同型号的两个功能相同设备的购置方案如下表所示，试以费用现值法选择(i_0=10%)。

设备型号	A 型	B 型
一次投资(0 年)	26500	36500
年经营费用	1050	850
回收残值	2150	3650
寿命	6	6

9. 神州公司生产和销售甲产品，已知甲产品单位变动成本为 10 元，单价为 18 元，本月固定成本总额为 40000 元，预计下个月可销售 8000 个保鲜盒，现在神州公司打算下个月将产品的售价从 18 元提高到 20 元，但预计销售量同时会减少到 7000 个，为此公司打算每个月额外增加固定支出 8000 元来改进机器设备和加强对工人的技术培训，预计单位变动成本将会降到 8 元。

要求：(1)计算本月的盈亏平衡点；

(2)计算下个月的盈亏平衡点；

(3)计算下个月的营业利润。

10. 某企业投资 800 万购买一设备，设备使用期 10 年，预计在设备使用的 10 年中每年可获得净收益 210 万，求设备静态投资回收期。

年份	0	1	2	3	4	5	6	7	8	9	10
净现金流量	–800	210	210	210	210	210	210	210	210	210	210
累计净现金流量	–800	–590	–380	–170	40	250	460	670	880	1090	1300

11. 设基准收益率 i_c=20%，判断项目是否可行。

年份 项目	0	1	2	3	4	5	6	7	8
投资	1300								
年净收益		400	300	200	200	200	200	200	200

12. 某企业投资 800 万购买一设备，设备使用期 10 年，预计在设备使用的 10 年中每年可获得净收益 210 万，如下表所示。

年	0	1	2	3	4	5	6	7	8	9	10
净现金流量	−800	210	210	210	210	210	210	210	210	210	210
折现系数	1	0.9091	0.8264	0.7513	0.6830	0.6209	0.5645	0.5132	0.4665	0.4241	0.3855
折现现金流量	−800	190.91	173.54	157.77	143.43	130.39	118.55	107.77	97.66	89.06	80.96
累计折现现金流量	−800	−609.1	−435.6	−277.8	−134.4	−4	114.6				

若该企业的基准收益率为 10%，试求：

(1) 设备的动态投资回收期；

(2) 若该企业的基准收益率为 i_c=10%，求设备的内部收益率并评价购买设备的可行性。

13. 某人有闲余资金 100 万，现有三个投资方案可以投资：

A：投资 25 万购买一辆车搞运输，估计的年净收益为 4.5 万；

B：投资 40 万开一间服装店，估计的年净收益为 6.6 万；

C：投资 15 万做买卖，估计的年净收益为 2.5 万。

若三个方案的寿命期限均为 8 年，该人希望投资收益率为 10%，该人应该决策选哪个方案(或哪些方案)？

第十章　风险型决策分析

要点

(1) 风险型决策的期望值准则；

(2) 决策树分析方法；

(3) 贝叶斯决策方法；

(4) 效用决策方法。

学习要求　熟悉风险型决策的内涵及基本思想；掌握期望值准则决策方法；熟悉决策树分析方法的基本原理及程序；掌握贝叶斯决策的基本理论方法；熟悉效用决策的基本方法。

风险型决策是指在进行决策时未来各种状态的发生具有不确定性，可以视为随机事件，但根据以往的经验又有若干信息可以用来确定这些状态可能发生的概率，决策者可根据各个状态发生的概率进行决策。由于决策者不论选择哪个方案都要承担一定的风险，所以这种决策称为风险型决策。

第一节　风险型决策的期望准则及其应用

风险型决策就是利用不同方案在不同可能状态下的概率值，乘上相应的方案和可能状态下的损益值，算出不同的期望效益值，然后进行比较，即可选出最优方案。风险型决策所依据的准则主要是期望损益准则，但由于不同的决策者有各自不同的经验和处理问题的方式，因此也可采取不同的决策方法。

设 $A_1,A_2,\cdots,A_m$ 为所有可能选择的方案，$S_1,S_2,\cdots,S_n$ 为所有可能出现的自然状态，各自然状态出现的概率分别为 $p_1,p_2,\cdots,p_n$，$a_{ij}=u(A_i,S_j)$ 为方案 A_i 当状态 S_j 出现时的损益值，则一般风险型决策问题，如表 10-1 所示。

表 10-1　风险型决策表

方案	状态				
	S_1	S_2	…	S_{n-1}	S_n
	p_1	p_2	…	p_{n-1}	p_n
A_1	a_{11}	a_{12}	…	$a_{1,n-1}$	a_{1n}
A_2	a_{21}	a_{22}	…	$a_{2,n-1}$	a_{2n}
⋮	⋮	⋮		⋮	⋮
A_m	a_{m1}	a_{m2}	…	$a_{m,n-1}$	a_{mn}

处理风险型决策问题时常用的方法是根据期望收益最大(或期望损失最小)的方案，这

种方法称为期望值法。

进行风险型决策一般应具备以下条件：

(1) 具有决策者期望达到的明确目标；

(2) 存在决策者可以选择两个或两个以上的可行备选方案；

(3) 存在决策者无法控制的两种以上的自然状态(如气候变化、市场行情、经济发展动向等)；

(4) 不同行动方案在不同自然状态下的收益值或损失值(简称损益值)可以计算出来；

(5) 决策者能估计出不同自然状态发生的概率。

一、最大可能性准则决策

根据概率论知识，事件的概率越大，在一次试验中发生的可能性就越大，因此选择概率最大的自然状态进行决策就成为最直观的一种决策方法。在决策中选择概率最大的自然状态，将其他概率较小的自然状态予以忽略，然后比较各备选方案在这种概率最大的自然状态下的收益值或损失值，选取收益最大或损失最小的方案作为行动方案。

例 10.1.1　某企业在下一年拟生产某种产品，需要确定产品批量，根据预测估计，这种产品市场可能状况的概率：畅销为 0.2，一般为 0.7，滞销为 0.1。产品生产采取大、中、小三种批量的生产方案，其有关预测数据如表 10-2 所示。按最大可能性准则方法，该企业应选择何种生产方案。

解　从表 10-2 中可以看出，该产品市场可能状况为一般的概率 $P(\text{一般})=0.7$ 最大，在市场情况为一般的状态下，方案 A_2 (中批量)获得的收益最大。所以，根据最大可能性准则，应选择方案 A_2。

表 10-2　某企业产品批量生产的收益矩阵表　　(单位：万元)

方案	市场情况		
	畅销(0.2)	一般(0.7)	滞销(0.1)
A_1(大批量)	220	150	−90
A_2(中批量)	180	160	−60
A_3(小批量)	140	140	20

需要注意是，如果在一组自然状态中，某一自然状态出现的概率比其他自然状态显著得多，而损益值差别又不很大时，采用最大可能性准则的决策效果较好。但如果自然状态较多，各自出现的概率相差不大，不同方案的损益值差别又较大时，采用这一准则的效果就不一定好，有时甚至会导致严重失误。

二、期望值准则决策

由于各种方案在不同的自然状态下收益情况不同，决策者就必须考虑各种结果对决策带来的影响。期望值准则决策，就是在考虑各种结果对决策带来综合影响的情况下，选择其中期望值最大的方案作为最优方案的一种决策方法。其决策步骤是：首先列出决策收益表，以决策收益表为基础，根据各种自然状态的概率计算出不同方案的期望损益值，然后从期望损益值中选择最大的值所对应的方案作为最优方案，各种方案的期望损益计算公式为

$$E(A_i)=\sum_{j=1}^{n}P_j a_{ij} \tag{10-1}$$

式中：$E(A_i)$为第i种行动方案的期望值，n为自然状态数目，P_j为第j种自然状态出现的概率，a_{ij}为第j种自然状态下第i种行动方案所获得的损益值。

决策时，只要各种自然状态出现的概率是已知的，无论是根据资料计算获得，还是根据主观估计获得，而且决策者认为这些概率是可以利用的，那么就可以运用期望值准则进行决策。

例 10.1.2　某企业在下一年拟生产某种产品。据本企业的实际生产能力，本地区生产能力的布局，以及市场近期和长期的需求趋势初步拟订三个可行方案：第一方案是扩建现有工厂，需投资 300 万元；第二方案是新建一个工厂，需投资 400 万元；第三方案是与小厂联合经营合同转包，需投资 100 万元，企业经营年限为 10 年，据市场预测和分析，三种方案在实施过程中均可能遇到以下三种市场情况，相关资料估算如表 10-3 所示。若该企业的基准收益率为 7%，按期望值准则方法，该企业应如何进行决策？

表 10-3　某企业产品批量生产的收益矩阵表　（单位：万元）

方案	市场情况		
	畅销(0.3)	一般(0.6)	滞销(0.1)
A_1(扩建)	220	140	−70
A_2(新建)	260	180	−100
A_3(联合经营合同转包)	140	110	−50

解　由表 10-3 和期望值准则决策计算公式(10-1)得

$$\begin{aligned}E(A_1)&=(0.3\times220+0.6\times140+0.1\times(-70))\times(P/A,0.07,10)-300\\&=(0.3\times220+0.6\times140+0.1\times(-70))\times7.02358-300=704.3719(\text{万元})\end{aligned}$$

$$E(A_2)=\sum_{i=1}^{n}P_jV_{ij}=(0.3\times260+0.6\times180+0.1\times(-100))\times7.02358-400=836.1501(\text{万元})$$

$$E(A_3)=\sum_{i=1}^{n}P_jV_{ij}=(0.3\times140+0.6\times110+0.1\times(-50))\times7.02358-100=623.4287(\text{万元})$$

因此市场各种情况平均起来考虑，方案A_2收益的期望值最高，故该方案为最优方案。

三、期望损益决策法中的几个问题

解决风险型决策问题的方法通常有两种：期望损益决策方法和决策树分析方法。其中期望损益决策方法只适合解决单级决策问题(即只有一个决策点的问题)；决策树分析方法既适合单级决策问题，也适合多级决策问题(即解决两个或两个以上决策点的问题)。

从统计学的角度来看，以期望值作为选择最佳决策方案的依据具有一定的科学性和合理性，然而并不能防止在个别偶然情况下会出现较大的偏差，它掩盖了偶然情况下的损失

值，因此具有一定风险性。此外，由于状态概率的预测会受到许多不可控因素的影响，因而基于状态概率预测结果的期望损益值也不可能同实际完全一致，会产生一定的误差。

风险型决策与不确定型决策不同之处在于：风险型决策与不确定型决策比较，两者都面临着两种或两种以上的自然状态，不同的是前者是在估计出状态空间的概率分布的基础上进行决策，而后者对即将出现自然状态的概率一无所知。一般风险型决策中，所利用的概率包括客观概率与主观概率。客观概率是一般意义上的概率，可来源于频率估计，通常是由自然状态的历史资料推算或按照随机实验的结果计算出来的。例如，购买体育彩票的中奖概率就属于客观概率。主观概率是决策者基于自身的学识、经验作出的对某一事件发生的可能性的主观判断。在很多场合下，人们缺乏有关自然状态的历史资料，同时又不可能通过大量独立的随机实验去取得资料，难以用频率或一定的理论分布来估计客观概率。因此，有必要引进主观概率，决策者必须具备相关的知识和经验才能给出主观概率的合理估计。

第二节　决策树分析方法

决策树分析方法是通过把决策过程用图解方式显示出来，从而使决策问题显得更为形象、直观，便于管理人员审度决策局面，分析决策过程。决策树分析方法不仅适用于单阶段决策问题，而且可以处理多阶段决策中用图表法无法表达的问题。

决策树基本分析法

决策树是一类常用于决策的定量工具，是一种用树状图来描述各种方案在不同自然状态下的收益，据此计算每种方案的期望收益从而作出决策的方法。决策树是一种辅助的决策工具，可以系统地描述较复杂的决策过程，这种决策方法其思路如树枝形状，所以命名为决策树分析方法。

1. 决策树的一般模型

决策树又称决策图，是指将方案的一连串因素，按照它们的相互关系用树状结构图表示出来，然后再按决策原则和程序进行选优的一种决策方法。决策树的一般模型如图 10-1 所示。

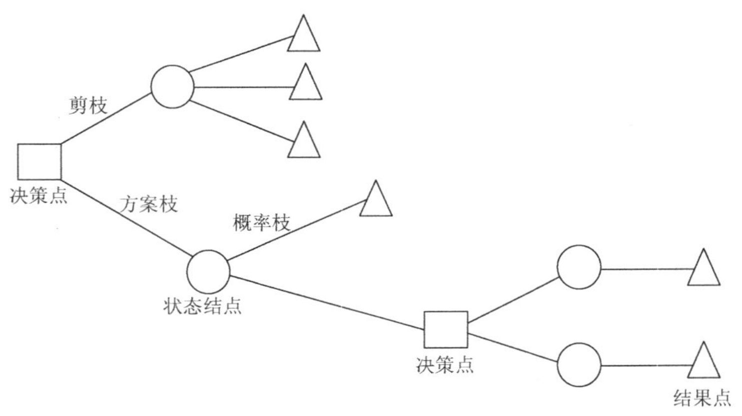

图 10-1　决策树的一般模型

图 10-1 中，方框结点称为决策点，用来表示决策的结果；由决策点引出的若干直线，每条直线代表一个方案，称为方案枝；在方案枝的末端画出一个圆圈，称为状态结点，用来表示各种行动方案；由状态结点引出的若干直线，每条直线代表一个自然状态及其可能出现的概率，称为概率枝。概率枝末端连接的三角形，称为结果点，用来表示不同状态下的期望值(收益值或损失值)。应用树状图进行决策的过程是自右向左逐步后退，根据右端的期望收益值(或期望损失值)的大小对不同的方案进行选择。方案的舍弃称为修枝，在删除的方案枝上画上“//”。最后决策结点只留下唯一的树枝表示决策的最优方案。最优方案的期望收益值可标在相应的决策点的上方。

2. *决策树分析方法的程序*

决策问题根据其决策过程的阶段性可分为单阶段决策和多阶段决策。当所要决策的问题只需一次决策即可完成，称为单阶段决策问题。如果问题较为复杂，不是一次决策就能解决，而要进行一系列的连续决策才能解决，称为多阶段决策问题。

1) 单阶段决策树分析方法

单阶段决策树分析方法的程序可分为：从左到右的建树过程和从右到左的计算过程两个阶段。

(1) 从左到右的建树过程。首先从左端方框根部出发，按行动方案引出几条方案枝，每条方案枝上注明行动方案的内容，如大、中、小批量生产等。然后每条方案枝到达一个方案结点，每个方案结点圆圈中标明数字，如 1，2，3，…，再由各方案点按可能出现的状态的数目，引出各个状态枝，并在每个状态枝上注明状态的内容及其概率。最后引出状态结果点，并在末端上注明不同状态下的损益值。

(2) 从右到左的计算过程。首先计算各个方案的期望值，把计算的结果注明在各个方案点上，然后在各个方案之间比较其期望值，从中选出最佳方案，并把此最佳方案的期望值写在决策结点方框的上面，以表示选择的结果。同时，在淘汰的方案枝上画上“//”表示这些方案不用。

例 10.2.1 试利用例 10.1.1 中给出的某企业产品批量生产的收益矩阵表资料，根据决策树分析方法选择最佳的生产方案。

解 根据表 10-2 中的资料，求得各种方案的期望值，如表 10-4 所示。

表 10-4 某企业产品不同批量生产方案的期望收益值表 (单位：万元)

方案	市场情况			期望值
	畅销(0.2)	一般(0.7)	滞销(0.1)	
A_1(大批量)	220	150	−90	140
A_2(中批量)	180	160	−60	142
A_3(小批量)	140	140	20	128

根据决策表中的有关数据和计算的期望值绘制的决策图如图 10-2 所示。

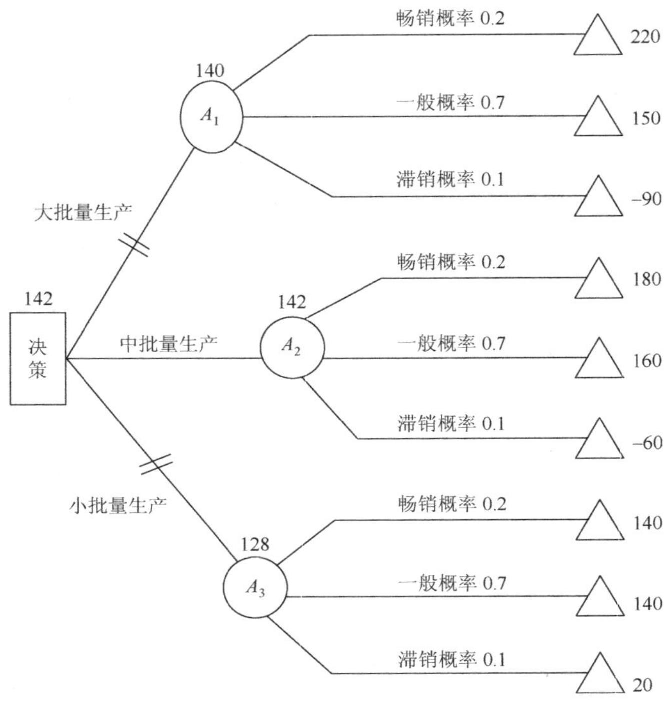

图 10-2　单阶段决策树图

由决策图 10-2 可以看出，中批量生产 A_2 的效益期望值最大(142 万元)。所以，应该采取中批量生产 A_2 这个行动方案。

2) 多阶段决策树分析方法

有些问题的决策带有阶段性，选择某种行动方案会出现不同的状态，按照不同的状态，又需要作下一步行动方案的决策，以及更多的状态和决策，这些问题表现在决策树上为多个决策点，可以用多阶段决策树的方法进行决策。

例 10.2.2　某高新技术集团企业拟生产某种新产品，该企业有两个方案可供选择，方案一是建设大厂，需投资 3200 万元，建成后，若销路好，可得利润 1200 万元，若销路差，则亏损 400 万元；另一个方案是建设小厂，需投资 2000 万元，如销路好，每年可得利润 600 万元，销路差，每年可得利润 500 万元。两个工厂的使用期限都是 10 年。根据市场预测，这种产品在今后 10 年内销路好的概率是 0.7，销路差的概率是 0.3，该集团企业计划先建小厂，试销三年，若销路好再投资 1000 万元，加以扩建。扩建后可使用七年，后七年中每年盈利增至 970 万元，应如何决策。

解　这个问题属于多级决策问题，可以分为前三年和后七年两个阶段考虑各种情况下的损益值，相应的决策树如图 10-3 所示。

由图 10-3 所列资料，可计算各点期望效益值如下。

(1) 计算决策点 2 的期望值。在决策点 2 处有两个方案分枝，即 3、4，一个是扩建，另一个是不扩建。由于这个决策点 2 是从状态点 2 中的“销路好”概率分枝延伸出来的，所以不论扩建也好，不扩建也好，它们的前提条件都是“销路好”，故状态点③、④的概

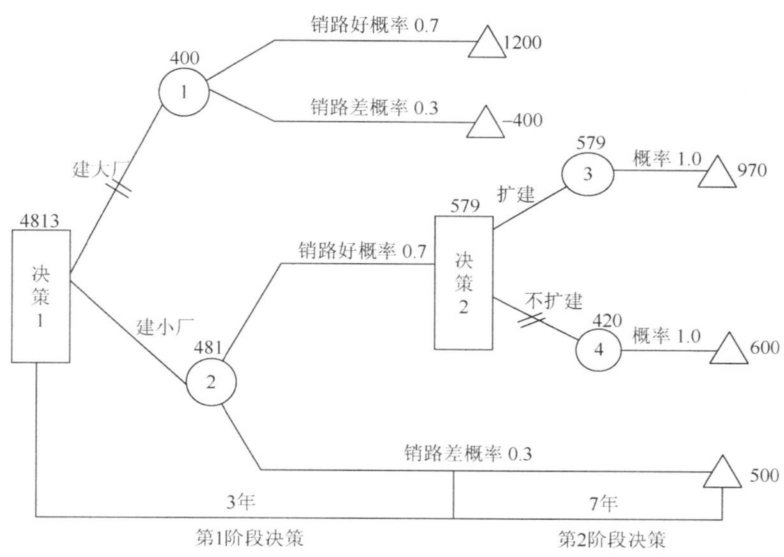

图 10-3　多阶段决策树图

率都是 1.0。这时③、④状态点的期望值为

状态点③：1.0×970×7−1000 = 5790(万元)；

状态点④：1.00×600×7 = 4200(万元)。

比较点③与点④，可剪去点④，留下点③。即点③代表决策点 2 的期望值。

(2)状态点②的期望值计算。前三年建小厂销路好时的期望值为 0.7×600×3，后七年扩建后的期望值为 0.7×5790，七年后若不扩建，销路差时的期望值为 0.3×500×10。再考虑收回建小厂的投资，则

状态点②的期望值=(0.7×600×3 十 0.7×5790+0.3×500×10)−2000 = 4813(万元)；

状态点①的期望值=(0.7×1200×10 十 0.3×(−400)×10)−3200 = 4000(万元)。

对比点①与点②的期望值可以知道，应采取的决策是先建小厂，试销三年后，如果销路好时再扩建。

第三节　贝叶斯决策方法

决策者常碰到的问题是没有掌握充分的信息，一般说来，决策者都不愿意冒很大的风险去选择期望收益值最大或期望损失值最小的方案，但也不愿意放弃获利最大或损失最小的机会，因此总希望搜集更多的资料，以弄清各种自然状态在不久的将来可能发生的概率，从而缩小决策的风险。贝叶斯决策则是利用贝叶斯概率公式解决这类问题的方法。

一、先验概率、后验概率与贝叶斯准则

1. 先验概率

先验概率指根据历史资料或主观判断所确定的，没有经过试验证实的概率。其中，利

用过去历史资料计算得到的先验概率，称为客观先验概率；当历史资料无从取得或资料不完全时，凭人们的主观经验来判断而得到的先验概率，称为主观先验概率。

2. 后验概率

后验概率是指通过调查或其他方式获取新的附加信息，利用贝叶斯公式对先验概率进行修正，而后得到的概率。所谓后验概率是相对于先验概率而言的，先验、后验指的是在试验之前或试验之后取得的概率资料，试验就是搜集补充资料，包括抽样资料和非抽样资料。由于后验概率加入了新获取的实际信息，因而它比先验概率更为准确。

先验概率与后验概率的实质区别是：①先验概率不是根据有关自然状态的全部资料测定的，而只是利用现有的材料（主要是历史资料）计算的；后验概率使用了有关自然状态更加全面的资料，既有先验概率资料，也有补充资料；②先验概率的计算比较简单，没有使用贝叶斯公式；而后验概率的计算，要使用贝叶斯公式，而且在利用样本资料计算逻辑概率时，还要使用理论概率分布，需要更多的数理统计知识。

3. 贝叶斯准则

贝叶斯准则的概率公式为

$$P(B_i/B)=\frac{P(B_i)P(B/B_i)}{\sum_{i=1}^{n}P(B_i)P(B/B_i)} \tag{10-2}$$

式中：$B_1,B_2,\cdots,B_n$ 为总体 B 中的 n 个事件，$P(B_i)$ 为事件 B_i 的概率，$P(B)$ 为联合概率 $P(B,B_i)$ 对所有可能的 B_i 值求和。

式(10-2)可用文字表述为

$$后验概率=\frac{似然函数\times先验概率}{证据因子} \tag{10-3}$$

全概率公式是由原因得出结果的计算公式，而贝叶斯公式是在已知某种结果发生的情况下，求使这个结果发生原因的计算公式，因此，贝叶斯公式也常称为后验概率公式。贝叶斯公式表明，通过观测 B 的值，我们可以将先验概率 $P(B_i)$ 转换为后验概率 $P(B_i/B)$。即假设特征值 B 已知的条件下类别属于 B_i 的概率。$P(B/B_i)$ 称为 B_i 关于 B 的似然函数，也就是说在其他条件都相等的情况下，使得 $P(B/B_i)$ 较大的 B_i 更有可能是真实的类别。后验概率主要由先验概率和似然函数的乘积所决定，证据因子 $P(B)$ 可仅仅看成是一个标量因子，以保证各类别的后验概率总和为 1，从而满足概率条件。

例 10.3.1　一台微机的一个重要组成部分是主板。已知某地区销售的计算机主板有 20%来自供应商 A，50%来自供应商 B，30%来自供应商 C。假定这三个供应商所生产的主板的不合格率已知，分别为 0.01，0.004 和 0.008，若发现某一台计算机的主板发生故障，试问哪个供应商应承担责任的可能性最大？

解　由贝叶斯概率公式(10-2)，得

$$P(A_1/B)=\frac{P(A_1)P(B/A_1)}{\sum_{i=1}^{3}P(A_i)P(B/A_i)}=\frac{0.2\times0.01}{0.2\times0.01+0.5\times0.004+0.3\times0.008}=0.313$$

$$P(A_2/B)=\frac{P(A_2)P(B/A_2)}{\sum_{i=1}^{3}P(A_i)P(B/A_i)}=\frac{0.5\times0.004}{0.2\times0.01+0.5\times0.004+0.3\times0.008}=0.313$$

$$P(A_3/B)=\frac{P(A_3)P(B/A_3)}{\sum_{i=1}^{3}P(A_i)P(B/A_i)}=\frac{0.3\times0.008}{0.2\times0.01+0.5\times0.004+0.3\times0.008}=0.374$$

由于当已知主板为不合格时，它来自总体 A_3 的概率大于来自总体 A_1 和 A_2 的相应概率，所以最佳的猜测是这个主板来自总体 A_3。

贝叶斯理论的优点在于，由于贝叶斯理论是建立在公理理论的基础上，它可以保证定量的相容性。而其他一些分类方法则不具备。贝叶斯理论存在着如下缺点：仅仅只作一次判断会引起许多问题；没有一种合理的方式来确定先验概率值。

二、补充样本价值信息的贝叶斯决策

期望值准则决策是利用先验信息(即当前可获得的信息)来解决决策问题的方法。人们根据先验信息来评估各种自然状态发生的概率。由于自然状态的概率仅以先验信息为依据，所以有时也称先验概率。此外还可以选择另一种方法，那就是用样本信息来补充先验信息，应用贝叶斯决策准则进行决策。其决策过程是：首先利用抽样或试验所得到的样本资料，依据贝叶斯公式对先验概率进行修正，得到后验概率；接下来再由后验概率求得各种方案预期的期望损益值，最后通过比较各种方案的数值选择与最大收益或最小损失相对应的方案作为决策方案。

例 10.3.2　某公司拟对今后生产作出规划，有三种决策方案可供管理层选择：

A_1：大力开发新产品并压缩现有产品生产；

A_2：在维持现有产品生产基础上，加紧开发新产品；

A_3：提高现有产品质量，扩大现有产品的生产。

决策前，管理层首先对可能出现的市场状况和盈利作了一些调查和分析，不同方案在不同市场状态下的收益，如表 10-5 所示。其中销售市场状态可以分为 C_1、C_2 和 C_3 三种，C_1 表示滞销，概率 $P(C_1)=0.2$；C_2 表示正常，概率 $P(C_2)=0.7$；C_3 表示畅销，概率 $P(C_3)=0.1$。

表 10-5　销售市场状态及方案收益统计　（单位：百万元）

决策方案	市场状态		
	$C_1(P(C_1)=0.2)$	$C_2(P(C_2)=0.7)$	$C_3(P(C_3)=0.1)$
A_1	−60	150	260
A_2	−20	190	180
A_3	10	120	150

但实际状况和由市场调查作出的估计往往并不一致，管理层不想根据先验信息作出最终决策，而是想把样本信息结合到分析中去，在决策前开展了市场调查，其统计结果如表 10-6 所示。求按贝叶斯准则，该公司应选择何种方案规划今后生产。

表 10-6　实际销售市场状态与调查估计市场状态资料统计关系

调查估计市场状态	实际销售市场状态		
	C_1	C_2	C_3
B_1	0.7	0.05	0.05
B_2	0.2	0.9	0.15
B_3	0.1	0.05	0.8

解　通过考虑样本信息来调整先验概率，计算求得联合概率和边际概率，如表 10-7 所示。

表 10-7　联合概率与边际概率统计表

$P(C_j)$，$P(B_iC_j)$		实际销售市场状态			$P(B_i)$
		C_1	C_2	C_3	
调查估计市场状态	B_1	0.14	0.04	0.01	0.19
	B_2	0.04	0.62	0.02	0.68
	B_3	0.02	0.04	0.07	0.13
$P(C_j)$		0.20	0.70	0.10	1.00

由贝叶斯决策式(9.4.1)计算后验概率 $P(C_j/B_i)$，如表 10-8 所示。

表 10-8　后验概率统计表

$P(C_j)$，$P(C_j/B_i)$		实际销售市场状态			$P(B_i)$
		C_1	C_2	C_3	
调查估计市场状态	B_1	0.78	0.19	0.03	0.18
	B_2	0.06	0.92	0.02	0.69
	B_3	0.15	0.26	0.59	0.14
$P(C_j)$		0.20	0.70	0.10	1.00

由表 10-8，可以获得调查估计市场状态分别为 B_1、B_2、B_3 情况下的后验分布决策表，如表 10-9～表 10-11 所示。

表 10-9　调查估计市场状态为 B_1 情况下的后验分布决策表

决策方案	市场状态		
	$C_1(P(C_1)=0.78)$	$C_2(P(C_2)=0.19)$	$C_3(P(C_3)=0.03)$
A_1	−60	150	260
A_2	−20	190	180
A_3	10	120	150

表 10-10　调查估计市场状态为 B_2 情况下的后验分布决策表

决策方案	市场状态		
	$C_1(P(C_1)=0.06)$	$C_2(P(C_2)=0.92)$	$C_3(P(C_3)=0.02)$
A_1	−60	150	260
A_2	−20	190	180
A_3	10	120	150

表 10-11　调查估计市场状态为 B_3 情况下的后验分布决策表

决策方案	市场状态		
	$C_1(P(C_1)=0.15)$	$C_2(P(C_2)=0.26)$	$C_3(P(C_3)=0.59)$
A_1	−60	150	260
A_2	−20	190	180
A_3	10	120	150

当调查估计市场状态为滞销状态 B_1 时，由表 10-9 得

$$E(A_1)=\sum_{j=1}^{3}P_jV_{ij}=0.78\times(-60)+0.19\times150+0.03\times260=-10.5(\text{万元})$$

$$E(A_2)=\sum_{j=1}^{3}P_jV_{ij}=0.78\times(-20)+0.19\times190+0.03\times180=25.9(\text{万元})$$

$$E(A_3)=\sum_{j=1}^{3}P_jV_{ij}=0.78\times10+0.19\times120+0.03\times150=35.1(\text{万元})$$

这时最优方案为 A_3，即提高现有产品质量，扩大现有产品的生产。

当调查估计市场状态为滞销状态 B_2 时，由表 10-10 得

$$E(A_1)=\sum_{j=1}^{3}P_jV_{ij}=0.06\times(-60)+0.92\times150+0.02\times260=139.6(\text{万元})$$

$$E(A_2)=\sum_{j=1}^{3}P_jV_{ij}=0.06\times(-20)+0.92\times190+0.02\times180=177.2(\text{万元})$$

$$E(A_3)=\sum_{j=1}^{3}P_jV_{ij}=0.06\times10+0.92\times120+0.02\times150=114(\text{万元})$$

这时最优方案为 A_2，即在维持现有产品生产基础上，加紧开发新产品。

当调查估计市场状态为滞销状态 B_3 时，由表 10-11 得

$$E(A_1)=\sum_{j=1}^{3}P_jV_{ij}=0.15\times(-60)+0.26\times150+0.59\times260=183.4(\text{万元})$$

$$E(A_2)=\sum_{j=1}^{3}P_jV_{ij}=0.15\times(-20)+0.26\times190+0.59\times180=152.6(\text{万元})$$

$$E(A_3)=\sum_{j=1}^{3}P_jV_{ij}=0.15\times10+0.26\times120+0.59\times150=121.2(\text{万元})$$

这时最优方案为 A_1，即大力开发新产品并压缩现有产品生产。

期望机会损失准则同样可以推广到将样本信息结合到决策分析中的情形。只要将先验状态概率换成后验状态概率即可。

补充样本信息有助于减少先验概率的主观性。先验概率往往带有主观成分，不利于取得可靠的决策，后验概率所使用的补充资料，是独立于先验概率资料以外的其他来源资料，不是同一资料来源。把这种资料补充到概率决策中去，就可以使所有已掌握的信息全部反映在决策中，使决策更接近实际，或接近反映完全信息。在决策分析中是否需要考虑补充样本信息，由许多因素决定，其中的一个重要因素是获取信息的费用，如根据对样本信息价值的评估，决策者愿意为样本信息付出多大的代价等。如果搜集信息的成本费用，小于补充信息期望值或者期望机会损失，那么，可以选择收集更多的信息，以便更准确地了解可能状态的变异，从而获取接近于确定情况的最大期望利润。如果这个代价太高，就得不偿失，决策者宁愿在信息不完全的情况下进行决策，而不再收集更多的信息。

第四节 效用决策方法

在实际工作中，有许多重要的决策问题是不能仅用损益值来衡量的，而在很大程度上取决于决策者个人对一定损益得失的主观估计，这就是所谓效用，效用决策有着广泛的用途。

一、效用概念

当所要作出的决策只进行一次，而且包含有较大风险时，以期望损益值作为方案选择的唯一标准不一定被认为是完全合理的，因为决策是由决策者作出的，决策者个人的经验、才智、胆识和判断力等主观因素不能不对决策的过程产生影响。对于同样的一件不确定的事情来说，不同的人，由于对风险的态度不同，就可能选用不同的策略。如果以损益值作为方案选择的唯一标准，就会使得决策过程变成机械地计算期望值的过程，从而把决策者对于损益独特的兴趣、感觉或反应排除在外。这当然是不合理的，也是不现实的。

效用是指决策者对决策后果的一种感受、反应或倾向，是决策者的价值观和偏好在决策活动中的综合反映。在经济学领域里，效用是指人们在消费一种商品或劳务时所获得的一种满足程度。

例 10.4.1 某顾客空运一件价值 20 万元的艺术品，如果飞机发生失事，艺术品就会损坏，顾客自己承担全部损失。但顾客可以花 300 元去买保险，在有保险的情况下，假如发生了事故，保险公司会赔偿全部损失。现在已知飞机失事的概率为 0.0005，问在这种情况下，该顾客应不应该去买保险。

解 现在有两种可能的自然状态和两个可供选择的方案，每个方案的期望损益值如表 10-12 所示。

表 10-12 不同方案的期望损失值表

方案	自然状态		期望损益值
	$C_1(P(C_1)=0.0005)$	$C_2(P(C_2)=0.9995)$	
A_1(不去买保险)	−200000	0	−100
A_2(买保险)	−300	−300	−300

如果从期望损失值考虑，应选取不去买保险这一方案，因为支付的费用已超出了期望亏损达 200 元(300−100 = 200 元)。但是想到一旦失事，将会损失 20 万元艺术品，很少有人愿意为节省 300 元而冒损失 20 万元的风险，这就是效用的作用。

由以上例子可知，在某些情况下，用期望损益值作为决策唯一依据的方法是不合理的，它不能很好地反映决策者对损益的偏好，此时需运用效用决策。效用是决策者对损益的看法和偏好的一种相对数量表示，决策问题的每一策略对决策者都有一定的效用，这反映了在风险情况下决策者对某种结果的偏好程度。

二、效用曲线的确定与风险评价

在进行决策时，不同的决策者由于其经济地位、个人气质及对风险的态度等不同，对同样的期望损益值可能赋以不同的效用值。这说明，每个人都有自己的效用函数。以损益值为横坐标，效用为纵坐标，为方便起见，通常将决策者可能遇到的最低收益(或最大损失)所对应的效用指定为零，而将他的最高可能收益对应的效用值指定为 1 或 100。可画出不同类型决策者的效用函数曲线。

设决策者面临两个可选择的方案 A 和 B，其中 A 表示决策者可无风险地获得一笔收益 x，B 表示他可以以概率 P 获得收益 y，以概率 $1-P$ 获得收益 z，其中 $z>x>y$，$U(x)$ 表示收益 x 的效用值，则当决策者认为方案 A 和 B 等价时，应有

$$PU(y)+(1-P)U(z)=U(x) \tag{10-4}$$

式(10-4)意味着决策者认为 x 的效用值等价于 y 和 z 效用值的期望值。由于式(10-4)中共有 x，y，z，P 四个变量，若其中任意三个确定后，即可通过向决策者的提问得到第四个变量。提问的方式主要有以下三种：

(1) 每次固定 x，y，z，改变 P，并提问：“P 取何值是你认为 A 和 B 等价？”

(2) 每次固定 P，y，z，改变 x，并提问：“x 取何值是你认为 A 和 B 等价？”

(3) 每次固定 P，x，y 改变 z，并提问：“z 取何值是你认为 A 和 B 等价？”

实际计算中，经常取 $P=0.5$，固定 y，z，利用式(10-4)求 x 的值

$$0.5U(y)+0.5U(z)=U(x) \tag{10-5}$$

将 y，z 改变三次，分别提问三次得到相应的 x 的值，即可得到效用曲线上的三个点，再加上当收益最差时的 0 和收益最好时的 1 两个点，实际上已得到效用曲线上的五个点，根据这五个点可以画出效用曲线的图形。

分别记 x^* 和 x^0 为所有可能结果中决策者认为收益最好和收益最差的结果，即有

$$U(x^*)=1,\quad U(x^0)=0$$

以它们为初始条件可以通过提问逐渐求得新的 x 及其效用值。

例 10.4.2　构造一个效用函数，已知所有可能的收益区间为[−1000, 2000]元，即 $x^*=2000$，$x^0=-1000$，故 $U(x^*)=1$，$U(x^0)=0$。现用“五点法”确定效用曲线上的其他三个点。

(1) 请决策者将 A：“稳获 x 元”和 B：“以 50% 的机会得到 2000 元，50% 的机会损失 1000 元”这两个方案进行比较。假设先取 $x=250$，若决策者的回答是偏好于 A，则适量减少 x，例如，取 $x=100$；若决策者的回答还是偏好于 A，则适量减少 x，例如，取

$x=-100$。这时假设决策者的回答是偏好于 B，则应适量增加 x，例如，取 $x=0$。假设当 $x=0$ 时决策者认为方案 A 和 B 等价，则有

$$U(0)=0.5U(2000)+0.5U(-1000)=0.5\times1+0.5\times0=0.5$$

由此得到效用曲线上的一个点 $(0,0.5)$。

(2) 请决策者将 A：“稳获 x 元”和 B：“以 50%的机会得到 0 元，50%的机会损失 1000 元”这两个方案进行比较。假设当 $x=-600$ 时决策者认为方案 A_1 和 A_2 等价，则有

$$U(-60)=0.5U(0)+0.5U(-1000)=0.5\times0.5+0.5\times0=0.25$$

(3) 请决策者将 A：“稳获 x 元”和 B：“以 50%的机会得到 0 元，50%的机会得到 2000 元”这两个方案进行比较。假设当 $x=800$ 时决策者认为方案 B 和 A 等价，则有

$$U(800)=0.5U(0)+0.5U(2000)=0.5\times0.5+0.5\times1=0.75$$

这样得到效用曲线上的点 $(-1000,0)$，$(-600,0.25)$，$(0,0.5)$，$(800,0.75)$，$(2000,1)$。据此可以画出效用曲线图，如图 10-4 所示。

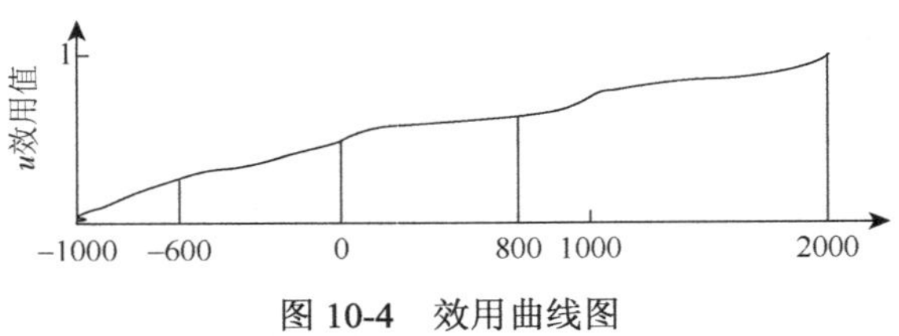

图 10-4　效用曲线图

从以上向决策者的提问及回答的情况可以看出，不同的决策者选择是不同的，这样可以得到不同形状的效用曲线，表示了决策者对风险的态度不同。常见的三种不同类型风险偏好决策者的效用曲线如图 10-5 所示。

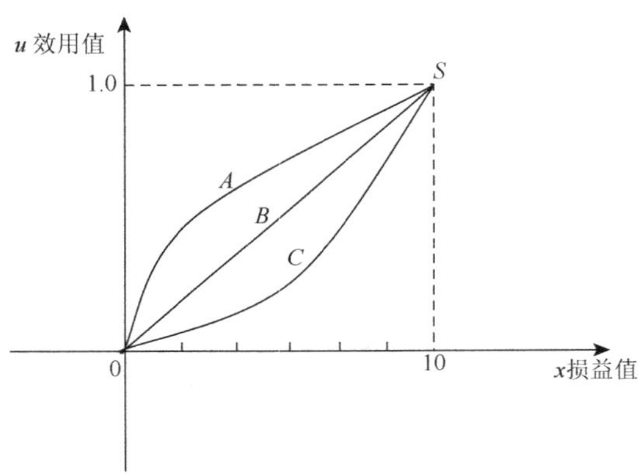

图 10-5　不同类型风险偏好决策者的效用曲线图

在图 10-5 中，曲线 A 是风险回避者效用曲线；直线 B 是风险不关心者效用曲线；曲线 C 是风险偏好者的效用曲线，这种类型的人对待风险的态度与风险回避者正好相反。这三条曲线有两个共同的交点：0 和 S，这样便于进行相互比较。A 所代表的决策者对于利益的反应比较迟缓，而对损失比较敏感。这种决策者不图高利，回避风险，怕遭亏损，

谨慎小心，见好即收，边际效用递减规律在这里起了决定性的作用，属于保守型的决策者。B 所代表的决策者则是循规蹈矩，完全按照期望值的高低来选择行动方案，属于中间型的决策者。对于这种类型的决策者来说，效用与损益值是等比例增减变动的，同等数量损益的得失反映同等数量效用的增减，表明对待风险持中立态度，可直接用货币收益或亏损作为付酬进行决策分析，不必换算成效用值再分析，因为这两种分析的结果是一样的。C 所代表的决策者对于损失反应比较迟缓，而对利益反应比较敏感，这种类型的决策者对待风险的态度与风险回避者正好相反，是谋求大利，不怕风险的，对小额收益不感兴趣，属于进取型的决策者。实践证明，大多数决策者属于保守型，而属于另外两种类型者则是少数。上述三种类型人物对待风险的不同态度，可用一个简单的例子说明。

例 10.4.3　设有甲、乙二人，分别给他们一个同样的机会：A_1 是肯定得到 300 元，A_2 是赢 600 元或输 150 元的机会各为 50%，甲选择 A_2 而乙选择 A_1，能否说明甲是风险偏好者而乙是风险回避者？

解　首先计算甲的期望收益：

$$E(A_2)=0.5\times600+0.5\times(-150)=225$$

由于甲的期望收益 225 低于肯定收益 300 元，所以，甲无疑是风险偏好者，但乙还不能肯定是风险回避者，因为不管他是风险回避者还是风险不关心者，都会选择 300 元，这样做既没有风险又高于期望收益 225 元。

有的决策者对不同事物的效用曲线也有所不同。例如，在保险问题上，他愿意以一个小的费用支出换取避免一个可能的大损失，即所缴纳的保险费有限，但期望损失却很大。在这个问题上，他表现为一个风险回避者。但是，在购买奖券上，他又是一个以一笔小的支出换取一笔可能的大收益的决策者，因为期望收益比买奖券的投资要大得多。

由于效用曲线考虑了决策者对损益值的偏好，除用于一般的决策分析外，还可用于决定意愿水准。方法是：从效用曲线上寻找拐点，拐点所在的付酬就是意愿水准。意愿水准效用曲线是有拐点的混合型，如图 10-6 所示。

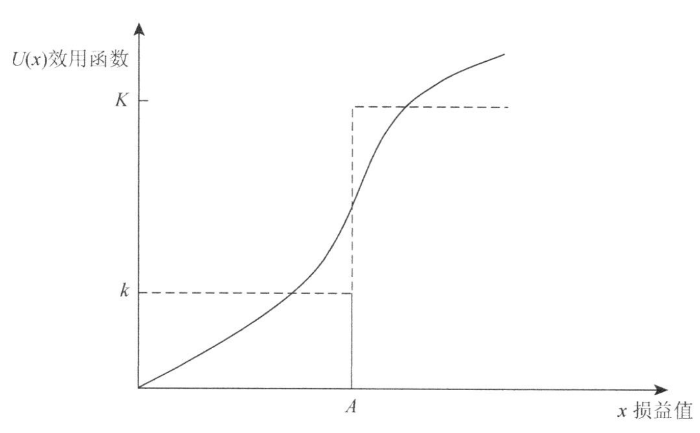

图 10-6　意愿水准效用曲线

图 10-6 中的拐点在 A 处，A 就是意愿水准。一般来说，这个拐点处的效用值附近不是渐近的曲线递升式，而是在拐点处跳跃地垂直上升，因为在这个水准以下的效用和在

它以上的效用，是一种突变。图 10-6 中实线是有一个拐点的递升型效用曲线，虚线表示意愿水准效用曲线，在拐点 A 处垂直上升，拐点下的效用为低水平的 k，在 A 处效用突然上升为 K。

三、效用期望值决策的应用分析

决策者对损益值的偏好也可应用效用期望值进行决策分析。与损益期望值决策分析方法类似，应用效用期望值进行决策分析，也需运用概率计算期望效用，择优决策。效用单位和概率的乘积便是效用期望值。若用负效用值(亏损效用)作决策时，则取期望亏损效用最小值。

例 10.4.4　买财产保险是否合算，一直是一个有争论的问题。反对保险的论点为买保险是在打赌，用一小笔钱(保险费)和一个可能的巨大损失打赌。然而，保险公司的一切开销都是从客户缴纳的保险费中开支的，还要有盈利。分析结果，只有对保险公司有利，对保险者不利。赞成保险的理由是：我花点钱买保险，投资不多，对生活没有什么影响，却能使我无后顾之忧，安心工作。否则，万一出事，则后果不堪设想。双方的观点似乎均有理，试用效用决策分析加以说明。

设某投保人对他拥有的一项价值 300000 元的财产进行保险，保险费为 3000 元，根据以往经验，保险公司赔偿的概率为 0.005。由期望损益值决策分析，保险公司是有利可图的，其期望收益为 1500 元，如表 10-13 所示；而购买保险单的投保者则是亏损的，期望收益为−1500 元，如表 10-14 所示。

表 10-13　保险公司期望收益

自然状态	概率	收益/元	期望收益/元
要求赔偿	0.005	−297000	−1485
不要求赔偿	0.995	3000	2985
合计	1.0000	—	1500

表 10-14　投保人期望收益

自然状态	概率	收益/元		期望收益/元	
		保险	不保险	保险	不保险
要求赔偿	0.005	−3000	−300000	−15	−1500
不要求赔偿	0.995	−3000	0	−2985	0
合计	1.0000	—		−3000	−1500

由期望损益值分析，反对保险的观点是正确的。然而实际上许多决策者并不是期望损益值的忠实执行者，只有那种对待风险不关心者，才毫无保留地接受期望损益值。一般决策者多是风险回避者，他们所考虑的是效用的大小，即效用递减原则在起作用。如将投保者的期望收益换算成效用收益，设 $U(3000)=0.11$ ， $U(300000)=25$ ，再作决策分析，如表 10-15 所示。

表 10-15 投保人效用期望收益

自然状态	概率	保险		不保险	
		效用值	期望效用值	效用值	期望效用值
要求赔偿	0.005	−0.11	−0.00055	−25	−0.125
不要求赔偿	0.995	−0.11	−0.10945	0	0
合计	1.0000	—	−0.11	—	−0.125

由表 10-15 可以看出，保险的期望效用收益− 0.11 比不买保险的期望效用收益− 0.125 优。显然，保险公司出售大量保险单，可获得期望损益值收益，而投保者可获得效用收益。这是一项双赢利的事业。

关于保险问题还可从另外一个角度分析：为了保证安全(效用)而保险时，对可能遭受的损失价值加以估计。

习题与思考题

1. 什么是风险型决策？风险型决策需具备哪些条件？

2. 风险型决策的主要方法有哪些？其特点各是什么？

3. 某企业为了生产某种新产品，决定对一条生产线的技术改造问题拟出两种方案，一是全部改造，二是部分改造。若采用全部改造方案，需投资 2800 万元；若采用部分改造方案只需投资 1500 万元。两个方案的使用期都是 10 年。估计在此期间，新产品销路好的概率是 0.7，销路不好的概率是 0.3，两个改造方案的年度损益值如下表所示，请问该企业的管理者应选择哪种方案？试应用期望值准则决策法进行决策。

(单位：百万元)

方案	投资	年度损益值		使用期/年
		销路好($P=0.7$)	销路不好($P=0.3$)	
A_1 全部改造	2800	1000	−300	10
A_2 部分改造	1500	450	100	10

4. 如果对 3 题中的问题分为前四年和后六年两期考虑，根据市场调查研究及预测分析，前四年新产品销路好的概率为 0.7，而且前四年销路好后六年销路也好的概率为 0.9；但若前四年销路差，则后六年销路也差的概率为 0.6。在这种情况下，企业的管理者应采用生产线的全部改造方案还是部分改造方案？试应用决策树分析方法进行决策。

5. 禽流感患者的临床表现为发热、干咳、流涕、头痛. 已知人群中具有以上所有症状的患者患有禽流感的概率为 0.5%，仅发热的患者患禽流感的概率为 0.4%，仅干咳的患者患禽流感的概率为 0.1%，仅流涕的患者患禽流感的概率为 0.3%，仅头痛的患者患禽流感的概率为 0.2%，无上述现象而被确诊为禽流感的概率为 0.001%。现对某疫区 30000 人进行检查，其中具有所有症状为 300 人，仅发热的患者为 500 人，仅干咳的患者为 1000 人，仅流涕的患者为 800 人，仅头痛的患者为 450 人。试求该疫区某人患禽流感的概率。

6. 已知一个位于英国的发报台分别以概率 0.6 和 0.4 发出信号“0”和“1”，由于通信系统受到了某些信号的干扰，当发出信号“0”时，收报台未必收到信号“0”，而是分别以 0.8 和 0.2 的概率收到“0”和“1”；同样，发出信号“1”时分别以 0.9 和 0.1 的概率收到“1”和“0”。如果收报台收到“0”，试求它没收错的概率是多少？

7. 在一个大雾天的下午五点左右发生了一起交通事故，肇事车是本市一辆出租车，该车早已逃逸。有一个目击者认定是一辆绿色出租车，假定经调查该市有红、绿两种颜色的出租车，其中绿色占 17%，红色占 83%，假定通过测试可知，目击者将红色看成红色的概率为 0.8，将红色看成绿色的概率为 0.2，将绿色看成绿色的概率为 0.9，将绿色看成红色的概率为 0.1。若你是交警，试问你能确信目击者的证词吗？

8. 假设某个工厂有 4 个车间生产同一件农用产品，其产量占总产量的比例分别为 0.15、0.2、0.3 和 0.35，且已知各车间生产的次品率分别为 0.05、0.04、0.03 和 0.02。现有一农户购买了该厂的农用产品，其中 1 件产品是次品，对该农户造成了重大的损失，因此工厂按规定进行了索赔。现在厂长要追究生产车间的责任，但是该产品是哪个车间生产的标志已经脱落，试问厂长应该如何追究生产车间的责任？

9. 一个以盈利为目的的企业家作出承诺：10 月份要在上海市举办一场乒乓球冠军赛，可是这个举办人一直未能将计划定下来，因为他对下面这件事一直难以决定：将比赛安排在上海市某体育场(拥有 30000 个露天座位)进行，碰碰届时无雨的运气，还是为保险起见将比赛安排在上海市某体育馆(拥有 10000 个室内座位)。如果选择上海市某露天体育场而且比赛时天公作美，预期通过门票收入可获净利润 3000000 元(扣除成本、税金等款项后的票房收入)，如果比赛当晚下雨，预期大多数乒乓球迷不会来看比赛(因为有 20000 个座位无挡雨设施)，结果将损失 360000 元(未售出的门票、价格较低的优惠销售等)。但如果选择上海市某体育馆，则门票销售与天气无关，比赛举办人将获净利润约 1200000 元。试求：

(1) 编制该决策问题的损益表与机会损失表。

(2) 构建与损益表相对应的决策树。

(3) 假定举办人有机会获得上海地区以往的气象资料，并利用这些资料对比赛当晚自然状态的概率分布作出估计，有雨的概率为 0.15，无雨的概率为 0.85，该比赛的举办人将采取哪种方案？

(4) 如果比赛当晚下雨而比赛安排在露天进行，承办人将损失 360000 元，这是他不愿承受的风险，应用效用决策法进行分析。

10. 某公司准备引进某新设备进行生产，这种新设备具有一定的先进性，但该公司尚未试用过，预测应用时成功的概率为 0.8，失败的概率为 0.2。现有三种方案可供选择：方案Ⅰ，应用老设备，可稳获 4 万元收益；方案Ⅱ，先在某一车间试用新设备，如果成功，可获 7 万元收益，如果失败则将亏损 2 万元；方案Ⅲ，全面推广使用新设备，如果成功，可获 12 万元收益，如果失败则亏损 10 万元。

试求：

(1) 如果采用货币期望值准则，该公司采取哪种方案？

(2) 设根据该公司的效用曲线，4 万元的效用值为 0.94；7 万元的效用值为 0.98；12 万元的效用值为 1；−2 万元的效用值为 0.70；−10 万元的效用值为 0，如果采用效用期望值准则，该公司应采取哪种方案？

第十一章　不确定型决策

要点

(1) 不确定型决策的基本概念；

(2) 乐观决策准则；

(3) 悲观决策准则；

(4) 折中决策准则；

(5) 后悔决策准则。

学习要求　熟悉不确定型决策的基本概念；掌握常用的不确定型决策准则，主要有：乐观决策准则、悲观决策准则、折中决策准则、后悔决策准则；了解不确定型决策准则的适用范围及存在的问题。

不确定型（uncertainty）决策方法又称非确定型决策、非标准决策或非结构化决策，是指决策者在各种自然状态出现的概率无法预测的条件下所作的决策。在进行不确定型决策的过程中，决策者的主观意志和经验判断居于主导地位。同一个问题，可以有完全不同的选择方法。

第一节　不确定型决策的基本概念

不确定型决策是与确定型决策相对的概念，确定型决策意味着每个被选方案都有唯一的确定结果。方案结果的确定性是此类决策的主要特征。这是一种理想的决策问题，只要目标明确，管理者就可以作出精确的决策。对于确定型决策，既然结果是有把握的，那么决策就应该根据已有信息选择最佳方案。不确定型决策指某一事件、活动在未来可能发生，也可能不发生，其发生状况、时间及其结果的可能性或概率是未知的，即其发生的概率无法预测。由于无法预先估计或预测各种可能状态发生的概率，只能根据决策者的经验和态度进行决策。

不确定型不同于风险型，风险型是指概率分布已知情况下的后果随机性，而不确定型则是指概率分布未知，甚至有无随机规律都不清楚情况下后果的难以预测性。1921 年美国经济学家弗兰克·耐特(Frank Knight)首先认为，风险是介于确定和不确定之间的一种状态，其出现的可能性是可以预测的。由此，出现了基于概率的风险型决策分析，以及未知概率的不确定型决策分析两种决策分析方法。风险型决策与不确定型决策比较，两者都面临着两种或两种以上的自然状态，不同的是前者掌握了它们的出现概率而后者对即将出现的自然状态、概率一无所知。

不确定型决策问题一般需具备以下条件：

(1) 有一个希望达到的目标(如收益最大或损失较小)；

(2) 存在两个或两个以上的行动方案；

(3) 存在两个或两个以上的自然状态，但是既不能确定未来哪种自然状态必然发生，又无法获得各种自然状态在未来发生的概率；

(4) 每个行动方案在不同自然状态下的损益值可以计算出来。

对于不确定型决策问题，根据不同决策者的不同心理状态、风险偏好，可以归纳出一些常用的不确定型决策准则，主要有：乐观决策准则、悲观决策准则、折中决策准则、等可能性决策准则、后悔决策准则等。

第二节　乐观决策准则

乐观决策准则指在决策时，决策者对客观情况持有一种乐观态度的准则，也称之为最大最大收益准则。它假定决策对象未来的情形是最理想的状态占优势，因此，先选出在未来各种自然状态下每种方案的最大收益，再从这些最大收益值中选出最大者，与这个最后选中的最大值相对应的方案就是决策者选定的方案，即“好中求好”决策准则。

乐观决策准则可用下式表示：

$$\mu(A_{i_0}^*)=\max_{1\leqslant i\leqslant m}\max_{1\leqslant j\leqslant n}\{a_{ij}\},\quad i=1,2,\cdots,m,\quad j=1,2,\cdots,n \tag{11-1}$$

式中：$A_{i_0}^*$ 为决策方案，a_{ij} 为采用第 i 种方案时出现第 j 种状态的损益值，n 为自然状态数目，m 为方案数。

乐观决策准则的一般步骤如下。

(1) 确定决策问题的各种可行方案及面临的各种客观情况，即自然状态；

(2) 确定决策问题的备选方案；

(3) 计算、比较各行动方案在不同自然状态下的收益值；

(4) 选出每一行动方案的最大收益值；

(5) 取最大收益值中最大的方案作为最优方案。

决策准则的指导思想是决策者不放过任何一个可能获得最好结果的机会，反映了决策者喜欢冒险、乐观的态度。

例 11.2.1　某公司拟对是否研究开发一种新产品进行决策。根据新产品价格可能发生的波动情况把自然状态划分为四类：P_1：低于现价，P_2：与现价相同，P_3：高于现价，P_4：价格大涨。该公司可能采取的行动方案有四种：A_1：以抓新产品研究开发为主，并维持现有产品生产，A_2：一方面抓新产品研究开发，另一方面扩大现有产品产量和提高质量，保证占有市场一定份额，A_3：不搞新产品研究开发，全力扩大现有产品产量和提高产品质量，扩大市场占有份额；A_4：全力进行新产品研究开发，放弃现有产品的生产。不同方案在不同价格状态下所产生的收益或损失也称损益值(单位：万元)，如表 11-1 所示，试按乐观决策准则确定其决策方案。

表 11-1　收益统计表　　(单位：万元)

可选方案	自然状态分类			
	P_1	P_2	P_3	P_4
A_1	−360	980	1310	1600
A_2	−230	640	1620	2100
A_3	−150	330	730	1100
A_4	−510	850	1590	2160

解　(1)先从各方案中选出最大收益值

A_1中最大收益值为：$\max\{-360,980,1310,1600\}=1600$（万元）

A_2中最大收益值为：$\max\{-230,640,1620,2100\}=2100$（万元）

A_3中最大收益值为：$\max\{-150,330,730,1100\}=1100$（万元）

A_4中最大收益值为：$\max\{-510,850,1590,2160\}=2160$（万元）

(2)选出最大值中的最大值

$$\mu(A_{i_0}^*)=\max_{1\leqslant i\leqslant m}\max_{1\leqslant j\leqslant n}\{a_{ij}\}=\{1600,2100,1100,2160\}=2160\text{（万元）}$$

收益或损失也称损益值(单位：万元)，最大值 2160 万元对应的方案为 A_4，即为最优方案。根据乐观准则进行决策，该公司应全力进行新产品研究开发及生产，放弃现有产品的生产。

乐观决策准则损益表如表 11-2 所示。

表 11-2　乐观决策准则损益表　(单位：万元)

可选方案	自然状态分类				最大收益值
	P_1	P_2	P_3	P_4	
A_1	−360	980	1310	1600	1600
A_2	−230	640	1620	2100	2100
A_3	−150	330	730	1100	1100
A_4	−510	850	1590	2160	2160
最大收益值中的最大值					2160
决策方案					A_4

乐观决策准则的决策目标显然是收益最大化，而且它把这种目标建立在对方案和自然状态同时进行最有利选择的假设上，强调的是一种浪漫的极端目标。依据乐观决策准则进行决策，由于决策者认定最理想的状态占优势，并以它必然发生为依据进行决策，通常风险很大，因此，必须慎重选用。一般只有在无损失或损失不大，或十分有把握的情况下才可选择使用这一准则。否则，造成决策失误，损失惨重。本例中方案 A_4 在四种自然状态中只有一种状态下的收益高于其他三种方案，且在第四种状态下造成的损失也是很大的，居四种方案之中最大，所以采用乐观决策准则进行决策风险较大，需慎重考虑。

第三节　悲观决策准则

与乐观决策准则相反，悲观决策准则是决策者在决策时对未来状况持悲观态度时的决策准则，也称之为最大最小收益准则。这种决策的主要特点是对现实方案的选择持保守原则。决策者唯恐由于决策失误可能造成较大的经济损失，在进行决策分析时，比较小心谨慎，总是假定未来是最不理想的状态占优势，从最不理想的结果中选择最理想的结果，即“坏中求好”准则。悲观决策准则可用下式表示：

$$\mu(A_{i_0}^*)=\max_{1\leqslant i\leqslant m}\min_{1\leqslant j\leqslant n}\{a_{ij}\},\quad i=1,2,\cdots,m,\quad j=1,2,\cdots,n \tag{11-2}$$

悲观决策准则的一般步骤如下。

(1)确定决策问题的各种可行方案及面临的各种客观情况，即自然状态；

(2)确定决策问题的备选方案；

(3)计算、比较各行动方案在不同自然状态下的收益值；

(4)选出每一行动方案的最小收益值；

(5)选取最小收益值中最大的方案作为最优方案。

悲观决策准则反映了决策者的一种悲观情绪，体现了决策者的一种保守思维方式。这一准则，最初是由瓦尔特(Wald)提出来的，因此，也称之为 Wald 准则。

例 11.3.1　以表 11-1 中的数据资料为例，试按悲观准则确定其决策方案。

解　(1)先选出各种自然状态下每个方案的最小收益值

A_1 中最小收益值为：$\min\{-360,980,1310,1600\}=-360$ (万元)

A_2 中最小收益值为：$\min\{-230,640,1620,2100\}=-230$ (万元)

A_3 中最小收益值为：$\min\{-150,330,730,1100\}=-150$ (万元)

A_4 中最小收益值为：$\min\{-510,850,1590,2160\}=-510$ (万元)

(2)选出最小值中的最大值

$$\mu(A_{i_0}^*)=\max_{1\leqslant i\leqslant m}\min_{1\leqslant j\leqslant n}\{a_{ij}\}=\max\{-360,-230,-150,-510\}=-150\text{(万元)}$$

最大值−150 所对应的方案为 A_3，故 A_3 为最优方案，即该公司不搞新产品研究开发，全力扩大现有产品产量和提高产品质量，扩大市场占有份额。

悲观决策准则损益表如表 11-3 所示。

表 11-3　悲观决策准则损益表　(单位：万元)

可选方案	自然状态分类				最小收益值
	P_1	P_2	P_3	P_4	
A_1	−360	980	1310	1600	−360
A_2	−230	640	1620	2100	−230
A_3	−150	330	730	1100	−150
A_4	−510	850	1590	2160	−510
最小收益值中的最大值					−150
决策方案					A_3

根据悲观准则进行决策，该公司应全力扩大现有产品产量和提高产品质量，不搞新产品研究开发。

悲观决策准则表现了决策者的一种谨慎态度，决策者对客观情况持悲观态度，总觉得不会万事如意；所以为了安全起见，总是把事情结果估计得很不利，在这种最坏的条件下又试图从中找到最好的方案，因而也叫保守方法。决策者以最不理想状态下的收益最好为依据进行决策，通常要放弃最大利益，但由于决策者是从每一方案最坏处着眼，因此风险较小。

悲观决策准则只考虑了最不利的情况，因此是一种比较保守和稳妥的办法。一般情况下，在外部环境变化莫测，各种方案损失差别较大，获利差别较小，或者决策者无法承受较大亏损时，宜选择使用这一准则。本例中各种方案损失差别较大，选用这一准则，即采取了一种损失最小的方案。

第四节　折中决策准则

折中决策准则又称乐观系数准则或赫威斯准则，是介于悲观决策准则与乐观决策准则之间的一个准则，即决策者对未来前景既不抱悲观保守的态度，也不冒风险持过于乐观的态度，通常采取折中的办法，用一个乐观系数 α （$0<\alpha<1$）对每一方案的最大收益值和最小收益值进行加权平均，求得一个折中的收益值 $E(A_i)$ 。折中决策准则可用下式表示：

$$\mu(A_{i_0}^*)=\max_{1\leqslant i\leqslant m}[\alpha\max_{1\leqslant j\leqslant n}\{a_{ij}\}+(1-\alpha)\min_{1\leqslant j\leqslant n}\{a_{ij}\}],\quad i=1,2,\cdots,m,\quad j=1,2,\cdots,n \tag{11-3}$$

折中决策准则步骤为：首先确定乐观系数 α ，接下来选出每一方案的最大收益值和最小收益值，然后按式(11-3)求出折中收益值，最后选出折中收益值中的最大值，这个最大值所对应的方案即为最优方案。

例 11.4.1　在例 11.2.1 中，若取 $\alpha=0.6$，采用折中的办法，该公司决策者应采取何种方案？

根据折中决策准则，选出每一方案的最大值与最小值。

解　A_1: $\max\{-360,980,1310,1600\}=1600$ (万元)，$\min\{-360,980,1310,1600\}=-360$ (万元)

A_2：$\max\{-230,640,1620,2100\}=2100$ (万元)，　$\min\{-230,640,1620,2100\}=-230$ (万元)

A_3：$\max\{-150,330,730,1100\}=1100$ (万元)，　$\min\{-150,330,730,1100\}=-150$ (万元)

A_4：$\max\{-510,850,1590,2160\}=2160$ (万元)，　$\min\{-510,850,1590,2160\}=-510$ (万元)

$$E(A_1)=0.6\times1600+(1-0.6)\times(-360)=816$$
$$E(A_2)=0.6\times2100+(1-0.6)\times(-230)=1168$$
$$E(A_3)=0.6\times1100+(1-0.6)\times(-150)=600$$
$$E(A_4)=0.6\times2160+(1-0.6)\times(-510)=1092$$
$$\mu(A_{i_0}^*)=\max_{1\leqslant i\leqslant 4}[0.6\max_{1\leqslant j\leqslant 4}\{a_{ij}\}+(1-0.6)\min_{1\leqslant j\leqslant 4}\{a_{ij}\}]=1168$$

因此该公司应选择行动方案 A_2 ，即该公司应一方面抓新产品研究开发，另一方面扩大现有产品产量和提高质量，保证占有市场一定份额，折中决策准则损益表如表 11-4 所示。

表 11-4　折中决策准则损益表　　(单元：万元)

可选方案	自然状态分类				折中收益值（α=0.6）
	P_1	P_2	P_3	P_4	
A_1	−360	980	1310	1600	816
A_2	−230	640	1620	2100	1168
A_3	−150	330	730	1100	600
A_4	−510	850	1590	2160	1092
折中收益值中的最大值					1168
决策方案					A_2

折中决策准则综合考虑了最有利和最不利这两种极端情况，其系数体现了决策者对风险的偏好程度，是一种平衡考虑，然而在实际应用中 α 取值难以准确确定。显然，乐观系数 α 越趋近于 1，表示决策者对未来状态的估计越乐观，当 $\alpha=1$ 时，该准则即为乐观决策准则；α 越趋近于 0，表示决策者对未来状态的估计越悲观；当 $\alpha=0$ 时，该准则即为悲观决策准则。

第五节　等可能性决策准则

等可能性决策准则是指决策者在决策时对客观情况持同等态度的一种准则。这个方法是 19 世纪数学家拉普拉斯(Laplace)提出来的，故亦称拉普拉斯决策法。他认为决策者面临一个决策问题时，在没有原始资料和数据来估计各个自然状态发生概率的情况下，就只能认为它们发生的机会是相等的。所以，一个决策者应当不偏不倚地去对待所有可能发生的每一个状态。如果有 n 种自然状态，则每一种自然状态发生的概率均应视为 $1/n$，据此可以计算出每种方案的平均收益值，比较各种方案的平均收益值，选择与最大收益值对应的方案为决策方案。计算公式为

$$\mu(A_{i_0}^*)=\max_{1\leqslant i\leqslant m}\{E(A_i)\}=\max_{1\leqslant i\leqslant m}\left\{\frac{1}{n}\sum_{j=1}^{n}a_{ij}\right\} \tag{11-4}$$

例 11.5.1　应用表 11-1 的数据资料，按等可能性决策准则，求该公司应选择哪种方案。

解　由式(11-4)计算得

$$E(A_1)=\frac{1}{4}(-360+980+1310+1600)=882.5$$

$$E(A_2)=\frac{1}{4}(-230+640+1620+2100)=1032.5$$

$$E(A_3)=\frac{1}{4}(-150+330+730+1100)=502.5$$

$$E(A_4)=\frac{1}{4}(-510+850+1590+2160)=1022.5$$

$$\mu(A_{i_0}^*)=\max_{1\leqslant i\leqslant m}\{E(A_i)\}=\max_{1\leqslant i\leqslant m}\left\{\frac{1}{n}\sum_{j=1}^{n}a_{ij}\right\}=1032.5$$

根据计算结果，方案 A_2 的平均收益值最大，所以选择方案为 A_2。

等可能性决策准则损益表，如表 11-5 所示。

表 11-5　等可能性决策准则损益表　（单位：万元）

可选方案	自然状态分类				等可能性损益值
	P_1	P_2	P_3	P_4	
A_1	−360	980	1310	1600	882.5
A_2	−230	640	1620	2100	1032.5
A_3	−150	330	730	1100	502.5
A_4	−510	850	1590	2160	1022.5
折中收益值中的最大值					1032.5
决策方案					A_2

等可能性决策准则方法的实质在于应用了期望值概念，假设未来各自然状态的概率是相等的，在等概率条件下，期望损益值最大的方案即为优选方案。因此，等可能性决策准则方法的决策目标同风险型决策问题一样是期望收益值最大。需要指出的是，等可能性决策准则方法的等概率假设并不完全是一种人为假设，它对不确定型决策问题采用了一种反证求解的思维方法。当某一种状态呈现明显的优势和劣势时，这种状态存在的可能性是容易确定的；若各种自然状态发生的可能性程度不容易或不能确定，那么全部自然状态中就没有明显的优势或劣势的状态，即各种自然状态发生的可能性是相差不大或近似相等的。

等概率准则考虑到了所有状态下的各种可能结果，选择这个准则进行决策，意味着决策者比较重视全局，追求最大的平均收益。

第六节　后悔决策准则

后悔决策准则是指通过计算各种方案的后悔值来选择决策方案的一种决策准则。后悔决策准则又称最小最大沙万奇遗憾准则，该方法以避免决策者将来对自己的选择感到后悔为原则。在决策时，当某种自然状态可能出现时，决策者必然首先要选择收益最大的方案，如果决策者由于决策失误没取到这一方案，而是选择了其他方案，就会感到后悔，两个方案的收益值之差称为后悔值。实际出现状态可能达到的最大值与决策者得到的收益值之差越大，决策者的后悔程度越大。因此可用每一状态所能达到的最大值(称为该状态的理想值)与其他方案(在同一状态下)的收益值之差定义该状态的后悔值向量。对每一状态作出后悔值向量，就构成后悔值矩阵。对后悔值矩阵的每一行及对应每个方案求出其最大值，再在这些最大值中求出最小值所对应的方案，即为最优方案。

后悔决策准则的一般步骤如下。

(1)将每种自然状态下最大损益值定为该状态的理想目标值，将此最大损益值与该列各个元素的差值作为达到理想目标的后悔值；

$$b_{ij}=\max_{1\leqslant i\leqslant m}a_{ij}-a_{ij},\quad i=1,2,\cdots,m,\quad j=1,2,\cdots,n$$

(2)从各种自然状态下的各种方案的后悔值中找出最大后悔值；

$$\mu(A_i)=\max_{1\leqslant j\leqslant n}b_{ij},\quad j=1,2,\cdots,n$$

(3)从最大后悔值中选出最小者，与这个最小者相对应的方案就是所选择的决策方案。

$$\mu(A_{i_0}^*)=\min_{1\leqslant i\leqslant m}\mu(A_i)=\min_{1\leqslant i\leqslant m}\max_{1\leqslant j\leqslant n}b_{ij}$$

例 11.6.1　利用表 11-1 中的资料，依据后悔决策准则，该公司应如何决策。

解　(1)首先从决策收益表中确定各种自然状态下的最大收益值，得到

$$\max_{1\leqslant i\leqslant 4}\{a_{i1}\}=\max\{-360,-230,-150,-510\}=-150$$

$$\max_{1\leqslant i\leqslant 4}\{a_{i2}\}=\max\{980,640,330,850\}=980$$

$$\max_{1\leqslant i\leqslant 4}\{a_{i3}\}=\max\{1310,1620,730,1590\}=1620$$

$$\max_{1\leqslant i\leqslant 4}\{a_{i4}\}=\max\{1600,2100,1100,2160\}=2160$$

用每列的最大收益值减去该自然状态下各方案的收益值，得到后悔值 b_{ij}，如表 11-6 所示。

(2) 选出每个方案的最大后悔值，得

$$A_1: \quad \mu(A_1) = \max_{1 \leqslant j \leqslant 4}\{b_{1j}\} = \max\{210, 0, 310, 560\} = 560$$

$$A_2: \quad \mu(A_2) = \max_{1 \leqslant j \leqslant 4}\{b_{2j}\} = \max\{80, 340, 0, 60\} = 340$$

$$A_3: \quad \mu(A_3) = \max_{1 \leqslant j \leqslant 4}\{b_{3j}\} = \max\{0, 650, 890, 1060\} = 1060$$

$$A_4: \quad \mu(A_4) = \max_{1 \leqslant j \leqslant 4}\{b_{4j}\} = \max\{360, 130, 30, 0\} = 360$$

(3) 从四个最大后悔值中选出一个最小值，得

$$\mu(A_{i_0}^*) = \min_{1 \leqslant i \leqslant 4} \mu(A_i) = \{560, 340, 1060, 360\} = 340$$

由于最小值 340 对应的方案是 A_2，即为最优方案。

后悔决策准则损益表如表 11-6 所示。

表 11-6　后悔决策准则损益表　（单位：万元）

可选方案	后悔值				$\max\{P_{ij}\}$
	P_1	P_2	P_3	P_4	
A_1	210	0	310	560	560
A_2	80	340	0	60	340
A_3	0	650	890	1060	1060
A_4	360	130	30	0	360
最大后悔值中的最小者					340
决策方案					A_2

后悔决策准则法的基本思想来源于经济学中经常使用的机会成本概念，决策者不知道各种自然状态中任一种发生的概率，决策目标是确保避免较大的机会损失。运用最小最大后悔值法时，首先要将决策矩阵从利润矩阵转变为机会损失矩阵；然后确定每一可选方案的最大机会损失，并计算出各方案的最大后悔值；最后选择最大后悔值中的最小方案。因此可以说，这种方法的决策目标是方案的机会成本最小，相对来说比较保守，本质上仍属于悲观决策准则。

从以上所举的例子可以看出，在不确定型决策中，对于同一个决策问题，由于采用的决策准则不同，获得的决策方案往往会不一样，因此选择一个合适的准则是非常重要的。在实际应用中，如何选用准则并无明确的标准，它通常与决策时的客观环境、方针政策等有关，也与决策者的性格及其对决策问题所持的态度有关，还与决策问题本身的复杂性及决策后对各方面带来的可能影响有关。因此，对这类决策问题，在选择决策准则前，应深入分析研究与决策有关的各种情况，比较各种准则下的决策结果，权衡利弊，再选出最后的决策方案。

不确定型决策准则的理论缺陷不仅在于没有对各种方法的决策目标进行本质揭示和比较分析，还在于完全忽视了决策结果的可靠性。由于各种不确定型决策方法并没有明确决策目标实现的可靠性，在一定程度上都有其局限性，因此，各种决策方法对某一特殊问

题可能反映出不同程度的不适应性或决策错误。

习题与思考题

1. 什么是不确定型决策？不确定型决策方法有哪些？

2. 常见的不确定型决策准则有哪些？试述这些决策准则的适用范围及存在的问题。

3. 某企业为了扩大生产经营业务，准备生产一种新产品，生产这种新产品有三个可行方案：A_1：改造本企业原有的生产线；A_2：从国外引进一条高效自动生产线；A_3：按专业化协作组织生产。由于对未来几年内市场需求状况无法了解，只能大致估计有需求高、需求中等和需求低三种可能，其中需求高这一状况出现的可能性好像偏大。每个方案在各需求状况下的收益估计值如下表所示。

（单位：万元）

方案	需求状况		
	需求高	需求中等	需求低
A_1	180	115	50
A_2	240	140	35
A_3	120	90	70

(1) 试用乐观决策准则进行决策。

(2) 试用悲观决策准则进行决策。

(3) 假设折中系数为 $\alpha = 0.7$，试用折中决策准则进行决策。

(4) 试用后悔决策准则进行决策。

(5) 试用等可能性决策准则进行决策。

(6) 试对上述决策方案进行比较分析。

4. 一个以盈利为目的的企业家作出承诺：10 月份要在上海市举办一场乒乓球冠军赛，可是这个举办人一直未能将计划定下来，因为他对下面这件事一直难以决定：将比赛安排在上海市某体育场(拥有 30000 个露天座位)进行，碰碰届时无雨的运气，还是为保险起见将比赛安排在上海市某体育馆(拥有 10000 个室内座位)。如果选择上海市某露天体育场而且比赛时天公作美，预期通过门票收入可获净利润 3000000 元(扣除成本、税金等款项后的票房收入)，如果比赛当晚下雨，预期大多数乒乓球迷不会来看比赛(因为有 20000 个座位无挡雨设施)，结果将损失 360000 元(未售出的门票、价格较低的优惠销售等)。但如果选择上海市某体育馆，则门票销售与天气无关，比赛举办人将获净利润约 1200000 元。试求：

(1) 编制该决策问题的损益表与机会损失表；

(2) 分别用乐观决策准则、悲观决策准则及折中决策准则($\alpha = 0.4$)进行决策分析；

(3) 对上述不同决策准则确定决策方案的适用环境进行分析。

第十二章　多目标决策分析

要点

(1)多目标决策的目标准则体系;

(2)层次分析方法;

(3)数据包络分析方法。

学习要求　了解多目标决策问题的分类及特点,并能够构建多目标决策问题的目标准则体系;理解并掌握层次分析方法的基本原理、方法及应用;理解并掌握数据包络分析方法的基本原理、方法及应用。

客观世界的多元性使得人类需求具有多重性,人类需求的多重性导致了满足这些需求所进行的社会经济活动的多目标性。例如,在经济管理活动中,通常需要考虑“费用”“质量”“利润”“进度”等评价准则,并依据这些准则建立管理工作的目标,如“费用最少”“质量最高”“利润最大”“进度最快”等。然而,同时满足这些目标的理想状态一般来说是不可能达到的,也就是说人类社会活动的多重目标之间通常具有冲突性,多目标决策分析就是指决策者在多个目标之间及在各种限制条件的基础上,寻求一种合理的平衡,找到“满意”的方案。本章主要讨论可以解决多目标问题的两种技术:层次分析方法和DEA模型。

第一节　多目标决策分析概述

人类面临的是一种充满竞争而又富于挑战的复杂环境。在这样的环境中,无论是高层制定战略规划或政策,中层对于经济建设或生产经营的管理,以及基层具体工作安排等,都不得不权衡各方利益,考虑多种决策目标,同时,还不得不面临国际、国内各种各样的风险,也就是说必须要以一种系统、全局的观念来作出决策。从此种意义上说,多目标决策更符合现实情况,在决策中更具有普遍性。

一、多目标决策分析的内涵及研究现状

多目标决策分析是目前决策活动中人们经常遇到的一类决策问题,决策者通常需要对有限个方案集的备选方案进行多准则评价。决策结果的好坏,直接关系到各决策目标能否实现,也直接关系到方案实施的综合效益。

多目标决策分析最早是在1896年,由意大利经济学家帕累托(V.Pareto)从政治经济学的角度提出来的,他从经济学的视角把本质上不可比较的多个目标化成单个目标进行优化求解,即现在使用的帕累托最优概念。到了1944年,冯•诺依曼等学者从对策论角度提出了彼此矛盾情况下的多目标决策问题,标志着近代意义上多目标决策的诞生。1951年,美国经济学家考普曼(T.C.koopmans)从有限资源的合理分配与使用问题中提出了多目标决策问题,1961年菜恩思(F.Charnes)、考伯(J.Cooper)提出了目标规划方法来解决多目标决策问题,其准则是使目标值和实际值两者之差的绝对值达到最小。1964年,冯•诺依曼对多

目标决策问题提出了效用函数的概念，1976年，甘尼(R. L. Keeny)和拉发(H. Raifats)将多属性效用理论应用于多目标决策问题的求解中。1978年，美国运筹学家查恩斯(A. Charnes)和库伯(W.W.Cooper)提出了数据包络分析(data envelopment analysis，DEA）方法，该方法在处理具有相同性质的部门(决策单元)进行多输入、多输出的比较方面具有明显优势。与此同时，美国学者萨蒂提出了层次分析方法，多目标决策技术的快速发展，为人们解决现实多目标决策问题提供了有力的工具。20世纪80年代，多目标决策方法的著作大量出现，多目标决策理论和方法得到了进一步完善。多目标决策现已广泛应用于工程系统、社会、经济及管理等各个领域，如投资决策、项目评估、方案选优、工厂选址、供应商选择、经济效益综合评价等。

二、多目标决策分析的分类及特点

1. 多目标决策问题的分类

依据决策问题中备选方案的数量可将多目标决策分析划分为两类，一类是多属性决策问题(multi-attribute decision making problem)，另一类是多目标决策问题(multi-objective decision making problem)，有些文献也称之为有限选择的多目标决策问题(multi-objective decision making problems within finite alternative)。

1）多属性决策问题

多属性决策也称为有限方案多目标决策，是指在考虑多个属性的情况下，选择最优备选方案或进行方案排序的决策问题，它是现代决策科学的一个重要组成部分，已被广泛地应用于工程、技术、经济、管理和军事等诸多领域。

2）多目标决策问题

多目标决策是指需要同时考虑两个或两个以上目标的决策。例如，某企业计划在几种新产品中选择一种产品生产，既需要考虑获利大小，又需要考虑现有技术能力、设备生产能力及原材料供应是否充足等诸多因素，只有使这些相互联系和相互制约的因素都能得到最佳的协调、配合和满足，才是最优的决策。

2. 多目标决策分析的特点

多目标决策分析一般具有如下特点。

1）决策问题的目标多于一个

在现实生活和实际工作中遇到的更普遍的问题通常需要考虑多个目标。多个目标间通常相互联系、相互制约，有的甚至相互矛盾，如评价一个可能的就业职位优劣的问题就是典型的多目标决策问题。决策者只能在各个目标之间，在各种限制条件的基础上，寻求一种合理的妥协。

2）目标间的不可公度性

多目标决策问题的目标间不可公度性(non-commensurable)是指各目标没有统一的衡量标准或计量单位，以及指标量纲具有不一致性，因而难以用统一标准评价。例如，客机供应商选择问题中，研发经费的单位是万元，研发人数的单位是人，发明专利拥有数的单位是项，合格品率用百分比(%)来表示等，而技术先进性及技术成熟度等为定性指标。

3）目标间的矛盾性

目标间的矛盾性是指各目标间的权益是相互矛盾、相互竞争的，如果选择一种方案以改进某一目标值，可能会损害另一目标值，如供应商选择中技术先进性的提高可能会使技术的成熟度降低。

4）解的非唯一性

多目标决策问题的解不是多个目标同时达优的最优解，而是更全面地反映系统总体利益的非劣解集（帕累托最优解、有效解、最佳兼顾解）和非唯一解。

5）定性指标与定量指标相混合

多目标决策问题中有些指标是明确的，可以定量表示出来，如价格、利润、成本、投资等；有些指标是模糊的、定性的，如在供应商选择中，通常还会考虑美誉度、技术先进性及技术成熟度等定性指标。

由于多目标决策问题中多个目标之间的矛盾性和不可公度性，不能把多个目标简单地归并为单个目标，因此不能用求解单目标决策问题的方法求解多目标决策问题。

三、多目标决策分析的基本要素

多目标决策问题可表述为：从现有的 m 个备选方案 $A_1,A_2,\cdots,A_m$ 中选取最优方案（或最满意方案），决策者决策时需要考虑的目标有 n 个：$G_1,G_2,\cdots,G_n$。

决策者通过调查评估得到的信息，如表 12-1 所示（其中 a_{ij} 表示第 i 个方案的第 j 个结果值）。

表 12-1　多目标决策问题的基本结构

方案	目标			
	G_1	G_2	…	G_n
A_1	a_{11}	a_{12}	…	a_{1n}
A_2	a_{21}	a_{22}	…	a_{2n}
⋮	⋮	⋮		⋮
A_m	a_{m1}	a_{m2}	…	a_{mn}

显然这一表式结构可用矩阵表示为

$$\begin{pmatrix} a_{11} & a_{12} & \cdots & a_{1n} \\ a_{21} & a_{22} & \cdots & a_{2n} \\ \vdots & \vdots & & \vdots \\ a_{m1} & a_{m2} & \cdots & a_{mn} \end{pmatrix} \tag{12-1}$$

这个矩阵称为决策矩阵，它是大多数决策分析方法进行决策的基础。

一个多目标决策问题一般包括目标体系、备选方案和决策准则三个基本要素。

1. 目标体系

目标（objective）是决策者所感觉到的比现状更佳的客观存在，用来表示决策者的愿望或决策者所希望达到的、努力的方向。目标体系是指由决策者选择方案所考虑的目标组及其结构。在决策分析中，决策问题要达到的目的称为决策目标，实际问题常常有多个决策目标。多目标决策问题中，目标可以用一个或几个决策准则直接进行评价和比较，有的目标则难以进行直接评价和比较。通常将难以进行直接评价和比较的目标分解为若干子目标，直至这些子目标能用一个或几个决策准则进行评价和比较。

2. 备选方案

备选方案是指决策者根据实际问题设计出的解决问题的方案。有的被选方案是明确的、有限的，而有的备选方案不是明确的，还有待于在决策过程中根据一系列约束条件解出。多目标决策中，任何一个方案的效果均可以由目标准则体系的全部结果值所确定。可行方案在每一个目标准则下，确定一个结果值，对目标准则体系，就得到一组结果值，并经过各目标准则的效用函数，得出一组效用值。任何一个可行方案在总体上对决策主体的满意度，可以通过这些效用值按照某种法则并合而得，满意度是综合评价可行方案的依据。

3. 决策准则体系

准则是判断的标准或度量事物价值的原则及检验事物合意性的规则。决策准则是指用数值表示决策方案实现某个目标程度的标准和法则，一般可分为两类：一类是最优准则，可以把所有方案依某个准则排序；另一类是满意准则，它牺牲了最优性使问题简化，把所有方案分为几个有序的子集。如“可接受”与“不可接受”；“好的”“可接受的”“不可接受的”与“坏的”等。

四、多目标决策分析的目标准则体系

多目标决策分析通常包含若干个子目标，分别说明决策事物的不同方面。多个相互联系、相互作用的子目标按照一定层次结构组成的有机整体称为目标准则体系。目标准则体系是否科学、合理直接影响到决策结果的科学性和合理性，进而影响着研究目标的实现。

1. 目标准则体系构建的原则

在建立目标准则体系时，一般遵循以下四个原则。

1）系统性

影响决策的因素相当广泛，需采用系统设计、系统评价的原则，并设置合理的子目标层次结构，目标准则体系应尽可能覆盖决策对象的各个方面，全面、系统地反映决策对象的绩效，并能为决策提供必要的数据支撑。子目标间相互联系补充，层次清晰，共同构成目标准则体系的有机整体。

2）独立性

目标准则体系应由一组相互间有着紧密联系的子目标构成，每项子目标内涵和外延必须明确，具有较强的针对性，且目标准则体系内各项子目标还应具有相对的独立性。

3）可行性

可行性是目标准则体系应具有较强的可操作性，各子目标含义明确，便于数据采集和计算。有些子目标虽然很合适，但基础数据无法得到，缺乏可操作性。把这样的子目标选进目标准则体系中会给决策工作造成较大困难。

4）可比性

决策结果在一定程度上取决于选择的比较标准。为使目标准则体系能够客观真实地反映决策目标的实现程度，应保证构建的目标准则体系具有横向和纵向的可比性。

目标准则体系的构建具有较大的主观性。在实际应用中，专家调研法是一种常用的方法。

2. 目标准则体系的结构

多目标决策问题的目标准则结构是复杂的，依据决策主体要求和实际情况需要，可对目标逐层分解形成多层次结构的目标准则系统，目标准则体系的最低一层子目标可以用单一准则进行评价。

多目标决策的目标准则体系可划分为单层次目标准则体系、序列型多层次目标准则体系和非序列型多层次目标准则体系等三类。

1）单层次目标准则体系

各个目标都属于同一层次，每个目标无须分解就可以用单层次目标准则给出定量评价，如图 12-1 所示。

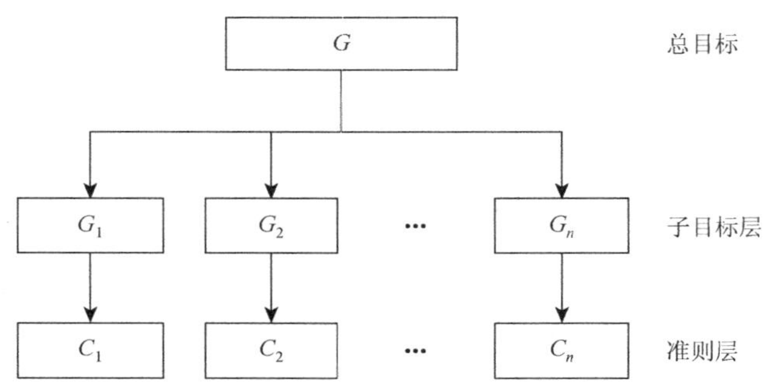

图 12-1　单层次目标准则体系

例如，某单位员工绩效评价的单层次目标准则体系如图 12-2 所示。

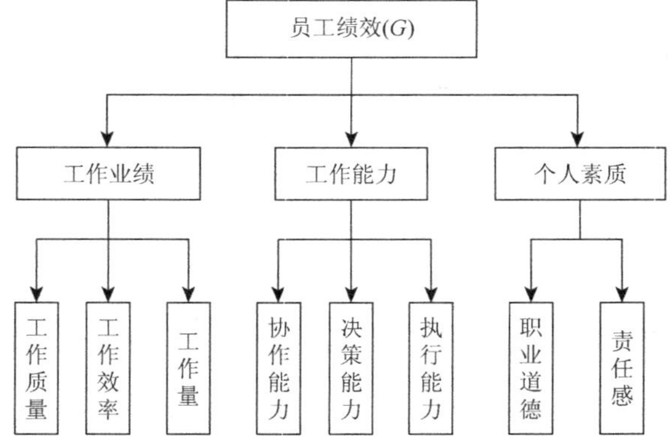

图 12-2　某单位员工绩效评价的单层次目标准则体系

2）序列型多层次目标准则体系

序列型多层次目标准则体系是指，目标准则体系的各个目标均可以按序列分解为若干个低一层次的子目标；各子目标又可以继续分解，如此一层层按类别有序地进行分解，直到最低一层子目标可以按某个准则给出数量评价为止。序列型多层次目标准则体系，如图 12-3 所示。

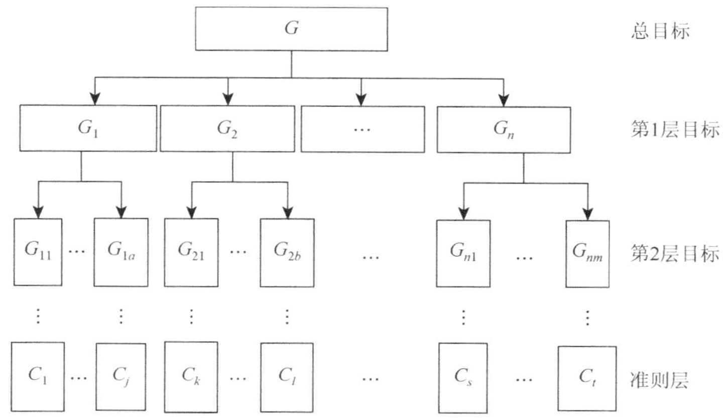

图 12-3　序列型多层次目标准则体系

序列型多层次目标准则体系的特点：各子目标可按序列关系分属各类目标，不同类别的目标准则之间不发生直接联系；每个子目标均由相邻上一层的某个目标分解而成。

3）非序列型多层次目标准则体系

某一层次的各子目标，一般不仅由相邻上一层次某子目标分解而成，各子目标也不能按序列关系分属各类；相邻两层次子目标之间，仅按自身的属性建立联系，存在联系的子目标之间用实线连接，无实线连接的子目标之间，不存在直接联系。

非序列型多层次目标准则体系，如图 12-4 所示。

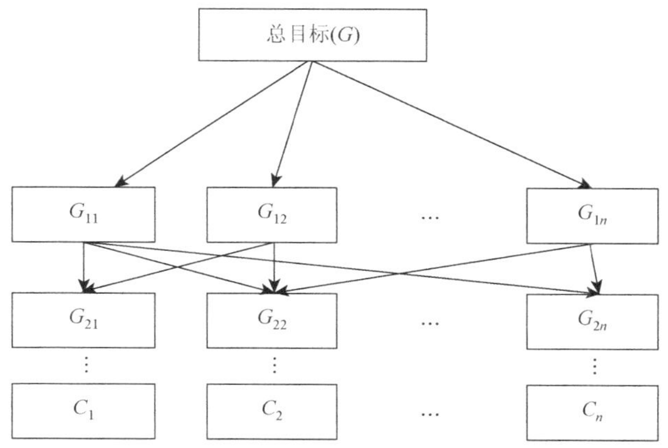

图 12-4　非序列型多层次目标准则体系

3. 目标准则体系风险因素的处理

在多目标决策中，任何一个方案的效果均可以由目标准则体系的全部结果值确定。可行方案在每一个目标准则下，确定一个结果值，对目标准则确定一个体系，就得到一组结果值，并经过各目标准则的效用函数，得出一组效用值。这样，任何一个可行方案在总体上对决策主体的满意度，可以通过这些效用值按照某种法则并合而得，满意度是综合评价可行方案的依据。多维效用并合方法是解决目标间的不可公度性和矛盾性的一种有效途径。

在单目标风险型决策中，备选方案可看作是在整体上处于同一类状态空间中，期望效用值较好地表达了各备选方案的满意度。但在多目标决策中，由于目标准则体系的复杂性，风险因素仅涉及某些目标准则，备选方案不宜在整体上视为同一类状态空间。

多目标决策的风险因素，应该在目标准则体系中对涉及风险因素的各子目标分别加以处理，将风险型多目标问题转化为确定型多目标问题。具体方法为：利用单目标风险决策技术，对某些存在风险因素的目标准则设计可行方案，将其在各种自然状态下的结果值转化为期望结果值，并需对存在风险因素的所有目标准则都分别作这样的技术处理。如此处理后，任何一个可行方案在目标准则体系所有准则下，都只有一个确定的结果值，风险型多目标问题就转化成了确定型多目标问题。

五、多目标决策分析的价值评价

评价是多目标决策中的重要步骤，或者说是关键性环节，评价的结果用作最终决策的依据。评价或称评估，大致可以分为两类：一类是对现存的已有系统或被评价对象进行的评价，是根据一定的标准去测量和判定被评价对象的性能和质量；另一类是针对待建系统的评价，通常是对某个项目或拟开发系统的若干个不同的设计方案进行的分析和评价。在整个多目标评价和多目标决策问题的求解过程中，决策者的价值判断始终在起作用，而决策者的偏好结构对最终结果的影响最为关键。

多目标评价对象的元素可以分为两类：一类是事实元素(factual factor)，可以用科学手段、方法测度或通过变换成为可检测的因素；另一类是价值元素(value factor)，无法用任何科学手段来检测或处理的因素。

在多目标决策过程中，需要对所涉及的价值元素进行价值评判，这是由于，在多目标决策过程中，决策者的需求、期望等主观因素对所辨识问题的界限、环境和对确定型决策问题的目标及相应属性有着重要影响；在系统建模时，选择决策模型的形式、确定模型的关键变量也不可避免地涉及决策者的价值判断。

在进行分析评价时，需要选择适当的决策准则，并由决策分析人员根据决策者的偏好结构，即价值观来进行分析和评价。多目标决策问题的解不是唯一的，不同的决策者有不同的偏好，对于同一个决策问题会作出不同的决策。测度决策者对各个方案的偏好程度或价值的尺度，就是所谓的效用，当各个方案的效用确定后，就可以比较、评价它们之间的优劣，从而作出最终的抉择。

第二节　层次分析方法

层次分析（AHP）方法是指将一个复杂的多目标决策问题作为一个系统，将目标分解为多个目标或准则，进而分解为多指标(或准则、约束)的若干层次，通过定性指标模糊量化方法算出层次单排序(权数)和总排序，以此作为多目标(多指标)、多方案优化决策的系统方法。AHP 较适合于具有分层交错评价指标的目标系统，而且目标值又难于定量描述的决策问题。

一、AHP 的基本原理与步骤

人们在进行社会的、经济的及科学管理领域问题的系统分析中，面临的通常是一个由相互关联、相互制约的众多因素构成的复杂且缺少定量数据的系统。AHP 的基本思想是把一个复杂的问题分解为各个组成因素，并将这些因素按支配关系分组，从而形成一个有序的递阶层次结构。通过两两比较的方式确定层次中诸因素的相对重要性，然后综合决策者的判断以确定决策诸因素相对重要性的总排序。AHP 将决策者对复杂系统的评价决策思维过程数学化，给决策者解决那些难以定量描述的决策问题带来了极大的方便，从而使它的应用几乎涉及任何科学领域。

AHP 的建模流程，如图 12-5 所示。

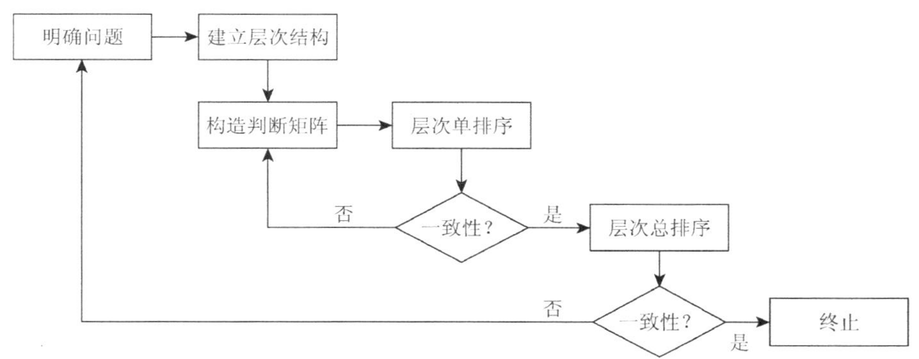

图 12-5　AHP 的建模流程

运用 AHP，总体上可按如下步骤进行。

（1）分析系统中各元素之间的关系，建立系统的层次结构模型；

（2）对同一层次的各元素关于上一层次中某一准则的重要性进行两两比较，构造两两比较判断矩阵；

（3）层次单排序及一致性检验；

（4）层次总排序及一致性检验。

1. 建立层次结构模型

应用 AHP 分析决策问题时，首先要把问题条理化、层次化，构造出一个有层次的结构模型。在这个模型下，复杂问题被分解为元素的组成部分。这些元素又按其属性及关系形成若干层次。上一层次的元素作为准则对下一层次有关元素起支配作用。这些层次可以分为三类，如图 12-6 所示。

(1) 目标层。这一层次中只有一个元素，一般它是分析问题的预定目标或理想结果，因此也称为目标层。

(2)准则层。这一层次中包含了为实现目标所涉及的中间环节，它可以由若干个层次组成，包括所需考虑的准则、子准则，因此也称为准则层。

(3)方案层。这一层次包含了为实现目标可供选择的各种措施、决策方案等，因此也称为措施层或方案层。

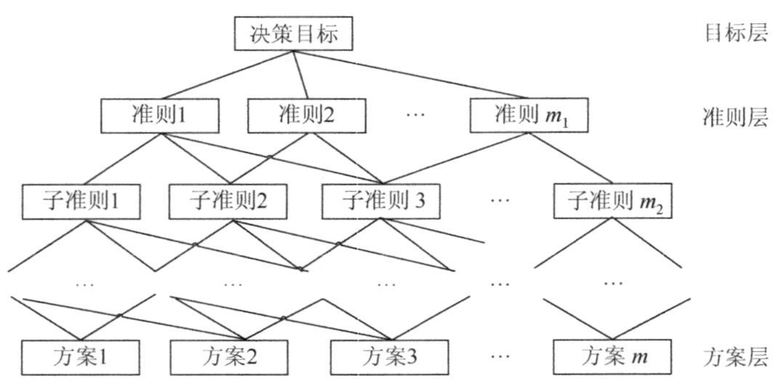

图 12-6　层次结构示意图

若上一层次的某个元素与下一层次的所有元素均有联系，则称这个元素与下一层次存在完全层次的关系；若上一层的某个元素只与下一层次的部分元素有联系，则称这个元素与下一层次存在不完全层次的关系。层次之间可以建立子层次，子层次从属于主层次中的某一个元素，它的元素与下一层次的元素有联系，但不形成独立层次。

层次结构中的层次数与问题的复杂程度及需要分析的详尽程度有关，一般层次数不受限制。每一层次中各元素所支配的元素一般不要超过 9 个。这是因为支配的元素过多会给两两比较判断带来困难。

2. 构造判断矩阵

层次结构反映了因素之间的关系，但准则层中的各准则在目标衡量中所占的比重并不一定相同，在决策者的心目中，它们各占有一定的比例。

在确定影响某因素的诸因子在该因素中所占的比重时，遇到的主要困难是这些比重常常不易定量化。此外，当影响某因素的因子较多时，直接考虑各因子对该因素有多大程度的影响时，常常会因考虑不周全、顾此失彼而使决策者提出与他实际认为的重要性程度不相一致的数据，甚至有可能提出一组隐含矛盾的数据。

设比较 n 个因子 $X=\{x_1,\cdots,x_n\}$ 对某因素 Z 的影响大小，怎样比较才能提供可信的数据呢？Saaty 等建议可以采取对因子进行两两比较来建立成对比较矩阵的办法，即每次取两个因子 x_i 和 x_j，以 a_{ij} 表示 x_i 和 x_j 对 Z 的影响大小之比，全部比较结果用矩阵 $A=(a_{ij})_{n\times n}$ 表示，称 A 为 Z 与 X 之间的成对比较判断矩阵(简称判断矩阵)。容易看出，若 x_i 与 x_j 对 Z 的影响之比为 a_{ij}，则 x_j 与 x_i 对 Z 的影响之比应为 $a_{ji}=\dfrac{1}{a_{ij}}$。

定义 12.2.1　若矩阵 $A=(a_{ij})_{n\times n}$ 满足：

(1) $a_{ij}>0$；

(2) $a_{ji}=\dfrac{1}{a_{ij}}$ $(i,j=1,2,\cdots,n)$，则称为正互反矩阵(易见 $a_{ii}=1$, $i=1,\cdots,n$)。

关于如何确定 a_{ij} 的值，Saaty 等建议引用数字 1～9 及其倒数作为标度。1～9 标度的含义如表 12-2 所示。

表 12-2　成对比较标度含义表

标度 a_{ij}	定义
1	因素 i 与因素 j 相同重要
3	因素 i 比因素 j 稍重要
5	因素 i 比因素 j 较重要
7	因素 i 比因素 j 非常重要
9	因素 i 比因素 j 绝对重要
2，4，6，8	因素 i 与因素 j 的重要性的比较值介于上述两个相邻等级之间
倒数 1，$\frac{1}{2}$，$\frac{1}{3}$，$\frac{1}{4}$，$\frac{1}{5}$，$\frac{1}{6}$，$\frac{1}{7}$，$\frac{1}{8}$，$\frac{1}{9}$	因素 j 与因素 i 比较得到判断值为 a_{ij} 的互反数，$a_{ji}=\frac{1}{a_{ij}}$，$a_{ii}=1$

从心理学观点来看，分级太多会超越人们的判断能力，既增加了作判断的难度，又容易因此而提供虚假数据。Saaty 等还用实验方法比较了人们在各种不同标度下判断结果的正确性，实验结果也表明，采用 1～9 标度最为合适。

3. 层次单排序及一致性检验

判断矩阵 A 对应于最大特征值 $\lambda_{\max}$ 的特征向量 W，经归一化后即为同一层次相应因素对于上一层次某因素相对重要性的排序权值，这一过程称为层次单排序。

上述构造成对比较判断矩阵的方法虽能减少其他因素的干扰，较客观地反映出一对因子影响力的差别，但综合全部比较结果时，其中难免包含一定程度的非一致性。如果比较结果是前后完全一致的，则矩阵 A 的元素还应当满足

$$a_{ij}a_{jk}=a_{ik},\quad \forall i,j,k=1,2,\cdots,n \tag{12-2}$$

定义 12.2.2　满足关系式(12-2)的正互反矩阵称为一致矩阵。

需要检验构造出来的(正互反)判断矩阵 A 是否严重地非一致，以便确定是否接受 A。

定理 12.2.1　正互反矩阵 A 的最大特征根 $\lambda_{\max}$ 必为正实数，其对应特征向量的所有分量均为正实数，A 的其余特征值的模均严格小于 $\lambda_{\max}$。

定理 12.2.2　若 A 为一致矩阵，则

(1) A 必为正互反矩阵。

(2) A 的转置矩阵 A^{T} 也为一致矩阵。

(3) A 的任意两行成比例，比例因子大于零，从而 $\operatorname{rank}(A)=1$(同样，A 的任意两列也成比例)。

(4) A 的最大特征值 $\lambda_{\max}=n$，其中 n 为矩阵 A 的阶。A 的其余特征根均为零。

(5) 若 A 的最大特征值 $\lambda_{\max}$ 对应的特征向量为 $W=(w_1,\cdots,w_n)^{\mathrm{T}}$，则

$$a_{ij}=\frac{w_i}{w_j},\quad \forall i,j=1,2,\cdots,n$$

即

$$A=\begin{pmatrix} \frac{w_1}{w_1} & \frac{w_1}{w_2} & \cdots & \frac{w_1}{w_n} \\ \frac{w_2}{w_1} & \frac{w_2}{w_2} & \cdots & \frac{w_2}{w_n} \\ \vdots & \vdots & & \vdots \\ \frac{w_n}{w_1} & \frac{w_n}{w_2} & \cdots & \frac{w_n}{w_n} \end{pmatrix} \tag{12-3}$$

定理 12.2.3　n 阶正互反矩阵 A 为一致矩阵，当且仅当其最大特征根 $\lambda_{\max}=n$，且当正互反矩阵 A 非一致时，必有 $\lambda_{\max}>n$。

根据定理 12.2.3，可由 $\lambda_{\max}$ 是否等于 n 来检验判断矩阵 A 是否为一致矩阵。由于特征根连续地依赖于 a_{ij}，故 $\lambda_{\max}$ 比 n 大越多，A 的非一致性程度也就越严重，$\lambda_{\max}$ 对应的标准化特征向量也就越不能真实地反映出 $X=\{x_1,\cdots,x_n\}$ 在对因素 Z 的影响中所占的比重。因此，对决策者提供的判断矩阵有必要作一次一致性检验，以决定是否能接受它。

对判断矩阵的一致性检验的步骤如下。

(1) 计算一致性指标 C.I.

$$\text{C.I.}=\frac{\lambda_{\max}-n}{n-1} \tag{12-4}$$

(2) 查找相应的平均随机一致性指标 R.I.。对 $n=1,\cdots,9$，Saaty 给出了 R.I. 的值，如表 12-3 所示。

表 12-3　平均随机一致性指标值

n	1	2	3	4	5	6	7	8	9
R.I.	0	0	0.58	0.90	1.12	1.24	1.32	1.41	1.45

R.I. 的值是这样得到的，用随机方法构造 500 个样本矩阵：随机地从 1～9 及其倒数中抽取数字构造正互反矩阵，求得最大特征根的平均值 $\lambda'_{\max}$，并定义

$$\text{R.I.}=\frac{\lambda'_{\max}-n}{n-1} \tag{12-5}$$

(3) 计算一致性比例 C.R.

$$\text{C.R.}=\frac{\text{C.I.}}{\text{R.I.}}$$

当 $\text{C.R.}<0.10$ 时，认为判断矩阵的一致性是可以接受的，否则应对判断矩阵作适当修正。

4. *层次总排序及一致性检验*

上述得到的是一组元素对其上一层中某元素的权重向量。最终需要获得各元素，特别是最低层中各方案对于目标的排序权重，从而进行方案选择。总排序权重要自上而下地将单准则下的权重进行合成。

设上一层次（A 层）包含 $A_1,\cdots,A_m$ 共 m 个因素，它们的层次总排序权重分别为 $a_1,\cdots,a_m$。又设其后的下一层次（B 层）包含 n 个因素 $B_1,\cdots,B_n$，它们关于 A_j 的层次单排序权重分别为 $b_{1j},\cdots,b_{nj}$（当 B_i 与 A_j 无关联时，$b_{ij}=0$）。现求 B 层中各因素关于总目标的权重，即求 B 层中各因素的层次总排序权重 $b_1,\cdots,b_n$，按表 12-4 所示的方式进行计算。

表 12-4　综合重要度的计算

A 层 \ B 层	因素及权重				B 层总排序权重
	A_1	A_2	…	A_m	
	a_1	a_2	…	a_m	
B_1	b_{11}	b_{12}	…	b_{1m}	$w_1=\sum_{j=1}^{m} b_{1j}a_j$
B_2	b_{21}	b_{22}	…	b_{2m}	$w_2=\sum_{j=1}^{m} b_{2j}a_j$
⋮	⋮	⋮		⋮	⋮
B_n	B_{n1}	B_{n2}	…	B_{nm}	$w_n=\sum_{j=1}^{m} b_{nj}a_j$

对层次总排序也需作一致性检验，检验仍像层次总排序那样由高层到低层逐层进行。这是因为虽然各层次均已经过层次单排序的一致性检验，各成对比较判断矩阵都已具有较为满意的一致性。但当综合考察时，各层次的非一致性仍有可能积累起来，引起最终分析结果较严重的非一致性。

设 B 层中与 A_j 相关因素的成对比较判断矩阵在单排序中经一致性检验，求得单排序一致性指标为 $\mathrm{C.I.}(j)$（$j=1,\cdots,m$），相应的平均随机一致性指标为 $\mathrm{R.I.}(j)$（$\mathrm{C.I.}(j)$，$\mathrm{R.I.}(j)$ 已在层次单排序时求得），则 B 层总排序随机一致性比率为

$$\mathrm{C.R.}=\frac{\sum_{j=1}^{m}\mathrm{C.I.}(j)a_j}{\sum_{j=1}^{m}\mathrm{R.I.}(j)a_j} \tag{12-6}$$

当 $\mathrm{C.R.}<0.10$ 时，认为 B 层次总排序结果具有较满意的一致性并接受该分析结果。

二、AHP 方法的应用案例

某高校毕业生有三个愿意录取他的工作单位可供选择，试确定一个最满意的工作单位。

1. 建立层次结构模型

在此问题中，某高校毕业生根据诸如发展、待遇、声誉、文化、位置等一些准则反复比较三个候选工作单位，建立如图 12-7 所示的层次结构模型。

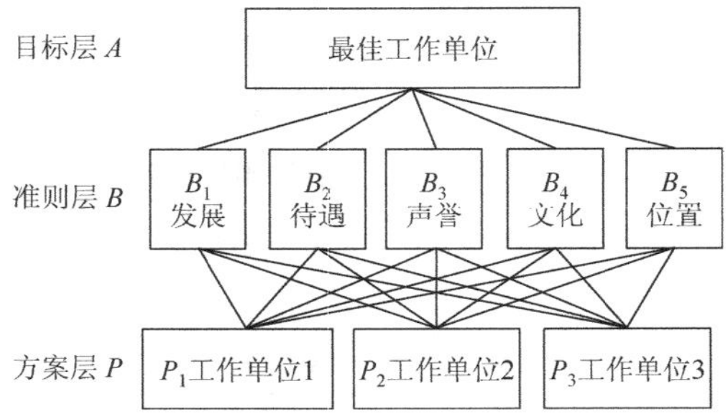

图 12-7　工作单位选择的层次结构模型

2. 构建判断矩阵

设通过准则层 B 的因素间两两对比，建立准则层对目标层的对比矩阵如下

$$A=\begin{pmatrix}1 & 1/2 & 4 & 3 & 3\\ 2 & 1 & 7 & 5 & 5\\ 1/4 & 1/7 & 1 & 1/2 & 1/3\\ 1/3 & 1/5 & 2 & 1 & 1\\ 1/3 & 1/5 & 3 & 1 & 1\end{pmatrix}$$

由 A 确定 $B_1,\cdots,B_n$ 对目标层的权向量，如 $a_{23}=7$ 表明待遇 B_2 和声誉 B_3 对目标的影响程度是 7∶1。

类似地，由方案层对每个准则层的因素建立对比矩阵。设方案层对准则层 B_1(发展)、B_2(待遇)、B_3(声誉)、B_4(文化)、B_5(位置)的成对比较矩阵分别为

$$B_1=\begin{pmatrix}1 & 2 & 5\\ 1/2 & 1 & 2\\ 1/5 & 1/2 & 1\end{pmatrix},\quad B_2=\begin{pmatrix}1 & 1/3 & 1/8\\ 3 & 1 & 1/3\\ 8 & 3 & 1\end{pmatrix},\quad B_3=\begin{pmatrix}1 & 1 & 3\\ 1 & 1 & 3\\ 1/3 & 1/3 & 1\end{pmatrix}$$

$$B_4=\begin{pmatrix}1 & 3 & 4\\ 1/3 & 1 & 1\\ 1/4 & 1 & 1\end{pmatrix},\quad B_5=\begin{pmatrix}1 & 1 & 1/4\\ 1 & 1 & 1/4\\ 4 & 4 & 1\end{pmatrix}$$

3. 层次单排序及一致性检验

(1) 第 2 层元素相对于第 1 层元素的权向量计算及一致性检验。

由矩阵 A 求得最大特征根，其权向量(特征向量)分别为

$$\lambda=5.0721,\quad w=(0.2636,0.4758,0.0538,0.0981,0.1087)^{\mathrm{T}}$$

一致性指标为

$$\text{C.I.}=\frac{\lambda_{\max}-n}{n-1}=\frac{5.073-5}{5-1}=0.018$$

由 $n=5$ 查随机一致性指标值表 123，得 $\text{R.I.}=1.12$。

因一致性比率 $\text{C.R.}=\dfrac{\text{C.I.}}{\text{R.I.}}=\dfrac{0.018}{1.12}=0.016<0.1$，一致性检验通过。

(2)第 3 层元素相对于第 2 层元素的权向量计算及一致性检验。

类似地，对每个对比矩阵计算权向量，并计算层次总排序，同时作一致性检验，如表 12-5 所示。

表 12-5 B_k所对应的权向量、最大特征值及一致性比率表

k	1	2	3	4	5
$w_k^{(3)}$	0.5954	0.0819	0.4286	0.6337	0.1667
	0.2764	0.2363	0.4286	0.1919	0.1667
	0.1283	0.6817	0.1429	0.1744	0.6667
λ_k	3.0055	3.0015	3.000	3.009	3.000
C.I._k	0.003	0.001	0	0.005	0
C.R._k	0.0052	0.0017	0	0.0086	0

由于表 12-5 中的 C.R._k 值均小于 0.01，可以得出 B_k 均通过一致性检验。

4. *层次总排序及一致性检验*

(1)层次总排序。

方案 P_1 对目标的组合权重应为相应权向量的两两乘积之和，即

$$w_1=\sum_{j=1}^{m}b_{1j}a_j=0.5954\times0.2636+0.0819\times0.4758+0.4286\times0.0538$$
$$+0.6337\times0.0981+0.1667\times0.1087=0.2993$$

类似地可以求出方案 P_2，P_3 对目标的组合权重 w_2，w_3，各元素总权重的计算结果如表 12-6 所示。

表 12-6 综合重要度的计算

A层 / B层	因素及权重					B 层总权重 W
	A_1	A_2	A_3	A_4	A_5	
	0.2636	0.4758	0.0538	0.0981	0.1087	
B_1	0.5954	0.0819	0.4286	0.6337	0.1667	$w_1=0.299$
B_2	0.2764	0.2363	0.4286	0.1919	0.1667	$w_2=0.245$
B_3	0.1283	0.6817	0.1429	0.1744	0.6667	$w_3=0.456$

(2)组合一致性检验。

进行组合一致性检验，以确定组合权向量是否可以作为最终的决策依据。组合一致性

检验可逐层进行，第 3 层的组合一致性指标为

$$\begin{aligned}\text{C.R.}^{(3)} &= \frac{\sum_{j=1}^{5}\text{C.I.}(j)a_j}{\sum_{j=1}^{5}\text{R.I.}(j)a_j}\\ &= \frac{0.003\times 0.2636+0.001\times 0.4758+0\times 0.0538+0.005\times 0.0981+0\times 0.1087}{0.58\times(0.2636+0.4758+0.0538+0.0981+0.1087)}\\ &= \frac{0.001757}{0.58}=0.003\end{aligned}$$

因此第 3 层通过组合一致性检验。由表 12-6，方案层对目标的组合权向量为 $W=(0.299, 0.245, 0.456)^{\mathrm{T}}$，因此 P_3 为首选的工作单位。

三、AHP 的优点和不足

AHP 是一种定性分析与定量分析相结合的系统分析方法，其解决问题的思路是：首先，把要解决的问题分层系列化。然后，对模型中每一层因素的相对重要性，依据决策者对客观现实的判断给予定量表示，再利用数学方法确定每一层次全部因素相对重要性次序的权值。最后，通过综合计算各层因素相对重要性的权值，得到最低层(方案层)相对于最高层(总目标)的相对重要性次序的组合权值，以此作为评价和选择方案的依据。

1. AHP 的优点

(1) 系统性的分析方法。AHP 把研究对象作为一个系统，按照分解、比较判断、综合的思维方式进行决策，成为系统分析的重要工具。

(2) 简洁实用的决策方法。AHP 把定性和定量方法结合起来，能解决许多用传统的最优化技术无法处理的实际问题，应用范围很广，同时，这种方法使得决策者与决策分析者能够相互沟通，决策者甚至可以直接应用它，这就增加了决策的有效性。

(3) 所需定量数据信息较少。AHP 主要是从决策者对决策问题的本质、要素的理解出发，比一般的定量方法更注重定性的分析和判断。由于 AHP 是一种模拟人们决策过程的思维方式的一种方法，所以它把判断各要素的相对重要性化为简单的权重进行计算。

2. AHP 的不足

(1) 只能从备选方案中选择较优者，而不能为决策者提供更好的新方案。

(2) 定量数据较少，定性成分较多，不易令人信服。从建立层次结构模型到给出成对比较矩阵，人的主观因素对整个过程的影响很大，这就使得结果难以让所有的决策者接受。采取专家群体判断的办法是克服这个缺点的一种途径。

(3) 指标过多时数据统计量大，且权重难以确定。当解决较复杂的问题时，指标的选取数量很可能也就随之增加。指标的增加就意味着要构造层次更深、数量更多、规模更庞大的判断矩阵，需要对许多的指标进行两两比较。由于一般情况下对 AHP 的两两比较是用 1～9 来说明其相对重要性，如果有越来越多的指标，那么对每两个指标之间的重要程度判断就可能出现了困难，甚至会对层次单排序和总排序的一致性产生影响，使一致性检验不能通过，也就是说，由于客观事物的复杂性或对事物认识的片面性，通过所构造的判

断矩阵求出的特征向量(权值)不一定是合理的。更进一步，AHP 里面没有办法指出构建的判断矩阵中哪个元素出了问题。

第三节　数据包络分析方法

数据包络分析方法（DEA）是运用数学工具评价经济系统生产前沿面有效性的非参数方法，该方法以相对效率为基础，根据多指标投入与多指标产出对相同类型的决策单元进行相对有效性评价。该方法在处理具有相同性质的部门(决策单元)进行多输入、多输出的比较方面有较大的优势。

一、DEA 模型

DEA 是以相对效率概念为基础发展起来的一种新的效率评价方法。DEA 是线性规划模型的应用之一，常被用来衡量拥有相同目标的运营单位的相对效率。例如，学校、医院、银行的分支机构、超市的各个营业部等，各自具有相同(或相近)的投入和相同的产出，衡量这类组织之间的绩效高低，通常采用投入产出比这个指标，当各自的投入与产出均可折算成同一单位计量时，可以计算出各自的投入产出比并按其大小进行绩效排序。

1. 数据包络分析 CCR 模型

经典的 DEA 模型被命名为 CCR 模型，也称为 C^2R 模型。该方法已被广泛应用于各个行业的有效性评价中。

设有 n 个待评价的对象(也称决策单元 DMU，$j=1, 2, \cdots, n$)，每个决策单元有相同的 m 项投入(输入)($i = 1, 2, \cdots, m$)和相同的 s 项产出(输出)($r = 1, 2, \cdots, s$)，其投入与产出的关系，如图 12-8 所示。x_{ij} 表示第 j 个 DMU 的第 i 项投入量，y_{rj} 表示第 j 个 DMU 的第 r 项产出量，且 $x_{ij}>0$，$y_{rj}>0$。

$$
\begin{array}{ccc}
 & \begin{matrix} 1 & 2 & \cdots & n \end{matrix} & \\
\text{投入}\left\{\begin{matrix} 1\rightarrow \\ 2\rightarrow \\ \vdots \\ m\rightarrow \end{matrix}\right. & \begin{bmatrix} x_{11} & x_{12} & \cdots & x_{1n} \\ x_{21} & x_{22} & \cdots & x_{2n} \\ \vdots & \vdots & \ddots & \vdots \\ x_{m1} & x_{m2} & \cdots & x_{mn} \end{bmatrix} & \\
 & \begin{bmatrix} y_{11} & y_{12} & \cdots & y_{1n} \\ y_{21} & y_{22} & \cdots & y_{2n} \\ \vdots & \vdots & \ddots & \vdots \\ y_{s1} & y_{s2} & \cdots & y_{sn} \end{bmatrix} & \left.\begin{matrix} \rightarrow 1 \\ \rightarrow 2 \\ \vdots \\ \rightarrow s \end{matrix}\right\}\text{产出}
\end{array}
$$

图 12-8　投入与产出关系表

第 j 个决策单元(DMU)投入与产出比的相对效率评价指数 h_j 表达式为

$$h_j = \frac{\sum_{r=1}^{s} u_r y_{rj}}{\sum_{i=1}^{m} v_i x_{ij}} \tag{12-7}$$

式中：v_i表示第 i 项投入的权重值，u_r表示第 r 项产出的权重值，且 $v_i \geqslant 0$，$u_r \geqslant 0$。通过适当选取权值 $v_i(i=1, 2, \cdots, m)$和 $u_r(r=1, 2, \cdots, s)$，可使对任意$j=1, 2, \cdots, n$ 均满足$h_j \leqslant 1$。

对第 j_0 个决策单元进行效率评价，一般说来，以第 j_0 个决策单元的效率指数为目标，以所有的待评决策单元的效率指数为约束，构建的 CCR(C^2R)模型如下

$$\begin{cases} \max h_{j_0} = \dfrac{\sum\limits_{r=1}^{s} u_r y_{rj_0}}{\sum\limits_{i=1}^{m} v_i x_{ij_0}} \\ \text{s.t.} \dfrac{\sum\limits_{r=1}^{s} u_r y_{rj}}{\sum\limits_{i=1}^{m} v_i x_{ij}} \leqslant 1, (j=1,2,\cdots,n) \\ u_r \geqslant 0\ (r=1,2,\cdots,s) \\ v_i \geqslant 0\ (i=1,2,\cdots,m) \end{cases} \tag{12-8}$$

第 j_0 个决策单元简记为DMU_{j_0}，h_{j_0} 越大表明DMU_{j_0} 能够用相对较少的输入而取得相对较多的输出；通过适当选取权值 $v_i(i=1, 2, \cdots, m)$和 $u_r(r=1, 2, \cdots, s)$，可使对任意$j=1,2,\cdots,n$ 均满足 $h_j \leqslant 1$。

2. 线性规划模型 P_{CCR}

式(12-9)是一个分式规划模型，应用 1962 年 Charnes 和 Cooper 关于分式规划的 Charnes-Cooper 变换(称为 C^2-变换)，可将式(12-9)分式规划模型转化为如下的线性规划模型 P_{CCR}：

$$(P_{\text{CCR}}) \quad \begin{cases} \max h_{j0} = \sum\limits_{r=1}^{s} t_r y_{rj_0} \\ \text{s.t.} \sum\limits_{i=1}^{m} w_i x_{ij} - \sum\limits_{r=1}^{s} t_r y_{rj} \geqslant 0\ (j=1, 2, \cdots, n) \\ \sum\limits_{i=1}^{m} w_i x_{ij_0} = 1 \\ w_i \geqslant 0\ (i=1,2,\cdots,m), t_r \geqslant 0\ (r=1, 2, \cdots, s) \end{cases} \tag{12-9}$$

令

$$\mu = \frac{1}{\sum\limits_{i=1}^{m} v_i x_{ij_0}}, \quad w_i = \mu v_i, \quad t_r = \mu u_r$$

各 DMU 的投入与产出的向量分别表示为

$$X_j = (x_{1j}, x_{2j}, \cdots, x_{mj})^{\mathrm{T}}, \quad Y_j = (y_{1j}, y_{2j}, \cdots, x_{sj})^{\mathrm{T}}$$

则 CCR 模型的向量形式为

$$
(P_{\mathrm{CCR}})\quad\begin{cases}\max h_{j_0}=t^{\mathrm{T}}Y_0\\ \text{s.t.}\ \ t^{\mathrm{T}}Y_j-\omega^{\mathrm{T}}X_j\leqslant 0\,(j=1,2,\cdots,n)\\ \qquad \omega^{\mathrm{T}}X_0=1\\ \qquad \omega\geqslant 0,\mu\geqslant 0\end{cases}\tag{12-10}
$$

3. 对偶规划模型 D_{CCR}

利用线性规划模型 P_{CCR} 的最优解来定义决策单元 j_0 的有效性并不直接，从模型可以看出，该决策单元 j_0 的有效性是相对其他所有决策单元而言的。线性规划一个重要的有效理论是对偶理论，通过建立对偶模型可更便于从理论和经济意义上进行深入分析。

令线性规划模型 P_{CCR} 中的对偶变量分别为 $\lambda_1,\lambda_2,\cdots,\lambda_n$ 及 θ，则规划模型 P 的对偶规划模型 D'_{CCR} 为

$$
(D'_{\mathrm{CCR}})\quad\begin{cases}\min\theta\\ \text{s.t.}\ \ \sum_{j=1}^{n}\lambda_j x_{ij}\leqslant\theta x_{i_0}\,(i=1,2,\cdots,m)\\ \qquad \sum_{j=1}^{n}\lambda_j y_{rj}\geqslant y_{r_0}\,(r=1,2,\cdots,s)\\ \qquad \lambda_j\geqslant 0\,(j=1,2,\cdots,n)\\ \qquad \theta\text{无约束}\end{cases}\tag{12-11}
$$

为了讨论和计算应用方便，进一步引入松弛变量 s^+和剩余变量 s^-，将上面的不等式约束转变为如下 D_{CCR} 等式约束：

$$
(D_{\mathrm{CCR}})\quad\begin{cases}\min\theta\\ \text{s.t.}\ \ \sum_{j=1}^{n}\lambda_j x_{ij}+s^-=\theta x_{i_0}\ (i=1,2,\cdots,m)\\ \qquad \sum_{j=1}^{n}\lambda_j y_{rj}-s^+=y_{r_0}\ (r=1,2,\cdots,s)\\ \qquad \lambda_j\geqslant 0\,(j=1,2,\cdots,n)\\ \qquad s^+\geqslant 0,s^-\geqslant 0,\theta\text{无约束}\end{cases}\tag{12-12}
$$

将上述规划模型 D_{CCR} 直接定义为规划模型 P_{CCR} 的对偶规划模型。对偶规划模型 D_{CCR} 的向量形式为

$$
\begin{cases}\min\theta\\ \text{s.t.}\ \ \sum_{j=1}^{n}\lambda_j x_j+s^-=\theta x_0\\ \qquad \sum_{j=1}^{n}\lambda_j y_j-s^+=y_0\\ \qquad \lambda_j\geqslant 0,s^-\geqslant 0,s^+\geqslant 0\\ \qquad \theta\text{无约束}\end{cases}\tag{12-13}
$$

对偶规划模型 DMU_{j_0} 的经济意义很明显：为了评价第 j_0 个决策单元的绩效，可用一组假想的组合决策单元与之比较。如果 θ 的最优值小于 1，则表明可以找到这样一个假想的决策单元，它可以用比被评价单元更少的投入，获得不少于被评价单元的产出，从而表明被评价的决策单元为非 DEA 有效。显然，只有当 $\theta=1$ 时，才能表明被评价的决策单元 DEA 有效。

4. 对偶规划模型 D_{BCC}

BCC 模型也称为 BC^2 模型，是由 R.D.Banker.，A. Charnes 和 W.W.Cooper 等于 1985 年提出的，主要用于评价部门间的技术有效性。BCC 模型所涉及的生产可能集 T 是一个多面凸集，由生产可能集公理系统的凸性、无效性和最小性假设所决定。其相应的对偶规划模型为

$$(D_{\text{BCC}})\quad \begin{cases} \min\ \theta \\ \text{s.t. } \sum\limits_{j=1}^{n} X_{ij}\lambda_j \leqslant \theta X_{i_0} \\ \quad\ \sum\limits_{j=1}^{n} Y_{rj}\lambda_j \geqslant Y_{r_0} \\ \quad\ \sum\limits_{j=1}^{n} \lambda_j = 1 \\ \quad\ \lambda_j \geqslant 0,\ j=1,\cdots,n \\ \quad\ \theta\text{无约束} \end{cases} \tag{12-14}$$

BCC 模型比 CCR 模型多出一个约束条件 $\sum\limits_{j=1}^{n}\lambda_i = 1$，即 CCR 模型是规模不可变的，由此是规模可变的，因此能运用它比较出决策单元间相对技术有效性。

二、DEA 有效性的经济意义

DEA 常被用来衡量拥有相同目标的运营单位的相对效率。通过对一个特定单位的效率和一组提供相同服务类似单位绩效的比较，试图使服务单位的效率最大化。在这个过程中，获得 100% 效率的一些单位被称为相对有效率单位，而另外的效率评分低于 100% 的单位被称为无效率单位。企业管理者能够运用 DEA 来比较一组服务单位，识别相对无效率单位，衡量无效率的严重性，并通过对无效率和有效率单位的比较，发现降低无效率的方法。

1. DEA 有效性的经济学定义

DEA 应用线性规划方法(包括线性规划、多目标规划、具有锥形结构的广义最优化、半无限规划、随机规划等)来判断决策单元间的相对有效性，即所对应的点是否位于生产前沿面上。从多目标规划的角度看，如果以输入最小、输出最大为目标，那么生产前沿面就是以生产可能集作为约束集合的相应线性多目标规划的帕累托面，也即数据包络面的有效部分。DEA 根据已有数据找到一个有效生产前沿，凡是不在这个前沿面上的决策单元都是没有效率的。生产前沿面如图 12-9 所示。

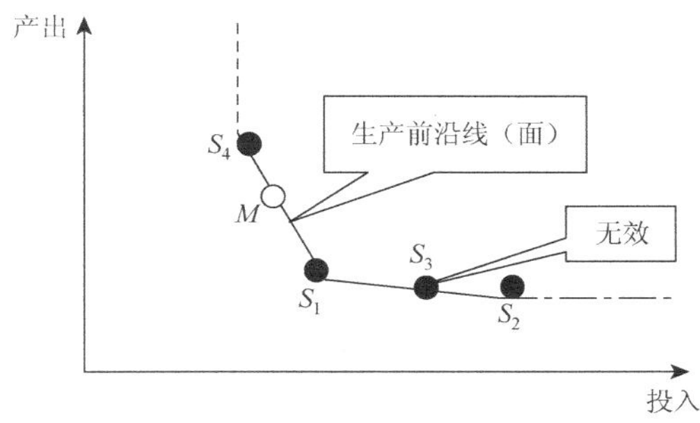

图 12-9　生产前沿面图

设投入量为 $X=(x_1,x_2,\cdots,x_m)^{\mathrm{T}}$，产出量为 $Y=(y_1,y_2,\cdots,y_s)^{\mathrm{T}}$ 的某种生产活动。决策者的目的是根据所观察到的生产活动 (x_j,y_j)，$j=1,2,\cdots,n$ 去描述生产可能集，特别是根据这些观察数据去确定哪些生产活动是相对有效的。

设输入数据和输出数据对应的集合(称为参考集)为

$$T=\{(x_1,y_1),(x_2,y_2),\cdots,(x_n,y_n)\}$$

由集合 T 生成的凸锥为

$$C(T)=\left\{\sum_{j=1}^{n}(x_j,y_j)\lambda_j \middle| \lambda_j\geqslant 0,\ j=1,2,\cdots,n\right\}$$

生产可能集为

$$T=\left\{(x,y)\middle|\sum_{j=1}^{n}x_j\lambda_j\leqslant x,\sum_{j=1}^{n}y_j\lambda_j\leqslant y,\ j=1,2,\cdots,n\right\}$$

集合 $C(T)$ 具有有限多个面，是一个多面凸锥。它是参考集 T 中的 n 个点 (x_j,y_j)，$j=1,2,\cdots,n$ 的数据包络。

1) 有效性定义

对任何一个决策单元，它达到 100% 的效率是指：

(1) 在现有的输入条件下，任何一种输出都无法增加，除非同时降低其他种类的输出；

(2) 要达到现有的输出，任何一种输入都无法降低，除非同时增加其他种类的输入。一个决策单元达到了 100% 的效率，该决策单元就是有效的，也就是有效的决策单元。

2) 无效性定义

(1) 对任意 $(x,y)\in T$，并且 $\hat{X}\geqslant X$，均有 $(\hat{X},Y)\in T$；

(2) 对任意 $(x,y)\in T$，并且 $\hat{Y}\leqslant Y$，均有 $(X,\hat{Y})\in T$。

也就是说，以较多的输入或较少的输出进行生产总是可能的。

2. DEA 有效性的经济学含义

生产前沿面实际上是指由观察到的决策单元的输入数据和输出数据的包络面的有效部分，这也是称为“数据包络分析”的原因所在。决策单元为 DEA 有效，也即相应于生产可能集而言，以投入最小、产出最大为目标的帕累托最优。因此，生产前沿面即为帕累托面(帕累托最优点构成的面)。根据对各 DMU 观察的数据判断 DMU 是否为 DEA 有效，本质上是判断 DMU 是否位于可能集的“生产前沿面”上。具体而言，DEA 是使用数学规划模型比较决策单元之间的相对效率，对决策单元作出评价。一个决策单元(DMU)在某种程度上是一种约束，它可以是学校、医院、法院、空军基地，也可以是银行或企业。确定 DMU 的主导原则是：就其“消耗的资源”和“生产的产品”来说，每个 DMU 都可以看作相同的实体。亦即在某一视角下，各 DMU 具有相同的输入和输出。通过输入和输出数据的综合分析，DEA 可以得出每个 DMU 综合效率的数量指标，据此将各 DMU 顶级排队，确定有效的(即相对效率高的)DMU，并指出 DMU 非有效的原因和程度，给主管部门提供管理信息。DEA 还能判断各 DMU 的投入规模是否恰当，并给出各 DMU 调整投入规模的正确方向和程度：应扩大还是应缩小，调整多少为宜。

应用 DEA 方法进行绩效评价不需要以参数形式规定生产前沿函数，并且允许生产前沿函数可以因为单位的不同而不同，不需要弄清楚各个评价决策单元的输入与输出之间的关联方式，只需要最终用极值的方法，以相对效益这个变量作为总体上的衡量标准，以决策单元(DMU)各输入输出的权重向量为变量，从最有利于决策的角度进行评价，从而避免了人为因素确定各指标的权重而使得研究结果的客观性受到影响。这种方法采用数学规划模型，对所有决策单元的输出都“一视同仁”。这些输入与输出的价值设定与虚拟系数有关，有利于找出那些决策单元相对效益偏低的原因。

3. DEA 的应用分析

DEA 作为一种非参数方法，将数学、经济和管理的概念与方法相结合，是处理多目标决策问题，解决在经济和管理中评价具有多个投入、多个产出问题的有力工具。主要适合于同种类型部门或单位间的相对有效性排序和评价，可以通过在生产前沿面上的投影分析，发现非 DEA 有效的产生原因及改进方向，调整资源投入量和效益产出量使决策单元达到 DEA 有效。应用 DEA 模型进行评价，不必事先确定指标权重，只需假定由决策单元的投入产出指标组成的状态可能集满足凸性、无效性、锥性及最小性等条件即可。DEA 方法本身包含指标的权重分配过程，在计算不同决策单元的最大有效性时，指标的权重是动态可变的，最后排序的结果是每个决策单元在最有利于自身的权重下的结果。

(1)应用 DEA 方法进行评价分析时，一般要求决策单元数目应大于投入、产出变量之和。根据经验法则，最好是决策单元数目应大于投入产出变量数目之和的两倍，这样计算所得的结果才能具有较好的区分性，否则容易出现多个决策单元有效而无法进一步区分的情形。此时，可以采用超效率模型或者是交叉效率模型进行相对效率分析，也可以将这些有效决策单元再采用其他综合评价方法进行分析。

(2)投入、产出指标的确定，一般是根据资源投入量与效益产出量确定的。DEA 模型求解时，一般要求投入、产出指标具有非负性。如果遇到负的投入指标，一些学者认为可以考虑将取绝对值后纳入产出指标进行考虑，不过这种方法的合理性以及此方面的研究还尚未取得一致的认识。

(3)在实践中，通常有两种导向的模型可以供决策者选择，一类是投入导向模型

(即在相同产出水平下，比较投入资源的使用情况)，另一类是产出导向模型，人们通常只从投入导向或者产出导向的角度去分析决策单元的相对有效性，不过这两种角度在很多时候计算所得的结果是不一致的，只有 CCR 模型计算所得的投入导向与产出导向的效率是一致的。对于采用其他 DEA 模型时所得结果存在的不一致性，在实际中也可以将两个角度通过加权综合的方式一起考虑，相关研究可以参考最新的国内外文献。

当前已有较多的现成的 DEA 软件可以用于求解 DEA 模型，例如，DEAP、DEA Solver 以及 MyDEA 等。不过这些软件只能求解常见的 DEA 模型，对于改进型的 DEA 模型，通常需要编程，此时可借助于 Excel 的线性规划加载工具包、Lingo 软件及 Matlab 软件等编程软件。

三、DEA 方法的应用案例

例 12.3.1　某高校对天津、上海、海口等城市的 7 个污水处理企业的运营情况进行 DEA 有效性评价分析。选择的投入和产出指标如下。

投入指标：年总运行成本(万元)、总投资额(万元)；

产出指标：日处理污水量(万立方米/日)、投资利税率(%)。

各污水处理厂的投入与产出指标的数据资料，如表 12-7 所示，试进行 DEA 评价。

表 12-7　污水处理工厂的运营情况

投入与产出指标	污水处理工厂						
	A 企业	*B* 企业	*C* 企业	*D* 企业	*E* 企业	*F* 企业	*G* 企业
总投资额/万元	4590	14000	65800	23558	28562	61600	16300
年总运行成本/万元	292	203	1408	2305	2275	895	2349
日处理污水量/(万立方米/日)	9	20	31	35	40	22	30
投资利税率/%	12.22	10.97	10.87	11.29	8.91	11	15

解　建立评价污水处理一厂的 D'_{CCR} 模型如下

$$\begin{cases}\min\ \theta \\ \text{s.t.}\ 4590\lambda_1+14000\lambda_2+65800\lambda_3+23558\lambda_4+28562\lambda_5+61600\lambda_6+16300\lambda_7\leqslant 4590\theta \\ \quad 292\lambda_1+203\lambda_2+1408\lambda_3+2305\lambda_4+2275\lambda_5+895\lambda_6+2348\lambda_7\geqslant 292\theta \\ \quad 9\lambda_1+20\lambda_2+31\lambda_3+35\lambda_4+40\lambda_5+22\lambda_6+30\lambda_7\geqslant 9 \\ \quad 12.22\lambda_1+10.97\lambda_2+10.87\lambda_3+11.29\lambda_4+8.91\lambda_5+11\lambda_6+15\lambda_7\geqslant 12.22 \\ \quad \lambda_j\geqslant 0\quad (j=1,2,3,4,5,6,7)\end{cases}$$

解得：$\lambda_1=1$，$\lambda_2=\lambda_3=\lambda_4=\lambda_5=\lambda_6=\lambda_7$，$\min\theta=1$，因此，污水处理一厂是 DEA 有效的。

类似地可以求出其他工厂的 DEA 评价值，评价结果如表 12-8 所示。

表 12-8 污水处理工厂的 DEA 评价值

投入与产出指标	污水处理企业						
	A 企业	*B* 企业	*C* 企业	*D* 企业	*E* 企业	*F* 企业	*G* 企业
λ_1	1	0	0.631	3.889	4.445	0.002	3.333
λ_2	0	1	1.266	0	0	1.099	0
λ_3	0	0	0	0	0	0	0
λ_4	0	0	0	0	0	0	0
λ_5	0	0	0	0	0	0	0
λ_6	0	0	0	0	0	0	0
λ_7	0	0	0	0	0	0	0
θ	1	1	0.313	0.758	0.714	0.250	0.939
评价结论	DEA 有效	DEA 有效	DEA 无效	DEA 无效	DEA 无效	DEA 无效	DEA 无效

例 12.3.2 某银行 4 个支行的投入与产出，如表 12-9 所示，试求各个支行的运行是否 DEA 有效。

表 12-9 某银行支行的投入与产出

支行	投入		产出		
	职员数/人	营业面积/平方米	储蓄存取/万元	贷款/万元	中间业务/万元
支行 *A*	15	140	1800	200	1600
支行 *B*	20	130	1000	350	1000
支行 *C*	21	120	800	450	1300
支行 *D*	20	135	900	420	1500

解 建立评价支行 *A* 的 D_{BCC} 规划模型为

$$
\begin{cases}
\min \quad \theta \\
\text{s.t.}\ 1800\lambda_1 + 1000\lambda_2 + 800\lambda_3 + 900\lambda_4 \geqslant 1800 \\
\qquad 200\lambda_1 + 350\lambda_2 + 450\lambda_3 + 420\lambda_4 \geqslant 200 \\
\qquad 1600\lambda_1 + 1000\lambda_2 + 1300\lambda_3 + 1500\lambda_4 \geqslant 1600 \\
\qquad 15\lambda_1 + 20\lambda_2 + 21\lambda_3 + 20\lambda_4 \leqslant 15\theta \\
\qquad 140\lambda_1 + 130\lambda_2 + 120\lambda_3 + 135\lambda_4 \leqslant 140\theta \\
\qquad \lambda_1 + \lambda_2 + \lambda_3 + \lambda_4 = 1 \\
\qquad \lambda_j \geqslant 0\ (j = 1,2,3,4)
\end{cases}
$$

求得支行 A 的 θ 值为 1，类似地可以建立支行 B、支行 C 及支行 D 的对偶规划模型 D_{BCC}，并求得各支行的 θ 值。解的结果分析：

对于支行 A，$\theta=1$，说明支行 A 的运行 DEA 有效。

对于支行 B，$\theta=0.996$，说明支行 B 的运行非 DEA 有效。

对于支行 C，$\theta=1$，说明支行 C 的运行 DEA 有效。

对于运行 D，$\theta=1$，说明支行 D 的运行 DEA 有效。

例 12.3.3　以全部独立核算企业为研究对象，我国湖北、江西、湖南和安徽四省某年度投入与产出统计资料，如表 12-10 所示，其中，投入要素包括固定资产净值年平均余额(亿元)、流动资金年平均余额及从业人员(万人)；产出要素包括总产值(亿元)和利税总额(亿元)。试对此四省进行生产水平的比较。

表 12-10　四省的投入与产出

投入与产出要素	省份			
	湖北	江西	湖南	安徽
固定资产/亿元	1306.6	583.1	936.8	932.7
流动资金/亿元	1444.3	581.6	849.3	980.5
从业人员/万人	461.0	294.2	443.2	401.8
利税总额/亿元	181.4	49.8	144.2	179.3
总产值/亿元	2662.2	930.2	1659.0	2196.1

解　建立评价江西省的 D_{CCR} 模型如下：

$$\begin{cases}\min\theta \\ \text{s.t. } 1306.6\lambda_1+583.1\lambda_2+936.8\lambda_3+932.7\lambda_4+s_1^-=583.1\theta \\ \quad 1444.3\lambda_1+581.6\lambda_2+849.3\lambda_3+980.5\lambda_4+s_2^-=581.6\theta \\ \quad 461.0\lambda_1+294.2\lambda_2+443.2\lambda_3+401.8\lambda_4+s_3^-=294.2\theta \\ \quad 181.4\lambda_1+49.8\lambda_2+144.2\lambda_3+179.3\lambda_4-s_1^+=49.8 \\ \quad 2662.2\lambda_1+930.2\lambda_2+1659.0\lambda_3+2196.1\lambda_4-s_2^+=930.2 \\ \quad \lambda_j\geqslant 0\end{cases}$$

求解结果分析：$\theta=0.714$。

类似地可以求出其他三省的 DEA 评价值 θ，评价结果如表 12-11 所示。

表 12-11　四省投入与产出的 DEA 评价

省份	DEA 评价值 θ	评价结论	排序
湖北	1.000	DEA 有效	1
江西	0.714	DEA 无效	3
湖南	0.929	DEA 无效	2
安徽	1.000	DEA 有效	1

习题与思考题

1. 什么是多目标决策？多目标决策有哪些特点？

2. 多目标决策分析的目标准则体系构建原则有哪些？

3. 多目标决策过程中所涉及的价值元素主要有哪些？

4. 简述多目标决策分析的基本要素。

5. 简述 AHP 法求解多目标决策问题的步骤。

6. DEA 有效性的经济学含义是什么？

7. 某人准备假期旅游，初次筛选了桂林、黄山和北戴河三处旅游地，但每个旅游地的景色、费用、居住条件、饮食及旅途等各不相同，如何在 3 个旅游地中按照景色、费用、居住条件、饮食和旅途 5 个因素选择一个最佳的旅游地。

已知某人将旅游地的决策问题分解为三个层次，最上层为目标层，即选择旅游地，最下层为方案层，有 P1(桂林)、P2(黄山)、P3(北戴河)三个供选择的地点，中间层为准则层，有 C1(景色)、C2(费用)、C3(居住条件)、C4(饮食)、C5(旅途)五个准则，各层间的联系用相连的直线表示如下图所示。

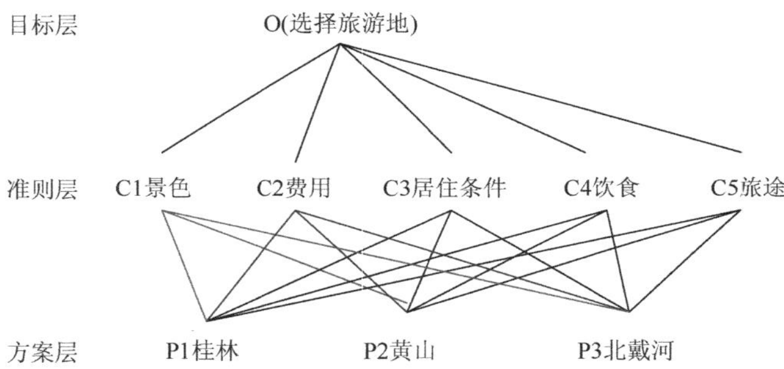

对于总目标而言，根据旅游者自己的喜好，给出 5 个准则之间的相对重要性，构造准则层对目标层的判断矩阵

$$A=\begin{pmatrix} 1 & 1/2 & 4 & 3 & 3 \\ 2 & 1 & 7 & 5 & 5 \\ 1/4 & 1/7 & 1 & 1/2 & 1/3 \\ 1/3 & 1/5 & 2 & 1 & 1 \\ 1/3 & 1/5 & 3 & 1 & 1 \end{pmatrix}$$

方案层对 C1(景色)的成对比较阵

$$B_1=\begin{pmatrix} 1 & 2 & 5 \\ 1/2 & 1 & 2 \\ 1/5 & 1/2 & 1 \end{pmatrix}$$

方案层对 C2(费用)的成对比较阵

$$B_2=\begin{pmatrix}1 & 1/3 & 1/8\\ 3 & 1 & 1/3\\ 8 & 3 & 1\end{pmatrix}$$

方案层对 C3(居住)的成对比较阵

$$B_3=\begin{pmatrix}1 & 1 & 3\\ 2 & 1 & 3\\ 1/3 & 1/3 & 1\end{pmatrix}$$

方案层对 C4(饮食)的成对比较阵

$$B_4=\begin{pmatrix}1 & 3 & 4\\ 1/3 & 1 & 1\\ 1/4 & 1 & 1\end{pmatrix}$$

方案层对 C5(旅途)的成对比较阵

$$B_5=\begin{pmatrix}1 & 1 & 1/4\\ 1 & 1 & 1/4\\ 4 & 4 & 1\end{pmatrix}$$

8. 某公司有 9 个企业，企业编号为 1, 2, 3, …, 9。为评价这 9 个企业的经营效率，收集到反映其投入(职工人数、营业面积、销售费用额、流动资金额)和产出(毛销售利润额和本企业总零售额)的数据如下表所示。试判定各企业是否 DEA 有效。

企业的相关数据

企业编号	1	2	3	4	5	6	7	8	9
职工人数/人	1442	842	373	776	1450	449	831	597	209
营业面积/平方米	10950	12811	4774	9170	12400	2650	10697	7207	4792
销售费用额/万元	2769	1761	1057	1686	1860	778	1954	1365	224
流动资金额/万元	4420	3343	2988	6435	11146	1535	2491	2195	1731
毛销售利润额/万元	4130	1812	1370	1025	1984	734	1303	1354	136
本企业总零售额/万元	30991	14700	11904	6549	12541	7901	7487	9031	5422

第十三章　灰色决策模型

要点

(1) 灰靶决策模型；

(2) 基于混合可能度函数的灰色聚类决策模型；

(3) 多目标加权智能灰靶决策模型；

(4) 两阶段灰色决策模型。

学习要求　了解灰靶决策模型；熟练掌握基于中心点和端点混合可能度函数的灰色聚类决策模型；掌握多目标加权智能灰靶决策模型；了解两阶段灰色决策模型。

本章分别介绍灰靶决策模型、基于端点混合可能度函数和基于中心点混合可能度函数的灰色聚类决策模型、多目标加权智能灰靶决策模型和两阶段灰色决策模型。其中基于混合三角可能度函数的灰色聚类决策模型适用于绩效评估；多目标加权智能灰靶决策模型适用于选择评估；两阶段灰色决策模型适用于“最大值准则”决策悖论求解。

第一节　灰色决策的基本概念

根据实际情况和预定目标确定应采取的行动便是决策。决策的本质含义就是“作出决定”或“决定对策”。决策活动不仅是各类管理活动的重要组成部分，而且贯穿于每个人的工作、学习和生活过程的始终。对决策的理解有广义和狭义之分。从广义上讲决策是指提出问题，收集资料，确定目标，拟订备选方案，方案评价与选择，以及实施、反馈、修正等一系列活动的全过程；从狭义上讲决策仅指决策全过程中选择方案这一环节，习惯上称为“拍板”。也有人仅仅把决策理解为在不确定条件下选择方案，即作出抉择，这在很大程度上依赖于决策者个人的经验、态度和决心，要承担一定的风险。灰色决策是在决策模型中含灰元或一般决策模型与灰色模型相结合的情况下进行的决策，重点研究方案选择问题。

在以下讨论中，将需要研究、解决的问题或需要处理的事物以及一个系统行为的现状等统称为事件。事件是我们进行决策的起点。

定义 13.1.1　事件、对策、目标、效果称为决策四要素(four elements for decision-making)。

定义 13.1.2　某一研究范围内事件的全体称为该研究范围内的事件集，记为

$$A=\{a_1,a_2,\cdots,a_n\}$$

其中 $a_i(i=1,2,3,\cdots,n)$ 为第 i 个事件(event)，相应的所有可能的对策全体称为对策集，记为

$$B=\{b_1,b_2,\cdots,b_m\}$$

其中 $b_j(j=1,2,\cdots,m)$ 为第 j 种对策(countermeasure)。

定义 13.1.3　事件集 $A=\{a_1,a_2,\cdots,a_n\}$ 与对策集 $B=\{b_1,b_2,\cdots,b_m\}$ 的笛卡儿积

$$A\times B=\{(a_i,b_j)|a_i\in A,b_j\in B\}$$

称为决策方案集，记作 $S=A\times B$ 。对于任意的 $a_i\in A,\ b_j\in B$ ，称 (a_i,b_j) 为一个决策方案(decision scheme)，记作 $s_{ij}=(a_i,b_j)$ 。

例如，在农业种植决策中，可把气候条件作为事件集，记平年为 a_1 ，旱年为 a_1 ，涝年为 a_3 ，则事件集

$$A=\{a_1,a_2,a_3\}$$

将种植不同品种的作物看作不同对策，记玉米为 b_1，高粱为 b_2，大豆为 b_3，芝麻为 b_4，红薯为 b_5，…, 则对策集为

$$B=\{b_1,b_2,b_3,b_4,b_5,\cdots\}$$

于是决策方案集

$$\begin{aligned}S&=A\times B\\&=\{s_{11},s_{12},\cdots,s_{15},\cdots,s_{21},\cdots,s_{25},\cdots,s_{31},\cdots,s_{35},\cdots\}\end{aligned}$$

其中 $s_{ij}=(a_i,b_j)$ 。

这里的事件和对策都比较单纯，构成的决策方案比较简单。在实际决策中，遇到的事件往往是由多种简单事件复合而成的复杂事件，对策也不那么单纯，而是十分复杂的，因而构成的决策方案也相当复杂。

我们仍以种植决策为例。

事件集实际上是由气候、土壤、水利、肥料、农药、劳动力、技术等构成的复合体，对策也不是单纯的某一种作物，而是由多种作物按不同比例搭配复合而成的。

记“平年、黏土、有效灌溉面积占 50%、肥料和农药基本满足需要、劳动力充足，技术中等”为 a_1，“涝年、黑土、有效灌溉面积占 50%、肥料和劳动力充足、农药缺乏、技术中等”为 a_2 ，…，则事件集 $A=\{a_1,a_2,\cdots\}$ 。

记“30%玉米+10%高粱+20%大豆+15%芝麻+15%红薯+10%其他”为 b_1，“10%玉米+20%高粱+30%大豆+30%芝麻+10%其他”为 b_2 ，…，则对策集 $B=\{b_1,b_2,\cdots\}$ 。

决策方案 $s_{11}=(a_1,b_1)$ 就是在平年、黏土、有效灌溉面积占 50%、肥料和农药基本满足需要、劳动力充足、技术中等的条件下种植 30%玉米+10%高粱+20%大豆+15%芝麻+15%红薯+10%其他作物。

再如在教学计划安排中，可把某学校某学期开设的全部课程作为事件集，把该学校的专职和兼职教师以及实习、实验、电化教学等手段作为对策集。当然，根据情况也可以是一位教师同时开设几门课程，也可以是几位教师同时开设一门课程，课程教学可以是 100%讲授，也可以是 60%讲授、20%实验、10%实习、10%看教学录像等。

给定决策方案 $s_{ij}\in S$ ，在预定目标下对决策方案的效果进行评估，根据评估结果决定取舍，这就是决策。以下各节中，我们将讨论几种不同的灰色决策方法。

第二节　灰 靶 决 策

定义 13.2.1　设 $S=\left\{s_{ij}=(a_i,b_j)\middle|a_i\in A,b_j\in B\right\}$ 为决策方案集，$u_{ij}^{(k)}$ 为决策方案 s_{ij} 在 k 目标下的效果值(effect value)，$\mathbf{R}$ 为实数集，则称

$$u_{ij}^{(k)}:\ S\mapsto\mathbf{R}$$

$$s_{ij}\mapsto u_{ij}^{(k)}$$

为 S 在 k 目标下的效果映射。

定义 13.2.2　(1) 若 $u_{ij}^{(k)}=u_{ih}^{(k)}$，则称对策 b_j 与 b_h 关于事件 a_i 在 k 目标下等价，记作 $b_j\cong b_h$，称集合

$$B_{ih}^{(k)}=\{b\,|\,b\in B,b\cong b_h\}$$

为 k 目标下关于事件 a_i 对策 b_h 的效果等价类。

(2) 设 k 目标是效果值越大越好的目标，$u_{ij}^{(k)}>u_{ih}^{(k)}$，则称 k 目标下关于事件 a_i 对策 b_j 优于 b_h，记作 $b_j\succ b_h$，称集合

$$B_{h}^{(k)}=\{b\,|\,b\in B,b\succ b_h\}$$

为 k 目标下关于事件 a_i 对策 b_h 的优势类。

类似地，可以定义目标效果值越接近某一适中值越好，或越小越好情况下的对策优势类以及事件优势类和决策方案优势类。

定义 13.2.3　设 $d_1^{(k)},d_2^{(k)}$ 为决策方案 s_{ij} 在 k 目标下效果值的上、下临界值，则称 $S^1=\left\{r\middle|d_1^{(k)}\leqslant r\leqslant d_2^{(k)}\right\}$ 为 k 目标下的一维决策灰靶(grey target of one-dimensional decision-making)，并称 $u_{ij}^{(k)}\in[d_1^{(k)},d_2^{(k)}]$ 为 k 目标下的满意效果，称相应的决策方案 s_{ij} 为 k 目标下的可取方案(desirable scheme)，b_j 为 k 目标下的关于事件 a_i 的可取对策(desirable countermeasure)。

以上是单目标的情况，类似地，可以讨论多目标情形下的决策灰靶。

定义 13.2.4　设 $d_1^{(1)},d_2^{(1)}$ 为决策方案 s_{ij} 在目标 1 下效果值的临界值，$d_1^{(2)},d_2^{(2)}$ 为决策方案 s_{ij} 在目标 2 下效果值的临界值，则称

$$S^2=\left\{(r^{(1)},r^{(2)})\middle|d_1^{(1)}\leqslant r^{(1)}\leqslant d_2^{(1)},d_1^{(2)}\leqslant r^{(2)}\leqslant d_2^{(2)}\right\}$$

为二维决策灰靶。若决策方案 s_{ij} 的效果向量 $u_{ij}=\{u_{ij}^{(1)},u_{ij}^{(2)}\}\in S^2$，则称决策方案 s_{ij} 为目标1和目标 2 下的可取方案，b_j 为事件 a_i 在目标 1 和目标 2 下的可取对策。

定义 13.2.5　设 $d_1^{(1)},d_2^{(1)}$；$d_1^{(2)},d_2^{(2)};\cdots;d_1^{(s)},d_2^{(s)}$ 分别为决策方案 s_{ij} 在目标$1,2,\cdots,s$ 下效果值的临界值，则称 s 维超平面区域

$$S^s=\{(r^{(1)},r^{(2)},\cdots,r^{(s)})\,|\,d_1^{(1)}\leqslant r^{(1)}\leqslant d_2^{(1)},d_1^{(2)}\leqslant r^{(2)}\leqslant d_2^{(2)},\cdots,d_1^{(s)}\leqslant r^{(s)}\leqslant d_2^{(s)}\}$$

为 s 维决策灰靶(grey target of s-dimensional decision-making)。若决策方案 s_{ij} 的效果向量

$$u_{ij}=(u_{ij}^{(1)},u_{ij}^{(2)},\cdots,u_{ij}^{(s)})\in S^s$$

其中 $u_{ij}^{(k)}(k=1,2,\cdots,s)$ 为决策方案 s_{ij} 在 k 目标下的效果值，则称 s_{ij} 为目标 $1,2,\cdots,s$ 下的可取方案，b_j 为事件 a_i 在目标 $1,2,\cdots,s$ 下的可取对策。

决策灰靶实质上是相对优化意义下满意效果所在的区域。在许多场合下，要取得绝对的最优是不可能的，因而人们常常退而求其次，要求有个满意的结果就行了。当然，根据需要，可将决策灰靶逐步收缩，最后蜕化为一个点，即是最优效果，与之对应的决策方案就是最优方案，相应的对策即为最优对策。

定义 13.2.6 设 $r_0=(r_0^{(1)},r_0^{(2)},\cdots,r_0^{(s)})$ 为最优效果向量，则称

$$R^s=\left\{(r^{(1)},r^{(2)},\cdots,r^{(s)})\middle|(r^{(1)}-r_0^{(1)})^2+(r^{(2)}-r_0^{(2)})^2+\cdots+(r^{(s)}-r_0^{(s)})^2\leqslant R^2\right\}$$

为以 $r_0=(r_0^{(1)},r_0^{(2)},\cdots,r_0^{(s)})$ 为靶心，以 R 为半径的 s 维球形灰靶(spherical grey target)。

定义 13.2.7 设 $r_0=(r_0^{(1)},r_0^{(2)},\cdots,r_0^{(s)})$ 为靶心，对于 $r_1=(r_1^{(1)},r_1^{(2)},\cdots,r_1^{(s)})\in \mathbf{R}$，称

$$|r_1-r_0|=[(r_1^{(1)}-r_0^{(1)})^2+(r_1^{(2)}-r_0^{(2)})^2+\cdots+(r_1^{(s)}-r_0^{(s)})^2]^{\frac{1}{2}}$$

为向量 r_1 的靶心距(bull' s-eye-distance)。靶心距的数值反映了决策方案效果向量的优劣。

定义 13.2.8 设 s_{ij},s_{hl} 为不同的决策方案，$u_{ij}=(u_{ij}^{(1)},u_{ij}^{(2)},\cdots,u_{ij}^{(s)})$；$u_{hl}=(u_{hl}^{(1)},u_{hl}^{(2)},\cdots,u_{hl}^{(s)})$ 分别为 s_{ij} 与 s_{hl} 的效果向量。若

$$|u_{ij}-r_0|\geqslant|u_{hl}-r_0| \tag{13-1}$$

则称决策方案 s_{hl} 优于 s_{ij}，记作 $s_{hl}\succ s_{ij}$。当式中等号成立时，亦称为 s_{ij} 与 s_{hl} 等价，记作 $s_{hl}\cong s_{ij}$。

定义 13.2.9 若对 $i=1,2,\cdots,n$ 与 $j=1,2,\cdots,m$，恒有 $u_{ij}\neq r_0$，则称最优决策方案不存在。

定义 13.2.10 若最优决策方案不存在，但存在 h,l，使任意 $i=1,2,\cdots,n$ 与 $j=1,2,\cdots,m$，都有

$$|u_{hl}-r_0|\leqslant|u_{ij}-r_0|$$

即对任意的 $s_{ij}\in S$，有 $s_{hl}\succ s_{ij}$，则称 s_{hl} 为次优(suboptimum)决策方案，并称 a_h 为次优事件，b_l 为次优对策。

为讨论方便起见，我们将靶心取为原点，这只需对决策效果向量进行适当变换即可，此时靶心距转化为决策效果向量的 2-范数。

定理 13.2.1 设 $S=\left\{s_{ij}=(a_i,b_j)\middle|a_i\in A,b_j\in B\right\}$ 为决策方案集，

$$R^s=\left\{(r^{(1)},r^{(2)},\cdots,r^{(s)})\middle|(r^{(1)}-r_0^{(1)})^2+(r^{(2)}-r_0^{(2)})^2+\cdots+(r^{(s)}-r_0^{(s)})^2\leqslant R^2\right\}$$

为球形灰靶，则 S 在“优于”关系下构成有序集。

定理 13.2.2 决策方案集 $(S,\succ)$ 中必有次优决策方案。

例 13.2.1 设某一旧建筑物改造为事件 a_1，改建、新建、维修分别为对策 b_1,b_2,b_3，试按费用、功能、建设速度三个目标进行灰靶决策。

解 记费用为目标 1，功能为目标 2，建设速度为目标 3，则三种决策方案分别为

$$s_{11}=(a_1,b_1)=(\text{改造},\text{改建})$$
$$s_{12}=(a_1,b_2)=(\text{改造},\text{新建})$$
$$s_{13}=(a_1,b_3)=(\text{改造},\text{维修})$$

各种决策方案在不同目标下，其效果显然是不同的，而衡量效果优劣的标准也各异，如费用应以少为好，功能应以高为佳，而速度则又应以快为好。把决策方案的效果简单划分为优、良、一般三级，分别对应 1、2、3 三个不同的效果值。经专家评议得到，改建方案的费用、功能和建设速度均为良；新建方案的功能为优，但费用和建设速度均一般；维修方案的费用和建设速度皆为优，但功能一般，即三种决策方案的效果向量分别为

$$u_{11}=(u_{11}^{(1)},u_{11}^{(2)},u_{11}^{(3)})=(2,2,2)$$
$$u_{12}=(u_{12}^{(1)},u_{12}^{(2)},u_{12}^{(3)})=(3,1,3)$$
$$u_{13}=(u_{13}^{(1)},u_{13}^{(2)},u_{13}^{(3)})=(1,3,1)$$

取球心为 $r_0=(1,1,1)$，计算靶心距：

$$\begin{aligned}|u_{11}-r_0|&=[(u_{11}^{(1)}-r_0^{(1)})^2+(u_{11}^{(2)}-r_0^{(2)})^2+(u_{11}^{(3)}-r_0^{(3)})^2]^{\frac{1}{2}}\\&=[(2-1)^2+(2-1)^2+(2-1)^2]^{\frac{1}{2}}=1.73\end{aligned}$$

$$\begin{aligned}|u_{12}-r_0|&=[(u_{12}^{(1)}-r_0^{(1)})^2+(u_{12}^{(2)}-r_0^{(2)})^2+(u_{12}^{(3)}-r_0^{(3)})^2]^{\frac{1}{2}}\\&=[(3-1)^2+(1-1)^2+(3-1)^2]^{\frac{1}{2}}=2.83\end{aligned}$$

$$\begin{aligned}|u_{13}-r_0|&=[(u_{13}^{(1)}-r_0^{(1)})^2+(u_{13}^{(2)}-r_0^{(2)})^2+(u_{13}^{(3)}-r_0^{(3)})^2]^{\frac{1}{2}}\\&=[(1-1)^2+(3-1)^2+(1-1)^2]^{\frac{1}{2}}=2\end{aligned}$$

其中 $|u_{11}-r_0|$ 为最小，决策方案 s_{11} 的效果向量 $u_{11}=(2,2,2)$ 进入了灰靶。因此，可以认为改建方案是一种满意方案。

如果我们令各个目标的效果评价优、良、一般分别与 0，1，2 对应，则可得到靶心在圆点的球形灰靶。

在例 13.2.1 中，虽然确实不存在最优决策方案，但我们却找到了可取的次优的满意方案。这就是灰靶决策的智能含义或叫灵活性。比如，制造商派一个代表团与供应商洽谈业务，可以交代说“价格 3000 万美元左右，质量及供货期符合要求，就可以成交”。也可以明确交代说“价格 2800 万美元，优质品，严格遵守交货期，方可成交”。前一种说法就是给了一个灰靶，代表团有一定的自主权，谈判较容易取得成功。而后一种说法仅仅给了一

个靶心，谈判代表没有任何回旋余地，很难成交。如果例 13.2.1 中的旧建筑物改造非要有费用、功能和建设速度皆为优的方案不行，那就可能永远找不到满意的解决方案。

如果将例 13.2.1 中的事件 a_1 调整为对改造后的建筑物功能或完工时间有特定要求，或是费用有具体限额的事件，则决策方案效果向量将随之变化。相应地，可取对策、次优决策方案亦可能相应变化。

第三节　基于混合可能度函数的灰色聚类决策模型

一、基于端点混合可能度函数的灰色聚类决策模型

基于端点混合可能度函数的灰色聚类决策模型适用于各灰类边界清晰，但最可能属于各灰类的点不明的情形。其建模步骤如下。

第一步，按照决策要求所需划分的灰类数 s，将各个指标的取值范围也相应地划分为 s 个灰类，例如，将 j 指标的取值范围 $[a_1,a_{s+1}]$ 划分为 s 个小区间

$$[a_1,a_2],\cdots,[a_{k-1},a_k],\cdots,[a_{s-1},a_s],[a_s,a_{s+1}]$$

其中 $a_k(k=1,2,\cdots,s,s+1)$ 的值一般可根据实际决策要求或定性研究结果确定。

第二步，确定与 $[a_1,a_2]$ 和 $[a_s,a_{s+1}]$ 对应的灰类 1 和灰类 s 的转折点 λ_j^1，λ_j^s；同时计算其余各个小区间的几何中点，$\lambda_k=(a_k+a_{k+1})/2$，$k=2,\cdots,s-1$。

第三步，对于灰类 1 和灰类 s，构造相应的下限测度可能度函数 $f_j^1[-,-,\lambda_j^1,\lambda_j^2]$ 和上限测度可能度函数 $f_j^s[\lambda_j^{s-1},\lambda_j^s,-,-]$。

设 x 为指标 j 的一个观测值，当 $x\in[a_1,\lambda_j^2]$ 或 $x\in[\lambda_j^{s-1},a_{s+1}]$ 时，可分别由公式

$$f_j^1(x)=\begin{cases}0, & x\notin[a_1,\lambda_j^2]\\ 1, & x\in[a_1,\lambda_j^1]\\ \dfrac{\lambda_j^2-x}{\lambda_j^2-\lambda_j^1}, & x\in[\lambda_j^1,\lambda_j^2]\end{cases} \tag{13-2}$$

或

$$f_j^s(x)=\begin{cases}0, & x\notin[\lambda_j^{s-1},a_{s+1}]\\ \dfrac{x-\lambda_j^{s-1}}{\lambda_j^s-\lambda_j^{s-1}}, & x\in[\lambda_j^{s-1},\lambda_j^s]\\ 1, & x\in[\lambda_j^s,a_{s+1}]\end{cases} \tag{13-3}$$

计算出其属于灰类 1 和灰类 s 的可能度值 $f_j^1(x)$ 或 $f_j^s(x)$。

第四步，对于灰类 $k(k\in\{2,3,\cdots,s-1\})$，同时连接点 $(\lambda_j^k,1)$ 与灰类 $k-1$ 的几何中点 $(\lambda_j^{k-1},0)$（或灰类 1 的转折点 $(\lambda_j^1,0)$）以及 $(\lambda_j^k,1)$ 与灰类 $k+1$ 的几何中点 $(\lambda_j^{k+1},0)$（或灰类 s 的转折点 $(\lambda_j^s,0)$），得到 j 指标关于灰类 k 的三角可能度函数 $f_j^k[\lambda_j^{k-1},\lambda_j^k,-,\lambda_j^{k+1}]$，$j=1,2,\cdots,m$;

$k=2,3,\cdots,s-1$（图 13-1）。

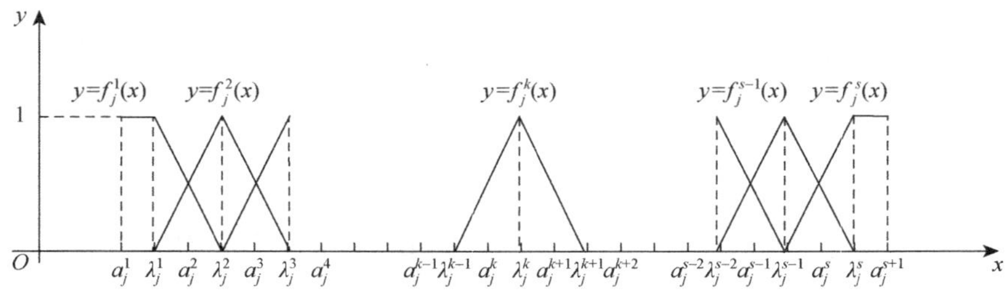

图 13-1　端点混合白化权函数示意图

对于指标 j 的一个观测值 x，可由

$$f_j^k(x)=\begin{cases}0, & x\notin[\lambda_j^{k-1},\lambda_j^{k+1}]\\ \dfrac{x-\lambda_j^{k-1}}{\lambda_j^k-\lambda_j^{k-1}}, & x\in[\lambda_j^{k-1},\lambda_j^k]\\ \dfrac{\lambda_j^{k+1}-x}{\lambda_j^{k+1}-\lambda_j^k}, & x\in[\lambda_j^k,\lambda_j^{k+1}]\end{cases} \tag{13-4}$$

计算出其属于灰类 $k(k=1,2,\cdots,s)$ 的可能度值 $f_j^k(x)$。

第五步，确定各指标的权重 $w_j, j=1,2,\cdots,m$。

第六步，计算对象 $i(i=1,2,\cdots,n)$ 关于灰类 $k(k=1,2,\cdots,s)$ 的综合聚类系数

$$\sigma_i^k=\sum_{j=1}^{m}f_j^k(x_{ij})\cdot w_j \tag{13-5}$$

其中 $f_j^k(x_{ij})$ 为 j 指标 k 子类可能度函数，w_j 为指标 j 在综合聚类中的权重。

第七步，由 $\max\limits_{1\leqslant k\leqslant s}\{\sigma_i^k\}=\sigma_i^{k^*}$，判断对象 i 属于灰类 k^*；当有多个对象同属于 k^* 灰类时，还可以进一步根据综合聚类系数的大小确定同属于 k^* 灰类之各个对象的优劣或位次。

二、基于中心点混合可能度函数的灰色聚类决策模型

基于中心点混合可能度函数的灰色聚类决策模型适用于较易判断最可能属于各灰类的点，但各灰类边界不清晰的情形。

我们将属于某灰类程度最大的点称为该灰类的中心点。基于中心点混合可能度函数的灰色决策模型的建模步骤如下：

第一步，对于指标 j，设其取值范围为 $[a_j,b_j]$.按照评估要求所需划分的灰类数 s，分别确定灰类 1、灰类 s 的转折点 λ_j^1，λ_j^s 和灰类 $k(k\in\{2,3,\cdots,s-1\})$ 的中心点 $\lambda_j^2,\lambda_j^3,\cdots,\lambda_j^{s-1}$；

第二步，对于灰类 1 和灰类 s，构造相应的下限测度可能度函数 $f_j^1[-,-,\lambda_j^1,\lambda_j^2]$ 和上限测度可能度函数 $f_j^s[\lambda_j^{s-1},\lambda_j^s,-,-]$。

设 x 为指标 j 的一个观测值，当 $x\in[a_j,\lambda_j^2]$ 或 $x\in[\lambda_j^{s-1},b_j]$ 时，可分别由公式

$$f_j^1(x)=\begin{cases}0, & x\notin[a_j,\lambda_j^2]\\ 1, & x\in[a_j,\lambda_j^1]\\ \dfrac{\lambda_j^2-x}{\lambda_j^2-\lambda_j^1}, & x\in[\lambda_j^1,\lambda_j^2]\end{cases} \tag{13-6}$$

或

$$f_j^s(x)=\begin{cases}0, & x\notin[\lambda_j^{s-1},b_j]\\ \dfrac{x-\lambda_j^{s-1}}{\lambda_j^s-\lambda_j^{s-1}}, & x\in[\lambda_j^{s-1},\lambda_j^s]\\ 1, & x\in[\lambda_j^s,b_j]\end{cases} \tag{13-7}$$

计算出其属于灰类 1 和灰类 s 的可能度值 $f_j^1(x)$ 或 $f_j^s(x)$。

第三步，对于灰类 $k(k\in\{2,3,\cdots,s-1\})$，同时连接点 $(\lambda_j^k,1)$ 与灰类 $k-1$ 的中心点 $(\lambda_j^{k-1},0)$（或灰类 1 的转折点 $(\lambda_j^1,0)$）以及 $(\lambda_j^k,1)$ 与灰类 $k+1$ 的中心点 $(\lambda_j^{k+1},0)$（或灰类 s 的转折点 $(\lambda_j^s,0)$），得到 j 指标关于灰类 k 的三角可能度函数 $f_j^k[\lambda_j^{k-1},\lambda_j^k,-,\lambda_j^{k+1}],j=1,2,\cdots,m;$ $k=2,3,\cdots,s-1$（图 13-2）。

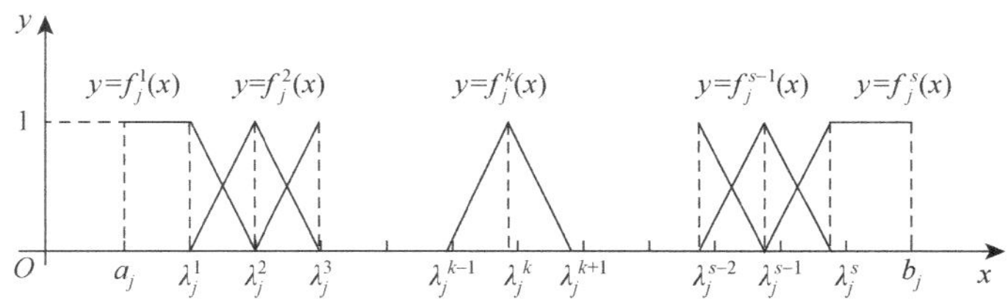

图 13-2　中心点混合可能度函数示意图

对于指标 j 的一个观测值 x，当 $k=2,3,\cdots,s-1$ 时，可由公式

$$f_j^k(x)=\begin{cases}0, & x\notin[\lambda_j^{k-1},\lambda_j^{k+1}]\\ \dfrac{x-\lambda_j^{k-1}}{\lambda_j^k-\lambda_j^{k-1}}, & x\in[\lambda_j^{k-1},\lambda_j^k]\\ \dfrac{\lambda_j^{k+1}-x}{\lambda_j^{k+1}-\lambda_j^k}, & x\in[\lambda_j^k,\lambda_j^{k+1}]\end{cases} \tag{13-8}$$

计算出其属于灰类 $k(k\in\{2,3,\cdots,s-1\})$ 的可能度值 $f_j^k(x)$。

第四步，确定各指标的权重 $w_j,j=1,2,\cdots,m$。

第五步，计算对象 $i(i=1,2,\cdots,n)$ 关于灰类 $k(k=1,2,\cdots,s)$ 的聚类系数

$$\sigma_i^k=\sum_{j=1}^m f_j^k(x_{ij})\cdot w_j \tag{13-9}$$

其中 $f_j^k(x_{ij})$ 为 j 指标 k 子类可能度函数，w_j 为指标 j 在综合聚类中的权重。

第六步：由 $\max\limits_{1\leqslant k\leqslant s}\{\sigma_i^k\}=\sigma_i^{k^*}$，判断对象 i 属于灰类 k^*；当有多个对象同属于 k^* 灰类时，还可以进一步根据综合聚类系数的大小确定同属于 k^* 灰类之各个对象的优劣或位次。

第四节　多目标加权灰靶决策模型

本节首先构造出四种新型一致效果测度函数，并据此建立一种新的多目标加权灰靶决策决策模型。新模型充分考虑了目标效果值和目标效果向量中靶和脱靶两种不同情形，物理含义十分清晰，而且综合效果测度的分辨率亦得到大大提高。

一、一致效果测度函数

由于不同目标效果值的意义、量纲和性质可能各不相同，为得到具有可比性的综合效果测度，首先需要将目标效果值 $u_{ij}^{(k)}$ 化为一致效果测度。

定义 13.4.1　设 $A=\{a_1,a_2,\cdots,a_n\}$ 为事件集，$B=\{b_1,b_2,\cdots,b_m\}$ 为对策集，$S=\{s_{ij}=(a_i,b_j)\mid a_i\in A,b_j\in B\}$ 为决策方案集，

$$U^{(k)}=(u_{ij}^{(k)})=\begin{pmatrix}u_{11}^{(k)} & u_{12}^{(k)} & \cdots & u_{1m}^{(k)}\\ u_{21}^{(k)} & u_{22}^{(k)} & \cdots & u_{2m}^{(k)}\\ \vdots & \vdots & & \vdots\\ u_{n1}^{(k)} & u_{n2}^{(k)} & \cdots & u_{nm}^{(k)}\end{pmatrix}$$

为决策方案集 S 在 k（$k=1,2,\cdots,s$）目标下的效果样本矩阵，则

(1) 设 k 为效益型目标，即目标效果样本值越大越好；k 目标下的决策灰靶设为 $u_{ij}^{(k)}\in[u_{i_0j_0}^{(k)},\max\limits_i\max\limits_j\{u_{ij}^{(k)}\}]$，即 $u_{i_0j_0}^{(k)}$ 为 k 目标效果临界值，则

$$r_{ij}^{(k)}=\frac{u_{ij}^{(k)}-u_{i_0j_0}^{(k)}}{\max\limits_i\max\limits_j\{u_{ij}^{(k)}\}-u_{i_0j_0}^{(k)}}\tag{13-10}$$

称为效益型目标效果测度函数（effect measure for benefit type objective）。

(2) 设 k 为成本型目标，即目标效果样本值越小越好；k 目标下的决策灰靶设为 $u_{ij}^{(k)}\in[\min\limits_i\min\limits_j\{u_{ij}^{(k)}\},u_{i_0j_0}^{(k)}]$，即 $u_{i_0j_0}^{(k)}$ 为 k 目标效果临界值，则

$$r_{ij}^{(k)}=\frac{u_{i_0j_0}^{(k)}-u_{ij}^{(k)}}{u_{i_0j_0}^{(k)}-\min\limits_i\min\limits_j\{u_{ij}^{(k)}\}}\tag{13-11}$$

称为成本型目标效果测度函数（effect measure for cost type objective）。

(3) 设 k 为适中型目标，即目标效果样本值越接近某一适中值 A 越好；k 目标下的决策灰靶设为 $u_{ij}^{(k)}\in[A-u_{i_0j_0}^{(k)},A+u_{i_0j_0}^{(k)}]$，即 $A-u_{i_0j_0}^{(k)}$，$A+u_{i_0j_0}^{(k)}$ 分别为 k 目标下的下限效果临界值和上限效果临界值，则

(i) 当 $u_{ij}^{(k)}\in[A-u_{i_0j_0}^{(k)},A]$ 时，称

$$r_{ij}^{(k)}=\frac{u_{ij}^{(k)}-A+u_{i_0j_0}^{(k)}}{u_{i_0j_0}^{(k)}} \tag{13-12}$$

为适中型目标下限效果测度函数(lower effect measure for moderate objective)；

(ii) 当 $u_{ij}^{(k)}\in[A,A+u_{i_0j_0}^{(k)}]$ 时，称

$$r_{ij}^{(k)}=\frac{A+u_{i_0j_0}^{(k)}-u_{ij}^{(k)}}{u_{i_0j_0}^{(k)}} \tag{13-13}$$

为适中型目标上限效果测度函数(upper effect measure for moderate objective)。

效益型目标效果测度函数反映效果样本值与最大效果样本值的接近程度及其远离目标效果临界值的程度；成本型目标效果测度函数反映效果样本值与最小效果样本值的接近程度及其远离目标效果临界值的程度；适中型目标下限效果测度函数反映小于适中值 A 的效果样本值与适中值 A 的接近程度及其远离下限效果临界值的程度，适中型目标上限效果测度函数反映大于适中值 A 的效果样本值与适中值 A 的接近程度及其远离上限效果临界值的程度。

对于脱靶的情形亦可以相应分为以下四种。

(1) 效益型目标效果值小于临界值 $u_{i_0j_0}^{(k)}$，即 $u_{ij}^{(k)}<u_{i_0j_0}^{(k)}$；

(2) 成本型目标效果值大于临界值 $u_{i_0j_0}^{(k)}$，即 $u_{ij}^{(k)}>u_{i_0j_0}^{(k)}$；

(3) 适中型目标效果值小于下限效果临界值 $A-u_{i_0j_0}^{(k)}$，即 $u_{ij}^{(k)}<A-u_{i_0j_0}^{(k)}$；

(4) 适中型目标效果值大于上限效果临界值 $A+u_{i_0j_0}^{(k)}$，即 $u_{ij}^{(k)}>A+u_{i_0j_0}^{(k)}$。

为使各类目标效果测度满足规范性，即

$$r_{ij}^{(k)}\in[-1,1]$$

对于效益型目标，不妨设 $u_{ij}^{(k)}\geqslant-\max\limits_i\max\limits_j\{u_{ij}^{(k)}\}+2u_{i_0j_0}^{(k)}$；

对于成本型目标，不妨设 $u_{ij}^{(k)}\leqslant-\min\limits_i\min\limits_j\{u_{ij}^{(k)}\}+2u_{i_0j_0}^{(k)}$；

对于适中型目标效果值小于下限效果临界值 $A-u_{i_0j_0}^{(k)}$ 的情形，不妨设

$$u_{ij}^{(k)}\geqslant A-2u_{i_0j_0}^{(k)}$$

对于适中型目标效果值大于上限效果临界值 $A+u_{i_0j_0}^{(k)}$ 的情形，不妨设

$$u_{ij}^{(k)}\leqslant A+2u_{i_0j_0}^{(k)}$$

由此可得如下的命题。

命题 13.4.1　定义 13.4.1 中给出的目标效果测度函数

$$r_{ij}^{(k)}\quad(i=1,2,\cdots,n;j=1,2,\cdots,m;k=1,2,\cdots,s)$$

满足以下条件：

(1) $r_{ij}^{(k)}$ 无量纲；

(2) 效果越理想，$r_{ij}^{(k)}$ 越大；

(3) $r_{ij}^{(k)}\in\left[-1,1\right]$。

在 k 目标效果值中靶情形，$r_{ij}^{(k)} \in [0,1]$；在 k 目标效果值脱靶情形，$r_{ij}^{(k)} \in [-1,0]$。

定义 13.4.2　效益型目标效果测度函数、成本型目标效果测度函数、适中型目标下限效果测度函数、适中型目标上限效果测度函数 $r_{ij}^{(k)}$（$i=1,2,\cdots,n; j=1,2,\cdots,m; k=1,2,\cdots,s$）通称为一致效果测度函数(uniform effect measure)。

一致效果测度函数反映了各个目标实现或偏离的程度。对于效益型目标，即希望效果样本值“越大越好”“越多越好”这一类的目标，可采用效益型目标效果测度函数表达目标实现或偏离的程度；对于成本型目标，即希望效果样本值“越小越好”“越少越好”这一类的目标，可采用成本型目标效果测度函数表达目标实现或偏离的程度；对于适中型目标，即希望效果样本值“既不太大又不太小”“既不太多又不太少”这一类的目标，对于小于设定适中值的效果样本值，可采用适中型目标下限效果测度函数表达目标实现或偏离的程度；对于大于设定适中值的效果样本值，可采用适中型目标上限效果测度函数表达目标实现或偏离的程度。

二、综合效果测度函数

定义 13.4.3　设 $\eta_k(k=1,2,\cdots,s)$ 为目标 k 的决策权，$\sum_{k=1}^{s}\eta_k=1$，称

$$R^{(k)}=(r_{ij}^{(k)})=\begin{pmatrix} r_{11}^{(k)} & r_{12}^{(k)} & \cdots & r_{1m}^{(k)} \\ r_{21}^{(k)} & r_{22}^{(k)} & \cdots & r_{2m}^{(k)} \\ \vdots & \vdots & & \vdots \\ r_{n1}^{(k)} & r_{n2}^{(k)} & \cdots & r_{nm}^{(k)} \end{pmatrix}$$

为决策方案集 S 在 k 目标下的一致效果测度矩阵，则对于 $s_{ij}\in S$，称

$$r_{ij}=\sum_{k=1}^{s}\eta_k\cdot r_{ij}^{(k)} \tag{13-14}$$

为决策方案 s_{ij} 的综合效果测度函数，并称

$$R=(r_{ij})=\begin{pmatrix} r_{11} & r_{12} & \cdots & r_{1m} \\ r_{21} & r_{22} & \cdots & r_{2m} \\ \vdots & \vdots & & \vdots \\ r_{n1} & r_{n2} & \cdots & r_{nm} \end{pmatrix}$$

为综合效果测度矩阵(synthetic effect measure matrix)。

命题 13.4.2　由式(13-14)得到的综合效果测度 $r_{ij}(i=1,2,\cdots,n; j=1,2,\cdots,m)$ 满足以下条件：

(1) r_{ij} 无量纲；

(2) 效果越理想，r_{ij} 越大；

(3) $r_{ij}\in[-1,1]$。

综合效果测度 $r_{ij}\in[0,1]$ 属于中靶情形，综合效果测度 $r_{ij}\in[-1,0]$ 属于脱靶情形；在中靶情形，我们还可以通过比较综合效果测度 $r_{ij}(i=1,2,\cdots,n; j=1,2,\cdots,m)$ 数值的大小判断事

件 a_i（$i=1,2,\cdots,m$）、对策 b_j（$j=1,2,\cdots,n$）和决策方案 $s_{ij}(i=1,2,\cdots,n;j=1,2,\cdots,m)$ 的优劣。

三、多目标加权灰靶决策模型的算法步骤

定义 13.4.4　(1) 若 $\max\limits_{1\leqslant j\leqslant m}\{r_{ij}\}=r_{ij_0}$，则称 b_{j_0} 为事件 a_i 的最优对策；

(2) 若 $\max\limits_{1\leqslant i\leqslant n}\{r_{ij}\}=r_{i_0 j}$，则称 a_{i_0} 为与对策 b_j 相对应的最优事件；

(3) 若 $\max\limits_{1\leqslant i\leqslant n}\max\limits_{1\leqslant j\leqslant m}\{r_{ij}\}=r_{i_0 j_0}$，则称 $s_{i_0 j_0}$ 为最优方案。

多目标加权灰靶决策模型的算法步骤如下。

第一步，根据事件集 $A=\{a_1,a_2,\cdots,a_n\}$ 和对策集 $B=\{b_1,b_2,\cdots,b_m\}$ 构造决策方案集 $S=\{s_{ij}=(a_i,b_j)\mid a_i\in A,b_j\in B\}$；

第二步，确定决策目标 $k=1,2,\cdots,s$；

第三步，确定各目标的决策权 $\eta_1,\eta_2,\cdots,\eta_s$；

第四步，对目标 $k=1,2,\cdots,s$，求相应的目标效果样本矩阵

$$U^{(k)}=(u_{ij}^{(k)})=\begin{pmatrix} u_{11}^{(k)} & u_{12}^{(k)} & \cdots & u_{1m}^{(k)} \\ u_{21}^{(k)} & u_{22}^{(k)} & \cdots & u_{2m}^{(k)} \\ \vdots & \vdots & & \vdots \\ u_{n1}^{(k)} & u_{n2}^{(k)} & \cdots & u_{nm}^{(k)} \end{pmatrix}$$

第五步，设定目标效果临界值；

第六步，求 k 目标下一致效果测度矩阵

$$R^{(k)}=(r_{ij}^{(k)})=\begin{pmatrix} r_{11}^{(k)} & r_{12}^{(k)} & \cdots & r_{1m}^{(k)} \\ r_{21}^{(k)} & r_{22}^{(k)} & \cdots & r_{2m}^{(k)} \\ \vdots & \vdots & & \vdots \\ r_{n1}^{(k)} & r_{n2}^{(k)} & \cdots & r_{nm}^{(k)} \end{pmatrix}$$

第七步，由 $r_{ij}=\sum\limits_{k=1}^{s}\eta_k\cdot r_{ij}^{(k)}$ 计算综合效果测度矩阵

$$R=(r_{ij})=\begin{pmatrix} r_{11} & r_{12} & \cdots & r_{1m} \\ r_{21} & r_{22} & \cdots & r_{2m} \\ \vdots & \vdots & & \vdots \\ r_{n1} & r_{n2} & \cdots & r_{nm} \end{pmatrix}$$

第八步，按照定义 13.4.4 确定最优对策 b_{j_0} 或最优决策方案 $s_{i_0 j_0}$。

例 13.4.1　商用大型飞机某关键组件国际供应商选择决策。

我国商用大型飞机项目采用的“主制造商-供应商”管理模式，大量关键组件需要国际供应商的协作与配合。因此，供应商选择决策的科学性是直接关系到项目成败的关键环节。作为复杂产品制造过程中的典型决策问题，供应商选择通常通过“招投标”的方式完成。一般由主制造商提出明确要求，各家供应商根据主制造商的要求制订投标方案，然后主制造商对各供应商提交的方案进行综合比较，选择最优方案，签订采购合同书。影响供应商选择决策的因素十分复杂，为实现科学决策，需要对各种因素进行综合分析。

在商用大型飞机某关键组件国际供应商选择决策中，首轮有三家国际供应商入围。

第一步，建立事件集、对策集及决策方案集。我们将商用大型飞机某关键组件国际供应商选择决策作为事件 a_1，事件集 $A=\{a_1\}$。选择供应商 1、供应商 2 和供应商 3 分别作为对策 b_1，b_2，b_3，对策集 $B=\{b_1,b_2,b_3\}$。由事件集 A 和对策集 B 构造决策方案

$$\begin{aligned}S&=\left\{s_{ij}=(a_i,b_j)\middle|a_i\in A,b_j\in B,i=1;j=1,2,3\right\}\\&=\{s_{11},s_{12},s_{13}\}\end{aligned}$$

第二步，确定决策目标。通过 3 轮专家调查，确定了以下 5 个决策目标：质量、价格、交货期、设计方案、竞争力。

其中竞争力、质量、设计方案为定性目标，需要通过专家打分的办法进行评价，评价分值越大越好，均为效益型指标；价格越低越好，属于成本型指标；交货期属于适中型指标。

第三步，确定各目标的决策权。本章采用 AHP 方法确定各个目标及相应指标的决策权如表 13-1 所示。

表 13-1　某关键组件国际供应商选择决策评价目标体系

评价目标	质量	价格	交货期	设计方案	竞争力
单位	定性	百万美元	月	定性	定性
序号	1	2	3	4	5
权重	0.25	0.22	0.18	0.18	0.17

第四步，求各目标的效果样本向量

$$U^{(1)}=(9.5,9.4,9),\quad U^{(2)}=(14.2,15.1,13.9),\quad U^{(3)}=(15.5,17.5,19)$$

$$U^{(4)}=(9.6,9.3,9.4),\quad U^{(5)}=(9.5,9.7,9.2)$$

第五步，设定目标效果临界值。

竞争力、质量、设计方案 3 个同类效益型指标的临界值取为 $u_{i_0j_0}^{(k)}=9,k=1,4,5$；价格指标的临界值取为 $u_{i_0j_0}^{(2)}=15$；交货期属于适中型指标，主制造商计划交货期为 16 个月，容忍限为 2 个月，即 $u_{i_0j_0}^{(3)}=2$，下限效果临界值为 16−2=14，上限效果临界值为 16+2=18。

第六步，求一致效果测度向量。竞争力、质量、设计方案三个定性分值目标采用效益型目标效果测度；价格目标采用成本型目标效果测度；交货期为适中型目标。对相应目标分别采用定义 13.4.1 中给出的效益型目标效果测度、成本型目标效果测度、适中型目标下限效果测度、适中型目标上限效果测度，可得一致效果测度向量如下。

$$R^{(1)}=(1,0.8,0),\quad R^{(2)}=(0.73,-0.09,1),\quad R^{(3)}=(0.75,0.25,-0.5)$$

$$R^{(4)}=(1,0.5,0.67),\quad R^{(5)}=(0.71,1,0.29)$$

第七步，由 $r_{ij}=\sum_{k=1}^{5}\eta_k\cdot r_{ij}^{(k)}$ 得综合效果测度向量

$$R=(r_{11},r_{12},r_{13})$$
$$=(0.8463,0.4852,0.2999)$$

第八步，决策。

由于 $r_{11}>0,r_{12}>0,r_{13}>0$，三家供应商均中靶，说明初选这三家供应商入围是合理的。再由 $\max\limits_{1\leqslant j\leqslant 3}\{r_{1j}\}=r_{11}=0.8463$，故最终选择供应商 1 谈判、签约。

第五节　两阶段灰色决策模型

本节将首先给出聚核权向量组和聚核加权决策系数向量的定义，给出几种实用的聚核权向量组，并基于聚核权向量组和聚核加权决策系数向量构建“最大值准则”决策悖论求解模型。最后以英国高等学校科学研究卓越框架(research excellence framework，REF)为例说明“最大值准则”决策悖论求解模型的实际应用。

一、聚核权向量组的定义

由于灰色聚类系数向量 σ_i 通常不是归一向量，因而相互之间不能进行比较，因此，需要首先对灰色聚类系数向量归一化。

定义 13.5.1　令 $\delta_i^k=\dfrac{\sigma_i^k}{\sum\limits_{k=1}^{s}\sigma_i^k}$，称 δ_i^k 为决策对象 i 属于灰类 k 的归一化灰色聚类系数。

显然，$\delta_i^k(k=1,2,\cdots,s)$ 满足 $\sum\limits_{i=1}^{s}\sigma_i^k=1$。

定义 13.5.2　称 $\delta_i=(\delta_i^1,\delta_i^2,\cdots,\delta_i^s)(i=1,2,\cdots,n)$ 为决策对象 i 的归一化灰色聚类系数向量。

灰色聚类评估结果的不确定性表现在灰色聚类系数向量各分量 $\sigma_i^k(k=1,2,\cdots,s)$ 或对应的归一化聚类系数向量各分量 $\delta_i^k(k=1,2,\cdots,s)$ 取值的接近性上。σ_i 或 δ_i 之各分量取值差异越小，评估结论就越不确定。以下关于归一化灰色聚类系数向量 δ_i 的结论对 σ_i 同样适用。故将“归一化”略去。

定义 13.5.3　若 $\max\limits_{1\leqslant k\leqslant s}\{\delta_i^k\}=\delta_i^{k^*}$，则称 $\delta_i^{k^*}$ 为灰色聚类系数向量 δ_i 的最大分量(the maximum component)。

当灰色综合聚类系数向量 δ_i 之最大分量的值明显大于其余各分量的值时，根据“最大值准则”易于得到可靠的决策结论。而当灰色综合聚类系数向量 δ_i 之最大分量取值与其他分量取值区分度很低，且按照“最大值准则”作出的决策与对决策系数向量进行整体评估所得的结论冲突时，即发生“最大值准则”决策悖论。

“最大值准则”决策悖论求解的基本思路是运用聚核权向量组将聚类系数向量 δ_i 中 k 分量 δ_i^k 前后的若干个分量所包含的支持对象 i 归入灰类 k 的信息聚集到分量 k 处，从而获得一个融合了相邻分量支撑因素的新的决策系数向量。

聚核权向量组的一般形式如定义 13.5.4 所示。

定义 13.5.4　设有 s 个不同的决策类别，实数 $w_k \geqslant 0, k=1,2,\cdots,s$, 令

$$\eta_1 = \frac{1}{\sum_{k=1}^{s} w_k}(w_s, w_{s-1}, w_{s-2}, \cdots, w_1)$$

$$\eta_2 = \frac{1}{w_{s-1} + \sum_{k=2}^{s} w_k}(w_{s-1}, w_s, w_{s-1}, w_{s-2}, \cdots, w_2)$$

$$\eta_3 = \frac{1}{w_{s-1} + w_{s-2} + \sum_{k=3}^{s} w_k}(w_{s-2}, w_{s-1}, w_s, w_{s-1}, \cdots, w_3)$$

……

$$\eta_k = \frac{1}{\sum_{i=s-k+1}^{s-1} w_i + \sum_{i=k}^{s} w_i}(w_{s-k+1}, w_{s-k+2}, \cdots, w_{s-1}, w_s, w_{s-1}, \cdots, w_k)$$

……

$$\eta_{s-1} = \frac{1}{w_{s-1} + \sum_{k=2}^{s} w_k}(w_2, w_3, \cdots, w_{s-1}, w_s, w_{s-1})$$

$$\eta_s = \frac{1}{\sum_{k=1}^{s} w_k}(w_1, w_2, w_3, \cdots, w_{s-1}, w_s)$$

称 $\eta_k(k=1,2,\cdots,s)$ 为一个聚核权向量组(weight vector group of kernel clustering)，其中 η_k 称为关于灰类 k 的聚核权向量(weight vector of kernel clustering)。

聚核权向量组 $\eta_k(k=1,2,\cdots,s)$ 中的 s 个聚核权向量 $\eta_k=(\eta_k^1,\eta_k^2,\cdots,\eta_k^s)(k=1,2,\cdots,s)$ 均由数乘向量构成，其中数乘因子的作用是保证每个聚核权向量 $\eta_k(k=1,2,\cdots,s)$ 为归一化向量。向量部分的第 k 个分量为 w_s，是 $\eta_k(k=1,2,\cdots,s)$ 的最大分量，以 w_s 为中心，其两侧的分量取值依次递减，体现了第 k 个分量对决策对象属于类别 k 的贡献或支持度最大，因此被赋予最大的权重 w_s。其他各分量的值则按“与第 k 个分量距离越近的分量对决策对象属于类别 k 的贡献或支持度越大，因而被赋予较大的权重；与第 k 个分量距离越远的分量对决策对象属于类别 k 的贡献或支持度越小，因而被赋予较小的权重”的原则设定。

聚核权向量的作用就是将聚类系数向量 δ_i 中核 δ_i^k 前后的若干个分量所包含的支持对象 i 归入灰类 k 的信息聚集到分量 k 处，所得结果融合了与 δ_i^k 相邻的分量关于对象 i 归入灰类 k 的支持信息，这时对经过聚核权向量组作用后所得新的决策系数向量进行整体评估所得的结论与按照“最大值准则”作出的决策完全一致。

二、聚核加权决策系数向量与两阶段决策模型

定义 13.5.5　设有 n 个决策对象，s 个不同的决策类别，δ_i 为灰色综合聚类系数向量，$\eta_k(k=1,2,\cdots,s)$ 为关于灰类 k 的聚核权向量，则称 $\omega_i^k=\eta_k\cdot\delta_i^{\mathrm{T}}(k=1,2,\cdots,s)$ 为对象 i 关于灰类 k 的聚核加权决策系数(weighted coefficient of kernel clustering for decision-making)。

并称

$$\omega_i=(\omega_i^1,\omega_i^2,\cdots,\omega_i^s),\quad i=1,2,\cdots,n$$

为对象 i 的聚核加权决策系数向量(weighted coefficient vector of kernel clustering for decision-making)。

聚核加权决策系数 $\omega_i^k=\eta_k\cdot\delta_i^{\mathrm{T}}(k=1,2,\cdots,s)$ 中融合了聚类系数向量 δ_i 中分量 δ_i^k 前后的若干个分量所包含的支持对象 i 归入灰类 k 的信息，因此对聚核加权决策系数向量 $\omega_i=(\omega_i^1,\omega_i^2,\cdots,\omega_i^s),i=1,2,\cdots,n$ 进行整体评估所得的结论与按照“最大值准则”作出的决策能够保持一致。

据此，我们可以得到两阶段决策模型的建模步骤如下。

第一阶段

第一步，按照综合评价要求划分的灰类数 s，分别确定灰类 1、灰类 s 的转折点 λ_j^1，λ_j^s 和灰类 $k(k\in\{2,3,\cdots,s-1\})$ 的中心点 $\lambda_j^2,\lambda_j^3,\cdots,\lambda_j^{s-1}$；设定 j 指标 k 子类可能度函数 $f_j^k(*)(j=1,2,\cdots,m;k=1,2,\cdots,s)$。

其中灰类 1 和灰类 s 的可能度函数分别取为下限测度可能度函数 $f_j^1[-,-,\lambda_j^1,\lambda_j^2]$ 和上限测度可能度函数 $f_j^s[\lambda_j^{s-1},\lambda_j^s,-,-]$，灰类 $k(k\in\{2,3,\cdots,s-1\})$ 的可能度函数均取为三角可能度函数。

第二步，确定每个指标的聚类权 $w_j,j=1,2,\cdots,m$。

第三步，计算对象 i 关于灰类 k 的灰色聚类系数

$$\sigma_i^k=\sum_{j=1}^m f_j^k(x_{ij})w_j$$

其中 $f_j^k(x_{ij})$ 为对象 i 在指标 j 下属于灰类 k 的可能度函数，w_j 为指标 j 在灰色评估决策中的权重。

第四步，计算决策对象 i 属于灰类 k 的单位化灰色聚类系数 δ_i^k，其中

$$\delta_i^k=\frac{\sigma_i^k}{\sum_{k=1}^s\sigma_i^k}$$

第五步，由 $\max_{1\leqslant k\leqslant s}\{\delta_i^k\}=\delta_i^{k^*}$，若最大分量 $\delta_i^{k^*}$ 的值明显大于其余各分量的值，则判定对象 i 属于 k^* 灰类。运算终止；否则转向第六步。

第六步，若最大分量 $\delta_i^{k^*}$ 取值与其他分量取值区分度很低，且按照“最大值准则”作出的决策与对决策系数向量进行整体评估所得的结论冲突，发生“最大值准则”决策悖论，则转向第七步。

第二阶段

第七步，确定聚核权向量组 $(\eta_1,\eta_2,\cdots,\eta_s)$；

第八步，计算决策对象 i 关于灰类 k 的聚核加权决策系数向量

$$\omega_i=(\omega_i^1,\omega_i^2,\cdots,\omega_i^s),\quad i=1,2,\cdots,n$$

第九步，由 $\max\limits_{1\leqslant k\leqslant s}\{\omega_i^k\}=\omega_i^{k^*}$ ，判定对象 i 属于 k^* 灰类。

三、实用聚核权向量组的构造

命题 13.5.1　设

$$\eta_1=\frac{2}{s(s+1)}(s,s-1,s-2,\cdots,1)$$

$$\eta_2=\left(\frac{1}{\frac{s(s+1)}{2}+(s-2)}\right)(s-1,s,s-1,s-2,\cdots,2)$$

$$\eta_3=\left(\frac{1}{\frac{s(s+1)}{2}+(2s-6)}\right)(s-2,s-1,s,s-1,\cdots,3)$$

……

$$\eta_k=\left\{\frac{1}{\frac{s(s+1)}{2}+\left[(k-1)s-\frac{k(k-1)}{2}\right]}\right\}(s-k+1,s-k+2,\cdots,s-1,s,s-1,\cdots,k)$$

……

$$\eta_{s-1}=\frac{2}{\frac{s(s+1)}{2}+(s-2)}(2,3,\cdots,s-1,s,s-1)$$

$$\eta_s=\frac{2}{s(s+1)}(1,2,3,\cdots,s-1,s)$$

则 $\eta_k\,(k=1,2,\cdots,s)$ 为一个聚核权向量组。

命题 13.5.2　设

$$\eta_1=\frac{1}{\sum\limits_{k=1}^{s}\frac{1}{k}}\left(1,\frac{1}{2},\frac{1}{3},\cdots,\frac{1}{s-1},\frac{1}{s}\right)$$

$$\eta_2=\left(\frac{1}{\frac{1}{2}+\sum\limits_{k=1}^{s-1}\frac{1}{k}}\right)\left(\frac{1}{2},1,\frac{1}{2},\frac{1}{3},\cdots,\frac{1}{s-1}\right)$$

$$\eta_3=\left(\frac{1}{\frac{5}{6}+\sum\limits_{k=1}^{s-2}\frac{1}{k}}\right)\left(\frac{1}{3},\frac{1}{2},1,\frac{1}{2},\cdots,\frac{1}{s-2}\right)$$

$$\eta_k=\left\{\frac{1}{\sum\limits_{i=2}^{k}\frac{1}{i}+\sum\limits_{i=1}^{s-k+1}\frac{1}{i}}\right\}\left(\frac{1}{k},\frac{1}{k-1},\cdots,\frac{1}{2},1,\frac{1}{2},\cdots,\frac{1}{s-k+1}\right)$$

……

$$\eta_{s-1}=\frac{1}{\frac{1}{2}+\sum_{k=1}^{s-1}\frac{1}{k}}\left(\frac{1}{s-1},\frac{1}{s-2},\cdots,\frac{1}{2},1,\frac{1}{2}\right)$$

$$\eta_s=\frac{1}{\sum_{k=1}^{s}\frac{1}{k}}\left(\frac{1}{s},\frac{1}{s-1},\cdots,\frac{1}{3},\frac{1}{2},1\right)$$

则 $\eta_k(k=1,2,\cdots,s)$ 为一个聚核权向量组。

命题 13.5.3　对于 $s=10$ 的情形，设

$$\eta_1=\frac{1}{5.5}(1,0.9,0.8,0.7,\cdots,0.1)$$

$$\eta_2=\frac{1}{6.3}(0.9,1,0.9,0.8,\cdots,0.2)$$

$$\eta_3=\frac{1}{6.9}(0.8,0.9,1,0.9,\cdots,0.3)$$

……

$$\eta_k=\frac{1}{1+\sum_{i=1}^{k}0.(10-i)+\sum_{i=k}^{9}0.i}(0.(10-k),0.8,0.9,1,0.9,\cdots,0.k)$$

……

$$\eta_9=\frac{1}{6.3}(0.2,\cdots,0.8,0.9,1,0.9)$$

$$\eta_{10}=\frac{1}{5.5}(0.1,\cdots,0.7,0.8,0.9,1)$$

则 $\eta_k(k=1,2,\cdots,10)$ 为一个聚核权向量组。

显然，对于任意正整数 s，当 $s<10$ 时，我们可以仿照命题 13.5.3 构造出不同的聚核权向量组。

例 13.5.1　此处以英国高等学校科学研究卓越框架(REF)为例说明“最大值准则”决策悖论及其求解过程。

REF 评价结果分为四个星(等)级。最高为四星级(世界领先，world-leading)，其次为三星级(国际优秀，internationally excellent)，再次为二星级(国际认可，internationally recognised)，最后为一星级(全国认可，nationally recognised)，另外还有一个 U 级为未评定星级的情况。

REF 有三个评估指标：研究产出质量、非学术界影响与研究环境。上述三个要素中研究产出质量的权重最大，占 65%，非学术影响的权重为 20%，研究环境的权重为 15%。最终评估结果按照研究产出质量、学术界之外影响与研究环境三个指标的评价结果计算加权平均值，然后再经过四舍五入取整数。REF 最终发布的评估结果是各参评单元(UOA)不同星级成果所占的比例。

如果要根据各参评单元不同星级成果所占的比例评定各参评单元成果的综合星级，则属于综合聚类问题。

设第 i 个参评单元的评价结果向量

$$\delta_i=(\delta_i^1,\delta_i^2,\delta_i^3,\delta_i^4,\delta_i^5)=(0.68,0.21,0.06,0.05,0)$$

其中 δ_i^1 为第 i 个参评单元四星级成果所占的比例，δ_i^2 为三星级成果所占的比例，δ_i^3 为二星级成果所占的比例，δ_i^4 为一星级成果所占的比例，δ_i^5 为未评定星级的成果所占的比例。

由 $\max\limits_{1\leqslant k\leqslant 5}\{\delta_i^k\}=0.68=\delta_i^1$，因最大分量 $\delta_i^1=0.68$ 与其他各分量的值差异显著，可以认为第 i 个参评单元提交的成果总体上属于四星级。

若第 j 个参评单元的评价结果向量

$$\delta_j=(\delta_j^1,\delta_j^2,\delta_j^3,\delta_j^4,\delta_j^5)=(0.12,0.38,0.40,0.10,0)$$

虽然由 $\max\limits_{1\leqslant k\leqslant 5}\{\delta_j^k\}=0.40=\delta_j^3$，可以得到最大分量 $\delta_j^3=0.40$，但 $\delta_j^2=0.38$ 与 $\delta_j^3=0.40$ 差异不明显，同时再考虑到 δ_j^1=0.12，数值也比较大，此时要判定第 j 个参评单元提交的成果总体上属于二星级似乎依据不够充分。即产生了“最大值准则”决策悖论。这时可以采用聚核权向量组对 δ_j 各分量的值进行综合。因 δ_j^1=0.12, δ_j^4=0.10, δ_j^5=0，很明显，第 j 个参评单元提交的成果不属于四星级、一星级和不授予星级的情形。

采用命题 13.5.1 中给出的聚核权向量组。由 $s=5$，可得

$$\eta_1=\frac{1}{15}(5,4,3,2,1),\quad \eta_2=\frac{1}{18}(4,5,4,3,2),\quad \eta_3=\frac{1}{19}(3,4,5,4,3)$$

$$\eta_4=\frac{1}{18}(2,3,4,5,4),\quad \eta_5=\frac{1}{15}(1,2,3,4,5)$$

再由 $\omega_j^k=\eta_k\cdot\delta_j^{\mathrm{T}}$，得

$$\omega_j^1=\eta_1\cdot\delta_j^{\mathrm{T}}=\frac{1}{15}(5,4,3,2,1)\times(0.12,0.38,0.40,0.10,0)^{\mathrm{T}}=0.23$$

$$\omega_j^2=\eta_2\cdot\delta_j^{\mathrm{T}}=\frac{1}{18}(4,5,4,3,2)\times(0.12,0.38,0.40,0.10,0)^{\mathrm{T}}=0.24$$

$$\omega_j^3=\eta_3\cdot\delta_j^{\mathrm{T}}=\frac{1}{19}(3,4,5,4,3)\times(0.12,0.38,0.40,0.10,0)^{\mathrm{T}}=0.22$$

$$\omega_j^4=\eta_4\cdot\delta_j^{\mathrm{T}}=\frac{1}{18}(2,3,4,5,4)\times(0.12,0.38,0.40,0.10,0)^{\mathrm{T}}=0.19$$

$$\omega_j^5=\eta_5\cdot\delta_j^{\mathrm{T}}=\frac{1}{15}(1,2,3,4,5)\times(0.12,0.38,0.40,0.10,0)^{\mathrm{T}}=0.16$$

$$\omega_j=(\omega_j^1,\omega_j^2,\omega_j^3,\omega_j^4,\omega_j^5)=(0.23,0.24,0.22,0.19,0.16)$$

由 $\max\limits_{1\leqslant k\leqslant 5}\{\omega_j^k\}=0.24=\delta_j^2$ 可知，从整体上考察，第 j 个参评单元属于三星级。此时 $\omega_j^3=0.22$ 已不是 ω_j 的最大分量，即从整体上考察，第 j 个参评单元不属于二星级。

如果采用命题 13.5.2 或命题 13.5.3 给出的聚核权向量组或者其他类型的聚核权向量组，也可以得到相同的结论。

两阶段决策模型将聚类系数向量 δ_i 视为一个整体进行综合考察，借助于聚核权向量组解决了决策系数向量最大分量取值与其他分量区分度很低，且按照“最大值准则”作出的决策与对决策系数向量进行整体评估所得的结论冲突时，即产生“最大值准则”决策悖论

情形的综合决策问题。在 REF 评估实例中我们曾尝试运用多种不同的聚核权向量组对聚类系数向量 δ_i 中其他分量所包含的支持对象 i 归入灰类 k 的信息进行融合，发现由不同聚核权向量组所得聚核加权决策系数向量的最大分量保持不变。聚核权向量组作为破解“最大值准则”决策悖论的重要工具，关于其性质及其作用特点，以及各种新型实用聚核权向量组的构造及适用情形等，皆属于有待进一步深入研究的重要课题。

习题与思考题

一、选择题

1. 下列决策四要素中，哪个是进行决策的起点。（　　）

A. 目标　　B. 对策　　C. 事件　　D. 效果

2. 下列叙述正确的是（　　）。

A. 效益型目标效果测度函数反映效果样本值与最大效果样本值的接近程度及其远离目标效果临界值的程度

B. 效益型目标效果测度反映效果样本值与平均效果样本值的偏离程度

C. 成本型目标效果测度函数反映效果样本值与最小效果样本值的接近程度及其远离目标效果临界值的程度

D. 成本型目标效果测度反映效果样本值与平均效果样本值的偏离程度

3. 以下论述错误的是（　　）。

A. 对于效果值越大越好的目标，必须优先考虑呈衰减趋势的决策方案效果时间序列

B. 对于效果值越小越好的目标，应首先排除呈增长趋势的决策方案效果时间序列

C. 对于效果值适中为好的目标，应重点讨论呈增长趋势的决策方案效果时间序列

D. 对于效果值适中为好的目标，应重点讨论呈衰减趋势的决策方案效果时间序列

4. “最大值准则”决策悖论产生的前提是（　　）。

A. 决策系数向量各分量均衡取值　　B. 难以识别决策系数向量的最大分量

C. 决策系数向量最大分量取值与其他分量区分度很低，且按照“最大值准则”作出的决策与对决策系数向量进行整体评估所得的结论冲突

D. 决策系数向量中有两个分量的值相等

二、简答题

1. 简述灰靶决策的方法步骤。

2. 试举例说明什么是事件集、对策集以及决策方案集。

3. 什么是灰色决策以及灰色决策的四要素？

4. 什么是一致效果测度矩阵？

5. 什么是综合效果测度矩阵？

6. 何谓聚核权向量组？

三、试述聚核权向量组的特点、作用和意义。

四、计算题

设某一重大科研招标课题共有 3 份申请书通过通信评议入围，评价指标和权重信息如

表 13-2 所示，3 项申请关于不同指标的评价值如表 13-3 所示，试根据多目标灰靶决策模型确定最终中标的申请。

表 13-2　某重大科研招标课题评价指标体系

指标名称	科学意义	应用价值	创新性	方案设计	前期基础	研究队伍
权重	0.22	0.14	0.23	0.15	0.12	0.14

表 13-3　某重大科研招标课题 3 份入围申请书评价值

指标名称	科学意义	应用价值	创新性	方案设计	前期基础	研究队伍
项目 1	93	89	94	78	84	87
项目 2	85	92	90	70	81	78
项目 3	88	90	86	81	90	65

第十四章　决策支持系统

要点：

(1)决策支持系统的概念；

(2)决策支持系统的基本结构；

(3)决策支持系统的设计；

(4)决策支持系统的应用。

学习要求： 掌握决策支持系统的概念、特征和分类；掌握决策支持系统的结构并能设计简单的决策支持系统；了解大数据、商务智能同决策支持系统的关系。

第一节　决策支持系统概述

一、决策支持系统概念

面对复杂多变的外部环境，组织、个人和公众都感受到巨大的压力，迫使他们对变化的环境作出快速反应，即能够频繁、快速地在战略层、战术层、操作层做决策。而决策的制定需要处理大量结构化、非结构化的内外部数据、信息和知识。随着数据量的增加，计算日益复杂，决策支持系统应运而生。

20 世纪 70 年代早期，Scott-Morton 首先对决策支持系统的概念进行了描述。他将决策支持系统(decision support systems，DSS)定义为“基于计算机的交互式系统，可以帮助决策者使用数据及模型来解决非结构化问题”。

Keen 和 Scott-Morton 给出 DSS 的另一个经典定义：决策支持系统将个人的智力资源与计算机的功能相结合来改善决策质量。它是一种基于计算机的支持系统，协助管理决策者解决半结构化问题。

从定义可以看出，DSS 所要解决的问题是非结构化的或半结构化的。决策支持系统是一种在半结构化和非结构化的决策环境中向决策者提供支持的系统。决策支持系统是决策者的助手，它增强了决策者的决策能力，但并未取代决策者的判断力。DSS 作为一个总称，指的是企业内所有能够对决策制定工作提供支持的计算机系统。例如，一个企业可以对其营销、财务、会计、采购、生产、研发、设计等分别配备单独的决策支持系统。

在 DSS 发展的早期，管理者让员工使用 DSS 工具完成一些支持性的分析。随着信息通信技术的不断发展，一个新时代的管理者应当能对计算机应用自如，并且认识到技术可以直接帮助他们更快地制定智能的商业决策。OLAP、数据仓库、数据挖掘为核心的商业智能(BI)可以为决策支持提供强大的功能并使其可以轻松访问所需的工具、模型及数据。

二、决策支持系统的特征

决策支持系统一般具有以下特征。

1. 半结构化和非结构化

决策问题往往具有半结构化和非结构化特征，所以 DSS 也具有半结构化和非结构化特征。DSS 向决策者提供支持，主要在半结构化和非结构化环境中，将人的判断力和计算机提供的信息结合起来。如果使用其他的计算机系统或标准的定量方法或工具可以解决，如 POS 系统，则不属于决策支持系统。

2. 管理支持

向所有的管理层提供支持，包括从高层管理决策者到基层的负责人；同时 DSS 也向个人和团队提供支持。通常，来自企业不同部门和层级，甚至来自不同企业的决策者(如供应链中其他企业的决策者)共同参与解决半结构化或非结构化的问题。决策支持系统的开发可为个人和团队开展工作提供支持，也可为个人决策和团队决策提供支持，而且团队中的每个人相互独立地工作。另外，决策者在解决某一问题时，对决策过程的所有步骤拥有完全的控制权。决策支持系统的目的是向决策者提供支持，而不是替代决策者作出决定。

3. 全过程支持

DSS 为管理决策过程的所有阶段(如情报、设计、选择和实施阶段)提供支持。同时，结合实际决策问题需要，对独立的和(或)连续的决策提供支持。人们可能需要一次、多次或重复地作出决策。

4. 动态性

决策者应该敏捷、迅速地面对多变的条件，并能够调整决策支持系统，使之顺应这些变化。这要求决策支持系统是一个弹性系统，用户可以添加、删除、合并、改变或重新配置它的基本组件。

5. 易操作性

由于 DSS 的用户是不同层级的决策者，他们通常更注重于或更擅长决策，而不是 IT 的使用，加上决策的描述、决策所基于的数据的半结构化或非结构化特征，决策支持系统需要具有强大的图形功能便于人性化的展现，以及可利用自然语言进行交互的人机界面。

6. 数据复杂性

决策问题具有的非结构化和半结构化特点，造成决策支持所需要的数据来源、格式和类型都十分复杂，包括社交网络、地理信息系统、多媒体以及面向对象的数据等。

7. 灵活性

终端用户可以开发和修改简单的决策支持系统。用户可以利用联机分析处理和数据挖掘技术软件，以及数据库和数据仓库来开发较为大型的、复杂的决策支持系统。通常 DSS 系统利用模型来分析决策环境，建模功能使得我们可以在模型配置不同的环境下运用不同的方法进行实验。事实上，这些模型使得决策支持系统有别于大多数的管理信息系统。决策支持系统可以作为单机工具提供个人决策者在本地使用，也可供某一机构或供应链上的多个机构同时使用。

三、决策支持系统的分类

通常，决策支持系统的设计过程及操作和执行过程因决策支持系统的类型而不同。根据鲍尔(Power，2002)提出的一个简单的关于决策支持系统的分类方法，决策支持系统可分为以下类型：①通信驱动和群决策支持系统；②数据驱动的决策支持系统；③文件驱动的决策支持系统；④知识驱动的决策支持系统、数据挖掘技术和管理专家系统的应用程序；⑤模型驱动的决策支持系统。有些决策支持系统可归属于上述分类中的两个或两个以上的类型，它们被称为复合决策支持系统。

1. 通信驱动和群决策支持系统

群决策支持系统是指在系统环境中，多个决策参与者共同进行思想和信息的交流，群策群力，寻找一个令人满意和可行的方案，但在决策过程中只由某个特定的人作出最终决策，并对决策结果负责。通信驱动和群决策支持系统是指那些运用计算机、协作技术和通信技术，为群体决策问题提供支持。对任何一种群体工作提供支持的决策支持系统都属于这一类，包括那些对会议、协同设计甚至供应链管理提供支持的决策支持系统。在社区开发、合作中应用的知识管理系统也属于这一类型。

2. 数据驱动的决策支持系统

数据驱动的决策支持系统主要与数据有关，它将处理后的数据制成信息，决策者便可看到该信息。许多运用联机分析处理技术和数据挖掘技术开发出来的决策支持系统都属于这一类型。该类型的系统对数学模型的要求不多。在该类型下，数据仓库中的数据库对决策支持系统的结构起到至关重要的作用。早期基于数据库的决策支持系统主要利用关系型数据库的配置。基于数据库的决策支持系统具备强大的报表输出功能和查询功能。实际上这种决策支持系统属于商务智能的领域。

3. 文件驱动的决策支持系统

文件驱动的决策支持系统依靠知识编码、分析、研究和检索对决策过程提供支持。所有基于文本的决策支持系统从本质上讲都属于这一类型。大部分知识管理系统属于这一类型。这类决策支持系统对数学模型的应用也没有过多的要求。文件驱动的决策支持系统的根本目的就是为包含各类文件形式(例如，口头、书面和多媒体)的决策过程提供支持。

4. 知识驱动的决策支持系统

知识驱动的决策支持系统是具有解决特定问题专门知识的人—机系统。所有人工的、基于智能的决策支持系统从本质上讲都属于这一类型。当决策支持系统利用符号进行存储时，该系统就属于这一类型，人工神经网络和专家系统也属于这一类型。由于这些智能决策支持系统或基于智能的决策支持系统能够带来很多好处，因此许多企业都选用了这类系统。其基本思想是运用规则来使决策过程自动化。

5. 模型驱动的决策支持系统

基于一个或多个(大型或综合型)最优或类比模型开发出的决策支持系统，主要包括模型生成、模型维护、分布式计算机环境中的模型管理和 what-if 分析。许多大型的应用程序都属于这一类型。这种系统强调利用模型来优化一个或多个目标(如利润)。在决策支持系统的开发中，最常见的终端用户的决策支持系统开发工具是微软 Excel。Excel 包括多个数据包、一个线性编程包(Solver)以及很多金融和管理科学模型。

6. 复合决策支持系统

复合(或混合)决策支持系统是指上述类型中的两个或多个决策支持系统的复合体。通常，专家系统能够通过一些优化得以改进，数据驱动的决策支持系统能够为大型优化模型提供支持。数据驱动的决策支持系统将数据图形化，有时文件对于理解生成的结果起到至关重要的作用。尽管复合决策支持系统的开发仍处于初级阶段，但它将不同领域中的各种知识整合于一体。

第二节　决策支持系统的构成

一、决策支持系统的体系架构

决策支持系统的高层体系架构如图 14-1 所示，主要包括数据、模型、知识和用户界面四部分。每个所要决策的问题都需要一定的数据，数据(包括结构化、半结构化、非结构化的数据)是 DSS 的基础，是 DSS 架构的首要组成部分。这些数据可以来自于企业内部的事务处理系统(如 ERP 系统、POS 系统等)，也可以来自于企业外部。随着互联网、电子商务、社交网络的应用，来自企业外部的各种类型数据在 DSS 中越发重要。科学决策需要运用一些本书前面章节所提及的模型。这些模型是 DSS 架构的第二个组成部分。从信息系统的角度，模型可以是标准的(例如，Excel 中内置的)，也可以是自定义的。有的系统还有一个知识(或者智能)组件，这是 DSS 架构的第三部分。用户界面作为用户与 DSS 系统的沟通渠道，是 DSS 架构的第四部分。

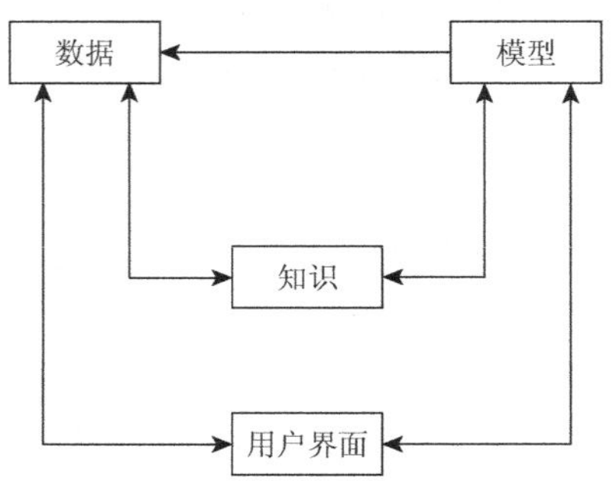

图 14-1　DSS 的高层体系架构

二、决策支持系统的组成部件

决策支持系统的应用程序由数据管理子系统、模型管理子系统、用户接口子系统和基于知识的管理子系统构成，如图 14-2 所示。

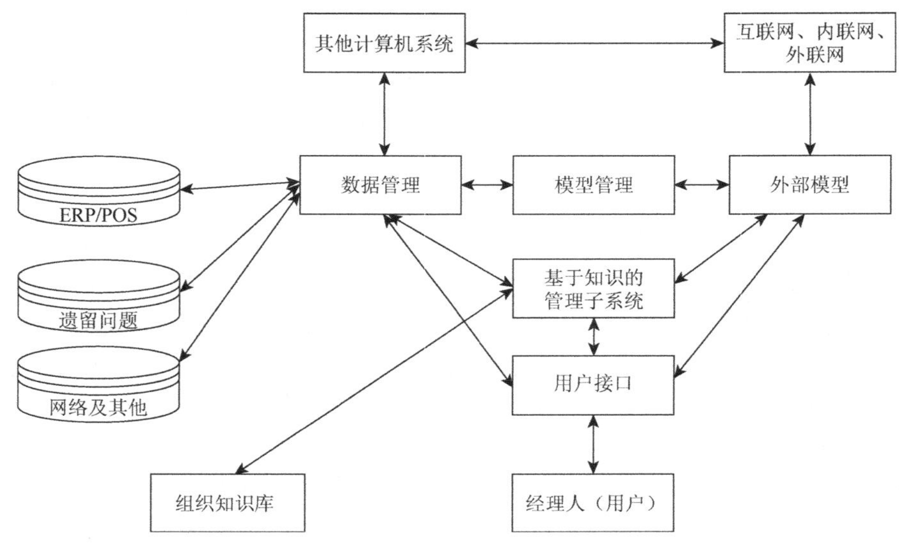

图 14-2　决策支持系统的组成

1. 数据管理子系统

数据管理子系统包括数据库，该数据库包含与环境相关的数据。并由名为数据库管理系统(database management system，DBMS)的软件所管理。该子系统能与企业数据库建立连接，而企业数据库是一个存储公司相关决策数据的仓库。这些数据通常存储在数据网络服务器上。通过该数据网络服务器可以进行数据的存取。

2. 模型管理子系统

模型管理子系统是一个软件包，包括金融学模型、管理科学模型或其他能够提供系统分析功能和适当的软件管理功能的量化模型。开发自定义模型时也需要模式化语言。这种软件通常称为模型库管理系统(model base management system，MBMS)。

3. 用户接口子系统

用户可通过用户接口子系统与决策支持系统进行信息交流，以操作决策支持系统。而且用户被视为系统的一部分。决策支持系统的一些独特的功能是从计算机和决策者的频繁互动中衍生出来的。在大多数决策支持系统中，网络浏览器提供一个熟悉的连贯的图形用户界面结构。对于本地使用的决策支持系统，电子数据表格也能提供一个熟悉的用户接口。

4. 基于知识的管理子系统

基于知识的管理子系统能支持其他任何一种子系统，也能作为一个独立组件运行，该系统为决策者提供知识信息以增强其判断，也能与企业的知识仓库、知识管理系统即组织知识库相互联系。其中网络服务器可传递知识，许多人工智能方法已在网络开发系统中实现，并能与其他的决策支持系统的组件兼容。

三、决策支持的计算机工具

多年来，人们开发出了大量工具和技术以支持管理决策的制定，其中一些工具和技术有不同的名称和定义。表 14-1 对主要的计算机工具的种类进行了总结。从表中可以看出，一方面，管理决策需要大量的计算机工具支持，涉及数据管理、业务建模分析、可视化等数据分析的主要流程环节，以及绩效管理、社交网络、知识管理等管理领域；另一方面，决策支持的计算机工具也是一个开放的集合，目前热门的机器学习等方法也有效支持科学决策。

表 14-1　决策支持的计算机工具

工具类别	工具及其缩略词
数据管理	数据库及数据库管理系统(DBMS)
	提取、转换和加载(ETL)系统
	数据仓库(DW)、实时 DW 以及数据集市
报表状态跟踪	联机分析处理(OLAP)
	经理信息系统(EIS)
可视化	地理信息系统(GIS)
	仪表盘
	信息门户
	多维展现

续表

工具类别	工具及其缩略词
业务分析	优化
	数据挖掘、网络挖掘、文本挖掘
	网络分析
战略及绩效管理	企业绩效管理(BPM)/公司绩效管理(CPM)
	业务活动监控(BAM)
	仪表盘和计分卡
沟通及合作	群决策支持系统(GDSS)
	协同信息门户及系统
社交网络	Web 2.0
知识管理	知识管理系统(KMS)
	专家定位系统
智能系统	专家系统(ES)
	人工神经网络(ANN)
	模糊逻辑
	遗传算法
	机器学习
	智能代理

第三节　决策支持系统的设计与实施

一、决策支持系统开发策略

DSS 系统弹性很大，一个简单的 DSS 系统可以几天完成；而一个复杂的 DSS 系统可能要花几年时间来设计并实现。从信息系统分析设计的角度，无论简单还是复杂的 DSS 系统，都需要遵循一定的方法。近年来，关于 DSS 开发方法的研究取得很大进展，先后出现了三十多种不同的 DSS 设计与构建方法。从开发策略上，决策支持系统开发包括自行开发、委托开发，以及购买或购买与开发相结合等。

但由于决策问题和决策方法不同，购买的系统可能不能完全适合本单位的实际需要，需要进行二次开发。自行开发可以设计出适合本单位实际需要的 DSS，但对企业的管理咨询、系统开发能力有较高的要求，且周期长、成本高。因此，选择合适的开发策略本身，也是一个需要综合考虑和决策的问题。

从自行开发程度上，也有三种不同的策略。第一是开发一个用户定制化的 DSS；第二是采用 DSS 集成开发工具；第三是利用专用的 DSS 生成器。对于复杂的 DSS 可能在项目的不同设计阶段采用不同的方法，甚至同时采用几种方法。编制用户定制化的 DSS 一般采用一种通用编程语言，如 C 语言、Java 语言。DSS 生成器是一种应用系统，最常见的 DSS 生成器，如 Excel 电子表格。采用这些生成器能够在 DSS 设计过程中减少编程量、提高效率；并且可以使用很多商业化的附加组件。有大量的 DSS 应用系统是以 DSS 生成器作为开发基础实现的。如 RISK 是一个评估可能性和风险的工具。DSS 是由相关的一组软件和硬件组成的模块，其目的是提供迅速而方便的开发 DSS 的能力。专用 DSS 实际上就是执行决策支持的系统。这些系统可以辅助开发高度结构化的专用 DSS，因此常被一些职能部门使用，如实现复杂计算功能的 SAS、用于金融分析的 Commander FDC 等。

二、决策支持系统设计

常见的 DSS 系统设计方法，如日本公司的 UNIAC 方法、美国 IBM 公司的 NUPS 方法、BSP 和 King Cleland 的信息分布法等。尽管这些方法各有侧重，但都可系统称为进化的方法，都是采用一种反复循环试探的方法。这与 MIS 自顶向下设计开发的生命周期法不同。

DSS 系统设计过程可以分为 DSS 初步设计和 DSS 详细设计两个阶段。

1. DSS 初步设计

初步设计阶段主要完成系统总体设计，进行问题分解和问题综合。对于一个复杂的决策问题，总目标比较复杂，则需要对问题进行分解，将其分解成多个子问题并进行功能分析。在系统分解的同时，对各子问题之间的关系以及它们之间的处理顺序进行问题综合设计。

对各子问题要进行模型设计。根据问题和决策需要，考虑是选用已有的模型还是建立新的模型。对于一些新问题或新需求，在选用已有的模型不能加以解决的情况下，需要重新建立模型。建立新的模型是一项比较负责的工作，需要用到管理科学的方法。

另外，还需要对各子问题进行数据设计，主要考虑：①数据提供辅助决策的需求。例如，综合数据能够使决策者建立一个总体的概念，对比数据能给决策者建立一种差距感。②为模型计算提供所需要的数据。这需要和模型设计结合起来考虑，特别是多模型的组合，模型之间的联系往往是通过数据的传递来完成的。

2. DSS 详细设计

对各子问题的详细设计包括对数据进行详细设计和对模型进行详细设计，问题综合的详细设计需要对 DSS 总体流程进行详细设计。

数据的设计包括数据文件设计和数据库设计；对于基于海量数据或大数据的 DSS，还涉及数据仓库、大数据架构的设计。

模型的详细设计包括模型算法设计和模型库设计。

三、决策支持系统实施和评价

1. 系统实施

系统实施阶段的目标是测试、评估并配置一个文档齐全且功能完善的 DSS。这个阶段包括确定并评价 DSS 到底在多大程度上满足了用户需求。这一点对于 DSS 非常重要。正如在设计阶段，为了完全挖掘并实现 DSS 的潜能，达到支持决策的目标，开发人员必须不断修改系统。在实施阶段，还要培训 DSS 用户群，使他们了解系统的功能和性能。

毕竟 DSS 系统是对用户交互有很高需求的系统。

在系统实施过程中，还要进行系统评价和系统维护。

2. 系统评价

系统评价是对一个 DSS 的性能进行估计、检查、测试、分析和评审。对 DSS 的全面评价要在系统运行一段时间后才进行。

系统评价的目的：

(1) 检查系统的目标、功能及各项指标是否满足用户的要求；

(2) 检查系统中各种资源的利用程度；

(3) 根据评审和分析的结果，找出系统的薄弱环节并提出改进意见。

系统评价的步骤：

(1) 对评价方案作出简要说明；

(2) 确定评价的指标体系；

(3) 对指标体系作出判断和评价，确定各指标的权重；

(4) 进行单项评价；

(5) 进行单项指标的综合；

(6) 进行大类指标的综合，得到系统方案的总评价值。

系统评价的指标包括经济指标、性能指标和管理指标。

经济指标包括系统费用、系统收益、投资回收期及系统后备需求的规模与费用。

性能指标包括系统平均无故障时间、联机响应时间、吞吐量或处理速度、系统利用率、可操作性、安全性、数据准确性、可扩充性、决策支持程度等。

管理指标包括管理人员对系统的态度、操作者对系统的态度，以及外部环境对系统的评价等。

需要指出的是，DSS 系统评价不同于事务处理系统的一些指标，其中有些指标，如决策支持程度、决策支持的收益等，往往很难量化。

系统评价报告既是对 DSS 开发工作的评定与总结，也是进一步进行维护工作的依据，其主要内容有：

(1) 列出系统分析时提出的系统目标、结构与功能，并与实现的 DSS 逐一进行比较，说明满意的程度；

(2) 有关的文件、任务书、参考资料；

(3) 经济指标的评价；

(4) 性能指标的评价；

(5) 管理指标的评价；

(6) 综合性评价。

3. 系统维护

系统维护是 DSS 开发过程的最后一步，也是没有终点的活动。在使用 DSS 所获得的经验的基础上必须不断重复前面的每一步，以提高 DSS 的能力。组织的 DSS 运行生命结束后，又产生新的需求，以及为满足这些需求开发出的新功能。此外，环境中技术的变化和适应这些变化的愿望。DSS 的开发是一个进化的过程，所以，DSS 的维护不仅是系统的日常维护，也发挥着发现问题的作用，为下一轮迭代和进化提供支持。

第四节　决策支持系统案例

一、背景分析

Avantas 是内布拉斯加州奥马哈的一家旨在为卫生行业提供可行策略的公司，所提供的策略旨在为这些领域提供即时的利润回报和长期的资金储备。Avantas 在没有考虑医院规模以及地理位置的情况下，在医疗机构能够提供的医疗力量和患者的需求之间构建了一种平衡。Avantas 公司与许多医疗机构合作来帮助其更好地管理医护资源。

Avantas 受一医疗集团之托来帮助解决人力资源决策方面的问题。这个客户需要决定在即将到来的流感季(患者数量暴增期)，由五家医院组成的医疗集团是否需要雇佣一些临时员工来满足人员需求。这个特定问题关注的是每家医院住院部的医护工作状况(常规配药科/外科和特殊看护科)。在流感季，医院会需要大量的医护人员，因为此时患者剧增，而且医院里的护士也可能因染上流感或者过度疲惫而无法上班，这些是导致医院人手不足的主要原因。有时，因为人手不够，医院甚至不得不将患者转至其他医院。为了针对医护资源紧缺的情况做好准备，这个医疗集团决定对需要额外雇佣的人员数量进行预测，以应对在未来几天或者几周里出现的人员紧缺状况。医护人员需求增加的状况一般是从 1 月开始，一直持续到 3 月末。这个医疗集团从上一年 10 月就开始讨论这个问题，因此有充足的时间在患者数量激增之前及时作出调整。

二、解决方案

本案例中的决策者是这个医疗集团的首席财务官、医护部门主管、科室主管和人力资源主管。他们希望能够运用一种简单易用的工具来解决这个问题。Avantas 在用 Excel 分析该问题很多次后，决定用 Planners Lab 来对这个问题进行求解。在构建 what-if 场景方面，Planners Lab 可以作为一种简单易用的分析工具替代 Excel。

为了增加医护人员，这个医疗集团中负责人力资源的工作人员已经制定了短期的招聘目标。他们必须注意的问题是，这些医护人员至少需要经过 12 周的培训才能独立地照顾病患。为此，构建的模型还考虑了人员流失率。另一个可调整的变量就是在疾病高发期的临时医护人员数量。医院可以调整这些变量的值来更好地应对即将到来的医护人员需求大增的时期。这个医疗集团需要一个能够轻松地调整这些变量，并且能够观察到决策的影响的软件工具。

由于新聘的工作人员都需要为期 12 周的培训，因此，为了将老员工和新员工的工作时间都计算在内，这个模型每两周进行一次计算。基础模型包括这个医疗集团中的每一家医院，其中一个节点表示的是医疗集团整体，另一个节点表示的是人力资源变量，还有一个节点表示的是为了解释新的招聘工作而做的调整。这个模型中的变量都是可计量的，变量包括：流感季医护人员所需的预测总体工作时间、往年流感季医护人员的总体工作时间、往年流感季额外招聘医护人员后医护人员的总体工作时间、往年流感季医护人员所需的工作时间和实际工作时间之差、往年流感季额外招聘医护人员后医护人员所需的工作时间和实际工作时间之差、需要额外招聘的医护人员数量、额外招聘医护人员后为了满足人员需求所需的医护人员总人数。

从模型的复杂程度来看，这个模型是简单明了的，几乎没有使用 Planners Lab 中那些复杂的功能。如果这个模型需要通过 Excel 来完成，那么考虑到业务和技术(比如说大量的编程)的需求，一项 30 小时的工作就会变成一项需要 160 小时才能完成的工作。因此选择使用 Planners Lab 进行建模和计算。

下面举例说明如何将这个模型用于实践，如何对这个模型进行调整，以及如何运用这个模型来分析招聘人员对于新员工数量的影响。假设有 6 名负责招聘住院部护士的员工，他们的工作是每周招入 3 名新员工，但是应聘者中只有很少的人通过面试，另外，还存在人员流失的情况。当新员工人数比人员流失人数少时，人员的空缺率就会上升，这是每一家医院都会面临的人员问题。在其他假设全部成立的情况下，实际的人员空缺率会比期望的空缺率高，这也就说明需要临时的医护人员来满足医院的人员需求。临时的医护人员包括以下几类：医院原有的护士、加班的老员工、巡诊护士，以及医院的其他流动人员。这些人的薪酬比现有员工要高，因此医疗集团的目标就是达到能够接受的人员空缺率来减少使用这些人力资源。

假设 6 名招聘人员增至 12 名，那么在 1 月底以前就可以达到期望中可接受的人员空缺率，医院就可以不再增加临时的医护人员了。其他变量包括每周招聘人员招聘新员工的平均人数、新员工的实际雇佣率、住院部护士总数、住院部护士的空缺数量以及期望的人员空缺率都可以通过调整以符合期望。

如果不将招聘人员增至 12 名，在接下来的 3 个月就无法将人员空缺率降至期望的水平，然而，最需要关注的问题是，这个医疗集团是否有足够的医护资源来应对接下来的医护人员需求大增的流感季。在 2009 年流感季，医疗系统额外雇佣的医护人员是如何影响医护人员的实际工作时间和本来所需要的工作时间的。

三、结论

这个医疗集团得出的最终结论是：现在的招聘目标足以应对即将到来的流感季。短期的招聘目标会继续发挥作用，当这个目标无法达到时，则需要对它作出调整。这个医疗集团仍每两周使用一次 Planners Lab 模型，依据现在的人员雇佣情况来更新招聘目标，以保证它们是可行的。有时在医护人员数量过少以前会采取一些额外的措施来补充人员，Planners Lab 可以识别出这样的时刻。Planners Lab 可以为决策者决定接下来如何运作提供所需的信息。

第五节　决策支持系统相关技术

一、商业智能

商业智能(business intelligence，BI)的概念在 1996 年最早由加特纳集团(Gartner Group)提出，加特纳集团将商业智能定义为：商业智能描述了一系列的概念和方法，通过应用基于事实的支持系统来辅助商业决策的制定。商业智能技术提供使企业迅速分析数据的技术和方法，包括收集、管理和分析数据，将这些数据转化为有用的信息，然后分发到企业各处。

随着企业级系统的成长，管理人员能够获取用户友好的报告，帮助他们快速决策。在企业里面，这些系统通常叫做经理信息系统(executive information system，EIS)，提供可视化、预警和绩效考评等功能。到 2006 年，大多数的商业产品和服务都采用商业智能这个名称。商业智能的主要目标就是实现数据的交互，实现对数据的操作，使管理人员和分析人员能够进行合理的分析。通过对历史和现有数据、情景、性能的分析，决策者得到有价值的洞察力，能够作出更优的决策。近年来，商业智能系统开始融入人工智能和强大分析功能。

另一个常见的商业智能的定义为：商业智能指用现代数据仓库技术、线上分析处理技术(OLAP)、数据挖掘和数据展现技术进行数据分析以实现商业价值。从这个定义可以看出，商业智能通常包括 4 个主要部分：带有源数据的数据仓库、业务分析(用于操作完、分析数据仓库中数据的工具集)、用来监测和分析绩效评价的企业绩效管理、用户界面(例如，仪表盘等)。从技术层面上讲，商业智能不是新技术，它是数据仓库、OLAP 和数据挖掘等技术的综合运用。

尽管有些人将 DSS 等同于 BI，但目前为止，这些系统是不同的。有些人认为 DSS 是 BI 的一部分，即 DSS 是一种分析工具；另一些人则将 BI 看作 DSS 的特例，BI 主要处理报表、交流和合作(一种数据驱动的 DSS 形式)。更进一步，很多情况下，DSS、BI 被认为是数据科学的一部分内容。我们认为 DSS 和 BI 具有密切的联系，但是侧重点不同。从支持管理决策角度，商业智能是基于数据提供决策支持的方法集合。

二、大数据和数据科学

1. 大数据

随着互联网、物联网等网络基础设施的普及，以及电子商务、社交网络等互联网服务的大规模广泛应用，数据量日益增加，大数据成为目前研究和应用的热点领域之一。美国白宫科技政策办公室在 2012 年 3 月 29 日发布了大数据国家战略《大数据研究和发展计划》，重点支持在航空航天、国防、医疗健康、能源资源等领域的大数据研究和应用，引起了世界各国对大数据的重视。

所谓大数据就是不能再用单个存储单元存储和计算处理的数据。加特纳集团定义大数据是需要新处理模式才能具有更强的决策力、洞察发现力和流程优化能力来适应海量、高增长率和多样化的信息资产。麦肯锡全球研究所给出的定义是：一种规模大到在获取、存储、管理、分析方面超出了传统数据库软件工具能力范围的数据集合，具有 4V 特征，即海量的数据规模、快速的数据流转、多样的数据类型和价值密度低。

通常大数据以不同的形式出现：结构化、非结构化、数据流等。这些数据的主要来源是网站的点击流、社交网络的评论帖子、交通数据、传感器、天气等。这些问题需求和数据特点促进了大数据分析方法、计算架构的产生。针对海量数据的存储和处理，不同于传统的数据库，需要采取新的模式。

在存储方面，将这些数据分块存储在网络上不同机器(存储设备)上。最早由 Google

公司使用，成为 Google 文件系统(Google File System)，后来作为 Apache 项目的 Hadoop 项目分布式文件系统(HDFS)开发并发布。

单纯存储数据，并不能提供商业价值。这也是目前很多企业发展大数据面临的现实问题。换言之，要使数据发挥价值，需要对数据进行预测、决策等的分析。大数据环境下，采取的思路是将计算推送给数据，而不是将数据推送给计算节点。这就是我们今天称为 MapReduce 的计算模式。MapReduce 最初有 Google 公司提出，随后由 Apache 发布了后续版本 Hadoop MapReduce。

HDFS 和 MapReduce 是我们现在提到的大数据计算架构的基础，其他的相关标准和软件解决方案也相继被提出，形成复杂的开源体系。一些公司也在大数据领域推出了特定的分析硬件和软件服务，包括传统的 IBM 公司的 Watson 认知计算平台、Cloudera 公司提供的大数据管理和服务平台、Teradata 公司的大数据探索平台(Teradata aster discovery platform)等。

企业级的大数据体系结构如图 14-3 所示，从图中可以看出，无论大数据还是小数据，在企业经营管理决策的各个层次都能发挥作用。

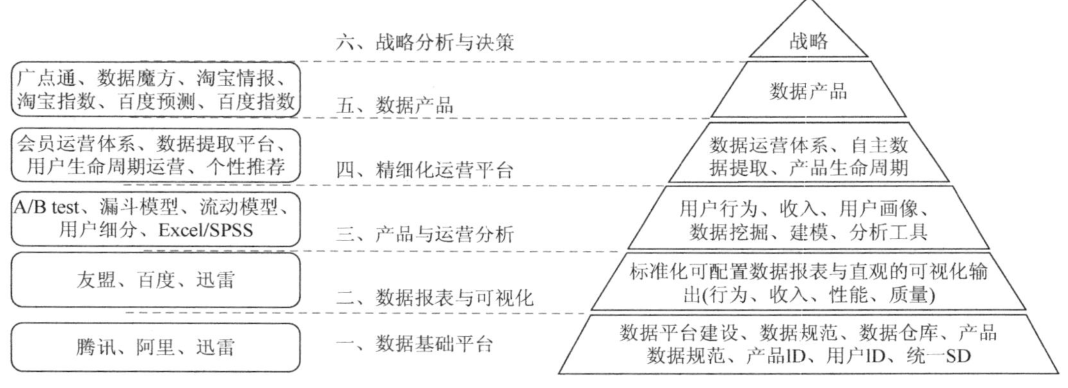

图 14-3 企业大数据体系结构

2. 数据科学

数据科学在 20 世纪 60 年代已被提出，只是当时并未获得学术界的注意和认可，1974 年彼得·诺尔出版的《计算机方法的简明调查》中将数据科学定义为：“处理数据的科学，一旦数据与其代表事物的关系被建立起来，将为其他领域与科学提供借鉴。”1996 年在日本召开的“数据科学、分类和相关方法”，已经将数据科学作为会议的主题词。2001 年美国统计学教授威廉·S·克利夫兰发表了《数据科学：拓展统计学的技术领域的行动计划》，因此有人认为是克利夫兰首次将数据科学作为一个单独的学科，并把数据科学定义为统计学领域扩展到以数据作为现金计算对象相结合的部分，奠定了数据科学的理论基础。

数据科学主要以统计学、机器学习、数据可视化以及(某一)领域知识为理论基础，其主要研究内容包括数据科学基础理论、数据预处理、数据计算和数据管理。数据科学的体系框架如图 14-4 所示。

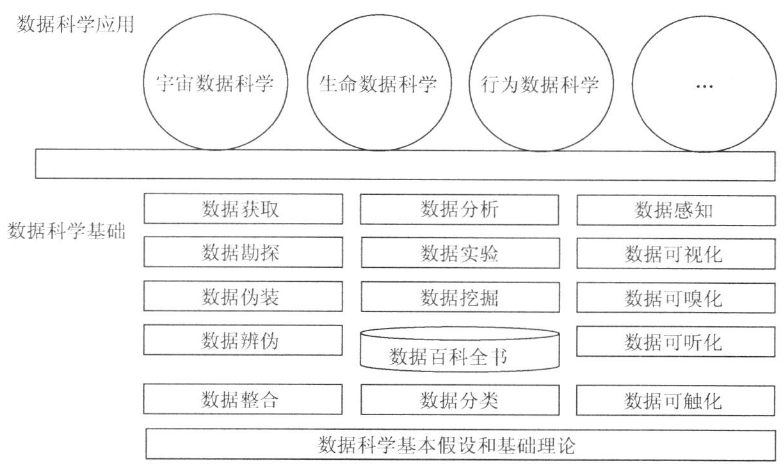

图 14-4　数据科学体系架构

3. 数据应用案例——Gilt Group 公司利用大数据分析优化限时抢购

Gilt Group 是一家限时销售名牌衣服和饰物的电商网站，给用户提供高端衣服和饰物的独家折扣。注册 Gilt 后，客户会受到提供许多折扣优惠信息的电子邮件，客户可以在 36～48 小时内享受这些折扣价。每天都提供约为 30 种不同的商品。传统商场一年内更换存货两三次，而 Gilt 一年则更换 8～10 次。因此，他们需要更好地管理库存。为了解决这个问题，Gilt 开发了分析软件追踪每一次客户点击——客户点击了哪些品牌、什么颜色、什么样式、最终购买了什么。根据这些信息，Gilt 尝试预测客户最可能买哪些商品并据此调整库存。

分析软件也给每个客户发送个性化的商品推荐，基于 Teredata Aster 技术方案，分析软件同时监测客户从推荐商品里购买了什么，以便更好地进行预测，并提高个性化推荐的效果。有些客户并不经常查收邮件。Gilt 的分析软件可以追踪客户的响应，并在 3 天后向没有响应的客户再次发送折扣信息。Gilt 还通过分析 Twitter 上的客户评论获取客户的情感、预测和分析客户对 Gilt 商品的整体看法。

来源：Asterdata.com，“Gilt Group Speaks on Digital Marketing Optimization，” Asterdata.com/gilt_group_video.php (accessed February 2013)

习题与思考题

1. 什么是决策支持系统？具有什么特征？
2. 决策支持系统分为哪些类型？
3. 决策支持系统的设计包括哪些内容？
4. 决策支持系统的评价包括哪些内容？
5. 案例讨论：改善西雅图儿童医院的低效率状况。

根据 *U.S. News & World Report*，西雅图儿童医院在 2011 年全球最好的儿童医院排名中位列第 17 位。对于任何致力于挽救生命的机构来说，及时发现并移除系统和业务流程中低效的部分是非常重要的，这样可以使更多的资源可以满足患者的需求。在西雅图儿童医院，管理人员不断寻找新方法，以提高质量和安全性，改善患者从挂号到出院的整个流程。为此，他们花费了大量时间分析与患者相关的数据。

为了尽快将患者和医院数据转化为洞察力，西雅图儿童医院采用了 Tableau Software 公司的商务智能应用。Tableau Software 公司提供了一种基于用户易于使用数据分析的浏览器，使个人可以直觉地产生可视化表示并理解提供的数据是什么。数据分析师、商务经理、金融分析师、医生、护士、研究人员都能使用描述性分析更好地解决不同问题。他们自己正在开发可视化系统，例如，仪表盘和记分卡，帮助定义标准和当前绩效，将当前绩效与标准进行比较。通过每日、每月仪表盘的投入使用，西雅图儿童医院每天的决策水平得到了极大的改善。西雅图儿童医院测量患者的等候时间，并借助可视化分析这些数据，以发现造成患者等待的原因。他们发现早期的延误会影响一整天。为了解决这个问题，他们将致力于准时的患者预约服务，缩短患者的整体等待时间，并提高病床的利用率。医院在整个供应链中节约了 300 万美元。此外，借助于 Tableau 等工具，医院正在寻找新方法进一步节省成本，同时治疗尽可能多的孩子。

来源：Tableausoftware.com，“Eliminating Waste at Seattle Childrens，” tableausoftware.com/eliminating-waste-at-seattle-childrens（accessed February，2013）

讨论：

（1）决策分析工具的使用者是谁？

（2）可视化如何支持决策？

课 程 实 验

结合各部分内容，运用不同的软件，设计了 11 个实验。其中实验一到实验五采用 IBM SPSS Statistics22.0 中文版软件；实验六到实验九的灰色预测与决策的实验，主要采用灰色系统计算软件，灰色系统计算软件可在 http: //igss.nuaa.edu.cn 网站免费下载；实验十和实验十一采用 Excel 2013 电子表格软件进行计算。

实验一 时间序列平滑预测

【实验目的】

掌握时间序列方法的指数平滑预测法，并通过 SPSS 软件进行实际预测。

【实验内容】

利用 SPSS 软件进行一次、二次指数平滑预测。

【实验步骤】

以进行一次的简单指数平滑为例，实验步骤如下：

1. 打开 SPSS，并根据实际问题建立数据文件，进行变量的定义。
2. 输入数据，实验数据见例 3.3.1。
3. 选择变量和方法。

在 SPSS 主窗口的菜单栏选择“分析”→“预测”→“创建模型”命令，打开“时间序列建模器”对话框，如图 1 所示。

图 1 指数平滑预测建模参数设置对话框

在弹出的对话框中选择相应的变量，在方法下拉框中选择“指数平滑法”，以进行指数平滑预测。另外，可根据需要选择相应的模型，如图 2 所示，具体模型的适用条件可从软件的帮助文件中查阅。

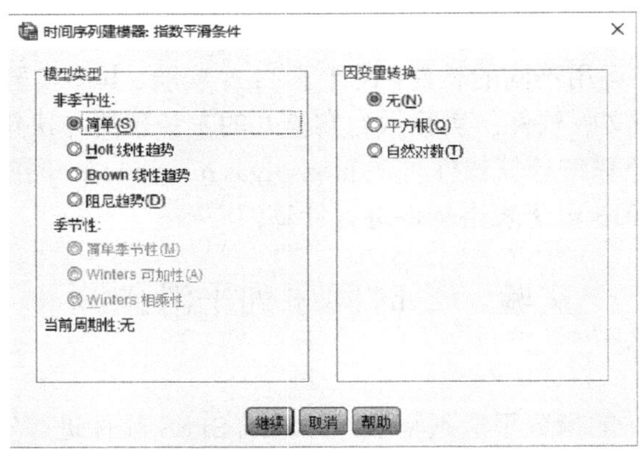

图 2　指数平滑条件设置对话框

4. 统计量参数设置。

单击“统计量”标签，打开如图 3 所示的“时间序列建模器”对话框的“Statistics”选项卡部分，主要用于设定输出的统计量，包括拟合测量、比较模型的统计、个别模型的统计等。

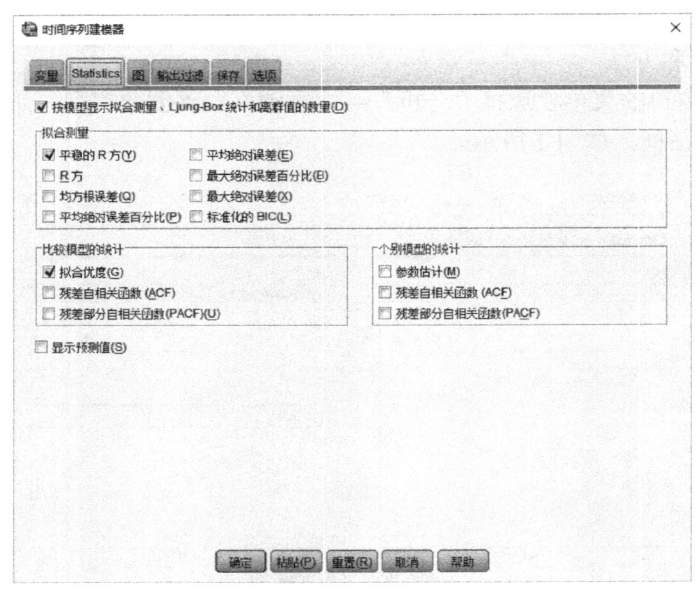

图 3　指数平滑统计量设置对话框窗口

5. 其他参数设置。

单击“图”标签，打开“时间序列建模器”对话框的“图表”选项卡，主要用于设定输出模型拟合统计量、自相关函数以及序列值(包括预测值)的图。

单击“输出过滤”标签，打开“时间序列建模器”对话框的“输出过滤”选项卡，主要用于设定输出的模型。

单击“保存”标签，打开如图 4 所示的“时间序列建模器”对话框的“保存”选项卡，主要用于将模型预测值另存为活动数据文件中的新变量，也可以将模型规格以 XML 格式保存到外部文件中。

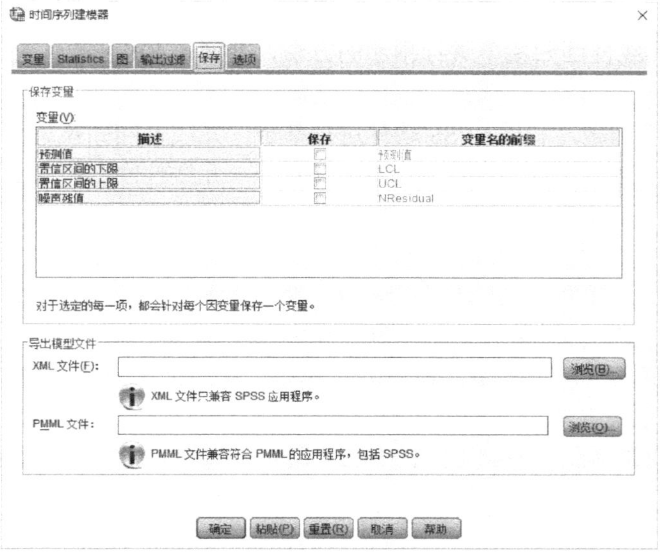

图 4　指数平滑预测数据保存设置对话框窗口

单击“选项”标签，打开如图 5 所示的“时间序列建模器”对话框的“选项”选项卡，主要用于设置预测期、指定缺失值的处理方法、设置置信区间宽度、指定模型标识前缀以及设置为自相关显示的延迟最大阶数。

图 5　指数平滑预测选项对话框窗口

6. 设置完毕后，单击“确定”按钮，就可以在 SPSS Statistics 数据视图和查看器窗口得到指数平滑模型建模的结果。

实验二　一元线性回归预测

【实验目的】

掌握利用一元线性回归模型进行预测的方法，并通过 SPSS 软件进行实际预测。

【实验内容】

1. 结合第四章例题，利用 SPSS 软件进行基于一元线性回归模型的点估计预测。
2. 结合第四章例题，利用 SPSS 软件进行基于一元线性回归模型的区间预测。

【实验步骤】

1. 打开 SPSS，并根据实际问题建立数据文件，进行变量的定义。
2. 输入数据，以第四章第二节应用实例为例，数据详见表 4-1。
3. 在 SPSS 主窗口的菜单栏选择“图形”→“图表构建器”命令，打开“图表构建器”对话框，如图 6 所示。在图 6 所示窗口下半部分，从“选择范围”列表中选择“散点图/点图”，将“简单散点”图标拖到画布上，将固定资产投资完成额变量拖到 x 轴放置区，将国内生产总值变量拖到 y 轴放置区；点击“确定”按钮，绘制出散点图(图 7)，观察线性相关情况。

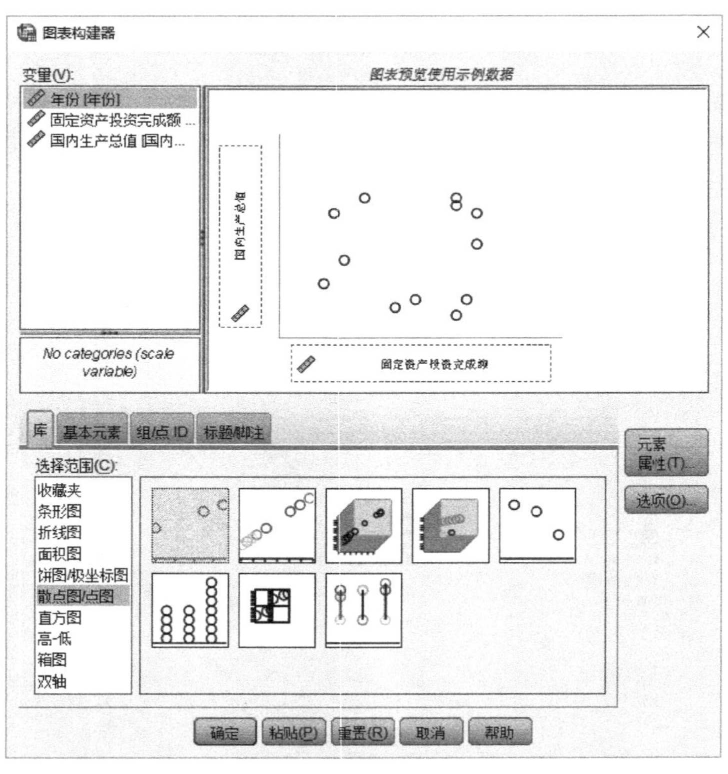

图 6　图表构建器对话框

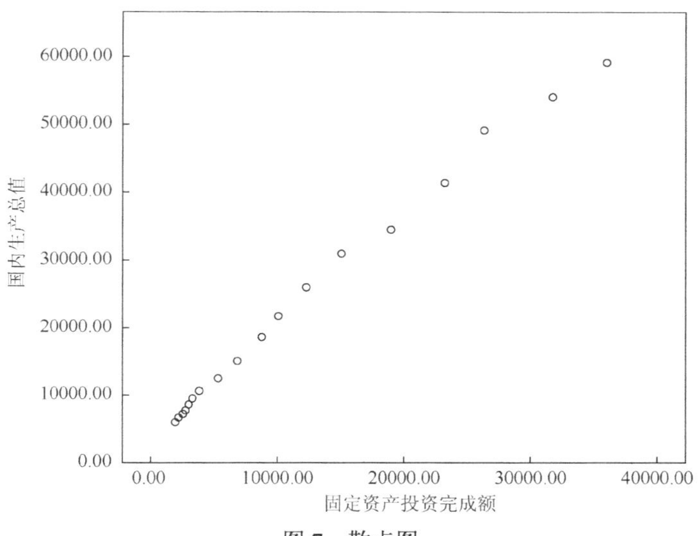

图 7　散点图

4. 在 SPSS 主窗口的菜单栏选择“分析”→“回归”→“线性回归”命令，在弹出的窗口中(图 8)设置好相应的参数，建立一元线性回归模型，然后单击“确定”按钮。

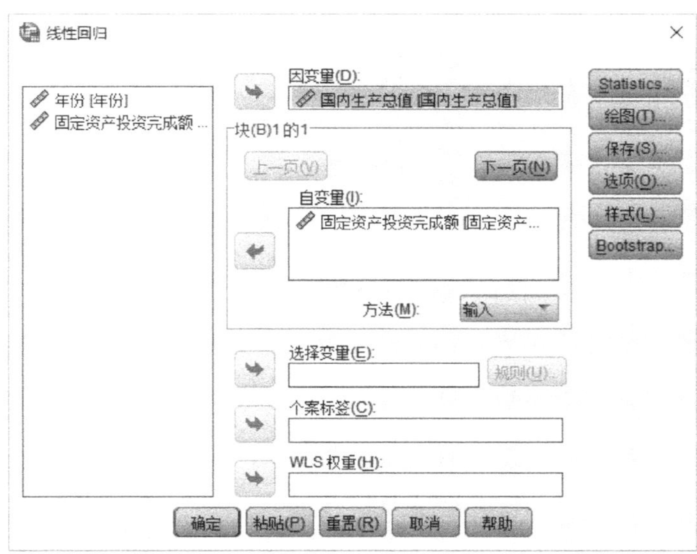

图 8　线性回归模型参数设置窗口

5. 从 Output 窗口观察计算出的回归系数，并对线性关系的显著性进行检验。

6. 根据回归系数进行点估计和区间预测。

实验三　多元线性回归预测

【实验目的】

掌握利用多元线性回归模型进行预测的方法，并通过 SPSS 软件进行实际预测。

【实验内容】

1. 结合第四章例题，利用 SPSS 软件进行基于多元线性回归模型的点估计预测。

2. 结合第四章例题，利用 SPSS 软件进行基于多元线性回归模型的区间预测。

【实验步骤】

1. 打开 SPSS，并根据实际问题建立数据文件，进行变量的定义。

2. 输入数据，以第四章第三节应用实例为例，数据详见表 4-3。

3. 在 SPSS 主窗口的菜单栏选择“分析”→“回归”→“线性回归”命令，在弹出的窗口中设置好相应的参数(图 9)，以建立多元线性回归模型。

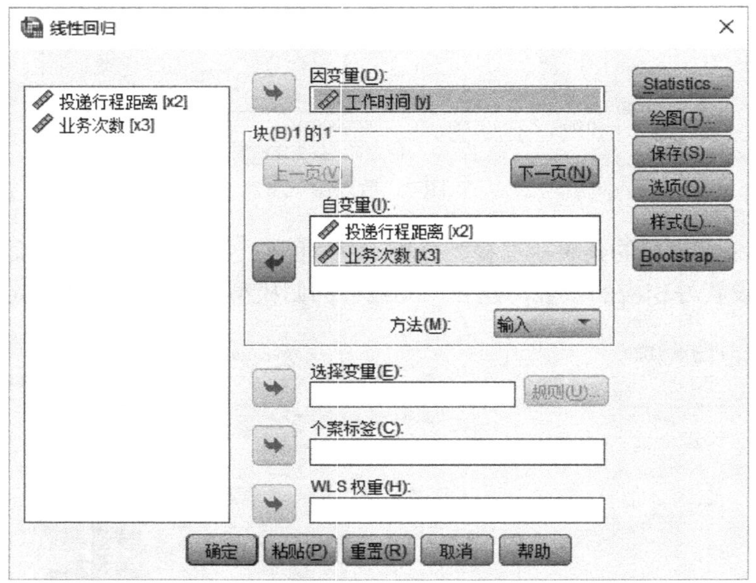

图 9　线性回归模型参数设置窗口

4. 在图 9 所示窗口中点击“Statistics…”按钮，打开图 10 窗口，选中“R 方变化”

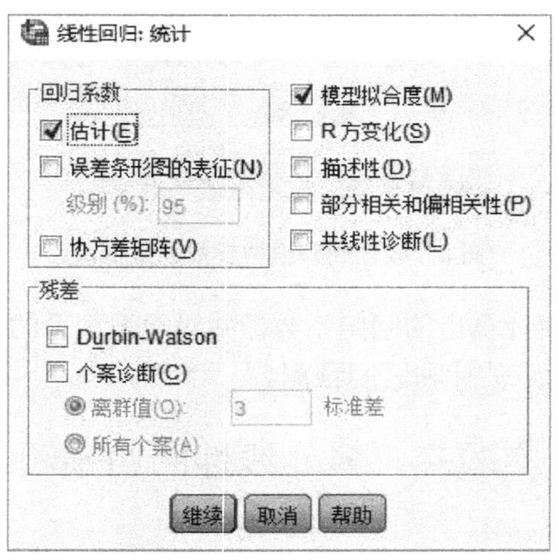

图 10　统计检验参数设置窗口

和"Durbin-Watson"，单击"继续"按钮返回图 10 窗口，单击"确定"按钮，进行多元线性回归分析和预测。

5. 从 Output 窗口观察计算出的回归系数，并对多元线性相关模型进行 R 检验、F 检验、t 检验和 DW 检验。

6. 根据检验后的多元线性回归系数进行点估计和区间预测。

实验四　含有虚拟变量的回归模型预测

【实验目的】

掌握虚拟变量回归预测，并通过 SPSS 软件进行虚拟变量的预测。

【实验内容】

1. 结合第四章第四节内容，建立回归模型和带有虚拟变量的回归模型。
2. 使用 SPSS 软件进行回归系数计算和检验，并进行两种模型的比较分析。

【实验步骤】

1. 打开 SPSS，并根据实际问题建立数据文件，进行变量的定义，并输入数据。
2. 根据第四章第四节应用举例数据，参考实验二和实验三分别建立带有和不带有虚拟变量的回归模型。
3. 对所建立的回归模型通过 SPSS 软件分别进行线性回归分析。
4. 从 Output 窗口分别观察两个模型的回归系数和检验，选择较好的回归模型。
5. 根据选择的模型进行预测。

实验五　非线性回归模型预测

【实验目的】

掌握非线性回归预测的方法，并通过 SPSS 软件进行实际预测。

【实验内容】

掌握通过 SPSS 软件进行非线性回归模型的预测方法。

【实验步骤】

1. 对于可以进行直接换元和间接换元的非线性回归模型，将其转换为线性回归模型后，按照前述的线性回归模型的预测方法进行预测即可。

2. 另外，在 SPSS 软件中，还有两种方法进行非线性回归，分别是在主菜单的"分析"菜单下的"回归"下的"曲线估计"和"非线性回归"菜单，窗口分别如图 11 和图 12 所示。模型的具体函数表达式可通过 SPSS 的帮助文件查阅。

例　选取某地某年寿命表中 40～80 岁各年龄组的尚存人数资料如表 1 所示，请就该资料试拟合龚珀兹曲线（$Y = \mathrm{B1}\times \mathrm{B2}^{(\mathrm{B3}X)}$）。

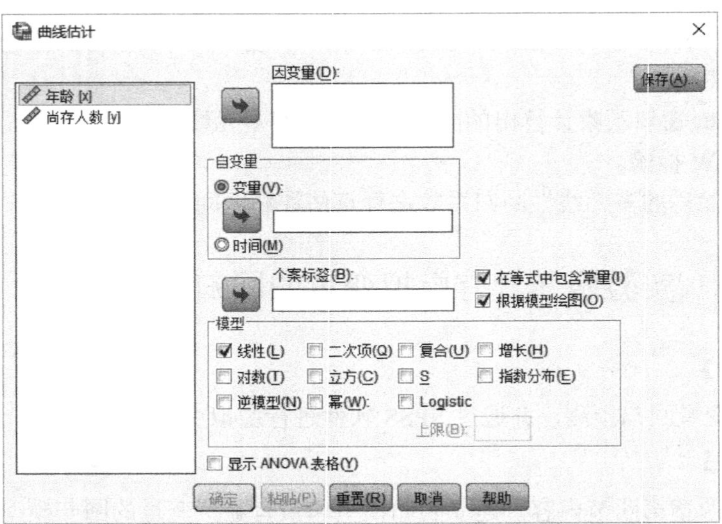

图 11　曲线估计参数设置对话框窗口

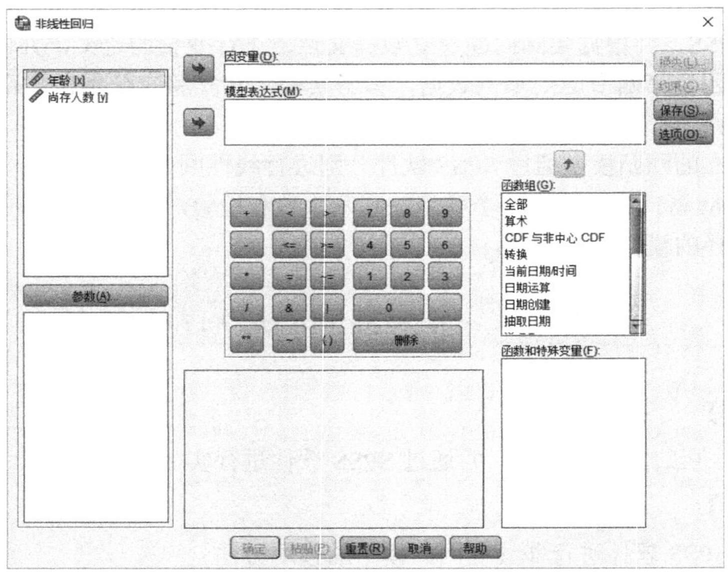

图 12　非线性回归参数设置对话框窗口

表 1　某地某年寿命人数表

年龄组/岁	年龄简化值/X	尚存人数/Y
40	0	81277
45	1	79258
50	2	76532
55	3	72850
60	4	67568
65	5	59911

续表

年龄组/岁	年龄简化值/X	尚存人数/Y
70	6	50800
75	7	39325
80	8	28074

(1)打开 SPSS，并根据实际问题建立数据文件，进行变量的定义，并输入数据。

(2)选择“非线性回归”参数设置窗口，如图 12 示，在“模型表达式”处写出曲线方程表达式，用户可借助系统提供的数码按钮和函数列表写出方程。最后点击“确定”按钮即可。

(3)结果解释。

在结果输出窗口中将看到如表 2 所示的统计数据。

表 2 非线性回归统计迭代及参数值表

Iteration	Residual SS	B1	B2	B3
1	28327193463	8500.00000	1.00000000	1.50000000
1.1	14333434800	80175.3427	0.739240551	1.50000000
2	14333434800	80175.3427	0.739240551	1.50000000
2.1	3.8505E+11	194572.013	0.006502086	−0.21629077
2.2	800135019.6	83185.8046	0.842994797	1.19852430
3	800135019.6	83185.8046	0.842994797	1.19852430
3.1	12857378788	81201.8322	1.01579267	1.42927791
3.2	550558275.1	85774.2528	0.850493197	1.21433127
4	550558275.1	85774.2528	0.850493197	1.21433127
4.1	205793117.6	90637.3496	0.859429212	1.25276932
5	205793117.6	90637.3496	0.859429212	1.25276932
5.1	49937888.65	92251.6832	0.905992700	1.33942536
6	49937888.65	92251.6832	0.905992700	1.33942536
6.1	438492814.3	83503.5809	0.966421043	1.46365602
6.2	14165723.65	91420.4568	0.909112694	1.36083115
7	14165723.65	91420.4568	0.909112694	1.36083115
7.1	8227661.248	89440.0706	0.923463315	1.38898940
8	8227661.248	89440.0706	0.923463315	1.38898940
8.1	17416856.86	85916.5498	0.948299986	1.45005498
8.2	4600297.866	88467.6768	0.930296397	1.40797724
9	4600297.866	88467.6768	0.930296397	1.40797724
9.1	2761649.685	86538.9357	0.943736707	1.44419408
10	2761649.685	86538.9357	0.943736707	1.44419408
10.1	644830.0765	85633.9620	0.949714917	1.46896660
11	644830.0765	85633.9620	0.949714917	1.46896660
11.1	475140.3684	85680.9561	0.949325567	1.46898044

续表

Iteration	Residual SS	B1	B2	B3
12	475140.3684	85680.9561	0.949325567	1.46898044
12.1	475135.4265	85679.2273	0.949338713	1.46903683
13	475135.4265	85679.2273	0.949338713	1.46903683
13.1	475135.4262	85679.2477	0.949338590	1.46903640

Run stopped after 30 model evaluations and 13 derivative evaluations.

Iterations have been stopped because the relative reduction between successive residual sums of squares is at most SSCON = 1.000E–08

Nonlinear Regression Summary Statistics Dependent Variable Y

Source	DF	Sum of Squares	Mean Square
Regression	3	37121583327.6	12373861109.2
Residual	6	475135.42624	79189.23771
Uncorrected Total	9	37122058463.0	
(Corrected Total)	8	2823635793.56	

R squared = 1–Residual SS/Corrected SS =0.99983

		Asymptotic	Asymptotic 95% Confidence Interval	
Parameter	Estimate	Std. Error	Lower	Upper
B1	85679.247671	383.76368720	84740.211757	86618.283585
B2	0.949338590	0.002336270	0.943621944	0.955055236
B3	1.469036403	0.008908976	1.447236923	1.490835883

Asymptotic Correlation Matrix of the Parameter Estimates

	B1	B2	B3
B1	1.0000	–0.9245	–0.8880
B2	–0.9245	1.0000	0.9902
B3	–0.8880	0.9902	1.0000

经 30 次迭代运算后，相邻两次的方程剩余均方差值不大于规定的 1×10^{-8}，满足要求；回归方程的决定系数 $R^2=0.99983$，龚珀兹曲线方程为

$$Y=85679.247671\times0.94933859^{(1.469036403X)}$$

实验六　灰色系统建模软件登录与数据输入

【实验目的】

掌握灰色序列生成方法，并且学会使用灰色系统软件进行灰色序列生成。

【实验内容】

利用灰色系统软件进行灰色序列生成。

【实验步骤】

序列的累加生成。

以图 14 中所示原始数据序列来说明如何使用灰色系统软件进行序列弱化缓冲，具体步骤如下：

(1)根据序列中数据数目的多少，在主菜单“灰序列生成”下选择相应的菜单项，如图 13 所示。菜单项包括“四数据序列生成”“五数据序列生成”“六数据序列生成”和“多数据序列生成”。如果序列中数据个数大于 6 个，则选择“多数据序列生成”。在本例中，由于对四数据序列进行弱化，所以选择“四数据序列生成”菜单项。

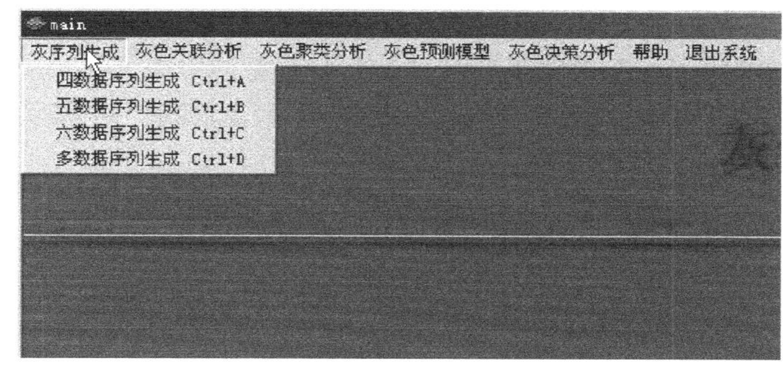

图 13　灰色系统软件菜单

(2)在打开的序列生成窗口中的“原始数据序列”区域输入原始数据，如图 14 所示。然后选择相应的序列生成方法。对于本例，由于要进行二阶弱化缓冲，所以需要使用两次弱化算子。具体方法是将第一次弱化后得到的生成序列输入原始数据序列中，再次使用弱化算子即可。

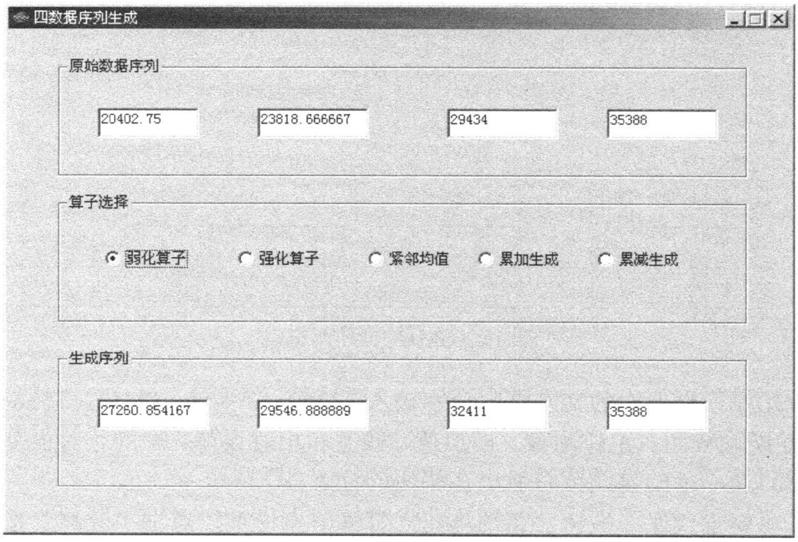

图 14　四数据序列生成窗口

实验七　灰色预测模型建模软件应用

【实验目的】

掌握 GM(1, 1) 和 Verhulst 模型预测的使用方法，并且掌握使用灰色系统软件进行预测。

【实验内容】

1. 利用灰色系统软件进行 GM(1, 1) 模型预测。
2. 利用灰色系统软件进行 Verhulst 模型预测。

【实验步骤】

1. GM(1, 1) 预测。

以例 11.2.1 中的统计数据为例来说明 GM(1, 1) 模型的用法。

$$X^{(0)}=(x^{(0)}(1),x^{(0)}(2),x^{(0)}(3),x^{(0)}(4))=(10155,12588,23480,35388)$$

进行二阶弱化后，得

$$X^{(0)}D^{2}=(27260,29547,32411,35388)$$

具体步骤如下：

(1) 点击“灰色预测”菜单下“GM(1, 1)”下的“四数据 GM(1, 1)”命令，系统将弹出窗口(图 15)。

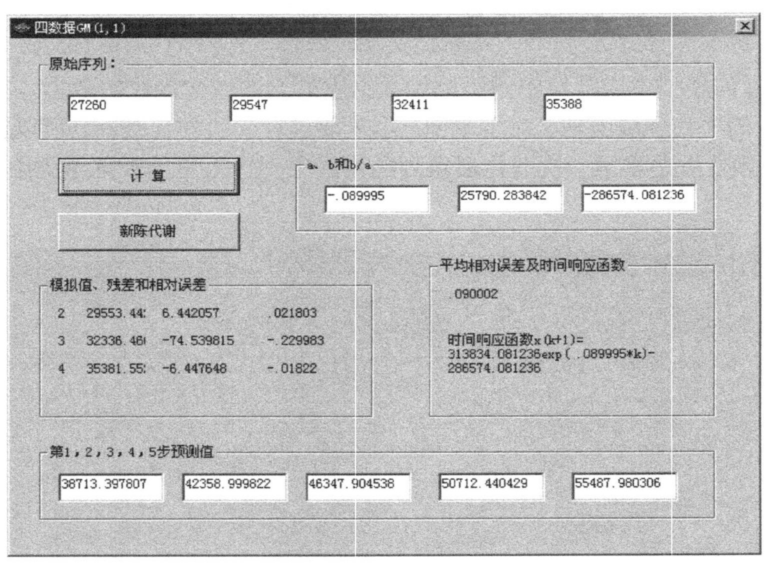

图 15　GM(1, 1) 预测窗口

(2) 在原始序列框架中的文本框中分别输入 27260，29547，32411，35388，点击“计算”按钮，发展系数和灰色作用量，模拟值、残差和相对误差，平均相对误差及时间响应函数，以及第1,2,⋯,5 的预测值将输出在相应的位置(图 15)。

(3) 点击“新陈代谢”按钮，系统将建立等维信息模型，点击“计算”按钮后，其一步新陈代谢的时间响应函数及数据指标将列出(图 16)。

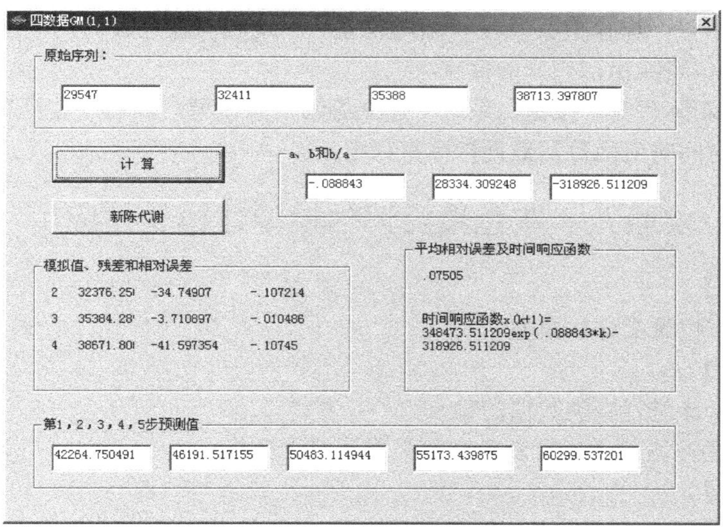

图 16 新陈代谢模型窗口

注 多数据的 GM(1, 1)模型可以处理多数据的任意步的预测问题。但需要注意的是，应用 GM(1, 1)模型时，应当注意其适用范围和条件验证。

2. Verhulst 预测模型。

在灰色系统软件使用上，Verhulst 模型的使用方法同 GM(1, 1)模型，其使用界面如图 17 所示。

具体步骤如下：

(1)根据原始数据数目选择“灰色预测/Verhulst 预测”下的相应命令，系统将弹出窗口(图 17)；

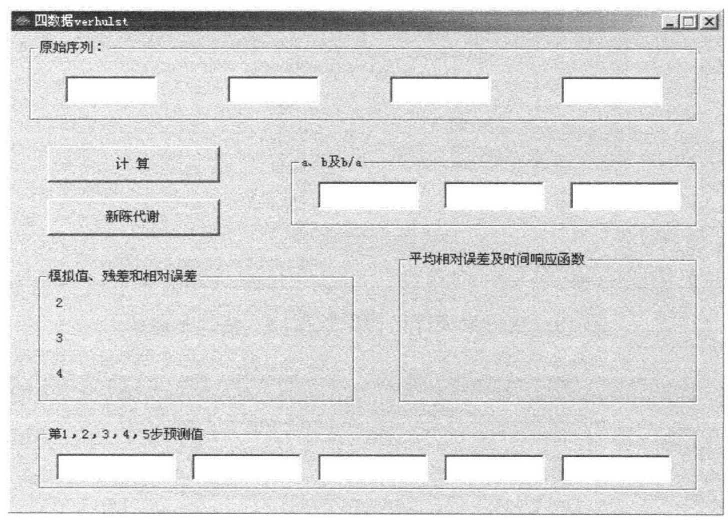

图 17 Verhulst 预测窗口

(2)在原始序列框架中的文本框中分别输入各个原始数据，点击“计算”按钮，发展系数和灰色作用量，模拟值、残差和相对误差，平均相对误差及时间响应函数，以及第1,2,⋯,5的预测值将输出在相应的位置。

(3) 点击“新陈代谢”按钮，系统将建立等维信息模型，点击“计算”按钮后，其一步新陈代谢的时间响应函数及数据指标将列出。

实验八　灰色聚类评估模型建模软件应用

【实验目的】

正确使用灰色聚类评估模型。

【实验内容】

1. 使用 Excel 进行聚类数据的输入。
2. 利用灰色系统软件进行灰色定权聚类计算和分析。

【实验步骤】

1. 在操作界面上方点击“灰色聚类评估”，在菜单中选择一种模型。

2. 通过 Excel 文件导入数据。灰色聚类评估软件仅提供了从 Excel 文件中导入数据这样一种方式。使用该部分功能的关键是正确编辑 Excel 文件中的各类数据。在 Sheet1 中保存对象-指标数据(图 18)，Sheet2 中保存对应的白化权函数(图 19)，Sheet3 中保存指标权重数据(图 20)。

灰色定权聚类.xls

	A	B	C	D	E
1	对象\指标	指标1	指标2	指标3	指标4
2	对象1	22.5	4	0	0
3	对象2	79.37	6	600	0.75
4	对象3	144	7	300	0.75
5	对象4	300	6.1	189	12
6	对象5	456	12	250	12
7	对象6	189	8	700	1.5
8	对象7	369	8	1300	2.25
9	对象8	1127.11	16.2	550	3
10	对象9	260	11	600	1
11	对象10	200	8	600	1.25
12	对象11	475	10	1000	0.75
13	对象12	314.1	8	900	0.75
14	对象13	282.8	7.4	1300	0.5
15	对象14	240	8	1200	0.5
16	对象15	160	5	1000	0.25
17	对象16	270	8	1200	0.25
18	对象17	9	1	200	0
19					

Sheet1 / Sheet2 / Sheet3

图 18　灰色聚类评估模型数据输入格式示意图

灰色定权聚类.xls

	A	B	C	D	E
1	子类\指标	指标1	指标2	指标3	指标4
2	子类1	100, 300, -, -	3, 10, -, -	200, 1000, -, -	0.25, 1.25, -, -
3	子类2	50, 150, -, 250	2, 6, -, 10	100, 600, -, 1100	0, 0.5, -, 1
4	子类3	-, -, 50, 100	-, -, 4, 8	-, -, 300, 600	-, -, 0.25, 0.5
5					
6					

Sheet1 / Sheet2 / Sheet3

图 19　白化权函数数据输入格式示意图

灰色定权聚类.xls

	A	B	C	D	E	F	G	H	I
1	权\指标	指标1	指标2	指标3	指标4				
2	权	0.3	0.25	0.25	0.2				
3									
4									
5									

Sheet1 Sheet2 Sheet3

图 20 权重数据输入格式示意图

3. 点击“计算”按钮，即可得到结果。图 21 显示的是灰色定权聚类的操作界面，对于灰色变权聚类及基于端点混合三角白化权函数和中心点混合三角白化权函数的灰色聚类评估模型操作类似。

图 21 灰色定权聚类评估模型操作界面

实验九 多目标加权灰靶决策模型建模软件应用

【实验目的】

正确使用多目标加权灰靶决策模型。

【实验内容】

结合实际案例，利用灰色系统建模软件实现多目标加权灰靶决策模型的应用过程。

【实验步骤】

1. 在操作界面上方点击“灰色决策模型”，在菜单中选择多目标加权灰靶决策模型。

2. 通过 Excel 文件导入数据。在 Excel 的 Sheet1 表中，第一行是标题栏，表示数字的含义，A～D 列中的内容是局势的综合评分矩阵，E 列显示的是指标的临界值，F 列显示的是指标对应的权重，G 列显示的是指标的测度类型。用户在使用该部分功能的时候，一定要按照图 22 中排列顺序排列原始数据。

Microsoft Excel - 多目标加权灰靶决策模型 [兼容模式]

	A	B	C	D	E	F	G
1		方案11	方案12	方案13	临界值	指标的权	测度类型
2	目标1	9.5	9.4	9	9	0.25	max
3	目标2	14.2	15.1	13.9	15	0.22	min
4	目标3	15.5	17.5	19	14,18	0.18	moderate
5	目标4	9.6	9.3	9.4	9	0.18	max
6	目标5	9.5	9.7	9.2	9	0.17	max

图 22　多目标加权灰靶决策模型数据输入格式

3. 点击“计算”按钮，即可得到结果。图 23 显示的是多目标加权灰靶决策模型操作界面。

图 23　多目标加权灰靶决策模型操作界面

实验十　多目标决策实验

【实验目的】

运用 Excel 电子表格工具，完成基于层次分析法的多目标决策实验。

【实验内容】

1. 使用 Excel 多目标决策原始数据输入。

2. 利用 Excel 中的计算公式进行层次分析计算，并对结果进行分析。

【实验步骤】

1. 建立递阶层次结构模型。

以下例进行实验：某投资公司拟投资三个项目，投资选择主要考虑因素是功能、价格和维护。建立这个决策问题的递阶层次结构模型并在备选方案中选择最优项目方案。

该案例的递阶层次结构模型如图 24 所示。

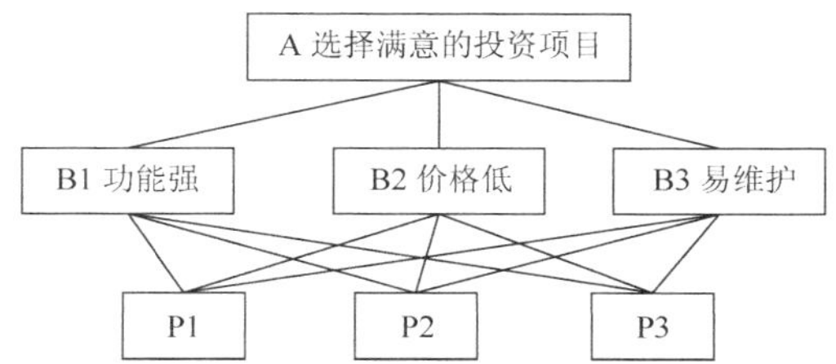

图 24 投资方案选择决策递阶层次结构

2. 构造比较判断矩阵。

本例中的判断矩阵如图 25 所示。

4				
5	指标			
6		功能	价格	维护
7	功能	1.000	5.000	3.000
8	价格	0.200	1.000	0.333
9	维护	0.333	3.000	1.000
10	列和	1.533	9.000	4.333
11				
12				
13	功能			
14		P1	P2	P3
15	P1	1.000	0.250	2.000
16	P2	4.000	1.000	8.000
17	P3	0.500	0.125	1.000
18	列和	5.500	1.375	11.000
19				
20				
21	价格			
22		P1	P2	P3
23	P1	1.000	4.000	0.333
24	P2	0.250	1.000	0.125
25	P3	3.000	8.000	1.000
26	列和	4.250	13.000	1.458
27				
28				
29	维护			
30		P1	P2	P3
31	P1	1.000	1.000	0.333
32	P2	1.000	1.000	0.200
33	P3	3.000	5.000	1.000
34	列和	5.000	7.000	1.533

图 25 比较判断矩阵

3. 计算一致性比例 CR，并进行判断。

本例中，在 Excel 中对比较判断矩阵进行单排序。首先，在相应单元格输入公式，如图 26 所示；其次输入层次单排序的一致性检验的计算公式，如图 27 所示。

归一化矩阵

指标				层次单排序
	功能	价格	维护	权重向量
功能	=B7/B$10	=C7/C$10	=D7/D$10	=AVERAGE(H7:J7)
价格	=B8/B$10	=C8/C$10	=D8/D$10	=AVERAGE(H8:J8)
维护	=B9/B$10	=C9/C$10	=D9/D$10	=AVERAGE(H9:J9)

功能				层次单排序
	P1	P2	P3	权重向量
P1	=B15/B$18	=C15/C$18	=D15/D$18	=AVERAGE(H15:J15)
P2	=B16/B$18	=C16/C$18	=D16/D$18	=AVERAGE(H16:J16)
P3	=B17/B$18	=C17/C$18	=D17/D$18	=AVERAGE(H17:J17)

价格				层次单排序
	P1	P2	P3	权重向量
P1	=B23/B$26	=C23/C$26	=D23/D$26	=AVERAGE(H23:J23)
P2	=B24/B$26	=C24/C$26	=D24/D$26	=AVERAGE(H24:J24)
P3	=B25/B$26	=C25/C$26	=D25/D$26	=AVERAGE(H25:J25)

维护				层次单排序
	P1	P2	P3	权重向量
P1	=B31/B$34	=C31/C$34	=D31/D$34	=AVERAGE(H31:J31)
P2	=B32/B$34	=C32/C$34	=D32/D$34	=AVERAGE(H32:J32)
P3	=B33/B$34	=C33/C$34	=D33/D$34	=AVERAGE(H33:J33)

图 26　比较判断矩阵的归一化处理和单排序计算公式

一致性检验

加权向量	一致性计算	λ_{max}
=B7*$L$7+C7*$L$8+D7*$L$9	=N7/L7	=AVERAGE(N7/L7, N8/L8, N9/L9)
=B8*$L$7+C8*$L$8+D8*$L$9	=N8/L8	
=B9*$L$7+C9*$L$8+D9*$L$9	=N9/L9	
CR	=((AVERAGE(O7:O9)-3)/2)/0.52	

加权向量	一致性计算	λ_{max}
=B15*$L$15+C15*$L$16+D15*$L$17	=N15/L15	=AVERAGE(N15/L15, N16/L16, N17/L17)
=B16*$L$15+C16*$L$16+D16*$L$17	=N16/L16	
=B17*$L$15+C17*$L$16+D17*$L$17	=N17/L17	
CR	=((AVERAGE(O15:O17)-3)/2)/0.52	

加权向量	一致性计算	λ_{max}
=B23*$L$23+C23*$L$24+D23*$L$25	=N23/L23	=AVERAGE(N23/L23, N24/L24, N25/L25)
=B24*$L$23+C24*$L$24+D24*$L$25	=N24/L24	
=B25*$L$23+C25*$L$24+D25*$L$25	=N25/L25	
CR	=((AVERAGE(O23:O25)-3)/2)/0.52	

加权向量	一致性计算	λ_{max}
=B31*$L$31+C31*$L$32+D31*$L$33	=N31/L31	=AVERAGE(N31/L31, N32/L32, N33/L33)
=B32*$L$31+C32*$L$32+D32*$L$33	=N32/L32	
=B33*$L$31+C33*$L$32+D33*$L$33	=N33/L33	
CR	=((AVERAGE(O31:O33)-3)/2)/0.52	

图 27　层次单排序的一致性检验公式

上述过程在 Excel 表格中都可以完成，只需要输入相应的计算公式即可。

4. 层次总排序，找出最优方案。

层次总排序的计算公式如图 28 所示，计算结果如图 29 所示。总排序的权值为(0.191, 0.510, 0.299)，因此 P2 方案最优，P3 其次，P1 是最次方案。

说明：这里主要运用了 Excel 的方便、灵活的计算功能，以及常规的求平均值、转置等函数。关于 Excel 的操作和函数的具体说明，详见 Excel 的帮助文件。

层次总排序					
	功能	价格	维护		层次总排序权值
权重	=TRANSPOSE(L7:L9)	=TRANSPOSE(L7:L9)	=TRANSPOSE(L7:L9)		
P1	=L15	=L23	=L31	P1	=SUMPRODUCT(B40:D40, $B$39:$D$39)
P2	=L16	=L24	=L32	P2	=SUMPRODUCT(B41:D41, $B$39:$D$39)
P3	=L17	=L25	=L33	P3	=SUMPRODUCT(B42:D42, $B$39:$D$39)

图 28 层次总排序计算公式

层次总排序					
	功能	价格	维护		层次总排序权值
权重	0.633	0.106	0.260		
P1	0.182	0.257	0.187	P1	0.191
P2	0.727	0.074	0.158	P2	0.510
P3	0.091	0.669	0.656	P3	0.299

图 29 层次总排序计算结果图

实验十一 决策支持系统实验

【实验目的】

分析实际决策支持问题，利用 Excel 电子表格工具的辅助决策工具规划求解和方案管理器进行决策方案的比较选择，构建简单的决策支持系统。

【实验内容】

1. 使用 Excel 进行简单决策支持系统建模和数据输入。
2. 使用 Excel 的辅助决策工具进行规划求解。
3. 使用 Excel 的方案管理系统进行决策方案的比较选择。

【实验说明】

如第十四章所述，决策支持系统可大可小，可以是一个专门开发的信息系统，也可以是基于 Excel，SPSS Molder 等工具的应用。由于篇幅所限，且本书侧重于预测与决策理论的讲解，所以，这里以运用 Excel 电子表格工具，通过规划求解进行决策支持实验。实验案例描述如下：

某公司在制订本月份 A 和 B 两种产品的生产计划，目前的设备状态和产能如下：需要 4 台设备加工完成，生产 A 产品在 4 台设备上需要花费的时间分别为 0.7 小时、0.5 小时、1 小时、0.1 小时；生产 B 产品在 4 台设备上需要花费的时间分别为 1 小时、5/6 小时、2/3 小时、0.25 小时。这 4 台设备在本月内分别可以开动的最大时间为 630 小时、600 小时、708 小时、135 小时。根据财务部门核算，生产一件 A 产品的利润为 10 元，生产一件 B 产品的利润为 9 元。

现在需要作出以下方面的决策：

(1) 企业应该如何决策要生产多少 A 产品和 B 产品才可以使公司获得最大利润？

(2) 如果公司新研发了 C 产品，生产 C 产品在 4 台设备上需要花费的时间分别为 0.8 小时、1 小时、1 小时、0.25 小时。该产品市场很受欢迎，一件 C 产品的利润为 12.85 元。如果不改变现有生产能力，最合适的产量是多少？

【实验步骤】

1. 建立数学模型。

设 A，B 产品的生产数量分别为 x 和 y，利润为 p，则

$$\max\ p = 10x + 9y$$

$$\text{s.t.}\begin{cases} \dfrac{7}{10}x + y \leqslant 630 \\ \dfrac{1}{2}x + \dfrac{5}{6}y \leqslant 600 \\ x + \dfrac{2}{3}y \leqslant 708 \\ \dfrac{1}{10}x + \dfrac{1}{4}y \leqslant 135 \\ x, y \geqslant 0 \end{cases}$$

通常我们把上述模型称为线性规划模型，具体内容详见运筹学相关教材等参考资料。

2. 在 Excel 输入数据，建立决策模型。

如图 30 所示，其中单元格 B3～C6 是每件产品在 4 台设备上的工作时间需求；单元格 D3～D6 是设备的最大开动时间；单元格 B8 和 C8 是 A, B 产品的单位利润；单元格 B12 和 C12 是产品产量；单元格 B14 是最大利润；B17～B20 是约束条件；D17～D20 是最大开动时间限制。

在图 30 中关于公式的输入，详见 Excel 帮助文件或相关参考文献。

	A	B	C	D
1		单件产品生产时间		
2	设备	A产品	B产品	最大设备开动时间
3	1	0.7	1	630
4	2	0.5	=5/6	600
5	3	1	=2/3	708
6	4	0.1	0.25	135
7				
8	单件利润	10	9	
9				
10	模型			
11		A产品	B产品	
12	产量	0	0	
13				
14	最大利润	=B8*B12+C8*C12		
15				
16	设备	实际设备开动时间		最大设备开动时间
17	1	=B3*$B$12+C3*$C$12	<=	630
18	2	=B4*$B$12+C4*$C$12	<=	600
19	3	=B5*$B$12+C5*$C$12	<=	708
20	4	=B6*$B$12+C6*$C$12	<=	135

图 30　线性规划模型

3. 在 Excel 进行规划求解。

选择“数据”菜单下的“规划求解”按钮，在如图 31 所示的线性规划参数设置窗口，进行目标函数和约束条件、求解方法的参数设定。设定后，点击“求解”按钮，得如图 32 所示的计算结果。

增加 C 新产品后的线性规划模型如下：

设 A, B 和 C 产品的生产数量分别为 x，y 和 z，利润为 p，则

$$\max \quad p=10x+9y+12.85z$$

$$\text{s.t.}\begin{cases}\dfrac{7}{10}x+y+\dfrac{4}{5}z\leqslant 630\\ \dfrac{1}{2}x+\dfrac{5}{6}y+z\leqslant 600\\ x+\dfrac{2}{3}y+z\leqslant 708\\ \dfrac{1}{10}x+\dfrac{1}{4}y+\dfrac{1}{4}z\leqslant 135\\ x,y,z\geqslant 0\end{cases}$$

参考第三步中的方法，建立如图 33 所示的模型在 Excel 中的表示，进而求解得结果如图 34 所示。

图 31 线性规划参数设置窗口

	A	B	C	D
1		单件产品生产时间		
2	设备	A产品	B产品	最大设备开动时间
3	1	0.7000	1.0000	630
4	2	0.5000	0.8333	600
5	3	1.0000	0.6667	708
6	4	0.1000	0.2500	135
7				
8	单件利润	10.00	9.00	
9				
10	模型			
11		A产品	B产品	
12	产量	540	252	
13				
14	最大利润	7668		
15				
16	设备	实际设备开动时间		最大设备开动时间
17	1	630	<=	630
18	2	480	<=	600
19	3	708	<=	708
20	4	117	<=	135

图 32　线性规划计算结果

	A	B	C	D	E
1		单件产品生产时间			
2	设备	A产品	B产品	C产品	最大设备开动时间
3	1	0.7	1	0.8	630
4	2	0.5	=5/6	1	600
5	3	1	=2/3	1	708
6	4	0.1	0.25	0.25	135
7					
8	单件利润	10	9	12.85	
9					
10	模型				
11		A产品	B产品	C产品	
12	产量				
13					
14	最大利润	=B8*B12+C8*C12+D8*D12			
15					
16	设备	实际设备开动时间			最大设备开动时间
17	1	=B3*$B$12+C3*$C$12+D3*$D$12	<=		630
18	2	=B4*$B$12+C4*$C$12+D4*$D$12	<=		600
19	3	=B5*$B$12+C5*$C$12+D5*$D$12	<=		708
20	4	=B6*$B$12+C6*$C$12+D6*$D$12	<=		135

图 33　增加 C 产品后的规划模型

	A	B	C	D	E
1			单件产品生产时间		
2	设备	A产品	B产品	C产品	最大设备开动时间
3	1	0.7000	1.0000	0.8000	630
4	2	0.5000	0.8333	1.0000	600
5	3	1.0000	0.6667	1.0000	708
6	4	0.1000	0.2500	0.2500	135
7					
8	单件	10.00	9.00	12.85	
9					
10	模型				
11		A产品	B产品	C产品	
12	产量	280	0	428	
13					
14	最大	8299.8			
15					
16	设备	实际设备开动时间			最大设备开动时间
17	1	538.4	<=		630
18	2	568	<=		600
19	3	708	<=		708
20	4	135	<=		135

图 34　计算结果

4. 增加 C 新产品后的建模和求解。

5. 结果分析。

从图 32 的模型结果可得问题 1 的结论：企业要获得最大利润，应该生产 A 产品 540 件，B 产品 252 件，最大利润为 7668 元。

从图 34 的模型结果可得问题 2 的结论：在不改变生产能力情况下，应该生产 A 产品 280 件，C 产品 428 件，可获得最大利润为 8299.8 元。

参 考 文 献

暴奉贤，陈宏立. 1991. 经济预测与决策方法. 广州：暨南大学出版社

邓聚龙. 1986. 灰色预测与决策. 武汉：华中工学院出版社

迪波尔德. 2003. 经济预测. 张涛，译. 北京：中信出版社

冯忠栓. 1995. 经济预测与决策. 北京：中国财政经济出版社

惠尔莱特 S C，马克利达基斯 S. 1996. 管理用预测试法. 崔之庆，等，译. 上海：上海人民出版社

拉什姆 • 沙尔达，杜尔森 • 德伦，埃弗雷姆•特班，等. 2015. 商务智能：数据分析的管理视角. 赵卫东，译. 北京：机械工业出版社

李铁映，张昕. 1984. 预测决策方法. 沈阳：辽宁科学技术出版社

李一智，向文光，胡振华. 1991. 经济预测技术. 北京：清华大学出版社

李志刚. 2011. 决策支持系统原理与应用. 北京：高等教育出版社

林少宫，李楚霖. 1993. 简明经济统计与计量经济. 上海：上海人民出版社

刘思峰. 2015. 应用统计学. 3 版. 北京：高等教育出版社

刘思峰. 2016. 预测方法与技术. 2 版. 北京：高等教育出版社

刘思峰，等. 2016. 灰色系统理论及其应用. 8 版. 北京：科学出版社

刘思峰，郭天榜. 1991. 灰色系统理论及其应用. 开封：河南大学出版社

刘思峰，曾波，刘解放，等. 2014. GM(1, 1)模型的几种基本形式及其适用范围研究. 系统工程与电子技术，36(1)：31—35

宁宣熙，刘思峰. 2009. 管理预测与决策方法. 2 版. 北京：科学出版社

王美金. 1997. 经济预测与决策. 厦门：厦门大学出版社

徐国祥. 1998. 统计预测和决策. 上海：上海财经大学出版社

Gorry G A，Scott-Morton M S. 1971. A framework for management information systems. Sloan Management Review，30(3)：49—61

Keen P G W，Scott-Morton M S. 1979. Decision support systems：an organizational perspective. Lettere Al Nuovo Cimento，24(24)：471—478

Liu S F，Lin Y. 2006. Grey Information Theory and Practical Applications. London：Springer-Verlag

Liu S F，Lin Y. 2010. Advances in Grey Systems Research. Berlin：Springer-Verlag

Liu S F，Lin Y. 2011. Grey Systems：Theory and Applications. Berlin：Springer-Verlag

Liu S F，Xie N M，Yuan C Q，et al. 2012. Systems Evaluation：Methods，Models，and Applications. New York：Taylor & Francis Group

Liu S F，Yang Y J，Forrest J. 2016. Grey Data Analysis：Methods，Models，and Applications. Singapore：Springer-Verlag

Power，D J. 2002. Decision Support Systems：Concepts and Resource for Managers. Westport，CT：Greenwood/Quorum